Basic

고교생을 위한 **세계사 용어사전**

강상원 엮음

좋은 책 좋은 독자를 만드는 —

㈜신원문화사

일·러·두·기

1. 이 책의 용어는 '한글 맞춤법 통일안'을 기준으로 하였다.
2. 외국어 표기는 원칙적으로 '외래어 표기 용례집'(1987. 11. 17)을 따랐으며, 외국어와 우리말이 결합된 말들의
   표기는 국립 국어 연구원에서 발간한 《표준어 국어 대사전》을 참고하였다.
3. 의미의 혼동을 줄 우려가 있거나 용어의 이해를 높이기 위하여 괄호 안에 한자 또는 영어를 병기하였다.
4. 이 책의 내용 중 《 》는 서적을, 〈 〉는 논문을 나타낸다.
5. 이 책의 ▪는 중요도를 의미한다.
6. 이 책의 용어는 가나다 순에 따라 배열하였다.

흔히 수능의 사회 탐구 영역을 준비하는 학생들에게 '단순 암기 금물, 원리 개념 이해해야' 라는 이야기를 자주 한다. 원리와 개념의 이해를 위해서는 서술된 문장의 내용을 정확하게 이해하는 것이 중요하다. 서술된 문장의 내용을 정확하게 이해하기 위해서는 개별 단어와 용어에 대해서 정확하게 알아야 한다. 문장 안에서의 흐름을 통해 뜻을 생각해 본 뒤, 사전을 찾아 자신의 생각이 적절한지 파악해 보아야 한다. 국어 사전, 영어 사전을 옆에 두고 활용하기를 권하며, 세계사와 관련하여 이 작은 책이 그러한 기능을 하기를 소망한다.

이 책은 1994학년 이후 기출 수능 문제, 최근 3, 4년 간의 모의 고사 문제에서 항목을 선정했으며, 최근의 시험 경향에 맞추어 지도나 도표를 넣으려고 노력했다.

많은 분들의 도움으로 이 책을 완성했다. 그분들의 학문적 성과를 이 책에서 잘 반영했는지 궁금하며, 또한 고맙다는 말을 전한다. 그리고 '고교생을 위한 용어사전' 을 기획하신 (주)신원문화사 모든 분들께 감사드립니다. 또 다른 설명이 필요한 부분은 여러분의 충고와 질문을 바랍니다.

마지막으로 수능을 대비하는 학생들에게 《논어》의 한 구절을 소개한다. 꾸준히 노력하여 원하는 바를 이루시길…….

學問은 如逆水行舟하여 不進則退니라.
欲速則不達하고 見小利則大事不成이니라.
학문은 물을 거슬러 가는 배와 같아서 나아가지 않으면 물러나느니라.
빨리 하려 하면 이루지 못하고, 작은 이익을 보면 큰일이 이루어지지 않는다.

2002년 9월

엮은이 씀

차 례

Basic
고교생을 위한 세계사 용어사전

인류의 기원과 문명의 발생

갑골 문자 胛骨文字 ■■■

중국 은(B.C. 1766~1122)대의 상형 문자 원본으로, 거북의 등딱지나 동물의 뼈에 새겨져 있으며, 복점을 치는 데에 이용되었다. 기록 내용은 제사, 농업, 전쟁, 수렵, 일기, 왕의 행동과 질병 및 신들의 재앙에 관한 것이었다. 이 갑골 문자의 발견으로 전설의 영역을 벗어나지 못하던 은이 최초의 역사적 왕조라는 사실이 확실해졌다.

고대 문명의 발상지 ■■■

B.C. 4000~B.C. 3000년경 큰 강 유역에서 발달한 최초의 인류 문명 발생지를 말한다. 고대 문명의 발상지로는 티그리스 · 유프라

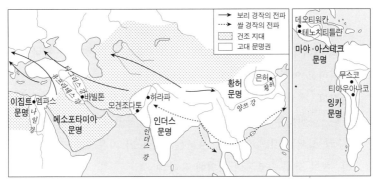

농경의 전파와 고대 문명의 발상지

테스 강 유역의 메소포타이아 문명, 나일 강변의 이집트 문명, 인도의 인더스 강 유역의 인더스 문명, 중국 황허 유역의 중국 문명(황허 문명)이 있다. 이들 지역은 큰 강의 유역으로, 교통이 편리하고, 관개 농업에 유리한 물이 풍부하며, 공통적으로 청동기, 문자, 도시 국가라는 특징을 지니고 있다.

관개 문명 灌漑文明 ■

인공적으로 조직적인 물 관리 시설을 만들어, 물을 작물 생육에 알맞게 효율적으로 공급, 이용하는 농업 방식을 관개 농경(업)이라 하며, 이를 기반으로 성립, 발달한 고대 문명을 관개 문명이라 한다. 세계 4대 문명이 관개 사업을 토대로 성립되어 발달하였다. 관개 사업을 수행하려면 강력한 지도자와 많은 노동력을 필요로 하였다. 하지만 관개 사업을 완성함으로써 풍부한 식량 공급이 가능하고, 거주지도 확장되었으며, 이를 통하여 도시 문명 발달의 기반이 되었다.

다비드 David ■

《성서》에서 다윗이라 불리는, 고대 이스라엘의 사울에 이은 제2대 왕(?~B.C. 961)이다. 다비드는 페리시테(블리셋)의 거인 골리앗을 돌로 때려죽여 용맹을 떨쳤으며, 이스라엘 전체를 하나의 왕국으로 통일하고 예루살렘을 수도로 삼았다. 예루살렘으로 신의 언약궤를 옮기고, 제사 제도를 정하여 예루살렘을 중심으로 유대교를 확립하였다. 다비드는 견고한 왕조를 세운 이상적인 왕으로 추앙받으며, 《구약 성서》〈시편〉의 상당 부분은 다비드가 지은 것이라고 알려졌다. 그의 사후 솔로몬이 왕위에 올랐다.

도시 국가 都市國家 ■

인접한 영토에 대하여 통치권을 가지고 정치 · 경제 · 문화 생활의 중심지 및 선도자 역할을 하는 독립된 도시의 정치 체계이다. 고대 그리스 · 페니키아 · 이탈리아 도시들과 중세 이탈리아 도시들이 이에 해당한다.

라스코 동굴 벽화 ■■

프랑스의 도르도뉴 지방에 있는 동굴의 벽화로, 1940년에 발견된 구석기 시대의 유적이다. 빨강 · 검정 · 노랑 등으로 그린 말 · 사슴 · 들소 등 약 100점의 동물상이 그려져 있는데, 이것은 사냥의 성공과 풍요를 기원하는 주술적 의미가 담겨 있다.

랑케 Leopold von Ranke ■■

독일의 역사가인 랑케(1795~1886)의 역사 서술 방법은 원래의 역사적 자료에 충실하면서 사료의 개념을 어떠한 편견이나 선입견에 사로잡히지 않고 끝까지 객관적으로 저술하였다는 특징이 있다. 그는 사실을 있는 그대로 기술할 것을 강조하고, 역사란 많은 사실과 현상이 상호 관련되어 발전된 그대로를 기술해야 하며, 또 각 시대에 존재하는 독자적인 개성 가치를 간파해야 한다고 주장하였다.

이처럼 그가 주장하는 객관주의는 역사학을 현실의 철학 · 정책에서
해방시켜, 역사학만의 연구 시야를 개척하였다는 점에서 공적이 크
다. 이 때문에 그를 '근대 역사학의 아버지'라 일컫는다.

메소포타미아 문명 Mesopotamia文明 ■ ■ ■

티그리스 강과 유프라테스 강 사이에서 발생한 세계에서 가장 오래
된 문명 발생지이다. 개방된 지리적 조건으로 수많은 민족의 이주
와 정복, 이에 따른 지배자의 교체가 있었다. 지구라트라는 신전이
있었다. 왕 · 관료 · 전사가 지배 계층을 이루었으며, 평민과 노예가
존재하였다. 문화적으로는 함무라비 법전, 쐐기 문자, 태음력, 60진
법, 현세적 성격의 종교 등의 문화적 특징을 지닌다. 메소포타미아
문명의 가장 큰 정치 세력은 바빌로니아와 아시리아였다.(→ 바빌로
니아 왕국)

| 메소포타미아 문명과 이집트 문명의 비교 |

	메소포타미아	이집트
공통점	전제적 신권 정치, 실용적 과학 기술 발달	
지형	개방적 — 이민족의 침입으로 왕조 흥망 거듭	폐쇄적 — 통일 국가 유지, 정치 안정 지속
정치	수메르 인 → 아카드 인 → 아무르 인 → 혼란 계속	고왕국 → 중왕국 → 힉소스족의 지배 → 신왕국
종교	현세적 다신교 — 점성술(천문학)	내세적 다신교 — 미라, 피라미드, 사자의 서
문화	쐐기(설형) 문자, 태음력, 60진법, 아치, 지구라트	상형 문자, 파피루스, 태양력, 10진법, 측량술, 외과 의학, 로제타 스톤

미라 mirra ■ ▪

고대 이집트 인들의 시체 처리 방식에 따라 향유를 바르거나 다른 방법 등으로 오래 보관할 수 있도록 처리된 시신이다. 이집트 인은 시체를 미라로 만들어 보존하면 죽음으로 한번 떠났던 영혼이 다시 돌아와서 영생할 수 있다고 믿었기 때문에 미라를 만들었다. 미라는 피라미드, 사자의 서와 함께 이집트의 내세적 종교관을 보여준다.

바빌로니아 왕국 Babylonia王國 ■ ▪

고대 메소포타미아 남부의 수메르·아카드 지방의 통일 왕조를 말한다. 수메르·아카드의 문화적인 통일을 이룬 것은 아무르 인이 세운 바빌론 제1왕조이다. 바빌론을 도읍지로 한 제1왕조의 제6대 왕 함무라비가 이 지역을 통일하여 전성기를 이룩하였다. 그는 분리된 도시 국가들의 연합을 유도하고, 과학과 학문을 발전시켰으며, 함무라비 법전을 공포하였다. 그 뒤 이민족의 침략이 계속되어 카시트 왕조·신바빌로니아 왕국 등이 세워졌다.

바빌론의 유수 Babylon幽囚 ■

바빌로니아가 유대 왕국을 정복한 뒤 유대인을 바빌론으로 강제 이주시킨 사건이다. 이러한 민족적 고난, 정신적 고통이 유대 민족의 일치를 강화하였을 뿐만 아니라 신앙 순화의 계기가 되었다. 바빌론에서 귀환한 뒤 국가를 재건하지는 못하였지만, 예루살렘에 재건한 신전을 중심으로 유대 교단을 이루어 그들을 유대인이라 하였다.

브라만교 婆羅門教 ■ ▪

고대 인도에서 브라만 계급을 주축으로 성립된 인도의 민족 종교이다. 《베다》라는 성전을 근거로 하고 있지만, 체계가 뚜렷한 종교는 아니다. 인도 아리아 인이 B.C. 1500년경에 인도에 침입한 뒤 신봉한 민속 종교로, 넓게는 힌두교(인도교)에 속한다. 이 종교의 본질은 다신교이며,《리그 베다》에서 발단하는 우주의 유일한 근본 원리의 탐구는《우파니샤드》에서 그 정점에 이르렀다. 우주 유일의 근본 원리로서 브라만(梵)과 개인 존재의 본체인 아트만(我)이 상정되며, 결국 이 두 가지는 같은 것이라는 범아일여(梵我一如)의 사상을 형성하였다. 브라만교는 카스트 제도라는 엄격한 신분 제도에 바탕을 두었으며, 지나친 형식주의 때문에 비판받았다. 이러한 브라만교는 굽타 왕조 시대에 민간 신앙을 받아들여 당시 인도 전역에 교세를 떨쳤다.

사자의 서 Book of the Dead ■ ■

미라와 함께 매장된 파피루스나 묘지의 벽에 새겨진 비문 등을 총칭하는 말이다. 주된 내용은 신들에 대한 찬가, 죽은 자를 사악한 것에서 벗어나게 하는 주문 등이다. 그중 가장 유명한 것이 제18왕조 때 작성된 파피루스 문서이다. 이것은 부활의 신이며 죽은 자를 심판하는 오시리스 신 앞에서 죽은 자의 혼을 저울에 달아 생존 때의 행위를 심판하는 그림이 딸린 문서이다. 만일 영혼의 무게가 모자라면 악어, 사자, 하마 등이 혼을 집어삼키기 위하여 기다리고 있는 장면도 그려져 있다.

스톤헨지 Stonehenge ■

영국의 남부 월트셔에 있는, 외곽이 흙 구조물로 둘러싸인 원형으로 배치된 거석(巨石) 기념물이다. B.C. 3100~B.C. 1100 사이에 건설된 것으로 추정된다. 중앙에 제단석이 있고, 그 주위에는 4중으로 된 열석과 3중으로 된 구멍의 열(列)이 있다. 또 그 외측으로는 도랑이 패어 있고, 환석(環石)은 북동쪽으로 열려 있다. 거기에 힐스톤이라는 석주가 놓여 있는데, 이는 태양 숭배와 관계가 있는 것으로 보이며, 중앙 제단과 헬스톤을 잇는 선상에 당시의 하지(夏至)의 태양이 솟았던 것으로 짐작된다.

신석기 혁명 新石器革命 ■ ■ ■

구석기 인들의 가장 큰 고민은 식량의 획득이었다. 이것을 해결한 것이 신석기 혁명, 즉 식량 생산 혁명이다. 신석기 혁명, 즉 농경과 목축의 시작은 식량 문제의 해결을 넘어 문명이 발생할 수 있는 조건을 제공하였다.

신정 정치 神政政治 ■ ■

신의 대리자가 지배권을 가지고 있는 정치 형태이다. 고대에는 생활의 모든 영역이 신의 의사와 신과의 계약에 따라 규율되었기 때문에 정치도 예외는 아니었다. 따라서 신정 정치에서는 신의 의사를 옳게 받아들이고 이것을 전할 사람이 누구인가 하는 것이 결정적인 문제였다. 신이 세운 절대적인 지도자는 선지자 · 승려 · 왕 등이며, 이들이 다스리는 정치 형태를 통틀어 신정 정치라 할 수 있다. 신정 정치의 왕이 근대의 왕권 신수설의 왕과 다른 것은 신의 의사에 배반할 경우 선지자를 통해 비판을 받고 폐위된다는 점이다.

씨족 / 부족 ■

씨족은 대개 혈연으로 맺어진 또는 그렇게 맺어졌다고 믿고 있는
집단으로, 일반적으로 주거지 및 기타를 공유하고 족외혼을 택하고
있었던 것으로 보인다. 그런데 신석기 시대 말에 생산력이 증가함
에 따라 씨족이 끊임없이 분열, 증가하고 동일 계통에 속하는 여러
씨족이 조상 숭배, 언어의 일치 등으로 보다 굳게 뭉쳐 부족을 형성
하였다. 그 뒤 농업이 발달하고 분업이 일어나자 경지, 가축을 지키
고 보다 대규모의 토목 관개 사업을 수행하기 위하여 부족제가 더
욱 강화되었다.

알타미라 동굴 ■

에스파냐 북쪽에 있는 동굴로, 구석기 시대 후기의 바위 그림이 그
려져 있다. 1879년에 발견된 이 동굴의 벽화에는 들소, 사슴, 말 등
의 모양이 사실적으로 그려져 있다.

양사오 문화 仰韶文化 ■

중국 허난성 양사오에서 발굴된 농경 문화로, 조를 재배하고, 가축
을 키웠으며, 평등한 씨족 사회를 이루었던 것으로 추측된다. 황허
문명 형성에 영향을 주었으며, 채도(彩陶) 또는 채문 토기(彩文土
器)로 일컫는 칠무늬 토기가 유명하다.

오리엔트 Orient ■ ■ ■

'해가 뜨는 곳'이라는 뜻으로, 인도의 인더스 강 서쪽에서 지중해
연안까지 펼쳐져 있는 지역을 말한다. 넓게는 동양, 아시아 전역을
뜻한다. 고대 시기에는 이집트, 서남 아시아, 소아시아(메소포타미
아)를 합쳐 부르는 명칭이었다. 기원전 3000년경 이집트, 메소포타

미아 등에 고도 문명이 출현하였고, 아시리아나 페르시아가 오리엔트를 통일되었다. 알렉산더 대왕의 동방 원정으로 고대 오리엔트 시대는 끝나고, 그 뒤 헬레니즘 문화권으로 들어갔다. 7세기에 이슬람교가 성립하여, 사라센 제국의 지배로 이슬람 문화권이 형성되었다. 19세기 이래 열강의 제국주의 정책의 침략 대상이 되었던 이 지역은 현재 이 지역의 석유 자원을 둘러싸고 국제적인 관심 대상이 되고 있다.

| 오리엔트의 변천 |

오시리스 Osiris ■

고대 이집트에서 사자(死者)의 신으로 널리 숭배한 신이다. 오시리스는 그리스 식 발음이다.

유대교 Judaism ■

유대인의 민족 종교로, 유일신 사상을 나타내고 있으며, 《구약 성서》에 그 원형이 기록되어 있다.

은 殷 ■ ■

기원전 1600년 경부터 기원전 11세기까지의 중국 고대의 왕조로, 상(商)이라고도 한다. 전설상의 하(夏) 왕조에 뒤이어 나타나고 주(周) 왕조로 이어졌다. 은 왕조의 문화는 후기 룽산 문화에서 발생하였다고 여겨진다. 처음에는 군소 국가의 연합체였으나, 뒤에는 강력한 정치 기구가 생겨났다. 안양 현에 도읍한 B.C. 13세기경 뒤에 최고 전성기를 누린 은 왕조는 청동기 주조 기술, 전차, 왕릉의 구축, 갑골 문자의 사용 등 문화적으로도 최고의 단계에 이르렀을 뿐만 아니라 그 세력은 황허 강, 양쯔 강 중·하류 전역에 미쳤다고 한다. 제정 일치의 정치 형태를 지녔고, 중요한 일은 복점으로 결정하였다.(→ 중국의 역대 왕조)

이집트 문명 Egypt文明 ■ ■ ■

나일강 유역에서 형성된 문명으로, 기원전 3000년경 고대 이집트 왕조의 수립 뒤 알렉산더 대왕까지 이어진다. 폐쇄적 지형으로 오랫동안 통일을 유지하였고, 전제 군주인 파라오가 통치하였다. 사회는 파라오-신관·관료-서기·상인·공인-부자유 농민·노예의 피라미드 형태의 신분 구조를 보인다. 내세적 다신교를 섬겼으며, 상형 문자, 파피루스, 태양력, 측량술, 역학적 지식, 의학의 발달 등의 문화적 전통을 지녔다.

투탄카멘의 황금 가면
투탕카멘 왕의 무덤에서 발견된 장의용 황금 마스크(B.C. 14C)

인더스 문명 Indus文明 ■■■

인도 서북부에 위치한 인더스 강 유역의, 인도에서 가장 오래된 도시 문명이다. 인종은 드라비다 족으로 여겨지며, 대표적인 유적지는 하라파와 모헨조다로이다. 인더스 문명의 특징은 뛰어난 도시 계획, 배수 시설의 완비, 공공 건축의 중시 등을 들 수 있으며, 대규모의 신전이나 묘는 없고, 곡물 창고나 대 목욕탕이 있다. 다신교 신앙과 신정 정치가 발달하였다.

종법 宗法 ■

주(周)나라 때 상층 사회의 제도로, 정실의 몸에서 난 맏아들인 적장자의 상속 제도를 확립하기 위하여 나타났다. 대종(大宗), 소종(小宗)으로 나뉘어 조종묘의 제사, 공동 향찬, 일정한 때의 복상(服喪), 동종 불혼(同宗不婚) 등을 실행하였다. 하지만 종법은 춘추 전국 시대에 쇠퇴하였다.

주 周 ■■

고대 중국의 왕조(기원전 11세기경~기원전 256)로, 은(殷)나라 다음의 왕조이며, 이전의 하(夏) · 은과 더불어 3대(三代)라고 한다. 견융 때문에 동쪽 성주(成周)로 피한 뒤 왕권은 쇠하였고, 춘추 전국 시대로 들어갔다. 주나라는 정복한 땅을 지배하기 위하여 유력한 일족이나 공신들에게 토지를 주어 제후로 봉하여(봉건 제도) 각각 그 지역을 다스리도록 하였다. 아울러 동족 제후들과는 종법 제도라는 혈연 조직에 따라 단결을 도모하였다. 효제와 예약을 중시하고, 애민과 덕치를 우선시하는 민본, 천명 사상이 강조되었다. 이 시대에는 씨족 제도가 아직 강하였지만 차츰 계급 분화가 진행되었는데, 생산 구조에 대해서는 노예 제도 · 농노 제도 등 여러 가지 설이 있다. 문자 · 청동기 등은 은나라의 문화를 계승하였다.

주의 봉건 제도 ■■

주대 직할지를 제외한 지역을 통치하던 분권적 통치 제도로, 서양 중세의 쌍무적 계약 관계와는 달리 혈연에 입각한 종법적 봉건제 이다.

중국의 역대 왕조 ■■■

지구라트 ziggurat ▪▪▪

메소포타미아 도시 국가의 수호신을 숭배하는 거대한 신전으로, 하늘에 있는 신들과 지상을 연결시키기 위한 것이었다. 이를 통하여 제정 일치의 신정 정치 형태를 알 수 있다. 《구약 성서》에 나오는 '바벨탑'은 바빌론의 지구라트를 가리킨다.

카르타고 Carthago ▪

페니키아 인들이 서 지중해에 세운 식민 도시로, 카르타고 인을 라틴 어로 '포에니'라고 한다. 로마와의 포에니 전쟁은 카르타고의 패배로 끝난 뒤 기원전 146년 로마 군의 파괴로 카르타고는 국가로서의 역사를 끝냈다.

태양력 太陽曆 ▪

태양의 운행을 보고 만든 역법(曆法)이다. 고대 이집트 인들은 나일 강의 정기적인 홍수가 황도(黃道) 상의 태양 위치와 관계된다는 것을 발견하고 이 역법을 생각해 냈다. 이 역법은 로마 황제인 율리우스 카이사르가 로마에 전해 율리우스 력이 되었다(B.C. 46). 율리우스 력은 그 뒤 16세기까지 유럽 각지에서 행해졌는데, 13세기경부터 그 오차가 알려지더니, 1582년 교황 그레고리우스 13세가 이를 개량하여 오늘날 널리 통용되고 있는 달력인 그레고리우스 력을 제정하였다.

태음력 太陰曆 ■

달이 차고 이지러지는 주기인 삭망월(朔望月 : 29.53059일)을 기본 주기로 날짜를 계산하는 역법으로, 보통 음력이라고도 한다. 달이 지구를 한 바퀴 도는 시간이 약 29.5일이므로 한 달을 29일 또는 30일로 하고, 1년을 12달로 하며, 19년에 7번의 윤달을 두었다. 이러한 태음력은 메소포타미아의 역법으로 알려져 있다. 역법 발생 당시에는 어느 민족 · 국가에서나 태음력을 따른 것으로 추정되지 만, 현재 이 역법을 따르는 것은 이슬람 력뿐이다. 넓은 뜻으로는 태음 태양력도 포함하여 태음력이라고 하지만, 특별히 구별할 필요 가 있을 경우에는 태음력을 순태음력이라고 한다.

파라오 Pharaoh ■ ■

고대 이집트 왕의 칭호이다. '큰 집', 즉 왕궁을 뜻하는 고대 이집 트 어 '페르오(Per-o)'에서 유래한 그리스 어이며, 《구약 성서》에서 는 특정한 왕을 말하였다. 제18왕조인 투트모세 3세가 왕을 가리키 는 말로 사용한 뒤 이것이 관습화되었다. 파라오는 '신의 아들', '신의 현신'으로서 절대적 권력을 쥐고 있었다.

파피루스 papyrus ■

고대 나일 강변에 많이 자란 사초 속의 식물로, 세모꼴의 긴 줄기 꼭대기에 산형 화서의 꽃이 달려 있다. 줄기의 용도가 다양하여, 다 발로 묶여서 기둥으로 쓰는가 하면, 이것을 엮어 배를 만들기도 하 고, 또 껍질을 벗긴 뒤 펴 그 위에 문자를 기록하기도 하였다. 이 때문에 파피루스는 페이퍼라는 말의 기원이 되었다.

페니키아 Phoenicia ■

시리아 · 레바논 해안 지대의 고대 지명이자 도시 국가이다. 페리키
아 인들은 지중해 무역을 독점하였고, 지중해 연안의 넓은 지역에
카르타고를 비롯한 식민지를 건설하였으며, 알파벳의 기원이 되는
표음 문자를 그리스에 전하였다.

피라미드 pyramid ■ ■

왕 또는 왕족의 사체를 보존한 석조 분묘를 말한다. 이집트의 고왕
국 시대(B.C. 28~B.C. 23세기)에 왕묘로 축조된 것이 유명하다.
이집트의 피라미드 가운데 가장 큰 것은 카이로 근교 기자에 있는
파라오의 피라미드이다. 밑변 길이 230미터, 높이 약 146.5미터
(현재는 137미터)로, 평균 2.5톤의 다듬은 돌 230만 개를 쌓았다.
아메리카의 피라미드는 흙으로 쌓고 돌로 표면을 덮었는데, 멕시코
의 태양 피라미드와 카스티요, 잉카 문명의 유적 등이 대표적이다.

하 夏 ■ ■

고대 중국 은 왕조 이전 3황(皇) 5제(帝)를 잇는 전설적인 왕조이
다. 황허 유역에서 이리두 문화 유물이 발견됨으로써 실재하는 것
으로 믿는 이들이 증가하고 있다.

함무라비 법전 Hammurabi法典 ■ ■ ■

함무라비 법전은 기원전 18세기 무렵 메소포타미아를 통일하고 강
력한 중앙 집권적인 전제 정치를 추진한 바빌로니아의 함무라비 왕
때 제정된 법전이다. 이 법전에는 농업과 상업, 혼인, 상속 등 각 분

야에 걸친 282개조의 규정이 있다. 전문(前文)과 후문(後文)에는 정의법, 약자의 보호 등의 함무라비의 입법 정신이 새겨져 있고, 282개의 판례법은 형법, 가족법, 민법 등으로 구성되어 있다. 형법에는 '눈에는 눈'이라는 동해 보복법(同害報復法)의 원칙도 있었으나 사적인 복수나 약탈혼 등은 인정하지 않았다. 또한 가해자의 신분과 범죄의 정황에 따라 형벌이 달라졌다. 법전은 셈 어에 속하는 아카드 어로 되어 있다.

화석 인류 化石人類 ■ ■ ■

신생대 제4기 및 그 이전에 생존한 인류의 총칭이다. 홍적세 이후의 현생 인류와 구분되는 표현이며, 유골이 화석으로 발굴되어 붙여진 이름이다.

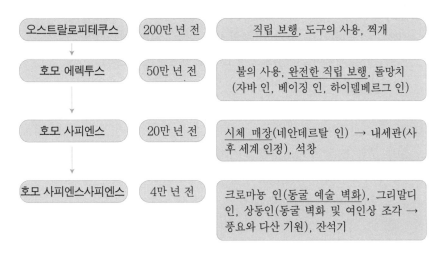

오스트랄로피테쿠스	200만 년 전	직립 보행, 도구의 사용, 찍개
호모 에렉투스	50만 년 전	불의 사용, 완전한 직립 보행, 돌망치 (자바 인, 베이징 인, 하이델베르그 인)
호모 사피엔스	20만 년 전	시체 매장(네안데르탈 인) → 내세관(사후 세계 인정), 석창
호모 사피엔스사피엔스	4만 년 전	크로마뇽 인(동굴 예술 벽화), 그리말디 인, 상동인(동굴 벽화 및 여인상 조각 → 풍요와 다산 기원), 잔석기

| 인류의 진화 |

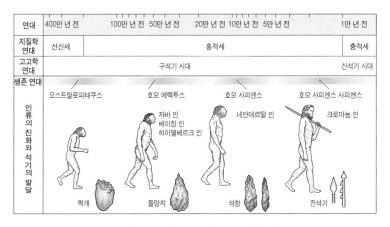

연대	400만 년 전	100만 년 전 50만 년 전	20만 년 전 10만 년 전 5만 년 전	1만 년 전
지질학 연대	선신세	홍적세		충적세
고고학 연대		구석기 시대		신석기 시대
생존 연대	오스트랄로피테쿠스	호모 에렉투스	호모 사피엔스	호모 사피엔스 사피엔스
인류의 진화와 석기의 발달		자바 인 베이징 인 하이델베르크 인	네안데르탈 인	크로마뇽 인
	찍개	돌망치	석창	잔석기

| 인류의 진화와 석기의 발달 |

황허 문명 黃河 文明 ■■

세계 제4대 문명의 하나로, 중국 문명의 원천이다. 황허 중·하류와 그 지류 유역에서 발생하였으며, 신석기 시대의 양사오 문화와 룽산 문화를 거쳐 기원전 1600년경 중국 최초의 왕조로 확인된 은(殷)을 성립시켰다.

히타이트 인 Hittite人 ■■

B.C. 2000년 무렵부터 소아시아에 침입, 정착하여 소아시아에 나라를 세운 인도 유럽 어족으로, 하티 인이라고도 한다. 기원전 16세기 고 바빌로니아 왕국을 무너뜨리고, 기원전 14세기 전반에 전성기를 맞았다. 그 뒤 시리아의 영유권을 놓고 이집트 왕인 람세스 2세와 다투었다. 히타이트 인은 메소포타미아 문화를 받아들여 독자적인 상형 문자를 가졌으며, 법전을 제정하였을 뿐만 아니라 말을 이용한 전차를 도입하였고, 역사상 최초로 철제 무기를 사용하였다. 하지만 기원전 12세기경에 멸망하였다.

고대 세계의 형성

간다라 미술 Gandhara美術 ■ ■ ■

쿠샨 왕조 때 간다라 지방을 중심으로 그리스 문화와 인도 문화가 융합된 불교 미술이다. 기원전 1세기경부터 헬레니즘 문화의 영향을 받은 간다라 미술은 그리스 문화와 인도의 불교 문화가 융합한 것으로, 대승 불교와 함께 중앙 아시아를 거쳐 중국, 한국, 일본에 전해졌다.

공자 孔子 ■ ■

중국 춘추 시대의 사상가인 공자(B.C. 551~B.C. 479)는 '인(仁)'을 중심으로 인륜(人倫)을 건설하는 것을 목적으로 하였다. 아울러 장례 · 효 등의 실행을 커다란 덕목으로 삼았으며, 인간 사회에서 가족 생활의 윤리가 국가 · 천하를 평정하는 원리임을 역설하였다. 유교는 한대에 국교가 된 이래 역대 왕조의 지배 원리가 되었으며, 한국 · 일본 등의 정치 사상에도 커다란 영향을 끼쳤다. 뒤에 제자들이 그의 언행을 기록한 《논어》 7권을 펴냈다.

공화정 共和政 ■

일반적으로 세습 군주나 선거로 뽑힌 군주 이외의 개인 또는 집단이 통치하는 정치 형태이다. 이 의미에서 근대 이전에도 그리스의 도시 국가, 고대 로마의 통치 형태, 르네상스 시대 이탈리아의 도시 국가에서 공화제를 채택한 예가 있었다. 민주주의 · 국민 주권주의 · 대의 정치 원리가 구현되는 공화제는 미국의 독립 혁명, 프랑스 혁명, 1793년의 프랑스에서 나타난다.

군국제 郡國制 ■■

중국 한(漢)나라 고조가 실시한 지방 제도로, 군현제와 봉건제를 조화시킨 것이다. 진(秦)의 멸망을 거울삼고, 또한 통일에 공적이 있었던 이들을 우대하는 의미에서 수도인 장안을 중심으로 하는 정치·경제의 중심 지역과 서북쪽의 군사적으로 중요한 지역을 직할지로 해서 군(郡)을 두는 한편, 그 밖의 땅은 분봉하였다. '오초칠국(吳楚七國)의 난' 뒤 군현제로 바뀐다.

군인 황제 시대 軍人皇帝時代 ■

로마 제정 시대인 235년부터 284년까지의 반세기 동안을 말하며, 군대가 황제를 마음대로 폐립시킨 시대이다. 많은 황제들이 암살당하고, 원로원이 제 역할을 하지 못하였으며, 번창하던 상공업은 쇠퇴하였을 뿐만 아니라 화폐의 남발 때문에 인플레이션이 일어났다. 군인 황제 시대는 디오클레티아누스의 전제 군주 정치로써 수습되었다.

군현제 郡縣制 ■■■

기원전 221년 진의 시황제가 천하를 통일하자, 봉건제를 폐지하고 군현제를 실시하여 전국을 36군으로 나누었다. 군 아래 다수의 현을 설치하고, 중앙으로부터 관리를 파견하여 다스렸다. 군에는 군수, 군위, 감어사, 현에는 현령, 현위, 현승이 있었는데, 중앙 정부와 비슷하게 민정, 군사, 감찰의 3권을 나누었다. 이로써 중앙 집권 체제의 기초가 다져졌다. 군현제는 한나라 이후 당나라 초까지 실시하였고, 그 뒤 국가는 주현제(州縣制)를 실시하였다.

균수법 均輸法 ■■

B.C. 181~B.C. 140년 무렵 전한(前漢)의 무제 때의 재정 정책이다. 균수 평준법이라고 한다. 원래 '균수(均輸)'란 군국(郡國)이 부담하는 공물과 그 수송 비용을 합한 것에 경중의 차가 있던 것을 균등히 한다는 뜻이다. 이 정책은 지방의 특산물 중 상인의 투기 대상이 될 만한 물품을 조세 대신으로 받아들인 뒤 이를 대사농의 평준소에 저장해 두었다가 시기를 봐서 판매하는 방법이다.

그라쿠스 형제의 개혁 ■■■

포에니 전쟁 이후 라티푼디움이 발전함으로써 자영 농민의 몰락하고 이로써 야기된 심각한 군사적, 사회적 문제를 해결하기 위하여 시도된 개혁이다. 그라쿠스 형제는 대토지 소유를 제한하여 공화정의 기반이 되는 자영 농민을 육성하고자 하였다.

그리스 민주화의 진전 ■■■

호민관의 선출	• 성산 사건을 계기로 설치 • 호민관은 평민에게 불리한 법률이나 행정 조치에 대한 거부권을 행사
12표법 (최초의 성문법:B.C. 5)	• 로마 최초의 성문법 — 귀족의 횡포로부터 평민권을 보호 • 시민법 단계
리니키우스 법	• 집정관 두 명 중 한 명은 반드시 평민 중에서 선출 • 대토지 소유 제한
호르텐시우스 법	• 평민회의 결의가 곧 법으로 확정 • 법률상 평민과 귀족의 평등이 이루어짐.

금권정 金權政 ■■

부유한 자가 지배하는 정치 또는 체제를 뜻한다. 원래는 고대 그리스에서 부자의 지배를 의미하였으며, 지자(知者)의 지배나 전사(戰士)의 지배, 그리고 가난한 대중의 지배와 대치되는 하나의 체제를 뜻하였다.(→ 아테네의 정치적 발전)

노예제 奴隷制 ■■

생산 노동의 담당자가 노예인 사회 제도이다. 한 인격이 다른 노동력을 소유하고 지배·착취하는 제도로서, 소유 당한 인격은 '말을 하는 도구'라고 불렸듯이 그 인격성이 부인될 뿐만 아니라 물건으로 간주된다. 그리스·로마 문명은 대부분 노예제를 받아들였지만, 이 당시의 노예들은 일상적인 가사와 농사일은 물론 관리직이나 비서 역할을 하기도 하였다.

노장 사상 老莊思想 ■■■

도가의 중심 인물인 노자와 장자가 형성한 사상으로, 유교 및 불교와 더불어 동양의 3대 사상 중 하나로 꼽힌다. 봉건적 신분 제도를 도덕적으로 확립할 것을 이상으로 하는 공맹(孔孟)의 예치주의(禮治主義) 사상에 반대하고, 자연의 도(道), 즉 자연 법칙을 이해하고 잡다한 인간적인 일들을 초월하여 평이한 생활을 주장한 것이 노장 사상이다.

농가 農家 ■■

제자백가의 하나로, 중농주의 관점에서 농업 기술 향상을 추구한 것이 농가의 주된 계통이었다고 추측된다. 《맹자》에서 볼 수 있는 허행 일파가 대표적인 농가로, 허행은 신농의 가르침을 받들고, 국민이 함께 땀을 흘리며 경작해야 한다는 취지를 설명하였다. 하지만 이와는 달리 특이한 사회 운동을 전개한 농가 일파도 있다.

니케아 공의회 Nicaea公議會 ■■

그리스도교가 성립된 이래 교리를 둘러싼 해석상의 차이가 존속해 왔으나, 그리스도교가 공인되자 교리 문제가 부각되었다. 아리우스는 예수가 그 본질상 신에 종속한다고 주장하여 신과 예수의 본질적 통일성을 주장하는 사람들과 날카롭게 맞섰다. 325년 니케아에서 열린 공의회에서 아리우스 파가 이단으로 규정되고, 신과 예수의 동일성에 입각한 아타나시우스의 주장이 정통 교리로 채택되었다. 그 뒤 451년의 칼케돈 공의회에서 성부와 성자와 성령의 삼위일체의 교리가 확립되었다.

다리우스 1세 Darius 1世 ■

아케메네스 왕조의 왕인 다리우스 1세(B.C. 522~B.C. 486)는 선왕 시대의 영토를 되찾은 뒤에도 각 처로 원정하였으며, 인더스 강으로부터 리비아 · 마케도니아에 이르는 대제국을 완성시켰다. 이어 그리스 본토의 정복도 도모하였고, B.C. 492년과 B.C. 490년 원정(마라톤의 싸움)을 시도하였지만 실패하였다. 징세를 위하여 균일한 도량형을 정하고, 금은 복본위 제도에 의거하는 화폐 제도를 채용하여 금화를 주조하였다. 넓은 영토의 연락을 유지하기 위하여 도로망을 정비, 역전제를 정하였다.

대승 불교 大乘佛敎 ■

일체 중생의 제도(濟度)를 목적으로 하는 불교로, 한국 · 중국 · 일본 · 티베트에 널리 전파되어 있다. 1세기 무렵 붓다의 가르침을 더욱 개방적이고 혁신적인 방식으로 해석하는 움직임을 통하여 나타났다. 자비 정신에 따라 만인의 구제를 목표로 하는 이타(利他)의 가르침으로, 그것을 실천하는 보살을 중시하였다. 초인화된 많은 부처나 보살이 신앙의 대상이 되었다.

델로스 동맹 Delian同盟 ■ ■ ■

페르시아 전쟁 뒤 아테네가 주축이 되어 페르시아의 재침공에 대비하기 위하여 결성한 군사 동맹이다. 본부는 델로스 섬에 두었고, 군함이나 군자금을 제공할 의무가 있었으며, 그 뒤 아테네로 본부를 옮겨 아테네의 민주 정치의 경제적 기반이 되었으며, 이에 반발하여 스파르타 중심의 펠레폰네소스 동맹이 형성되었다.

도가 道家 ■ ■

제자백가의 하나로, 인위적 정치 도덕의 폐기를 주창하는 노자, 장자 등의 학파를 일컫는다. 유가의 인이나 묵가의 겸애를 비롯한 모든 인위적인 것을 배격하여 무위 자연을 이야기하며, 우주 자연의 원리인 도를 구하였다. 인간의 절대적 자유와 개인주의를 주장하였으며, 위·진·남북조 시대의 노장 사상과 도교의 사상적 근거가 되었다.(→ 노장 사상)

도참 사상 圖讖思想 ■

도참 사상이란 미래의 길흉에 관한 예언을 토대로 우주관·미래관·정치 사상 등을 전개하고자 하는 믿음을 말한다. 점복과 마찬가지로 대자연 앞에서 무력한 인간의 미래에 대한 욕망에서 나온 현상이지만 특히 한국·중국 등에서 크게 성행하면서 역사와 함께 성쇠해 왔다. 도참은 미래를 암시해 주는 상징, 징조인 '도'와 참언

(讖言), 즉 예언의 뜻인 '참'을 개념으로, 동양에서 일찍부터 발달한 천문 · 지리 · 역학은 물론 도교 · 불교 등과도 관련을 가지면서 발전하였다. 특히 한국에서는 풍수 지리에 관한 도참 사상이 주류를 이루었다.

도편 추방제 陶片追放制 ■ ■

클레이스테네스가 참주의 출현을 막기 위하여 창설한 비밀 투표에 의한 추방 제도이다. 시민들이 참주가 될 우려가 있는 인물의 이름을 도편에 기입하여, 득표수가 6,000표 이상인 인물을 10년 간 국외로 추방하였다.

디오클레티아누스 Diocletianus ■ ■

로마 황제(284~305)로, 권력의 분할, 제위 상속법의 확립, 황제 권력의 강화라는 세 가지 점에서 제국 지배를 재편성하였다. 4분할 통치라는 제도를 시행하여 전제국을 4개의 도, 12개의 주, 101개의 현으로 분할하였다. 또한 이 같은 행정 구획의 편성과 함께 문무 양권을 분리시켜 정연한 중앙 집권적인 관료 국가를 편성하였다. B.C. 305년 막시아누스와 함께 퇴위하였다.

라티푼디움 latifundium ■ ■ ■

기원전 2세기 중엽 로마의 토지 경작 방식이다. 로마는 100여 년에 걸친 포에니 전쟁의 결과 자영 농민이 몰락하고, 귀족이나 상층 시민들이 광대한 토지를 차지하였다. 이 토지를 전쟁 포로 및 노예를 시켜 경작하게 하는 제도가 라티푼디움이다. 라티푼디움은 기원전 2세기 이래 남이탈리아와 시칠리아를 비롯하여 속주의 여러 곳에 퍼졌다.

로마 공화정 Rome共和政 ■■

기원전 6세기 로마 인이 왕을 추방하고 공화정을 수립하였다. 로마 공화정을 움직인 정치 기구는 군대를 지휘하거나 행정을 담당하는 집정관, 외교와 재정 문제 및 집정관에 대한 자문을 담당하는 원로원, 그리고 관리 선출과 입법, 재판 및 국가 주요 정책 등을 결정하는 민회이다. 귀족 정치의 색채가 강하였고 평민은 참정권이 인정되지 않아 귀족과 오랫동안 대립하였다.

로마 법 Roma法 ■■■

로마 인이 남긴 최대의 문화 유산은 로마 법이었다. 로마 법은 관습법을 성문화한 12표법 이래 평민들의 신분 투쟁과 함께 각지의 관습법을 받아들여 속주민에게도 적용되는 만민법으로 발전하였는데, 이것들은 6세기 비잔틴 제국의 유스티니아누스 황제 때 《로마 법 대전》으로 집대성되었다.(→ 그리스 민주화의 진전)

로마의 평화 ■■

지중해 세계를 제패한 고대 로마 지배 밑에서의 평화의 시대 및 그 상태로, 흔히 원음대로 '팍스 로마나'라고 한다. 시대적으로 넓게는 아우구스투스의 천하 평정 뒤인 1~2세기, 좁게는 오현제 시대를 가리킨다. 대외 전쟁이 전혀 없었던 것은 아니지만, 상업 무역이 번창하였고 균질의 문화가 지배 영역에도 골고루 미쳐, 수도 로마의 주민이나 속주민 모두 태평 시대를 누렸다.

리키니우스-섹스티우스 법 ■■

고대 로마 법률의 하나로, B.C. 367년에 호민관이던 리키니우스와 섹스티우스 두 사람이 성립시킨 법률을 말한다. 이 법에는 세 가지 다른 내용이 들어 있다. 첫째는 이전까지 국정을 담당하는 최고 관직이었던 트리부누스를 폐지하고 두 명의 콘술, 즉 집정관과 한 명의 법무관을 설치하되 콘술 중에서 한 명은 평민으로 정하여 최초로 평민에게 최고 관직의 길을 열었다. 둘째는 부채에 관한 것인데, 부채의 상환은 3년 분할 지급으로 하고 이자는 원금에서 공제하여 지불해도 좋다고 하였다. 셋째는 농지에 관한 것인데, 공유지 선점(先占)을 한 명당 500유게라(약 125헥타르)로 제한하고, 공유 목지(牧地)에 방목할 수 있는 가축 수도 한정하고 있다.

마니교 Mani敎 ■■

3세기경 페르시아 인인 마니가 창시한 것으로, 그리스도교, 불교, 바빌로니아 원시 신앙의 여러 요소가 혼합되어 선과 악, 광명과 암흑 등의 이원론적 세계관을 가진 종교이다. 계율은 엄격한 동양적 금욕주의를 채택하였으며, 포교를 위하여 교회주의와 성직자 계급제를 취하였다. 7세기 말 페르시아 인이 당나라에까지 전하였으나, 이슬람교가 보급되자 차차 쇠퇴하였다.

만리 장성 萬里長城 ■■

춘추 전국 시대 이래 중국의 역대 왕조가 변경을 방위하기 위하여 세운 성벽으로, 시황제 때 흉노를 막기 위하여 고쳤다. 한대까지의 장성은 거의 흙으로 쌓은 것이지만, 현존하는 명대의 장성은 그보다 남쪽에 있

으며, 단단한 벽돌로 되어 있다. 지도상으로는 약 2,700킬로미터이지만, 실제는 약 6,400킬로미터에 걸쳐 동서로 뻗어 있는 인류 역사상 최대 규모의 토목 공사 유적이다.

맹자 孟子 ■ ■

중국 전국 시대의 사상가로, 인간의 본성을 인, 의, 예, 지의 네 가지 덕으로 보았고, 성선설을 주장하였으며, 의를 강조하였다.

무제 武帝 ■ ■ ■

한(漢)나라의 황제로, 흔히 '한무제'라고 부른다. 흉노 정벌 등 잦은 대외 원정 사업으로 재정난을 겪자 균수법, 평준법, 전매제 등의 경제 정책을 실시하여 국가 재정을 충당하였다. 균수법과 평준법은 국가가 상인의 역할을 대행한 것으로, 중농 억상 정책의 하나이며, 농민이 그 이익을 보았다. 이러한 무제의 경제 정책은 민간 경제에 대한 국가의 적극적인 통제를 의미하여, 군현제로 상징되는 정치적 중앙 집권 체제가 경제 면에서도 구현되었다고 할 수 있다. 동중서의 건의에 따라 태학과 5경 박사를 설치하여 유학을 진흥하였다.

묵가 墨家 ■

제자백가의 하나로, 묵자를 비조로 하는 묵가는 가족이나 국가의 경제를 초월한 겸애(兼愛)의 정신을 역설하였다. 전국 시대에는 유가와 나란히 가장 유력한 학파였다.

밀라노 칙령 Milano勅令 ■

313년 2월에 로마 제국의 콘스탄티누스 1세와 리치니우스가 밀라노에서 회담하고 같은 해 6월에 발포한 칙령이다. 로마 제국 내에서 그리스도교의 자유를 허용한다는 내용이 포함되어 박해 시대에 몰수되었던 교회의 재산이 모두 반환되었고, 그리스도 교도를 속박하던 법률도 모두 폐지하였다. 로마 제국이 그리스도교와 융합하는 방향으로 결정적인 일보를 내디뎠다는 점에서 밀라노 칙령은 역사의 전환점이라고도 할 수 있는 중요한 위치를 차지한다.

법가 法家 ■ ■ ▪

상앙, 한비, 이사와 같은 법가는 법의 일원적 지배, 군주 권력의 절대화를 통한 부국 강병의 실현을 정치의 목표로 삼았다. 법가는 진의 통일에 기여하였다.

분서갱유 焚書坑儒 ■ ▪

중국 진(秦)의 시황제가 시행한 학술 · 사상의 통일 방안(B.C. 213~212)으로, 의약서 · 복서 · 농서 등을 제외한 민간의 서적, 특히 봉건제를 찬양한 유가의 서적들을 불태우고, 학자를 생매장해 죽인 일을 말한다. 이 분서갱유 때문에 춘추 전국 시대 이래 제자백가의 학문은 제대로 발전하지 못하였고, 많은 고서 · 고기록이 없어져 중국 문화에 큰 손실을 가져왔다.

불교 佛敎 ■ ■ ▪

B.C. 6세기 말에서 4세기 초경 동북 인도에서 창시된 종교로, 창시자는 고타마 싯다르트, 즉 석가모니이다. 브라만교가 엄격한 신분 제도인 카스트 제도를 바탕으로 지나치게 의식을 강조하는 데에 반대하여, 불교는 만민 평등 사상과 정신적 해탈을 강조하였다. 불교 성립에 가장 영향력이 컸던 계층은 통일 제국의 성립 과정에서 전쟁과 정치를 담당하며 세력이 커진 크샤트리아 계층과 상공업으로

경제력을 장악한 바이샤 계층이었다. 불교는 최초의 통일 왕조인 마우리아 왕조와 뒤를 이은 쿠샨 왕조에서 발달하였다.

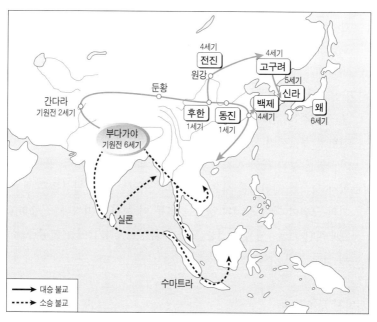

불교의 전래도

브라만 Brahman ■ ■

인도에서의 폐쇄적인 카스트 제도에서 가장 높은 지위인 승려 계급으로, 제사를 담당하는 계층을 말한다. 바라문, 파라문, 브라흐마나라고도 한다.

브라만 brahman ■ ■

인도 정통 브라만교 사상의 '우주의 최고 원리'를 나타내는 인도 철학의 용어로, 한자로 '범(梵)'이라 한다.

비단길 ■ ■ ■

중국에서 서역까지 연결되는 사막길로, 중국과 서역의 경제·문화적 교역로로서 매우 중요한 역할을 하였다. 한 무제가 서역에 파견한 장건에 통해 알려졌으며, 당나라 말까지 가장 중요한 동서 교통로였으며, 인도와 중국과의 교류도 이 길을 경유하였다.

사기 史記 ■ ■

중국 전한(前漢)의 역사가인 사마천의 저서로, 상고의 황제로부터 전한의 무제까지 2천 수백 년에 걸친 통사(通史)이다. 이 책은 본기·열전 등과 같이 성질이 서로 다른 역사 기술 방법을 병용한 종합사 형식인 기전체를 사용하고 있다. 이러한 서술 방식은 후세 사가의 모범이 되어 중국의 정사는 모두 이 형식을 따랐다. 신중하고 객관적인 기술, 생생한 인물 묘사가 특징인 《사기》에는 고금(古今)의 명문 등이 기록되어 있다.

사마천 司馬遷 ■

사마천(B.C. 145?~B.C.86?)은 중국 전한 시대의 역사 학자로, 《사기》의 저자이다. 그는 역사학의 의미를 사실의 정확한 검토를 통하여 인간의 종합적 가치를 결정하고 인과 관계의 불합리성을 하늘(天)을 대신하여 수정하는 것으로 파악하였다.

사산 왕조 Sasan 王朝 ■

208~224년에 아르다시르 1세가 세워 637~651년 아랍 인들이 멸망시킨 고대 이란 왕조이다. 6세기 호스로 1세 때 전성기를 맞았으며, 사산 왕조의 통치 속에서 이란의 민족주의가 부활하였다. 조로아스터교가 국교로 인정되었으며, 다른 종교의 지지자들은 여러

차례에 걸쳐 공공연히 박해를 받아야만 하였다. 정치는 중앙 집권적이어서 지방 관리들은 왕에 대하여 직접적인 책임을 졌으며, 도로와 도시 건설, 그리고 농업까지도 정부의 직접적인 재정 지원을 받았다.

삼두 정치 三頭政治 ■ ■

로마가 공화정에서 제정으로 넘어가는 과도기에 나타났던 정치 형태이다. 원래는 고대 로마의 관직인 '3인 위원'을 가리켰으나, 뒤에 세 명의 정계 유력자가 결탁하여 정권을 독점하는 것을 일컫는다. B.C. 60년에 폼페이우스, 카이사르, 크라수스 세 사람이 파벌을 중심으로 하는 원로원에 대항하여 정치상 서로 이해에 반하는 일을 하지 않을 것을 밀약하고 제1차 삼두 정치가 시작되었다. 하지만 크라수스의 전사 뒤 해체되었으며, 폼페이우스와 카이사르의 세력 다툼에서 카이사르가 승리하여 독재 정권을 수립하였다. B.C. 44년 카이사르가 암살당한 뒤, 옥타비아누스, 안토니우스, 레피두스 세 사람이 B.C. 43년에 '국가 재건을 위한 3인 위원'으로 임명되면서 제2차 삼두 정치가 시작되었다. 이 세 명의 지위는 B.C. 37년에 다시 5년 연장되었으나 B.C. 36년 레피두스가 탈락되어 해체되었다. 그 뒤 B.C. 31년에 옥타비아누스가 악티움 해전에서 안토니우스에게 승리함으로써 공화정은 무너지고 제정이 수립되었다.

상앙의 변법 ■ ■ ■

기원전 4세기, 진의 상앙은 법가 사상에 입각한 일련의 부국 강병을 위한 개혁 정책을 마련하였다. 그는 군현제의 실시와 새로운 토지·조세·징병 제도를 만들고, 법을 엄격하고 획일적으로 시행할 것을 강조하였다. 또한 모든 사람들에게 농사나 군역과 같은 생산적인 직업을 갖도록 강요하였고, 상업을 억제하였으며, 백성들 사이에 상호 감시 체제를 세웠다.

서양 문화의 발전 과정 ■■

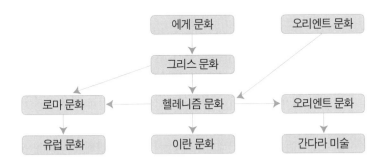

소크라테스 Socrates ■■

아테네의 철학자인 소크라테스(B.C. 469~B.C. 399)는 객관적 진리의 존재를 부인하는 소피스트에 반대하여 객관적 진리를 강조하였다. 그는 인간의 삶에 대한 보편적인 진리를 탐구하고, 기존의 사회 통념을 재검토하였다. 이러한 그의 활동은 사람들의 반감과 오해를 초래하여, '국가의 신을 부인하고 청년을 부패시켰다' 는 구실로 소송당해 사형 선고를 받아 독배를 마시고 죽었다.

소피스트 Sophist ■■

원래 소피스트란 '뛰어난 자' 또는 '지식 있는 자' 를 의미하는 말이었는데, 기원전 5세기경부터 수사와 변론을 가르치는 직업 교사를 지칭하였다. 소피스트는 인간을 만물의 척도라 하여 절대적 진리를 부정하였다. 뒤에 소피스트들의 궤변으로 중우 정치를 조장하였기 때문에 소크라테스로부터 비판받았다.

솔론 Solon ■■

아테네의 입법가인 솔론(B.C. 640?~B.C. 560?)은 재산 정도에 따른 참정권 배정을 통하여 귀족과 평민 사이의 대립을 조정하고자 하였다. 아울러 그는 '솔론의 개혁'을 실시하였다. '솔론의 개혁'은 부채 탕감, 채무 노예의 해방과 금지, 재산에 따른 참정권의 배정, 새로운 법률 제정, 통화 개혁 등을 담고 있다.

수로교 水路橋 ■■

로마의 실용적 문화를 대표하는 건축물로, 수도 · 발전 · 관개용 수로나 운하 등이 통과하기 위한 다리의 총칭이다. 역사적으로 유명한 수로교로 현존하는 것 중 가장 오래된 것은 로마의 아피아 수로교로, B.C. 350년에 건설된 석조 아치 수로교이다. 로마 제국의 수도에 만들어진 정교한 수로 체계는 지금까지도 토목 공사에서 대단한 위업으로 남아 있다.

스토아 학파 stoa學派 ■■■

고대 그리스 · 로마 시대의 철학으로, 헬레니즘을 대표하는 철학이다. 스토아 학파는 모든 탐구의 목표는 평온한 마음과 확실한 도덕을 낳는 행동 양식을 인간에게 제시하는 것이라고 주장하였다. 흔히 금욕을 강조하였다고 알려져 있으며, 로마 시대의 현실적인 로마인의 성격에 알맞아 지식층에 널리 퍼졌다.

스파르타 Sparta ■ ■ ■

고대 그리스의 도시 국가 중 하나이다. 스파르타는 소수의 시민이 다수의 피정복민을 노예로 삼아 농사를 짓게 하였다. 시민들은 엄격한 군사 훈련을 받았으며, 이 때문에 그리스 최강의 군대를 유지하였다. 델로스 동맹에 반대하여 펠로폰네소스 동맹을 결성, 아테네와의 전쟁에서 이겨 패권을 잡았다. 하지만 오래 가지 못하고 테베에 져 멸망하였다.

스파르타쿠스의 노예 반란 ■ ■

트라키아 출신의 글라디아토르, 즉 검투사 스파르타쿠스가 일으킨 고대 로마의 노예 반란을 뜻한다. 기원전 73년, 카푸아의 검투사 노예 양성소에서 스파르타쿠스를 비롯한 약 70명의 검투사들이 탈주한 것에서 시작하여 한때는 9만의 세력이 남이탈리아를 휩쓸었으나 폼페이우스에게 진압되었다. 이것을 계기로 로마 지배자는 노예의 처우를 개선하는 등 콜로누스 화의 길을 열었다. 그 뒤 스파르타쿠스라는 이름은 자유와 인간 회복을 요구하는 대명사가 되어 볼테르, 레닌, 로자 룩셈부르크 등 혁명가들에게 많은 자극을 주었다.

시황제 始皇帝 ■ ■ ■

중국 진나라의 초대 황제인 시황제(B.C. 259~B.C. 210)는 전제적인 집권 체제 확립을 위하여 군현제 실시, 화폐 · 도량형 · 문자의 통일, 사상적 통일(분서갱유)을 하였으며, 교통망을 대대적으로 건설하여 거대한 제국을 건설하였다. 하지만 과중한 부담과 희생을 요구하여 그가 죽은 뒤 제국은 곧 붕괴되었다.

신바빌로니아 新Babylonia ■

메소포타미아의 바빌로니아에 있었던 칼데아 인의 왕국(B.C. 625~B.C. 539)을 말한다. 네부카드네자르 2세 때가 최성기였는데, 이때 두 번에 걸쳐 수천 명의 유대인에 대한 '바빌론의 유수'가 이루어졌다. 신관(神官)의 배신으로 페르시아의 힘에 굴복하기 전까지 신바빌로니아는 메소포타미아 지방의 문화를 계승·발전시켰고, 특히 천문·역법에 뛰어났다.

12표법 十二表法 ■ ■

기원전 450년에 제정된 로마 최초의 성문법으로, 당시 중장 보병으로 참여한 평민들의 발언권 신장과 관련하여 평민의 권리를 법률로 보호하는 것이 12표법이다. 이 법은 로마 시민에게만 적용된 시민법으로, 그 뒤 로마의 팽창에 따라 속주민에게도 적용되는 만민법으로 발전하였다.(→ 그리스 민주화의 진전)

아고라 agora ■

아크로폴리스의 기슭에 있는 광장으로, 집회장·재판소 등의 공공 시설(행정)과 시장(상업 활동)이 있었으며, 시민들의 사교나 토론의 장(민회)이 되었다.

아리스토텔레스 Aristoteles ■ ■

그리스의 철학자이자 플라톤의 제자이기도 한 아리스토텔레스

(B.C. 384~B.C. 322)는 알렉산더 대왕의 스승이었으며, 아리스토
텔레스 학파를 창시하였다. 논리학 체계를 완성하고, 인문 · 사회 ·
자연의 모든 분야에 걸친 학문 체계를 세웠다.

아소카 왕이 세운
석주의 사자상

아소카 왕 Asoka王 ■■

고대 인도 마우리아 왕조 제3대 왕(B.C. 268?~B.C.
232?)으로, 인도 남부를 제외한 인도 전역을 통일하여
전성기를 맞이하였다. 상비군과 관료제를 통하여 정복지
에 강력한 통치권을 행사하였으나, 화폐와 문자의 통일
이 없어 그의 사후 반세기 만에 멸망하였다. 문화적으로
불교를 장려하였으며, 불교의 경전을 편찬, 전파하였다
(소승 불교). 불교의 자비와 불살생, 비폭력의 이상을 통
치의 기본으로 선언하였으며, 그 실천을 강조하는 내용
을 새긴 석주와 성지 순례를 기념하는 불탑을 세웠다.

아시리아 Assyria ■■

메소포타미아 북부의 지명이며 옛 제국의 이름이다. 아시리아 인은
셈 족계로서 설형 문자를 사용하였다. 아시리아 인은 오랫동안 바
빌로니아의 세력 밑에 있었으나, B.C. 19세기경 건설된 아수르 시
(市)가 자립, 확대되어 국명의 기원이 되었다. B.C. 7세기에는 바
빌로니아와 이집트를 정복해서 오리엔트 최초의 통일 제국이 되었
다. 그러나 반항적인 점령지 주민의 강제 이주 등 가혹한 통치에 대
한 반감이 강해져, B.C. 612년에 신바빌로니아 · 메디아 연합군이
수도 니네베를 함락하였고, 이어 B.C. 609년 아시리아는 완전히
멸망하였다. 아시리아 문화는 바빌로니아 계를 계승한 것으로, 왕
궁 벽화의 전쟁 · 수렵 등 부조가 유명하다.

아케메네스 왕조 Achaemenes王朝 ■ ■

기원전 550경~기원전 330년에 번영한 고대 이란의 국가이다. 아리아 인계의 페르시아 인이 페르시스 지방에 건국하여, 족장 아케메네스의 손자 키루스 2세가 시조가 되었다. 다리우스 1세 때 크게 세력을 뻗쳐, 행정 조직을 정비하고 군용 도로, 역전(驛傳) 제도를 완비하였다. 페르시아 전쟁에서 그리스에 패하였고, 다리우스 3세 때 알렉산더 대왕의 원정군에게 패하여 멸망하였다. 종교는 조로아스터교였으며, 페르시아 어 · 아랍 어 · 바빌로니아 어 등을 사용하였다. 또한 독자적 양식을 지닌 페르시아 미술을 발달시켰다.

아크로폴리스 acropolis ■

고대 그리스의 폴리스에서 아고라와 함께 중심시의 중요부를 구성하였던 얕은 언덕을 말한다. 시가지가 내려다보이는 요지가 선택되어, 폴리스의 수호신을 비롯한 신들의 신전이 건설되었다. 아크로

아크로폴리스

폴리스는 긴급할 때 피난처와 요새로서의 역할도 지니고 있었으며, 그 신전의 내부는 폴리스의 국고(國庫)로 이용되었다.

아테네 Atenae ■■■

고대 그리스의 도시 국가. 해상 무역을 기반으로 하여 성장하였고, 해군력이 발달하였다. 자유 분방한 사회였으며, 민주 정치를 이룩하였다.(→ 아테네의 정치적 발전)

아테네의 정치적 발전 ■■■

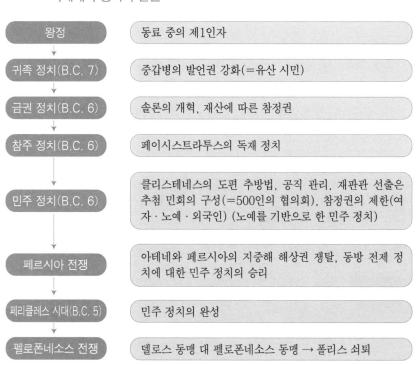

왕정	동료 중의 제1인자
귀족 정치(B.C. 7)	중갑병의 발언권 강화(=유산 시민)
금권 정치(B.C. 6)	솔론의 개혁, 재산에 따른 참정권
참주 정치(B.C. 6)	페이시스트라투스의 독재 정치
민주 정치(B.C. 6)	클리스테네스의 도편 추방법, 공직 관리, 재판관 선출은 추첨 민회의 구성(=500인의 협의회), 참정권의 제한(여자 · 노예 · 외국인) (노예를 기반으로 한 민주 정치)
페르시아 전쟁	아테네와 페르시아의 지중해 해상권 쟁탈, 동방 전제 정치에 대한 민주 정치의 승리
페리클레스 시대(B.C. 5)	민주 정치의 완성
펠로폰네소스 전쟁	델로스 동맹 대 펠로폰네소스 동맹 → 폴리스 쇠퇴

아피아 가도 Appia街道 ■

로마의 실용적 재능을 보여주는 건축물로, 기원전 312년에 착공된 가장 오래된 로마의 길이다. 두께가 1미터 정도의 모르탈과 작은 돌로 다져져 있다. 아피아 가도는 군사, 행정, 교역, 문화 교류의 역할을 하였다.

알렉산더 대왕 Alexander大王 ■■■

마케도니아의 왕(B.C. 356~B.C. 323.6)으로, 필리포스 2세의 아들이다. 소년 시절에 아리스토텔레스의 가르침을 받은 그는 열 여섯 살 때 이미 아버지의 해외 원정중에는 정무를 대행하였고, 아버지가 암살되자 스무 살의 나이로 왕위에 올라 그리스의 반란을 진압하고 그리스를 멸망시켰다(B.C. 338년). 이어 오리엔트 전역을 정복하여 유럽, 아시아, 아프리카의 세 대륙에 걸친 대제국을 건설하였으나 B.C. 323년 병으로 죽고 말았다. 페르시아 인과의 혼인을 통하여 동·서 융합을 꾀하려고 노력하였으며, 교통로를 정비하여 경제 발전을 촉진하였다. 이를 통하여 동서 교통을 용이해졌다. 아울러 그는 각지에 식민지를 건설하여 그리스 문화를 보급하였다. 그의 사후 제국은 시리아, 이집트, 마케도니아로 분할되었다.

에게 문명 Aegae文明 ■■

에게 해 주변의 청동기 문명으로, 최초의 해양 문명이자 유럽 최초의 문명으로 볼 수 있으며, 메소포타미아 문명, 이집트 문명과 접하여 일어났다. 에게 문명은 에번스가 발견한 크레타 문명과 슐리만이 발견한 그리스 본토의 미케네 문명으로 나뉜다. 크노소스 유적이 대표적인 크레타 문명은 기원전 15세기 미케네 인에게 넘어갔고, B.C. 12세기에 제2차 그리스 인의 침입으로 완전히 붕괴되었다. 미케네 문명은 본토에 남하하여 정주한 그리스 인이 크레타 문명의 영향 아래에서 형성하였다. 미케네 문명은 성채 유적과 무기가 훌륭하지만, B.C. 12세기에 제2차로 남하한 그리스 인(도리아인)에게 파괴되었다.

에피쿠로스 학파 Epikouros學派 ■ ■

고대 그리스의 철학자인 에피쿠로스의 설을 신봉한 한 학파이다. 헬레니즘 시대에 스토아 학파와 비슷한 세력을 형성하였고, 그리스도교의 성장에 따라 압박을 받다가 소멸되었다. 고대의 논쟁에서는 일반적으로 쾌락 · 행복이 최고선이라고 주장하는 쾌락주의와 같은 의미로 사용되었다. 선을 쾌락으로 보고, 최고선과 궁극적인 목적을 고통이 없는 몸과 마음의 상태와 동일시하며, 모든 인간 관계를 효용의 원리로 환원하고, 모든 욕망의 제한과 덕의 실천, 은둔 생활을 역설하였다.

예수 그리스도 Jesus Christ ■ ■

그리스도교의 창시자이다. '예수'는 '여호와(이스라엘의 하느님)는 구원이시다'라는 뜻의 히브리 어 인명인 여호수아의 그리스 어 음역이며, '그리스도'는 '기름 부음을 받은 자', 즉 구세주 · 왕이란 뜻이다. 유대 왕인 헤로데 시대에 베들레헴에서 태어나, 서른 살 때 요단강에서 세례 요한에게서 세례를 받고, 40일 동안 광야에서 기도한 뒤 갈릴리 지방에서 제자들을 모아 선교 활동을 시작하였다. '신의 사랑', '이웃 사랑'을 강조하였으나, 친 로마 계 제사장들과 바리새 인들은 그를 정치적 반란의 지도자로 총독 빌라도에게 넘겼고, 이어 십자가에 못 박혀 죽었다. 그는 자신의 죽음이 《구약 성서》를 바탕으로 한 만민을 위한 속죄의 희생임을 자각하였고, 예수

의 현현(顯現)을 경험한 제자들은 예수의 부활을 확신하여 그를 구
세주로 섬겼으며, 이들로부터 그리스도교가 널리 전파되었다. 사도
바울과 〈요한 복음〉을 쓴 사람들이 제국 내로 전파함으로써 이스라
엘 민족의 테두리를 벗어나 세계적인 종교로 퍼졌다.

오두미교 五斗米敎 ■

중국 한대에 불교, 도가 사상, 신선 사상, 민간 신앙 등이 결합되어
성립한 도교의 하나로, 태평도와 함께 도교의 원류를 이룬다. 기도
로 병을 고쳐 주고 그 사례로 쌀 다섯 말을 받았다는 데에서 이 종
교의 이름이 유래하였다.

오디세이 Odyssey ■

고대 그리스의 시인인 호메로스가 트로이 전쟁을 주제로 쓴 서사시
로, 트로이 전쟁 뒤 영웅 오디세이의 귀국 모험담을 그렸다.

오현제 五賢帝 ■

로마의 평화라고 이야기되는 시기의 다섯 명의 황제인 네르바
(96~98 재위), 트라야누스(98~117 재위), 하드리아누스
(117~138 재위), 안토니누스 피우스(138~161 재위), 마르쿠스
아우렐리우스(161~180 재위)를 말한다. 이 시대는 평화와 번영의
시대로, 각 처에 로마 식 도시가 세워졌으며, 속주민도 로마 문화의
혜택을 입었다.(→ 로마의 평화)

옥타비아누스 Octavianus ■ ■ ■

그의 양부인 카이사르가 죽은 뒤 안토니우스, 레피투스와 함께 제2
차 삼두정을 수립하였다. 로마의 지배권을 잡은 옥타비아누스는 원

로원으로부터 '존엄자'란 의미의 아우구스투스라는 칭호를 받았지만, 옥타비아누스 자신은 스스로 프린켑스, 즉 '제1의 시민'이라 불렀다. 하지만 중요 관직을 독점하여 사실상 황제와 다름없으므로 이때부터 제정 시대라고 부른다. 군제 · 세제의 개편, 속주 통치의 개선, 공공 사업의 추진 등을 통하여 국정 전반을 쇄신하여 로마 제정의 기반을 확립하였다.

왕도 정치 王道政治 ■

왕도 정치란 맹자의 정치 사상으로, 이상적인 정치 형태를 말한다. 이것은 인간의 집단인 국가 사회나 더 나아가 인류 사회에 있어서 민생의 안정과 인간다운 삶의 성취를 목적으로 하고 그 목적을 실현하는 방법에 있어서 힘과 무력에 의한 강제적 해결이 아닌 통치자의 인격과 덕의 감화력에 의한 평화적이고 순리적인 해결을 바람직한 것으로 보는 사상이다.

우파니샤트 철학 Upanisad哲學 ■■

우파니샤트란 원래 베다의 최종 부분에 해당하는 철학서로서, 베다의 극치인 《오의서(奧義書)》를 의미한다. 근본 교의는 대우주(자연계)의 본체=범(梵)이라 하고, 소우주(개인)의 본체=아(我)의 본질은 같다는 범아일여(梵我一如)의 사상을 말한다. 이러한 범아일여의 진리를 깨달으면 인간은 윤회의 속박에서 벗어나 열반의 경지에 이른다고 하였다. 이 사상은 불교의 성립에도 큰 영향을 미쳤다.

유가 儒家 ■■■

춘추 전국 시대의 제자백가 중 하나로, 공자, 맹자, 순자가 주장하였으며, 효제(孝悌)의 가족 도덕에 기초를 두고 예로써 정치를 해야 한다고 주장하였다. 한대 이후 음양가 · 법가 · 묵가 · 도가 등을 절충하여 보다 현실적인 사상이 되었으며, 황제의 권위, 사대부 · 관료의 권익을 동시에 옹호하여 환영받았다.

유방 劉邦 ■

초의 귀족 출신으로, 항우와의 싸움에서 승리하여 천하를 통일한 한나라의 고조(B.C. 247?~B.C. 195)이다. 군현 제도와 봉건 제도를 조화시킨 군국 제도를 실시하였으며, 그의 군국 제도는 중앙 집권 체제의 약화와 소농민의 토지를 겸병한 호족의 성장을 초래하였다.

일리아드 Illiad ■

고대 그리스의 시인인 호메로스가 트로이 전쟁을 주제로 쓴 서사시로, 영웅들의 활약상을 그리고 있다.

자연 철학 自然哲學 ■ ■

기원전 6세기에 밀레투스를 중심으로 한 이오니아 지방에서 발전한 학문이다. 이오니아 학파 철학자들의 주된 관심은 만물의 근원을 추구하는 데에 있었다. 탈레스는 만물의 근원을 물이라고 하였으며, 아낙시만드로스는 무한정한 것이라고 하였다. 피타고라스는 수(數)를, 헤라크레이토스는 불과 '만물의 유전'을 근원이라 하였다. 이에 대하여 파르메니테스는 실재는 완전하고 불가분의 거대한 전체라고 주장하였다. 자연 철학은 데모크리토스의 원자론적 유물론에 이르러 절정에 달하였다. 데모크리토스는 더 이상 나누고 쪼갤수 없는 물질의 근원을 원자(atom)라 하면서, 우주는 무한한 다수의 원자로 이루어져 있다고 주장하였다.

자이나교 Jina敎 ■■

자이나교는 불교와 거의 같은 시대에 브라만교에 반대하여 바르다 나마가 창시한 종교이다. 이 종교는 우주의 구성 요소를 영혼과 비영혼으로 크게 나누어, 비영혼이 물질과 육체를 구성하여 영혼을 속박하고 고뇌를 낳게 한다고 보았다. 그럼으로써 영혼을 정화하기 위하여 철저한 고행과 금욕을 권하고, 불살생, 진실어(眞實語), 부도(不盜), 불음(不淫), 무소유의 오계(五戒)의 철저한 이행을 주장하였다. 이러한 철저함 때문에 자이나교는 크게 유행하지 못하였다.

장자 莊子 ■

전국 시대 도가의 한 사람인 장자(B.C. 369~B.C. 289?)는 욕망을 버리고 무위 자연의 태도로 자연의 변화에 순응하여 본성에 맞는 삶을 사는 것이 곧 행복이라고 보았다.

제자백가 諸子百家 ■■■

춘추 전국 시대의 여러 학파. 춘추 전국 시대에는 정치적 혼란에도 불구하고 사회, 경제, 문화 면에서는 급격한 변화와 발전을 이루었다. 제자백가는 이와 같이 기존 질서의 붕괴로 격동하는 사회를 반영하여, 시대에 필요한 새로운 가치와 규범을 다양하게 제시하였다. 후세에 특히 영향력이 컸던 학파로는 유가, 법가, 도가를 들 수 있다. 이 중 주나라를 모범으로 생각한 것은 유가이고, 자연적인 질서로 복귀할 것을 주장한 것은 도가이다. 이러한 제자백가는 중국인들의 현실주의를 반영하고 있다.(→ 유가, 도가, 법가)

조로아스터교 Zoroaster敎 ■

조로아스터(자라투스트라)가 창시한 종교로, 불을 신성시하는 토속 신앙을 바탕으로 하고 있어서 배화교라고도 불린다. 조로아스터교 의 경전인 《아베스타》는 세계 역사를 선과 악의 양쪽 신의 투쟁 과 정이며, 인간은 선신을 믿음으로써 이 세상에서 악을 내쫓아야 한 다고 이야기한다. 선과 악, 이 양쪽 신의 싸움은 결국 선신의 승리 로 끝나며, 최후의 심판을 통하여 선신을 믿은 자는 천국에, 악신 편을 든 자는 지옥에 떨어진 뒤 최종적으로는 선신이 모든 인간을 구원한다고 생각하였다. 특히 천국과 지옥, 구세주, 최후의 심판에 대한 믿음은 유대교와 그리스도교, 이슬람교에 영향을 끼쳤다.

조몬 문화 繩文文化 ■

B.C. 4000년대 또는 B.C. 3000년대부터 시작된 것으로 보이는 일본의 대표적인 선사 시대 문화이다. 일본의 전국 각지, 특히 동부 지역에서 유물이 많이 발견되었다. 조몬 문화를 대표하는 유물은 토기이다.

중국 지배 계층의 변화 ■ ■ ■

국가	한		위·진·남북조	수	당	송	명	청
	전한	후한						
지배층	호족		호족→귀족	귀족	귀족	사대부, 형세호	신사층(향신층)	

중국 유학의 변천 ■ ■ ■

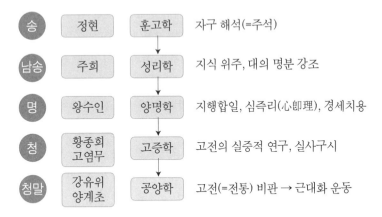

송	정현	훈고학	자구 해석(=주석)
남송	주희	성리학	지식 위주, 대의 명분 강조
명	왕수인	양명학	지행합일, 심즉리(心卽理), 경세치용
청	황종희 고염무	고증학	고전의 실증적 연구, 실사구시
청말	강유위 양계초	공양학	고전(=전통) 비판 → 근대화 운동

중장 보병 重裝步兵 ■ ■ ■

호플리테스(hoplites)라고도 부르는 고대 그리스의 전사로, B.C. 8세기 후반에 출현하였다. 지름 약 1미터의 둥근 청동제 방패, 청동 투구, 청동 · 가죽 · 삼베 등으로 된 흉갑과 정강이싸개, 길이 2~2.5미터의 철창과 단검으로 무장하고 팔랭크스(밀집대)를 조직하여 전쟁을 하였다. 처음에는 말을 타고 전쟁터로 나가는 귀족이 중심이었지만, B.C. 7세기 후반부터는 부유한 평민이, 또 B.C. 6

중장 보병

로마의 중장 보병

세기부터는 광범위하게 중소 시민까지 도보로 전쟁에 임하는 장갑 보병이 되어 B.C. 5세기부터 B.C. 4세기 전반에는 장갑 보병이 그리스의 주요 전사가 되었다. 로마에서는 B.C. 6세기 중반 무렵, 대개 에트루리아 인을 통하여 그리스의 장갑 보병 장비가 도입되어 B.C. 4세기 초까지 사용한 것으로 보인다. 중장 보병으로 복무한 평민들의 세력이 점차 커졌다.

지중해 세계 地中海世界 ■

고전 고대라는 개념에 대치되는 지리적 개념으로, 고대 그리스와 로마의 역사를 동질성과 연속성을 가지는 하나의 역사 단위로 간주하여 역사 발전의 역동성을 담아 내는 용어로 생각된다.

진 秦 ■■■

중국 최초의 통일 국가(B.C. 221~B.C. 207)이다. 춘추 시대에는 목공이 동쪽으로 진출하여 오패(五覇)의 하나가 되었으며, 전국 시대에는 효공이 상앙을 등용하여 부국 강병책을 실시하였고, 동쪽으로 진출을 강화하여 나중에 진왕정(시황제)이 6국을 멸하고 B.C. 221년 통일을 달성하였다. 그는 중앙 집권 정치를 실시하였으나, 그의 사후에 반란이 일어나 B.C. 207년 진은 멸망하고 한나라가 건국하였다. 차이나 (China)라는 중국의 영문 이름은 진에서 유래하였다.

진시황릉 병마용갱

참위 사상 讖緯思想 ■

진(秦)대에 비롯한 일종의 예언학으로, 음양 오행설에 바탕을 두어 일식, 월식, 지진 등의 천재(天災) 지이(地異)나 은어(隱語)로써 인간 사회의 길흉, 화복을 예언하는 학설이다. 한대, 특히 후한 시대에 유행하였는데, 뒤에 그 폐해가 극심하여 금하였다.

참주정 僭主政 ■

고대 아테네에서 귀족과 평민의 대립을 이용하여 독재권을 행사한 자들을 참주라고 하며, 그에 의한 정치 체제를 참주정이라고 한다. 평민 지도자이며 장군인 페이시스트라토스가 행하였다. 도편 추방법을 제정하고 난 뒤 민주정이 이루어졌다.

춘추 전국 시대 春秋戰國時代 ■■■

서방의 유목민인 견융이 호경을 공략한 이듬해에 주가 수도를 동쪽의 낙양으로 옮기고 난 뒤부터 진(晉)이 한 · 위 · 조로 분열할 때(기원전 403년)까지를 춘추 시대라고 하며, 그 뒤 진(秦)이 중국을 통일하기까지를 전국 시대라고 한다. 주 왕실이 명목상의 권위를 유지하고 있던 춘추 시대에는 오패(五覇)가 나타났으며, 다음의 전국 시대에는 칠웅(七雄)이라 불리는 강국들이 힘을 겨루었다. 이 사이에 주의 봉건 제도가 해체되었으며, 새로운 질서 형성의 길을 찾아 사상계가 활발한 움직임을 보였다. 춘추 전국 시대는 중국 전통 사회의 기본적인 성격이 형성된 시기였다. 약육강식의 정복 전쟁으로 여러 제후국이 7개의 강국에 통합되었다. 아울러 이 시대에 철제 농구, 우경(牛耕), 관개 시설이 보급되고, 생산력이 증대되었으며, 사상적으로 제자백가가 등장하였다.

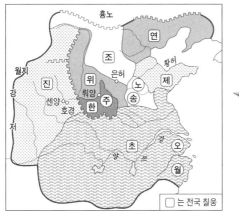

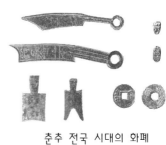

춘추 전국 시대의 화폐

전국 시대의 중국(기원전 5세기)

카이사르 Caesar ■ ■

로마 공화정 말기의 장군이자 정치가(100?~B.C. 44)로, 영어명의 '시저'이다. 인척 관계 때문에 평민파에 속한 그는 B.C. 60년 크랏수스, 폼페이우스와 같이 제1차 삼두 정치를 행하였다. 하지만 크랏수스가 전사한 뒤 카이사르와 폼페이우스는 심하게 대립하였다. 이에 카이사르는 "주사위는 던져졌다"라는 말과 함께 루비콘 강을 건너, 이탈리아로 진격하여 폼페이우스를 격파하였다. 아울러 그는 이집트에 개입하여 클레오파트라를 이집트의 왕위에 앉혔으며, 그 뒤 폼페이우스의 잔당을 격파하고 로마에 개선하여 천하 통일을 완수하였다. 독재 정치 가운데서도 곡물 분배 수익자의 제한, 빈민·노병의 해외에서의 식민지 건설, 배심 제도의 개정, 태양력의 제정 등 대사업을 이룩하였다. 하지만 그는 전제 정치를 꾀한다는 의심을 받아 브루투스 등의 공화파에게 암살당하였다.

콘스탄티누스 대제 Constantinus大帝 ■■

306~337년 동안 로마 황제를 지낸 콘스탄티누스 대제는 디오클레티아누스가 시작한 신통치 방식을 계승 발전시켰고, 비잔티움으로 수도를 옮겼다. 330년 새로운 도시를 콘스탄티노폴리스라 명명하자, 로마는 수도의 자리를 완전히 내놓았다. 그는 313년 밀라노 칙령으로 그리스도교를 공인하였고, 325년 니케아 종교 회의를 열어 교회 질서에 간섭하였으며, 아타아시우스 파의 정당성을 인정하기도 하였다.

콜로나투스 colonus ■■

정복 전쟁이 끝나면서 노예의 공급이 중단되자 로마의 농장 경영이 변하였다. 이전까지의 노예 및 무거운 세금에 시달리던 자영농이 대지주에게 예속되는 콜로누스가 되어 이들을 토대로 농장을 경영하는 콜로나투스가 발생하였다. 이처럼 콜로나투스는 중세 장원의 농노를 이루는 기원이 되었다.

콜로세움 Colosseum ■■

로마에 있는 원형 경기장으로, A.D. 80년에 완성되었으며, 5만 명을 수용할 수 있는 거대한 건물이다. 콜로세움은 로마 시민에게 가

장 인기가 높았던 오락장으로, 검투사들의 시합이나 맹수와의 격투 등이 펼쳐졌다. 로마의 실용적 문화 성격을 알 수 있는 대표적인 건축물이다.

쿠산 왕조 Kushan王朝 ■■

1세기경 이란 계의 쿠샨 족이 대월지를 멸망시키고 세운 왕조로, 인도의 중앙까지 진출하였으며, 2세기경 카니슈카 왕 때 전성기를 맞이하여 중앙 아시아를 중심으로 서쪽으로 파르티아, 동쪽으로 중국에 이르는 대제국을 건설하였다. 3세기경 사산 왕조가 일어나고 북부 인도에서 토착 세력이 성장하여 멸망하였다. 불교를 보호하였으며, 중생의 구제를 강조하는 대승 불교가 성립되었다. 불교 문화와 헬레니즘 문화가 융합된 간다라 미술이 나타났다.

클레이스테네스 Kleisthenes ■

고대 아테네의 정치가이다. 페이시트라토스의 참주정 타도에 힘썼으나 여러 번 실패한 뒤 스파르타의 원조를 얻어 B.C. 510년 드디어 성공하였으며, B.C. 508년 이후 민주적 개혁을 단행하였다. 그는 귀족적인 씨족에 바탕을 둔 이전까지의 네 개의 혈연 부족 대신에 데모스를 근간으로 하는 열 개의 지연에 입각한 부족을 만들었다. 아울러 참주의 재현을 막기 위하여 도편 추방법을 실시하였다.

태평도 太平道 ■

한나라 때 황건적의 난을 일으킨 장각의 만든 종교 결사이다. 장각은 주술로 병을 치료하여 빈민의 지지를 얻었고, 만인이 부유하고 영화로운 태평 시대를 건설하자고 주장하였다. 태평도는 오두미교와 함께 도교의 원류를 이루었다.

파르테논 신전 Parthenon神殿 ■

아테네의 아크로폴리스에 있는 여신의 신전으로, B.C. 447~432
년에 건축가 익티노스와 칼리크라테스가 지은 도리아 식 건물이다.

평준법 平準法 ■ ■ ■

중국의 전한(前漢) 무제가 시행한 경제 정책으로, 물가 조정을 목적
으로 균수법과 병행하여, B.C. 110년 상홍양이 입안, 시행하였다.
그 방법은 대사농(大司農)에 평준령(平準令)이란 관서를 설치하여
균수법으로써 전국 각지에서 수송된 물자를 비축하였다가 물가가
오를 시기에 이를 방출하고 물가가 떨어질 때에는 이를 사들여 물
가를 안정시켰다. 이것은 당시 대상인들의 활동을 억제하고 소농민
을 보호하려는 목적도 있었다. 이에 따라 상업은 국가의 통제 밑에
놓였다.

페르시아 전쟁 Persian戰爭 ■ ■

B.C. 5세기에 그리스와 페르시아의 사이에 있었던 전쟁을 말한다.
B.C. 5세기 초의 이오니아 반란을 발단으로, B.C. 490년의 제1차
페르시아 전쟁(다리우스 1세 군대의 마라톤 전투 패배), 10년 뒤인
B.C. 480~B.C. 479년 제2차 페르시아 전쟁(아테네 함락 뒤 살라
미스 해전으로 페르시아 완패)을 거쳐 아테네와 페르시아 사이의 교
전 상태는 B.C. 449년의 '카리아스의 화약(和約)'까지 이어진다.
이 화약으로 이오니아의 도시 국가들의 독립을 용인함으로써 아테
네의 자유와 민주주의의 승리로 끝났다.

페리클레스 Perikles ■ ■ ■

아테네의 정치가(B.C. 495?~B.C. 429)이다. 처음으로 배심관에

게 급료를 지급할 것을 제안하여 통과시켰고, B.C. 451년 아테네 시민권은 양친이 모두 아테네 시민인 자에게만 부여하기로 의결시켰다. 델로스 동맹에서 인심이 떠난 유비아를 진정시켰고, 스파르타와 30년 간의 화약을 체결하여 델로스 동맹에서의 아테네의 우위를 승인시켰다. 투키디데스가 추방됨에 따라 지도권을 확립하여 그 뒤 죽을 때까지 매년 장군으로 선출되었다. 펠로폰네소스 전쟁이 일어나기 직전 스파르타의 요구를 거부하고 전쟁을 준비하였는데, 전쟁이 발발한 뒤 전염병에 걸려 죽었다.

페이시스트라토스 Peisistratos ■

고대 아테네의 참주(B.C. 600?~B.C. 527)이다. 그는 솔론의 개혁 뒤의 평민과 귀족의 싸움을 이용하여 참주가 되었다. 그는 솔론의 법을 중시하여 귀족의 권력을 제한하였으며, 농민을 보호하고 농업을 장려하였다. 이 영향으로 상공업이 발달하고 문화가 번성하였으며, 아테네가 그리스에서 가장 유력한 폴리스가 되었다.

펠로폰네소스 Peloponnesos戰爭 ■■

B.C. 431~B.C. 404년 아테네와 스파르타가 각자의 동맹 도시를 이끌고 벌인 전쟁이다. 당시 아테네는 민주 정치를, 스파르타는 과두 정치를 각각 대표한 폴리스였으므로 이 전쟁은 두 정치 체제의 싸움이기도 하였다. 이 전쟁은 스파르타의 승리로 끝났고, 고대 그리스의 쇠망 원인이 되었다.

포에니 전쟁 Poeni戰爭 ■■

지중해 패권을 둘러싼 로마와 카르타고 사이의 싸움으로, 로마 인이 페니키아 인을 포에니라고 부른 데에서 이름이 유래하였다.

B.C. 3세기 초 이탈리아 반도에 세력을 확립한 로마는 신흥 귀족의 뛰어난 지도력, 시민병의 충만한 사기와 국가 의식, 이탈리아 반도의 여러 나라와 동맹 체제를 유지함으로써 점차 지중해 세계의 유력한 국가의 하나가 되었다. 로마는 카르타고와 1~3차에 걸친 전투에서 승리하여 서부 지중해에 대한 패권을 차지하였다. 제1차(기원전 264~기원전 241) 전쟁에서는 처음에 로마 군이 섬 전체를 제압하였으나 카르타고 해군의 반격을 받고 접전이 계속되었다. 기원전 241년 아에가테스 해전에서 로마가 승리하여 강화 조약을 맺고, 로마는 최초의 해외 영토인 시칠리아, 코르시카 등을 속주로 삼았다. 제2차(기원전 218~기원전 201) 전쟁에서는 기원전 216년 카르타고의 명장 한니발이 이탈리아에 쳐들어가 칸나에서의 싸움에서 압승하였으나, 로마는 스키피오를 기용하여 기원전 202년 자마의 싸움에서 완승하였다. 그 결과 카르타고는 소도시로 전락하였다. 제3차(기원전 149~기원전 146) 전쟁에서 치른 로마의 잔혹한 소탕전으로 카르타고는 역사에서 자취를 감추었다.

폴리스 polis ■ ■ ■

고대 그리스에서 기원전 8세기경부터 한 곳으로 모여 성립된 공동체적인 도시 국가이다. 구성은 도시와 주변 농촌으로 이루어져 있으며, 그 중심에 아크로폴리스라는 성채가 있고 그 아래에 집회 장소와 시장으로 사용되는 아고라는 광장이 있었다.

플라톤 Platon ■

아테네의 철학자(B.C. 429?~B.C. 347)로, 소크라테스의 제자이기도 하다. 그의 학설의 핵심은 이데아 론으로, 여기서 이데아란 현실의 불완전한 것을 초월하여 존재하는 최선 최미(最善最美)한 진실의 존재로서, 개인이나 국가가 선한 생활을 하기 위하여 알아야만 하는 것이었다. 이 이데아의 인식으로 인간을 향하게 하는 힘이 에로스이며, 인식하도록 하는 방법이 문답법이었다.

향거리선제 鄕擧里選制 ■

중국 한대의 관리 선발 제도로, 군의 태수가 여론을 참작하여 덕망 있는 인재를 중앙에 추천하여 관료를 선발하는 제도이다.

헤로도토스 Herodotos ■

그리스의 역사가(B.C. 484?~B.C. 425?)로 《역사》을 썼다. 그는 북으로는 흑해 북안, 남은 이집트 남단, 동은 바빌론에 이르는 대여행을 하여 견문을 넓혔다. 아홉 권에 이르는 《역사》는 그리스와 페르시아의 양대국이 충돌한 페르시아 전쟁을 주제로 한 것으로, 그 사이에 많은 에피소드와 여행에서 얻은 견문도 기술하였다. 그는 강한 호기심과 연구심을 가지고 자기가 탐구한 것에 따라 기술하였다. 이 때문에 후세에 사람들은 그를 '역사의 아버지'라고 부른다.

헬레니즘 Hellenism ■ ■ ■

알렉산더의 동방 원정으로 동·서 문화 융합 정책이 실시된 결과, 헬레니즘 세계에서는 공통의 문화와 사회 기반이 형성되어, 폴리스를 초월한 세계 시민주의와 개인주의적 경향을 띤 문화가 형성되었다. 개인주의적 사고 방식과 세계 시

라오콘
대리석상으로, 인간의 고뇌를 잘 나타내고 있다. 헬레니즘 시대의 작품.

민주의를 바탕으로 금욕을 강조한 스토아 학파와 쾌락을 주장한 에 피쿠로스 학파가 유행하였으며, 자연 과학도 발달하였다.

호르텐시우스 법 Hortentius法 ■ ■ ■

기원전 287년, 호민관인 호르텐시우스가 제안하여 통과시킨, 고대 로마의 법률이다. 이전까지 로마에는 전체 시민의 민회와 귀족만을 위한 민회가 있었고, 일반 시민은 사실상 발언권이 없었다. 호르텐 시우스 법에 따라 평민 회의의 결정은 원로원의 승인 없이도 모든 시민에 대하여 구속력을 가졌다. 이 법으로 공화정 시기에 계속 대 립해 온 귀족과 평민 사이의 신분 투쟁이 법제상으로 종결되었다.

호메로스 Homeros ■

기원전 9세기경 최고의 서사 시인으로, 《일리아드》, 《오디세이》 등 의 저서를 남겼다.

호민관 護民官 ■ ■

로마 공화정 시대에 평민의 권리를 옹호하기 위하여 평민회에서 선 출한 공화정의 최고 관직을 말한다. 임기는 1년으로, 모든 정무관의 직무 및 원로원의 결의에 대하여 거부권을 지니고 있었다.

호족 豪族 ■ ■ ■

지방에서 재산이 많은 세력자 및 그 일족으로, 토착적 성격을 가지 며, 광대한 사유지를 소유하고 있었다. 전국 시대에 형성되기 시작 하여 지방에서 사회 · 정치적 영향력을 떨치며 정계에 진출하여, 9 품 중정제 시행 뒤 유력 호족들은 문벌 귀족화되었다.(→ 중국 지배 계층의 변화)

환관 宦官 ■■

거세된 남자로서, 궁중에서 벼슬을 하거나 유력자 밑에서 사역되던 사람을 뜻한다. 중국에서 황제가 어리거나 병약하고 범용할 때 외척과 더불어 크게 권력을 휘두른 환관 때문에 후한, 당, 명대에 특히 폐해가 컸다.

황건적의 난 ■■

후한 말 악정과 생활고에 시달리던 농민들이 일으킨 대반란이다. 태평도의 창시자인 장각이 지도하였으며, 음양 오행에서 흙(土)의 덕을 나타내는 황색 두건을 머리에 두른 데에서 황건적이란 이름이 붙었다. 황건적의 난은 후한의 멸망을 불러왔다.

훈고학 訓詁學 ■■■

경전의 자구 뜻을 바르게 풀이함을 목적으로 하는 학문이다. 훈고학은 중국 고전의 해석상 무엇보다 기본적인 학문이며, 역사적으로는 진(秦)나라·한나라 성립기에 문헌으로 정착된 고대 전적에 대하여 그 내용을 바르게 해석할 목적으로 붙이는 주석과 그 방법을 가리킨다. 한에서 당대에 유행하였으며, 당대 공영달의 《오경정의》는 이를 집대성하였다.(→ 중국 유학의 변천)

흉노 匈奴 ■

기원전 3세기 말부터 기원 1세기 말까지 몽골 고원, 만리 장성 일대를 중심으로 활약한 유목 기마 민족 및 그들이 형성한 국가의 명칭이다. 흉노는 진·한을 위협하던 세력이었다.

아시아 세계의 형성

가마쿠라 막부 鎌倉幕府 ■■

일본의 역사에서 봉건주의의 기초가 확립된 시기(1192~1333)이다. 가마쿠라 막부는 미나모토 요리토모가 독자적인 바쿠후, 즉 막부를 세우고 그 본거지를 가마쿠라에 설치하였기 때문에 붙은 이름으로, 1199년 요리토모가 죽은 뒤 바쿠후의 실권은 호조씨 가문으로 넘어갔다. 몽골이 1272년과 1281년에 걸쳐 침략하였으나 가미가제(神風)가 이를 물리쳤다. 몽골의 침입을 막는 과정에서 재정이 약화되었고, 그 뒤 천황의 반란과 파벌 싸움 등으로 바쿠후는 1333년에 무너졌다. 가마쿠라 문화를 특징짓는 것은 의리, 충성, 용맹이라는 이상과 무예를 가장 존중하는 무사 계급의 등장이었다. 무사의 성향에 맞는 선종이 활성화되었다.

| 일본의 변천 |

가즈니 왕조 Ghazni王朝 ■

현 아프가니스탄 중동부의 가즈니를 수도로 하였던 터키 계 이슬람 왕조(962~1186)를 말한다. 이슬람 세력의 인도 진출에 큰 영향을 미쳤으며, 페르시아 · 이슬람 문화와 터키 문화가 융합되었다. 아프가니스탄 전역을 제패하고 이란의 대부분과 인도의 북부 지방에 이르는 영토를 이룩하였다.

강남 江南 ■

중국 양쯔 강 이남의 지역으로, 현재의 행정 구역상으로는 장쑤성 · 안후이 성 · 저장 성 등을 포함하며, 지형적으로 우평야와 양쯔강 델타 등이 포함된다. 삼국 시대 뒤 강남은 계속된 전란을 피해 화북에서 이주해 온 인구의 증가로 급속히 개발되었으며, 수양제가 대운하를 건설하여 이곳의 물산을 화북으로 운송하였다. 당 말 이후 남송 때를 거치면서 경제 중심이 점차 강남으로 이동하였다. 품종 개량, 집약 농법, 쌀과 보리의 2모작 개발, 석탄의 본격적 사용으로 공급이 한층 용이해진 철제 농구 등이 강남의 농업 생산력을 비약적으로 발전시켰다.

개원의 치 ■■

중국의 당나라 현종의 치세로, 713년부터 756년까지 43년 동안을 가리킨다. 선정(善政)과 평화의 반세기 또는 '개원 천보 시대(開元天寶時代)'라고 말하며, 태종의 '정관의 치'와 비교된다. 수도인 장안은 세계 굴지의 국제 도시로서 동아시아의 중심이었다. 문화적으로도 가장 발달된 시기로, 이백 · 두보와 같은 시인과 왕유와 같은 화가들이 배출되어 중국 고대 문화의 전성기를 이루었다. 아울러 요숭 · 송경 · 장열 등 유능한 신하의 도움을 받아 정비한 율령 · 제도 · 법전 등은 서양 로마와 견줄 만하다. 그러나 새롭게 나타나기 시작한 대토지 사유 · 화폐 경제 · 용병제 · 유민의 증가 등으로 당나라 초기 이래의 균전제, 조 · 용 · 조 · 제, 부병제 등에 의거한 율령 지배 체제가 붕괴되는 등 이 시대는 당나라 역사뿐만 아니라 중국 역사의 큰 과도기를 형성하였다.

거란 契丹 ■ ■

4세기 이래 동몽골을 본거지로 한 유목 민족이다. 동호(東胡)의 후예로서 몽골과 퉁구스의 혼혈이라고도 하는데, 대체로 몽골 계에 속한다. 5세기 중엽부터 랴오허 강 상류 시라무렌 강 유역에서 유목 생활을 하고 있던 여러 부족으로 이루어진 민족이다. 당나라 때 이미 큰 세력을 형성하였고, 부족 중에서 특히 8부족이 강력하여 그중에서 추장을 뽑았는데, 당의 말기에 야율아보기가 등장하면서 907년에 거란족을 통일하고 제위에 올랐다. 그 뒤 국호를 요라 칭한 거란의 위세는 만주 · 화북 · 몽골 · 신장 방면에까지 미쳐 북아시아에서 일대 세력을 형성하였다. 하지만 1125년 만주에서 일어난 금에게 멸망하고 말았다. 거란은 한인(漢人)을 지배하여 한문화에 접하였으나, 민족 의식이 강하여 독자적인 거란 문자를 만들었으며, 뒤에 서하 문자나 여진 문자의 제작에 큰 영향을 주었다.

고르 왕조 Ghor王朝 ■

12세기 후반부터 13세기 초에 걸쳐 아프가니스탄 동부의 고르를 중심으로 번성한 터키 계 이슬람 왕조(1186~1215)로, 구르 왕조라고도 한다. 가즈니 왕조에 속한 지방 정권이었으나 12세기 초에 독립하여 가즈니 왕조를 멸망시키고 서북 인도를 침입하여 벵골 지방까지 진출하였다.

과거제 科擧制 ■ ■ ■

국가가 관리 임용을 위하여 실시하던 시험으로, 근대 이전 중국과 우리나라에서 시행되었다. '과거'란 과목에 따라 선비를 등용한다는 뜻인데, 여기서 과목이라 함은 시험 과목이 아니라 시험의 종류를 의미한다. 587년에 수나라 문제가 처음 실시하였다. 당나라 때에는 수재과 · 명법과 · 명서과 · 명산과를 증설하였고, 측천무후 때 전시(殿試)를 처음 실시하고 무과도 함께 실시하였다. 과거 제도는 명대에 와서 더욱 정비되었다. 3년마다 각 성(省)에서 한 번씩 치르는 향시(鄕試)에 합격한 사람을 거인(擧人)이라 하였는데, 이들은 3년마다 수도에서 열리는 시험에 응시할 수 있는 자격을 얻었다. 이 시험에 합격한 자를 공사(貢士)라고 불렀다. 이들은 황궁에서 황제가 친히 주관하는 최종 시험인 전시에 참가하였고, 여기서 3급(갑과 · 을과 · 병과) 이상으로 합격한 사람들만 관원으로 채용하였다. 명나라 때의 과거 제도는 청나라까지 이어졌으나 1905년에 학교 교육을 실시하면서 폐지되었다.

9품 중정제 九品中正制 ■■

중국 위 · 진 · 남북조 시대에 행해진 관리 등용법의 하나이다. 중정관이라는 관리가 지방의 인재를 9등급(향품)으로 나누어 추천하면 국가에서 이 등급에 맞는 관직을 주는 추천제로, 9품 관인법이라고도 한다. 이는 원래 지방에 숨어 있는 인재를 등용하려는 것이 목적이었지만, 중정 관직을 지방 유력 호족들이 자신들의 일족을 추천함으로써 호족 세력이 관직을 독점하는 결과를 가져왔고, 특정 가문의 문벌 귀족화를 초래하였다. 이러한 귀족 사회에서 황제권은 약화될 수밖에 없으며, 능력보다는 가문을 중시하는 경향이 나타났다.

굽타 양식 Gupta樣式 ■■

굽타 왕조(320~550)의 번영으로 인도의 문화는 그 절정을 맞이하

였다. 조형 미술에서도 세련된 기법으로 고전 양식의 완성을 보았
다. 인도 미술사에서 굽타 양식은 4세기 초엽부터 7세기 중엽까지
계속되었으며, 불교 미술 중심으로 발전하여 완성된 모습을 보였
다. 힌두교도 이 시대부터 조형 활동을 시작하였다. 대표적인 조각
으로는 5세기 초의 마투라 양식과 우다야기리 석굴의 조각, 5세기
말의 사르나트의 조상(造像) 등이 있으며, 벽화로는 아잔타 석굴의
벽화가 특히 유명하다. 건축의 경우 석굴을 제외하고는 남아 있는
것이 적다.

굽타 왕조 Gupta王朝 ■ ■ ■

고대 인도 통일 왕조(320~550년경)로, 쿠샨 왕조의 멸망 뒤 인도
의 북부 지역과 중서부 일부에 걸쳐 있었다. 창건자는 찬드라 굽타
1세로, 제3대 왕인 찬드라 굽타 2세 시대에 영토를 확장하고 동서
무역으로 경제적 번영을 누리는 등 전성기를 이루었다. 그러나 굽
타 왕조는 5세기 중엽부터 유목 민족인 에프탈의 침략을 받아 쇠퇴
하다가 6세기 중엽에 붕괴되었고, 그 뒤 인도는 약 300년 동안 내
란 상태에 빠졌다. 그러나 굽타 왕조의 영향력은 인도 전역에 미쳤
으며, 이 시기에 고대 인도 문화가 부흥하고 힌두 문화가 발달하였
다. 한편 남인도에는 여러 왕국이 흥망하였지만, 북인도보다 힌두
문화가 더 발달하였다. 마우리아 시대 이래 발전된 인도의 지배 체
제를 재편성하고 관료 제도를 정비하였다. 천문학, 수학, 야금술이
발달하였으며, 10진법과 산스크리트 대서사시 및 힌두 미술(굽타
양식)을 낳았다.

균전제 均田制 ■ ■ ■

국가가 토지의 사유를 제한하여 대토지 소유를 억제하고, 토지의

분배와 회수를 통하여 농민 지배를 강화하며, 세수의 안정을 꾀한 제도이다. 북위의 효문제가 실시하였으며, 수·당이 보완, 계승하였다. 당나라는 북위의 균전제를 토대로 나이와 사회적 지위 등에 따라 토지를 지급하였으며, 그 대가로 농민들은 토지세인 조(租), 요역에 해당하는 용(庸), 특산물의 공납인 조(調)를 부담하였으며, 농병 일치를 원칙으로 하는 부병제에 의한 군역의 부담을 안았다. 그러나 8세기 중엽 안사의 난을 전후로 하여 균전제를 근간으로 하는 체제는 동요하기 시작하였다.

금 金 ■■

퉁구스 계 종족인 여진족이 건국한 중국의 왕조(1115~ 1234)이다. 창건자는 생여진(生女眞) 완안부의 추장 아구다로, 중앙 아시아와 중국 북부를 지배하였다. 아구다는 회령을 도읍으로 하여 건국한 뒤 송나라와 동맹을 맺었다. 2대 태종은 1125년에 요나라를 멸망시키고 고려와 서하를 복속시켰으며 송나라를 멸망(정강의 변)시켰다. 3대 희종은 남송과의 사이에 국경을 정하고, 남송의 황제는 신하로서 마땅히 지켜야 할 예를 갖추어 금나라의 황제를 대하게 하였다. 4대 해릉왕이 도읍을 연경(베이징)으로 정한 뒤, 차츰 각 방면에서 송나라의 영향을 받았으며 5대 세종 시대에 최고의 전성기를 누렸다. 그러나 그때 여진족의 나약함과 빈곤

금과 남송

으로 국력이 약해지고 몽골 계 유목 민족의 침입 격화로 쇠퇴하였다. 초기에는 최고 기관으로서 발극열제(勃極烈制)라는 합의제를 두었으나 여진족의 열 배에 이르는 피지배 민족의 지배를 위하여 맹안모극제(猛安謨克制)를 실시하였다. 불교가 성하여 사원을 많이 건립하였고, 여진 문자도 만들었다. 1234년에 몽골 · 남송 연합군의 공격을 받아 멸망하였다.

나라 시대 奈良時代 ■■

일본 역사에서 나라에 수도가 있었던 시대(710~784)를 말한다. 정치면에서는 중앙 귀족의 권력 다툼으로 서로 대립하고 내란이 빈번하였다. 경제면에서는 율령제가 쇠퇴하고 반전제(班田制)의 유지가 불가능하여 전답의 '삼세 일신법(三世一身法)'으로 개간지의 영구적 사유가 허가된 시기였다. 문화면에서는 한자, 한문학의 발달과 불교 문화의 융성이 이루어졌는데, 역사서인《고사기》,《일본 서기》등이 편찬되었다. 다이호 율령이 완성되었으며, 처음으로 황제의 칭호로서 천황이란 말을 사용하였다.

남북조 시대 南北朝時代 ■■■

중국의 시대 구분 중 하나이다. 남조는 420년 동진에 이어 강남에 건국한 송 · 제 · 양 · 진 등 네 왕조를 말하며, 이에 오 · 동진을 합쳐 6조라고도 부른다. 북조는 북위, 동위, 서위, 북제, 북주 등의 5조를 말한다. 북위가 5호 16국을 통일한 시점에서 수나라 통일까지의 기간을 지칭한다.(→ 위 · 진 · 남북조 시대)

노예 왕조 奴隷王朝 ■■

인도 내부에서 일어난 최초의 이슬람 왕조(1206~1290)이다. 고르 왕조의 마호메트의 부장(部將) 아이바크가 세웠으며, 그가 노예 출신이었기 때문에 이 왕조를 노예 왕조라고 불렀다. 1290년 할지 왕조에 왕권을 빼앗겼으며, 노예 왕조 이래 델리를 수도로 5대의 이슬람 왕조가 16세기까지 흥망하였는데, 이 시기를 델리 5왕조 또는 델리 술탄 왕조라고 한다.

다이카 개신 大化改新 ■■■

일본 고대 정치 사상의 대개혁으로, 645년에 중국 유학생과 유학승의 지원을 받은 궁중 세력이 정변을 일으켜, 대귀족 소가 집안을 제거하고 정치 개혁을 단행한 일을 말한다. 연호를 창시하여 다이카 원년이라 하였으며, 수도를 아스카에서 나니와로 옮기고, 이듬해에 사유지와 사유민의 해방, 지방 행정권의 중앙 집중, 호적 작성과 반전 수수법(班田授受法)의 제정, 조용조 제도에 의한 세제 개혁 등 4강목으로 된 조칙을 공포한 뒤, 이후 약 5년 동안 정치 개혁에 전념함으로써 당나라의 제도를 본뜬 중앙 집권 국가 성립의 출발점이 되었다.

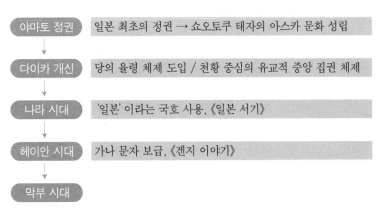

야마토 정권	일본 최초의 정권 → 쇼오토쿠 태자의 아스카 문화 성립
다이카 개신	당의 율령 체제 도입 / 천황 중심의 유교적 중앙 집권 체제
나라 시대	'일본'이라는 국호 사용, 《일본 서기》
헤이안 시대	가나 문자 보급, 《겐지 이야기》
막부 시대	

| 일본의 고대 국가 |

당 唐 ■■■

중국 수나라의 뒤를 이은 왕조로, 20대에 걸쳐 약 300년 동안 존
속하였다. 도읍은 장안이었고, 그 제도와 문화는 아시아 여러 나라
에 큰 영향을 끼쳤다. 618년에 이연이 수나라 공제의 선양(禪讓)을
받아 즉위한 뒤 고종이 되어 국호를 당이라고 하였다. 태자 이세민
이 제위를 계승한 뒤 밖으로 국위를 선양하고 안으로는 율령을 정
비하여 '정관의 치'를 실현하였다. 이어 고종대에 돌궐 · 위구르 ·
토번 · 고창 · 백제 · 고구려 등을 침략하여 6개 도호부를 설치하고,
이민족에게는 중국의 역대 왕조가 다른 민족에게 취한 간접 통치책
인 기미 정책을 실시하였다. 그 뒤 측천무후 등의 영향으로 정치는
한때 혼란하였으나, 현종이 3성 6부, 균전제 · 부병제 · 양세제(兩
稅制)의 시행 등으로 '개원

당나라의 영역

의 치'로 다시 흥하였다.
장안을 중심으로 국제적인
문화가 번영하였으나, 현
종 후기부터 토지 겸병이
현저해져 율령 체제가 동
요하고, 절도사의 권력이
강화되어 지방 분권화가
활발해졌다. 안사의 난을
거쳐 황소의 난으로 사회
는 한층 붕괴되어, 907년
주전충에게 멸망하였다.

당삼채 唐三彩 ■■■

당나라 전기(7세기 말~8세기 초)에 만들어진, 백색 바탕에 녹색 ·

갈색·남색 등의 유약으로 여러 무늬
를 묘사한 도기를 말한다. 유약을 바
르지 않은 바탕이나 살짝 구운 바탕
에 갈색·녹색·백색·황색·감색·
벽색 등의 유색 유약을 칠하여 낮은
화력(750~850℃)으로 구워 낸 것으
로, 주로 백색, 녹색, 갈색의 세 가지
색으로 배합하여 만들어졌기 때문에
삼채라는 이름이 붙었다. 의장 무늬
는 서역적인 향기가 짙으며, 형태는

세련되고 색조가 명쾌하여 대체로 호화로운 느낌을 줌으로써 국제
적인 당대 귀족 문화를 반영하고 있다. 송·원·명나라 때에도 계
속 만들어졌으며, 일본·발해·요나라에도 영향을 주었다.

대당서역기 大唐西域記 ■ ■

중국 당나라의 고승 현장이 인도 여행중의 견문을 이야기한 것을
제자가 기록해서 남긴 책으로, 646년의 작품이다. 모두 12권으로
되어 있으며, 현장이 기술하고 그의 제자인 변기가 편찬하였다.
138개 국가, 지구(地區), 도시 국가의 지리, 산천, 성읍, 교통, 풍
습, 산물, 정치 문화를 기록하였으며, 특히 당시의 불교 상황, 불교
고적, 역사 전설, 인물 전기 등에 관해 상세히 기술되어 있다. 정치
나 민족에 관해서도 중요한 자료가 되고 있다. 소설 《서유기》는 이
책에서 자극받아 쓰여졌다.

대운하 大運河 ■ ■

중국 북부 저장성의 항저우와 베이징을 잇는 수로이다. 중국의 역대

왕조들이 양쯔 강과 화이허 강 유역에서 수도인 베이징까지 식량과 생활 필수품을 수월하게 운반하기 위하여 건설하였다. 수나라 (581~618)는 607~610년 최초의 대운하망을 건설하였는데, 황허 강에서 화이허 강까지 이어지는 북서-남동 방향의 수로를 만들었다.

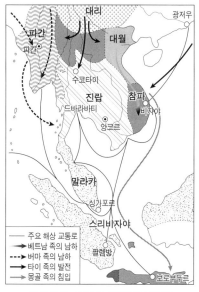

동아시아 국가의 발전(13세기)

대월 大越 ■

왕조 시대의 베트남 국호이다. 예로부터 베트 족이라 자칭하였고, 10세기에 중국으로부터 독립한 베트남은, 처음에는 딩 왕조가 국호를 대구월이라 칭하였지만 리 왕조의 성종에 이르러 새로이 국호를 정하여 대월이라고 일컬었다. 중국은 리 왕조 제6대 영종을 처음으로 안남 국왕에 봉하고, 그 뒤 역대 여러 왕조가 이를 답습하였기 때문에 중국에서는 베트남을 안남국이라고 불렀다. 대월이라는 국호는 리 왕조 뒤인 쩐 왕조로 계승되고, 쩐 왕조를 찬탈한 호 왕조가 한때 대우(大虞)라 자칭한 시기를 제외하고는 레 왕조도 역시 대월이라고 불렀다. 1804년 구엔 왕조의 세조가 국호를 월남(베트남)으로 고쳐 대월은 쓰지 않게 되었고, 성조가 월남을 대남(大南)으로 바꾸었지만, 뒤에 다시 월남이 그 국호가 되었다.

돌궐 突厥 ■ ■

돌궐은 6세기에 몽골과 중국 북쪽 국경에서 흑해까지 뻗어 있는 제국을 건설한 북방 유목 민족으로, 중국인들이 붙인 이름이다. 3대인 목간 카간 대에 에프탈을 멸망시키고 강대해졌으나 여러 카간들이 다투다가 수나라의 간섭을 초래하였다. 583년에 동서로 분열되어 동돌궐이 몽골 고원을, 서돌궐이 투르케스탄을 지배하였다. 동돌궐은 계민 카간 뒤 한때 세력을 얻었으나 철륵의 반란으로 630년 당나라에 예속되었다. 7세기 말에 다시 흥하였으나 744년 위구르에게 정복되었다. 서돌궐은 국내 10성 부족 사이에서 항쟁을 계속하다가 7세기 중엽 당나라에게 멸망하였다.

둔황 석굴 敦煌石窟 ■ ■

둔황에서 남동으로 25킬로미터 떨어진 명사산 동쪽 절벽에 판 석굴로, 막고굴이라고도 한다. 4세기 중국 전진 시대부터 약 1,000년 동안에 만든 이들 석굴은 그 수가 무려 1,000개나 된다고 한다. 불교가 서역을 거쳐 인도에서 유입되었을 무렵의 것, 전성기 중원풍의 것은 물론 쇠퇴·형식화된 밀교 시대에 이르기까지의 것 등 석

망사산의 낭떠러지에 펼쳐진 석굴군

굴 하나하나에 그 시대와 문화가 반영되어 있다. 벽화의 소재를 통하여 그 시대의 불교 사상을 엿볼 수 있으며, 묘사된 풍속으로부터 그 시대의 문화를 알 수 있다. 지배 민족이 바뀌면 벽화나 불상의 모습은 완전히 바뀌고, 기술이 예술로서 꽃을 피우다 결국 쇠퇴해 가는 모습도 역력히 볼 수 있다.

라마교 Lama教 ■

당나라의 태종 시대에 소개된 대승 불교가 티베트의 다신교적인 토속 종교와 혼합하여 독특한 의식과 행사를 가지는 불교로 발전하였다. 대승 불교의 한 파인 것은 틀림없지만, 이 종파에서는 극락 세계로 인도하는 데에 있어서 승려, 즉 라마의 역할을 중시한 까닭에 붙은 이름이며, 정확히 말하면 티베트 불교라고 할 수 있다.

라마야나 Ramayana ■

'라마가 나아간 길'이라는 뜻으로, 《마하바라타》와 쌍벽을 이루는 인도의 대서사시이다. 내용상으로는 흔히 '라마의 사랑 이야기'로 알려져 있다. 코살라 국의 왕자 라마의 무용담을 주제로, 정숙한 왕비 시타의 위난, 동생 파라타의 효제, 하누만의 활약, 마왕 라바나의 폭력 등을 담고 있다. 문체는 기교적이고 세련되어 후세의 미문체 작품의 바탕을 이루었다. 고전 산스크리트 문학 중에는 이 문장을 모방하거나 그 내용을 본 딴 것이 많고, 불교나 자이나교 문학에도 영향을 끼쳤다.

룽먼 석굴 龍門石窟 ■

중국 허난성 뤄양 남쪽 강기슭의 높은 곳에 있는 석굴. 이곳에는 조각이 새겨져 있는 중국 석굴 사원들이 모여 있다. 북위(386~536)

때에 건축을 시작하여 6세기와 당나라 때(618~907)까지 산발적으로 공사가 계속되었다. 494년에 북위가 수도를 지금의 산시성인 평성 다이퉁에서 남쪽 뤄양으로 옮긴 뒤, 수십 년에 걸쳐 윈강에 석굴 사원을 건축한 대역사를 본받아 시작하였다. 불상 조각의 얼굴이 길고 어깨가 미끈하고 목이 길며 대체로 화사하다. 또 섬세하고 화려한 귀족적인 장식을 많이 하였다. 윈강 시기의 것은 조각적이지만 여기서는 모두가 회화적이며, 서방적인 요소가 적고 중국 고유의 것이 나타난다.

마누 법전 Manu 法典 ■■

마누 법전은 인도의 사상, 제도를 집대성하여 기원전 3세기경부터 기원후 3세기경 사이에 정비된 힌두 법전이다. 이 법전에는 민법, 형법뿐만 아니라 카스트의 규정 등 종교, 도덕을 규정하여 최근까지도 인도 사회의 규범으로 사용되고 있다. 인도 문화의 동남 아시아 전파와 함께 동남 아시아 각국에 영향을 끼쳤다. 마누는 인도 사람이 생각하는 인간의 시조 이름이다.

마르코 폴로 Marco Polo ■■

이탈리아의 상인이자 여행가로, 쿠빌라이 칸이 총애한 신하였으며, 서양인의 동양인에 대한 호기심을 유발한 《동방 견문록》의 저자이다. 1271년부터 1295년 사이 유럽에서 아시아까지 여행하였으며, 원 왕조의 관직에 올라 중국에서 17년 동안 살았다. 그 동안 중국 여러 곳을 여행하며 견문을 넓혔고, 1290년 무렵 이란의 몽골 왕조일 한국(汗國)의 아르군 칸에게 시집가는 공주 코카친의 여행 안내자로 선발되어 중국을 떠났다. 1298년 베네치아-제노바 전쟁 때 베네치아가 제노바와의 싸움에서 지자 포로가 되어 옥중에 갇혔을 때 작가 루스티첼로를 만나, 25년 동안에 걸친 아시아 견문담을 받아쓰게 하였다. 이것이 《마르코폴로의 동방 견문록》이다. 이 책은 당시의 아시아에 관한 귀중한 자료며, 아시아에 대한 관심을 자극하여 신항로와 신대륙 발견의 계기가 되기도 하였다.

마하바라타 Mahabharata ■

산스크리트로 어로 '바라타 왕조의 대서사시' 라는 뜻으로, 인도의 2대 서사시의 하나이다. 높은 문학적 가치를 지녔을 뿐 아니라 종교적 감화를 주는 것으로 평가된다. 《마하바라타》는 친척이었던 카우라바 집안과 판다바 집안 사이에 벌어진 권력 쟁탈전을 주제로 하고 있으며, 수많은 전설과 교훈적인 내용을 담고 있다. B.C. 400~A.D. 200년경에 완성되었기 때문에 2대 서사시의 다른 하나인 《라마야나》(라마의 사랑 이야기)와 함께 이 시기의 힌두교를 이해하는 데 중요한 자료이다.

마호메트 Mahomet ■ ■ ■

이슬람교의 창시자이다. 이슬람 교도들은 그를 알라의 마지막이자 가장 큰 예언자로 여긴다. 메카 쿠라이시 부족의 하심가 출신으로, 대상(隊商)에 가담해 시리아와 예멘으로 여행하였다. 메카 교외의 히라산 동굴에서 기도와 명상에 잠기는 생활을 하던 610년의 어느날 밤, 히라산 동굴에 갑자기 천사 지부릴(가브리엘)이 나타나서 처음으로 신의 계시를 받았다. 혼란과 고뇌 속에서 마침내 그는 자신이 예언자라는 것을 스스로 깨닫고 주위 사람들에게 가르침을 설교하기 시작하였다. 그의 설교 내용은 유일신 알라, 종말, 부활, 심판, 천국과 지옥, 신앙과 선행에 의한 구제와 불신자에 대한 벌 등에 관한 것이었다. 이러한 가르침은 메카의 다신교, 상인 윤리, 부족 윤리와 서로 양립될 수 없는 것이어서, 대부분의 메카 사람들로부터 비웃음과 반감을 사고 박해를 받았다. 마호메트는 622년에 메카를 탈출하여 메디나에 도착하였다. 이를 히즈라 또는 헤지라라고 부르는데, 뒤에 이 해를 이슬람 력의 원년으로 삼았다. 마호메트가 신의 계시를 받아 한 말을 기록한 것이 《코란》이며, 그의 언행을 수집하여 기록한 것이 《하디스》이다.

막부 幕府 ■ ■ ■

중국에서는 출전한 장군의 일선 사령부를 지칭하였는데, 일본에서는 율령 체제를 받아들인 뒤 근위 대장이 머무르는 곳을 막부라 하였으며, 처음으로 막부를 세운 미나모토 요리토모가 취한 군사 정권 체제를 막부라 하였다. 이러한 막부 체제는 19세기까지 유지되었다.(→ 가마쿠라 막부)

맹안 · 모극제 猛安謀克制 ■

여진족이 세운 금나라 때 태조가 실시한 제도로, 군대 편성의 단위이면서 통치 조직도 겸하였으며, 그 장관의 명칭이기도 하였다. 여진족은 유목 민족에게는 고유의 맹안 · 모극제, 한족에게는 군현제를 실시하여 이중 통치 조직을 갖추었다. 맹안 · 모극제는 금나라의 태조 아구다가 요나라와의 전쟁 때 여진족 고유의 군사 조직을 바탕으로 약 300호를 1모극, 10모극을 1맹안으로 하여 각각 그 책임자인 모극, 맹안으로 하여금 통솔하게 한 것으로, 평상시에는 수렵 농경에 종사하게 하고, 전시에는 전 장정을 군대로 종군하게 한 제도이다.

메카의 카바 신전에 모인 이슬람 교도

메카 Mecca ■ ■

사우디아라비아 서부에 있는 도시이
자 이슬람교 제1의 성지로서, 이슬
람교의 창시자인 예언자 마호메트가
태어난 곳이다. 이슬람 교도들은 매
일 다섯 번씩 메카를 향해 기도하고
일생에 한 번은 이곳을 순례한다. 옛
날부터 오아시스 교역지로 발전하였
으며, 카바 신전이 있는 아랍 다신교
신앙의 중심지로도 알려져 순례자들이 많이 모이는 종교 도시이기
도 하다. 6세기 말 이 지역에서 태어난 마호메트는 부유한 상인들이
숭배하는 우상을 비판하고 유일신 알라 앞에서 만인은 평등하다는
이슬람교를 창시하였다. 그로 인해 그는 박해를 받아 622년에는 메
디나로 옮겼다가 630년 메카를 무혈 정복하여 신앙의 중심지로 삼
았다.

모스크 mosque ■

이슬람교의 예배당으로, 안에는 메카 방향으로 나타내는 움푹한 벽
과 설교단이 마련되어 있을 뿐 제단이나 성화 · 성상 등은 찾아볼
수 없으며, 아라베스크 문양이 그려져 있다. 모스크는 교육 · 사
교 · 정보 교환의 장 기능도 갖고 있다.

무로마치 시대 室町時代 ■ ■

일본 아시카가씨에 의한 무가(武家) 정권 시대(1336~1573년)로,
아시카가 바쿠후의 제1대 쇼군, 즉 장군인 다카우지의 근거지였던
쿄토 지방의 이름을 따 무로마치 시대라 부른다. 무로마치 시대는

무력에 의한 쇼군 쟁탈전으로 정치적으로는 혼란을 거듭하였으나 문화적으로는 찬란한 일본 예술의 꽃을 피웠다. 구게 문화를 기조로 한 무가 문화의 전개, 대륙 문화의 영향, 문화의 지방 침투와 서민 문화의 경향을 나타낸다. 이 시기에 일본 고유의 다도 · 꽃꽂이 등이 발달하였고, 수묵화가 전성기를 누렸으며, 단순함과 엄격함을 특징으로 하는 건축이 발달하였다.

문치주의 文治主義 ■ ■ ■

예(禮)와 덕(德)을 바탕으로 하는 유교 정치 이념에 따라 나라를 다스리는 정치 지배 형태의 통칭이다. 동양의 역대 왕조에서는 유교를 주된 정치 이념으로 삼았는데, 특히 당나라 말에서 5대에 걸쳐 무단 정치를 전개한 무인, 절도사를 해체시킨 정책을 말한다. 중앙과 지방을 불문하고, 정치적 주도권을 과거 출신 관료인 문관에게 이양시켰다. 송나라의 지나친 문치주의는 국방력의 약화를 가져와 주변 민족에게 세폐를 바치며 평화를 유지하는 폐단을 가져왔다.

바닷길 ■ ■ ■

사막길(비단길) · 초원길 외의 제3의 동서 교섭로, 홍해 · 아라비아해 · 인도 연안을 거쳐, 말레이 반도 · 인도차이나 반도를 따라 중국 남부에 이르는 해로이다. 당나라 이후 이슬람 상인들의 활동이 활발해지면서 주요 교역로가 되었고 16세기 이후에는 유럽 인들이 이 길을 장악하였다.(→ 초원길)

백련교 白蓮敎 ■

남송 때부터 시작된 천태종 계열의 불교의 일파로서, 정통 불교와 다른 전교 방법을 취하여 일반 민중의 호응을 받았으나 정통 불교

로부터 이단으로 몰려 배척되었다. 뿐만 아니라 사회 불안의 요인
이 되기도 하여 남송 말기부터 정부의 탄압을 받기도 하였다. 이들
은 장차 이 세상에 내려올 미륵불의 자비로 극락에 왕생할 수 있다
고 소망하는 등 다분히 예언을 믿는 혁명적인 요소가 많았다. 언제
나 사회가 불안하고 민중의 생활이 어려워지면 그들의 불만을 해소
하고 이승에서 누리지 못한 행복을 저승에서라도 누리고자 하는 염
원이 결속되어 큰 힘을 가지는 법이다. 원나라 말의 백련교도의 난
은 이와 같은 점을 이용하였다.

베다 Veda ■

고어체 산스크리트로 쓰여졌으며, 이란 지역에서 인도로 들어온 인
도 유럽 어족 사이에서 유행한 성스러운 찬가 또는 시를 말한다. 힌
두교의 경전으로 '지식'을 의미한다. 《베다》는 리그, 사마, 야주르,
아타르바의 넷으로 나뉘는데, 그중 리그 베다가 가장 먼저 성립되
었다. 베다는 인도 아리아 인의 고전 문화, 특히 철학과 종교 사상
을 규명하는 자료로서 매우 중요하다.

베트남 Vietnam ■ ■

베트남은 주변 국가들이 주로 인도 문화의 영향을 받은 것과는 달
리 중국 문화의 영향을 강하게 받았다. 고대 이래 근대에 이르기까
지 영역이 남방을 향하여 계속 팽창되었다. 근 · 현대를 거쳐 오랫
동안 프랑스의 식민 통치를 받았으며, 1930년 호치민의 공산당 결
성과 더불어 독립 운동이 중대한 전기를 맞았다.

보로부두르 불탑 Borobudur佛塔 ■ ■

인도네시아 자바 섬 중부에 있는 세계적 불교 유적이다. 800년경

사이렌드라 왕조 때 자바 섬 중앙부에 건립되었다. 이 유적은 상징
성이 풍부한 탑, 산 모양을 한 사원, 밀교에서 의례에 쓰이는 만다
라 등을 조화롭게 결합하고 있다. 건축 양식은 인도의 굽타 왕조와
굽타 왕조 이후의 예술에서 영향을 받았다. 이와 같은 종교 미술이
7세기 후반부터 10세기 전반에 걸쳐 중부 자바 지방 일대에 힌두교
와 대승 불교를 기조로 번영하였다. 동남 아시아에 널리 전개된 인
도의 종교 미술 중에서도 예술적으로 가장 수준이 높다. 힌두 · 자
바 예술이라 불린다.

부병제 府兵制 ■

선비족의 왕조인 서위, 북주에서 한인 중에서 병사를 징발할 목적
으로 시작된 병농 일치의 군사 제도이다. 당나라 때 병제로 계승되
어 정비되었으며, 병농 일치를 근간으로 하는 당나라의 부병제는
당나라의 절충부의 기능이 무너진 749년 뒤 완전히 붕괴되고, 병농
분리의 모병제로 전환하였다.

사대부 士大夫 ■ ■ ■

'사(士)'와 '대부(大夫)'의 합성어로, 지배 계층에 속하는 문관 관

료층을 일컫는 말이다. 중국에서는 고대 봉건 제도 속에서 신분층을 천자, 제후, 대부, 사, 서인의 다섯으로 나누었는데, 이 중에서 군주인 천자, 제후를 제외하면 대부와 사가 지배 계층이었으며, 피지배자인 서민과 구분되는 계층이었다. 사대부는 문관 관료층을 지칭할 뿐 아니라 문관 관료를 배출할 수 있는 가문이나 독서인층을 나타내기도 하였다. 그들은 정치는 물론 학문·예술 등의 모든 문화 부문을 독점하였다. 송나라 때의 사대부는 천하 안녕에 대한 강한 책임과 헌신을 강조하였다.

산스크리트 문학 Sanskrit文學 ■

인도 문학의 특성을 가장 잘 나타내는 것이 산스크리트 문학이다. 산스크리트 문학은 베다 문헌에 사용된 베다 산스크리트에 의한 것과, 파니니(B.C. 6~5세기)가 정리, 체계화한 고전 산스크리트에 의한 문학으로 나뉜다. 인도 문학의 핵심을 이루는 고전 산스크리트 문학은 B.C. 600년경부터 오늘에 이르기까지 단절 없이 지속되어 왔지만, 절정을 이루었던 시기는 A.D. 1~7세기의 고전기이다. 《마하바라타》와 《라마야나》는 그 대표적인 서사시이다.

삼국 시대 三國時代 ■■

중국 3세기에 위·오·촉 등 세 나라가 대립한 약 40년 동안의 시기를 일컫는다. 초기에는 위·오와 촉이, 225년 이후에는 위와 오·촉이라는 대립을 주축으로 움직였으나, 234년 촉의 제갈량이 죽은 뒤에는 큰 대립이 없었다. 263년에 위나라가 촉나라를 멸망시킴으로써 삼국 시대는 끝났으나, 265년에 위나라는 진나라 무제에게 나라를 빼앗겼다. 280년 무렵 오나라도 멸망하였다.(→ 위·진·남북조 시대)

삼국지 三國志 ■■

중국 삼국 시대의 역사를 기록한 역사서로, 위·촉·오 3국이 정립한 시기부터 진(220~280)이 중국을 통일한 시기까지의 역사를 다루었다. 진수가 편찬하였으며, 위나라를 정통으로 삼았다. 자료의 비판이 엄밀하고 일목요연하게 삼국의 역사를 기록하였다. 나관중의 《삼국지연의》는 이 책을 바탕으로 해서 만들어졌다.

3성 6부 三省六部 ■■■

중국 당나라 중앙 정부의 가장 중요한 관료 제도이다. 중서성·문하성, 상서성의 3성과, 상서성 아래에 이, 호, 예, 병, 형, 공의 6부를 가리킨다. 당나라의 3성 중에서 중서성은 조칙이나 신하의 상소에 대한 비답의 초안을 만들어 천자의 의지를 표시하는 기관이며, 문하성은 중서성에서 온 조칙과 상서성 6부에서 올린 상주문의 초안을 심사하고, 잘못된 점이 있으면 거부권을 발동하는 기관이다. 상서성은 관등으로는 중서성, 문하성보다 높지만 실제적으로는 중서성, 문하성의 뜻을 받아 정책을 하부 기관과 지방에 전달하는 기관이며, 그 아래에는 6부가 있다. 6부 중 이부는 문관의 임명·면직·상벌 등의 인사를 관리, 호부는 재정 전반을, 예부는 예의·제사·학교 및 외국과의 교제 등을 담당하였다. 병부는 군사와 무관의 인사를, 형부는 사법에 관한 일, 공부는 토목 사업에 관계된 일을 담당하였다.

색목인 色目人 ■

중국 원대에 몽골인, 한인, 남인(남송 사람) 이외의 사람들을 가리키는 이름이다. 여기에는 탕구트, 위구르, 나이만 등 주로 서방계 사람들이 속하였다. 원나라 주민은 유라시아 대륙 각지의 인구를 포함하고 있었는데, 통치의 편의상 몽골 인, 색목인, 한인, 남인 등 네 개의 신분으로 나누었으며, 색목인은 몽골 인에 이어 우대를 받았고, 몽골 정권에 적극 협력하도록 하였다.

서역 西域 ■

중국의 서쪽에 있던 여러 나라를 총칭한 역사적 용어로, 서방 지역이라는 의미를 지니고 있다. 서이 · 서융 · 서번이라는 유사어가 있으나, 그것은 티베트 인을 포함한 서방 여러 민족을 뜻하며, 서역은 지역명이다.

성리학 性理學 ■ ■ ■

송나라 시대에는 사회적 · 경제적 변화에 따라 새로운 발전이 있었다. 과거 시험을 통하여 관리가 된 사대부 계층은 경전의 자구 해석에 치중하는 종래의 훈고학적인 유학에 만족하지 않고, 유교의 본뜻을 추구하여 인간의 도리를 밝힘과 동시에 우주와 인간의 근원을 탐구하려는 새로운 학풍을 일으켰다. 송학 또는 성리학이라 불리는 이 새로운 학풍은 북송의 주돈이에게서 비롯되어 남송의 주희(주자)가 완성하였으므로 주자학이라고도 한다. 불교의 선종 사상을 유교적 입장에서 받아들여 이룬 성리학은 글귀의 해석에 치중하던 종래의 유학과는 달리 우주와 인간의 근본 문제를 탐구하는 철학적인 면을 강조하였다. 이 주자학은 군신 · 부자 간의 도리와 화이(華夷)의 차별 등 이른바 '대의 명분'을 강조하여 군주 독재 정치를 옹호하였다. 그 뒤 주자학은 오랫동안 국가의 보호를 받았으며, 한국과 일본, 베트남에까지 많은 영향을 미쳤다.

세밀화 細密畵 ■

양피지 · 카드 · 금속 · 상아 등에 그린 작고 섬세한 그림을 말한다. 《코란》이나 그 밖의 책들의 장식이나 삽화로 그려졌으며, 이슬람에서 12세기에 나타나, 13세기 중엽 이후 중국 회화의 영향으로 사실적인 화풍으로 바뀌었으며, 페르시아, 인도 등지에서 발달하였다.

셀주크 조 Seljuq朝 ■■

중앙 아시아의 투르크 계 민족인 오구즈(구즈) 일족 또는 그 일족이 건설한 제국으로, 흔히 셀주크 투르크라고 불린다. 투르크 족의 서아시아 진출의 선구가 되었고, 다음의 오스만 제국을 건설하였다. 10세기 말에 족장 셀주크의 인도로 시르다리아 강 하류로 건너가 이슬람교를 믿었다. 그의 손자 토그릴 베그 시대에 세력을 떨쳤고, 1038년에는 이란의 호라산 지방까지를 지배하여 새 국가를 건설하였다. 1055년 바그다드로 진출하였고, '술탄'이라는 칭호를 얻었다. 또한 소아시아 · 시리아를 정복하였고, 11세기 말 제3대 말리크샤의 시대에는 동쪽 파미르 지방까지 영토를 확장하여 최고의 전성기를 맞았고, 이란 이슬람 문화의 꽃을 피웠다. 말리크샤가 죽은 뒤 왕족 사이의 격렬한 내분으로 분열을 일으켜, 케르만 셀주크, 아나톨 셀주크, 시리아 셀주크 등 셀주크 왕조를 칭하는 지방 정권이 독립하였고, 호라산의 대(大) 셀주크 왕조는 1157년에 멸망하였다.

송 宋 ■■■

중국의 5대 10국을 통일한 왕조(960~1277)이다. 1126년의 '정강의 변' 이전을 북송, 이후를 남송이라 한다. 북송은 후주의 조광윤이 금군(禁軍)에 추대되어 태조로 즉위하였다. 태종 때 신흥 지주, 자작농을 배경으로 과거제에 의한 전제 체제를 확립하고, 문치주의를 취하였기 때문에 병력은 약화되어 이민족 침입에 고민하였다. 거란과는 1004년에 전연의 맹약을 맺고 화친하였다. 신종은 왕안석을 등용하여, 국가 재정의 재건을 위한 신법(新法)을 실시하여, 상당한 성과를 올렸으나 사마광 등의 보수파가 저항하였다. 그 결과 당쟁으로 정치가 혼란해지자 금나라가 침입하여 휘종과 흠종이 체포되고(정강의 변) 마침내 북송은 멸망하였다. 그 뒤 남송은 화평파의 진회가 금과 화목하여 화이허 강을 국경으로 정하였으나 혼란 중에 몽골이 침입하여 1277년에 멸망하였다. 화폐 경제가 발달하고 도시가 번영하였고, 주자학이 융성하였으며, 나침반 · 화약 등이 발명되었다.(→ 중국 역대 왕조)

수 隋 ■■■

중국의 왕조(581~618)로, 4세기 동안 남북조로 분열된 중국을 통일하여, 당나라가 큰 통일 국가를 이루는 데 선구적 역할을 하였다. 북주(北周)의 외척 양견이 581년에 북주의 어린 황제인 정제로부터 양위를 받아 수 왕조를 세우고, 589년에는 남조의 진을 멸하여 전국 통일을 달성하였다. 문제는 중앙 집권 체제의 정비에 힘썼고, 국비를 절약하여 국부를 축적하였다. 다음 대인 양제는 대운하를 파서 유통을 편하게 하였으며, 국력이 충실해지자 돌궐, 토욕혼, 타이완을 쳤다. 그러나 세 차례에 걸친 고구려 정벌에는 실패하였다. 양제의 사치스러운 생활과 잇따른 출병으로 시달린 데다 고구려 원정에 실패한 것이 계기가 되어 국내에 반란이 속출하여 혼란이 계속되었다. 마침내 타이위안에서 거병한 이연이 수나라를 멸망시키고 당나라를 세웠다.

수니 파 Sunnite ■ ■

이슬람의 주요 2파 중 하나이다. 이른바 정통파로, '수니'란 '공동체의 백성'의 약칭이다. 이슬람 교도의 압도적 다수를 점해 다수파라고도 불린다. 코란과 수나(관행)를 기초로 삼았으며, 정통 칼리프와 옴미아드 조 뒤의 역대 칼리프를 정통으로 인정한다.

술탄 sultan ■

이슬람교 최고 권위자인 칼리프가 수여한 정치적 유력 지배자의 칭호이다. 아랍 어로 왕, 지배자를 뜻하는 말이다. 1055년 바그다드에 입성한 셀주크 왕조의 투그릴 베크가 1058년에 아바스 왕조의 칼리프 카임으로부터 수여받은 것을 시초로 볼 수 있으며, 그 뒤 소아시아의 룸셀주크 왕조, 이집트의 맘루크 왕조, 그리고 오스만 왕조가 이 칭호를 사용하였다. 주로 수니 파 이슬람 왕조의 군주들이 비종교적 지배권의 행사자라는 의미로 사용하였다.

스키타이 Scythian ■

기원전 8세기부터 기원전 7세기에 중앙 아시아에서 러시아 남부 지방으로 이주하였던 유목 민족이다. 기원전 7세기부터 활동을 개시하여 기원전 6세기에 남러시아의 키메르 인을 몰아내고 강대한 왕국을 세웠다. 그러나 기원전 3세기에 이르러 동쪽으로부터 사르마트 족의 침략을 받아 해체되었다. 구덩식(竪穴式) 주거 외에 4륜차나 6륜차 위에 펠트 천장을 만들어 주거로 삼기도 하였다. 주로 유목, 농업에 종사하였으며, 그리스 인들과의 교역도 행하였다. 스키타이는 전투력뿐만 아니라 그들이 건설한 문명도 탁월하였다. 이들 중 부유한 귀족 계급은 황금과 귀중품 들로 가득찬 무덤을 남겼다. 짐승과 새를 도안화한 독특한 스키타이 문양을 고안하였으며, 청동

제 일용품과 무기 · 마구는 뛰어난 예술품으로 전해진다.

시박사 市舶司 ■

중국 당나라 때에서 명나라 때까지 해상 무역을 관할하던 관청이
다. 당나라 때에는 광저우에 두었고 송대에는 무역을 중시하여 취
안저우, 항저우 등 여러 곳에 설치하였다. 직무는 출입 항구의 수
속, 화물 검사, 징세, 관용품 매입, 불법 행위 단속 등이었다. 원 ·
명나라 때에는 광저우, 취안저우, 지금의 닝보인 명주에 시박제거
사가 설치되었다. 그러나 명나라 때에는 해금 정책(海禁政策) 때문
에 그 중요성이 감소되었고, 청나라 때에는 해관(海關)이 이를 대신
하였다.

시아 파 shiaism ■ ■

수니 파와 함께 이슬람교를 양분하는 분파의 총칭이다. 수니 파에
비해 그 수는 매우 적다. 원래는 예언자 마호메트의 정당한 후계자
(칼리프)는 그의 사촌이며 사위인 알리뿐이라고 주창하는 사람들,
곧 시아 알리(알리의 당파)를 뜻하였다. 사파비 조 안에서 페르시아
(이란)의 국교가 되었으며, 지금도 이란에서 큰 세력을 지니고 있다.
현재 시아 파 신자는 이슬람 교도 전체의 약 10퍼센트 정도이다.

아라베스크 문양 arabesque紋樣 ■

이슬람 미술에서 광범위하게 볼 수 있는 곡선적 장식 무늬를 말한
다. 특히 덩굴과 같은 식물이 뒤얽힌 모양을 아름답게 도안하여 나
타낸 당초 무늬를 가리키는데, 넓은 뜻으로는 복잡하게 이어지는
기하학 도형, 무늬화된 아라비아 문자도 포함된다. 이슬람 건축물
인 모스크의 장식 문양으로 주로 사용한다. 벽의 장식과 서책의 표

지, 그리고 공예품 등에 사용하여 이슬람의 독특한 장식 미술을 만들었다.

아라비안 나이트 Arabian Night ■ ■

모스크의 아라베스크 문양

아라비아 어로 쓰인 설화집으로, '천일야화(千一夜話)'라고도 한다. 저자는 알려져 있지 않으며, 무수한 사람들의 손을 거쳐 이룩되었다. 여성을 불신하는 페르시아 왕에게 현명한 여성인 샤흐라자드가 1,000일 밤 동안 여러 가지 이야기를 들려 준다는 설정으로 구성되어 있다. 이슬람 권 각지의 연애, 범죄, 여행담, 동화, 역사적 일화 등으로 이루어졌으며, 내용은 다채롭고 평이하다. 6세기경 사산 조 페르시아에서 모체가 성립, 8세기 말경까지 아라비아 어로 번역되었으며, 장기간 바그다드, 카이로를 중심으로 발달하여 15세기에 거의 완성된 듯하다. 아랍 민중에게는 물론 세계적으로 널리 읽히고 있다. 18세기에 프랑스 어로 번역된 뒤 각국어로 번역되었으며, 유럽 문학에 큰 영향을 끼쳤다.

아바스 왕조 Abbasid王朝 ■ ■

이슬람 왕조(750~1258)로, 왕조 초기의 영토는 동쪽 아무다리야 강 이북 지역에서 서쪽 마그리브에 이르는 광대한 지역이었는데 점차 축소되었다. 제2대 칼리프에서 제5대 하룬알 라시드까지 전성기를 누렸으며, 다른 왕조의 자립으로 서방 영토를 잃었으나 중앙 집권화가 진행되었다. 칼리프는 수니파 신앙을 옹호하였고, 칼리프의 권위는 신으로부터 받았다는 관념이 확립되어 있었다. 문화, 과학, 산업, 경제가 크게 발전하였으나 사마라 시기에 맘루크 군벌이 칼리프의 자리를 좌우한 뒤에는 쇠퇴하기 시작하여 945년에 부와이조, 그 뒤 셀주크 투르크 조가 사실상의 지배권을 잡았다. 1258년에 몽골 군이 바그다드를 점령하여 멸망시켰다.

아스카 시대 飛鳥時代 ■■

일본 최초의 여제(女帝)인 스이코 천황을 중심으로 한 시대이다. 본래 6세기 중엽의 불교 전래부터 8세기 초의 헤이제이 천도까지의 시대를 일컬었으나, 현재는 7세기 후반 이후를 분리시켜 하쿠호 시대로 부르는 것이 일반적이다. 6세기 후반의 일본은 조정 내부에서 모노노베·소가 양씨의 항쟁과 수순 천황의 시해(592년) 등으로 정치적 위기에 있었으나, 쇼토쿠 태자(스이코 천황의 조카)의 섭정 시대(593~622)를 맞아, 수나라와의 국교 개시, 관위 12계·헌법 17조의 제정 등으로 적극적인 국정 정비가 시작되어 중앙 집권 국가 건설의 움직임이 싹텄다. 문화적으로도 아스카데라·호류지의 건립,《삼경의소》의 저술 등으로 대표되는, 일본에서 가장 오래된 불교 문화를 꽃피웠다.

아잔타 석굴 Ajanta石窟 ■■

인도 서부 마하라슈트라 주 중북부에 있는 아잔타에 B.C. 2~B.C. 1세기부터 A.D. 7세기에 걸쳐 계곡의 만곡부를 중심으로 만든 29개의 석굴이다. 아잔타 석굴 사원의 벽화와 불상은 쿠샨 왕조 때 발달한 간다라 불상과는 달리 인도적인 특징이 두드러지게 나타나는 굽타 양식의 미술 작품들이다.

안사의 난 ■■

중국 당나라 중기에 일어난 안녹산, 사사명의 대반란(755~763)을 뜻한다. 당나라 전·후기를 구별짓는 계기가 되었다. 절도사 안녹산이 권신 양국충과 대립하여 허베이 등에서 거병하여 뤄양, 장안을 점령하였고, 현종은 쓰촨으로 피난하였다. 난은 안록산이 그의 큰아들한테 암살당한 뒤에도 부하 사사명 등의 주도로 계속되었지만 당나라는 위구르 족의 도움으로 반란군을 평정하였다. 난 이후 각지에서 절도사가 자립하여 율령제는 크게 무너지고, 균전, 조·용·조 제도가 붕괴되었다. 또 이 병란으로 화려한 당나라의 귀족 문화도 쇠퇴하였다.

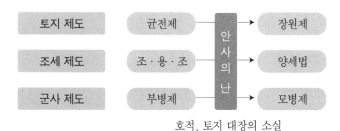

호적, 토지 대장의 소실

| 안사의 난 전후의 당대의 변화 |

알라 Allah ■■

이슬람교의 유일신이다. 어원적으로는 신을 뜻하는 일라에 정관사 알(al-)이 붙은 '알일라'의 와전된 발음이다. 이미 이슬람 이전부터 알라는 지상신으로서 숭배되어 왔으며, 이슬람교에서는 신조 고백에 '알라신 이외의 신은 없다'고 쓰여 있듯이 알라 이외에는 어떠한 신도 인정하지 않는다.

앙코르 와트 Angkor Wat ■ ■

캄보디아 크메르 왕조 시대의 사원 유적이다. 크메르의 북서부 밀림 속에 거대한 건축물로, 왕궁의 사원이란 뜻을 지닌다. 당시의 수도 앙코르의 유적들 중 가장 크며, 그 웅대한 건축과 조각, 부조 등은 크메르 미술의 대표로 꼽히고 있다. 이것은 12세기 초에 세운 석조 건축으로 처음에는 힌두교의 비슈누 신을 모신 사당이었고 뒤에 불교 사원이 되었다. 동서 1.5킬로미터, 남북 1.3킬로미터의 5탑 3층의 거대한 사원이다. 아랫층 회랑 안쪽의 벽면에는 유명한 부조가 있는데, 이것을 마하바라타와 라마야나 등 고대 인도의 서사시를 소재로 하였고, 국왕의 행렬이나 전쟁 장면을 교묘히 조각하여 크메르 미술의 최고봉을 이루고 있다. 앙코르 왕조가 13세기 말부터 쇠망하기 시작하여 완전히 멸망한 15세기 이후 밀림 속에 가려 있었으나 19세기에 발견되었다.

야마토 정권 大和政權 ■ ■

4~5세기경 일본에 성립한 통일 정권이다. 오오키미 가(家)를 중심으로 야마토 호족 연합 정권을 만들어 서일본 대부분을 지배하였

다. 우리나라와 중국으로부터 유교·불교와 여러 제도·문물을 받아들여 나라의 기틀을 잡아 갔다.

양세법 兩稅法 ■ ■

중국 당나라 후기부터 시작된 제도로, 모든 세금을 현재 거주하고 있는 지역에서 자신의 재산에 기초하여 납부하도록 하였다. 이는 당나라 때의 기본 세제인 조·용·조가 균전제를 바탕으로 성립되어, 모든 농민의 재산이 기본으로 같고, 농민은 국가로부터 지급받은 토지가 있는 고향에서 유랑하지 않는다는 전제로 세금이 부과되었다. 하지만 안사의 난 뒤 농민의 유랑화가 촉진되고 국가 재정이 악화되자 이를 극복하기 위하여 마련된 세제가 양세법이다. 여름, 가을 2기로 나누어 징수하였기 때문에 양세법이라 불렀다. 이 세법의 시행은 토지 사유의 자유를 국가가 승인한 것을 의미하며, 그 뒤 명나라의 일조 편법이 실시될 때까지 세법의 원칙으로 삼았다.(→ 중국 조세 제도의 변화)

여진 女眞 ■ ■ ■

만주 동부 지역에 거주하던 숙신·읍루 계 민족으로 청을 세운 만주족의 전신이다. 중국 남북조 시대의 물길, 수·당 시대의 말갈과 같은 계통이다. 여진은 10세기 이래 만주 지역의 거란·발해인 이외의 말갈 제부(諸部), 특히 동부 지역의 흑수 말갈을 중심으로 한 여러 계통의 토착 종족에게 붙은 명칭이다. 아구다는 완안부를 중심으로 여진을 통일하여 금나라를 세웠으며, 1234년 몽골의 침략으로 금이 망하자 여러 부족으로 분산된 뒤 원·명나라의 지배를 받았다. 1616년에 후금을 세운 뒤 세력을 확장하여 이후 국호를 청으로 바꾸고 중국 대륙을 통일하였다.

역전제 驛傳制 ■ ■

당과 요나라 등에서 발달한 조직적인 교통 체계로, 역참제라고 한다. 일정한 거리마다 숙소, 말 등을 준비하여 여행자의 편의를 제공한 제도이다. 주요한 교통로를 따라 역을 설치하고 관문서의 수송과 공무로 출장하는 관리에게 말, 수레, 배 등을 제공하는 한편 그들에게 휴식, 숙박, 식사 등의 편의를 제공하였다.

오경정의 五經正義 ■ ■

중국의 당나라 공영달 등이 칙명으로 제작하여 653년에 반포한 오경의 정통 공인 주해서이다. 《오경정의》는 훈고학을 집대성한 책으로, 과거 시험의 교과서가 되었으며, 오늘날까지 경전 해석의 기본 문헌으로 인정받고 있다. 하지만 당나라 때의 유학이 획일화되고 암송 유학의 경향이 나타나는 등 학문의 자유로운 발전을 저해한 면도 없지 않다.

5대 10국 五代十國 ■ ■

907년 중국 당나라의 멸망으로부터 960년 송나라가 성립하여 979년 전국을 통일하기까지 중원을 중심으로 흥망성쇠를 거듭한 다섯 왕조와 중원 이외의 여러 지방에 할거, 흥망한 열 개의 나라 또는 그 시대를 말한다. 당대 말 황소의 난의 혼란 속에서 토호나 무인이 절도사가 되어 지방에 할거하였다. 먼저 907년에 주전충이 당의 왕실을 무너뜨려 후량을 세웠고, 이어 돌궐의 사타부 출신인 이극용이 대두하여 그 아들인 이존욱이 후당을 세웠다. 같은 사타부 출신인 석경당은 거란족의 힘을 빌어 후진을 세웠으나, 거란족은 대상(代償)으로 연운 16주를 획득하였다. 후진이 거란족에게 멸망당하자 유지원은 후한을, 곽위가 후주를, 조광윤이 송을 세우고, 뒤를

이어 중국을 통일하였다. 각 나라는 문화 활동이 활발하였고, 특산
품도 생겨 유통 경제가 발전하였다.(→ 중국 역대 왕조)

5호 16국 五胡十六國 ■ ■

진나라의 멸망 뒤부터 남북조 시대(304~439) 사이에 중국 북부를
중심으로 5호(흉노 · 갈 · 선비 · 저 · 강)가 세운 13국과 한족이 세운
3국의 총칭이다. 오호는 후한에서 삼국 시대에 걸쳐 중국 내부로 이
주한 뒤 농경에 종사하며, 중국 문화의 영향을 받았다. 북위가 세력
을 얻어 화북을 통일하면서 5호 16국 시대는 끝났다.(→ 위 · 진 · 남
북조 시대)

옴미아드 왕조 Umayyad王朝 ■

서아시아, 북아프리카, 에스파냐를 지배한 이슬람 왕조(661~750)
이다. 8세기 초기가 최고의 전성기로 중앙 아시아, 북서 인도, 에스
파냐를 정복하였다. 다시 프랑스 각지에 원정하였으나 732년 투르
전투에서 패하였다. 이슬람의 법학, 자연 신학, 문법학, 전승학(傳
承學)도 이 시기에 시작되었다. 아랍 부족들 사이의 내분과 마왈리
비아랍계 이슬람 교도의 불만이 원인이 되어 아바스 왕조에게 정권
을 빼앗겼다.

왕안석의 신법 ■ ■ ■

중국 북송의 문인이자 정치가인 왕안석의 개혁이다. 농업 생산성의
향상을 목적으로 종래 가뭄과 홍수 등으로 황폐해진 국토의 복구와
새로운 경작지의 조성 및 하천의 개수 등을 통한 조운(漕運)의 진흥
등을 골자로 한 농전 수리 정책, 농민에 대한 저리의 금융 정책인
청묘법(靑苗法), 도시의 중소 상인들을 대상으로 한 저리의 금융 정

책인 시역법(市易法), 차역(差役) 부담 대신 재력에 따라 차등적으로 면역전(免役錢)을 징수하게 한 모역법(募役法), 모병 제도의 약점을 보완하기 위하여 당나라 부병제의 국민 개병제 원칙을 모범으로 한 보갑법과 보마법을 실시하였다. 이는 문치주의로 인한 국방력 약화로 말미암아 거란족과 탕구트 족의 침입에 굴복하여 막대한 세폐를 바치게 되었고, 재정 악화가 심화되자 국방력을 강화하고 재정을 확보하기 위하여 시행되었다. 신법의 지향점은 소농민과 소상인을 보호하고 대상인과 대지주의 횡포를 막기 위한 것이었다. 국가 재정의 확보와 국가 행정의 효율성 증대 등에서 일정한 실적을 거두었으나 원래의 취지 중의 하나인 중소 농민과 중소 상인의 구제라는 면에서는 결과적으로 세역의 증대, 화폐 경제의 강요 등으로 인하여 후진 지대에서는 오히려 영세 농민층의 몰락을 가속화시킨 문제점도 있었으며, 이는 반대파인 구법당이 재집권하는 주된 명분이 되었다는 점도 간과할 수 없다.

분 류	법의 명칭	목 적
부국책	청묘법	영세농 육성
	균수법	중간 상인의 폭리 방지
	시역법	중 · 소 상인 육성
	묘역법	실업자 구제
강병책	보갑법	민병 양성
	보마법	군마 양성

요 遼 ■ ■

거란족이 세운 정복 왕조의 중국식 국호(907~1125)이다. 거란의 여러 부족은 9세기 말 당의 정치적 혼란을 틈타 발흥하기 시작하여

916년에 질라부의 야율아보기가 통합하여 거란국을 세웠다. 전성기는 2대와 6~8대의 성종, 흥종, 도종 시대이다. 1114년 여진족인 금나라와 송나라의 협공으로 1125년에 멸망하였다. 관제는 2중 통치 체제를 취하였으며, 독자적인 거란 문자를 만들고, 불교를 장려하였다.

원元 ■■■

몽골 족이 중국을 정복하고 세운 왕조(1271~1368)이다. 국호는 《주역》의 '대재건원(大哉乾元) 만물자치(萬物資治)'에서 유래하였다. 칭기즈 칸의 손자이며 몽골 제국의 제5대 황제인 쿠빌라이는 1271년에 국호를 대원(大元)이라 하고, 중국 역대 왕조의 계열에 들었다. 1279년에 남송을 복속시키고 중국 통일을 완성한 원조(元祖)는 귀족제적인 신분 사회로, 절대 다수의 중국인에 대한 이민족 지배를 유지하기 위하여 몽골 족, 색목인(위구르 인·이란 인 등), 한족, 남인(남송인)의 4신분제를 확립하였다. 이는 중국 사회에 지식층이 확대되고 시민 문화가 보급되는 계기가 되었다. 몽골 제국의 출현에 따라 활발해진 동서 무역으로 닦인 육상 무역로가 원의 중국 통일로 해상 무역로와 연결되었고, 상업민인 색목인의 신분이 높아진 점 등은 원대의 유통 경제를 번영시켰다. 그러나 유통 경제의 발달에 따른 상업 자본의 성장은 농민 경제를 위축시켰고, 통화 정책이 파탄에 빠지는 한편 귀족들의 정권 쟁탈에 따른 중앙 정부의 혼란이 계속되자 상인, 관료의 농민 수탈이 극에 달하였다. 게다가 천재지변이 잇따르자 농민 폭동이 전국적으로 파급되었고, 여기에 백련교, 백운종 등의 비밀 결사가 주도하는 민족적 봉기가 가세하여 원나라 정권은 붕괴되었다.

위 · 진 · 남북조 시대 魏晋南北朝時代 ■ ■ ■

후한의 멸망부터 수나라의 재통일까지의 약 370년 간의 시대
(221~589). 후한 멸망 후 위 · 오 · 촉이 분립하였고 위를 이은 진
(서진)이 중국을 통일하였다. 그러나 강남의 진(동진) · 남조(송 ·
제 · 양 · 진)와 중원의 5호16국 · 북조로 분열되었다. 그러던 중 북
조에서 나온 수나라가 진을 멸망시키고 중국 통일을 완성하였다.
이 시대는 한족이 아닌 다른 민족이 지배하는 나라가 있었으며, 호
족층이 두드러지게 성장하였다. 9품 중정제 등으로 문벌 귀족이 형
성되고, 남조에서는 귀족이 황제의 힘을 제한하였다. 북조에서 황
제의 지배력은 남조보다 세고 균전법 등이 시행되어, 서위에서 시
작된 부병제와 함께 수 · 당에 계승되었다. 유랑하는 많은 농민들은
전호 · 부곡 등으로 호족에 예속되었으며, 문화는 주로 강남을 중심
으로 발달하였다. 사회 혼란을 반영한 노장 사상이 나타났고, 불교
가 발전하였으며, 도교가 성립되었다.

위·진·남북조 시대 → 수 → 당 → 5대 10국 → 송 → 남송 → 원

| 위 · 진 · 남북조에서 원대까지 중국 역사의 발전 |

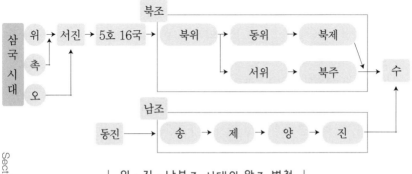

| 위 · 진 · 남북조 시대의 왕조 변천 |

윈강 석굴 雲崗石窟 ■

중국 산시성에 위치한 석굴 사원으로, 북위 시대(460~534)에 조성되었다. 중국에서 가장 오래된 불교 유적이며, 북위 초기 다섯 황제를 나타낸다는 거대한 불상을 통하여 불교가 정치에 이용되었음을 알 수 있다. 북위의 뤄양 천도 뒤 룽먼에 석굴 사원이 건립되었다. 중국 전래의 양식에 중앙 아시아 양식이 가미되어 소박함과 서방의 분위기가 함께 섞여 있으며, 우리나라의 불상에도 큰 영향을 끼쳤다.

율령격식 律令格式 ■ ■ ■

중국 당나라 초기에 완성된 성문법 체계이다. 율령제는 율령격식으로 이루어진 체계를 갖고 있었다. 이 중 '율'은 범죄 형법에 관한 금지 규정을 뜻하고, '영'은 비형법 규정의 국가 제도 전반에 관한 것으로, 양자는 일체성을 갖는 2대 기본법이었다. 그리고 '격'은 황제의 조칙에 따라 수시로 이루어지는 명령으로 율과 영을 보충하거나 변경하는 역할을 하였고, '식'은 율령을 시행하는 시행 세칙에 해당한다. 이 네 가지 법령이 체계적으로 자리잡은 것은 수 · 당나라 때였다. 율령격식은 우리나라를 비롯해 일본 등 아시아 여러 나라에도 영향을 끼쳤다.

이븐 바투타 Ibn Battutah ■

모로코 출생의 이슬람 대여행가로, 상세한 여행기를 남겨《동방 견문록》을 지은 마르코 폴로와 비교되고 있다. 1325년 6월, 메카 순례를 목적으로 단신으로 고향을 떠나 북아프리카 · 아라비아 · 동아프리카 · 중동 · 발칸 · 중앙 아시아 · 인도 · 동남 아시아 · 중국을 여행하고 1350년 고향으로 돌아왔다. 그 이듬해에 에스파냐 그라나다에 갔다가 1352년부터 1353년에 걸쳐 사하라 사막을 지나 니제르 강 중류 지역의 흑인 왕국을 방문하였다. 그가 구술한 《도시들의 진기함과 여로의 견문에 흥미를 느끼는 사람들에게 주는 선물》이라는 여행기는 당시의 이슬람 세계를 아는 데 사료적 가치가 크다.

이슬람교 Islam教 ■ ■ ■ ■

7세기 초 마호메트가 아라비아 반도 메카에서 유일신 알라의 예언자로서 세운 종교이다. 유대교와 그리스도교에서 유래한 일신교이다. 이 종교 안에서 여러 종파와 종교 운동이 일어났고 이슬람 세계 내에서도 지역마다 문화적 · 종교적으로 큰 편차를 보인다. 하지만 모든 신도들은 공통된 신앙으로 묶여 있고, 단일한 공동체에 소속되어 있다는 의식을 공유하고 있다. 교리 및 실천의 기본은 '6신(六信)'과 '5주(五柱, 五行)'로 되어 있다. 6신은 신 · 천사 · 성전 · 예언자 · 내세 · 예정(豫定) 등 여섯 가지의 신앙 개조를 말하며, 5주란 신앙 고백 · 예배 · 자카트(喜捨) · 단식 · 순례 등 다섯 가지의 주요 의무를 가리킨다. 하루 다섯 차례의 기도와 1개월에 이르는 단식, 또 남편 외의 남자에게 얼굴을 보이지 않는 것, 돼지고기와 음주 금지 등이 그 예이다. 이슬람교는 단순히 신앙에 그치는 것이 아닌, 하나의 생활 체계로서 사회와 국가의 틀까지도 규정하였다. 신자들은 무슬림이라 불린다.

이슬람 제국 Islam帝國 ■ ■

이슬람 교도가 서아시아를 중심으로 건설한 대제국으로, 중세 유럽에서는 사라센 제국이라고 하였다. 632년에 예언자 마호메트가 죽은 뒤 메디나의 이슬람 교도들은 아부 바크르를 새 지도자인 칼리프로 선정하였다. 이것이 1258년 아바스 왕조가 멸망할 때까지 계속된 칼리프 제도의 시작으로서, 이슬람 역사에서 이 제도가 있던 시대의 나라들을 이슬람 제국이라고 한다.

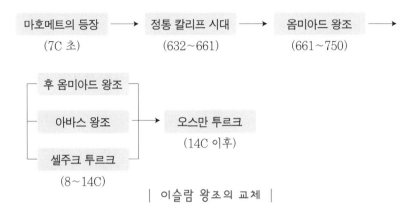

마호메트의 등장 → 정통 칼리프 시대 → 옴미아드 왕조 →
(7C 초)　　　　　　　(632~661)　　　　　　(661~750)

후 옴미아드 왕조 ┐
　아바스 왕조　 ├→ 오스만 투르크
셀주크 투르크 ┘　　　(14C 이후)
　(8~14C)

| 이슬람 왕조의 교체 |

	600	700	800	900	1000	1100	1200	1300	1400	1500	1600
아라비아 반도			후기 옴미아드								
이집트					파티마 왕조		아유브	마물루크 왕조			
아프리카						무라비트조			말리조		
						송하이 왕국					
소아시아~중앙					셀주크				오스만 투르크		
아라비아		옴미아드 왕조		아바스 왕조				일 한국			
중앙 아시아~이란				부와이			차카타이		티무르 제국	사파비 왕조	
				카라한 왕조							
인도					가즈니 왕조	고르		델리 술탄 왕조		무굴 제국	

| 이슬람 왕조 계통표 |

이크타 제도 Iqta制度 ■ ■

일종의 군사적 봉건 제도로, 이슬람 국가들에서 행한 토지 지급, 봉
토 제도이다. 이슬람 국가들은 9세기 중엽부터 늘어난 투르크인 용
병들에게 급료 대신에 일정한 토지의 조세 수입을 부여하였는데,

그것이 셀주크 조에 세습화, 영지화되어 맘루크 조와 오스만 제국
에 계승되었다.

일본 서기 日本書紀 ■

니혼쇼키(Nihon shoki)라고 발음하는 《일본 서기》는 《고사기(古
事記)》와 함께 일본에서 가장 오래된 역사서이다. 신화 시대부터
697년까지를 기록하고 있으며, 일본에 끼친 중국 문명의 영향을 반
영하고 있다. 중국식으로 새롭게 정비된 황실이 주도가 되어 중국
의 연대기에 버금가는 역사서를 지향하여 편찬한 것으로, 720년에
완성되었다. 《일본 서기》는 6국사(六國史)의 첫 번째 책으로, 6국
사는 황실의 명령을 받고 887년까지 편찬된 6권의 역사서를 말한
다. 《일본 서기》는 모두 30권으로 이루어졌다. 첫 권은 고대 일본의
신화와 전설을 기록하고 있으며, 신도(神道) 사상을 알 수 있는 중
요한 자료이다. 약 5세기경부터 다루고 있는 후반부는 역사적 기술
이 정확하며, 황실뿐만 아니라 강력한 권력을 휘둘렀던 여러 씨족
들에 관한 사실을 기록하고 있다. 또한 불교 도입과 7세기의 다이카
개신에 대해서도 기록하고 있다.

작 作 ■■

중국에서 수공업자와 그 길드(동업 직인 조합)를 가리키던 말이다.
수공업의 분업 과정을 당나라에서는 작(作) 또는 작방(作坊)이라
하였다. 당 · 송의 변혁기에 상업 길드인 행의 자율성이 증가됨에
따라 이러한 분업화된 수공업 조직도 업종별로 나뉘었다. 남송에서
는 점포를 갖춘 수공업 점포 조직인 길드가 생겨났고, 명나라 말,
청나라 초에는 장인들만의 길드도 생겨났다. 그러나 대개 상인 길
드인 행의 하위에 속하였다.

전호 佃戶 ■

중국 당나라 때 이후 장원에서 경작하는 토지에 예속된 소작인으로서, 지주에게 토지를 얻어 경작하고 소작료를 지불하던 소작농이다. 전호는 대토지를 소유하였지만 노동력이 부족한 전주(田主)와 노동력은 있으나 경작할 자기 소유의 농토가 부족한 소농과의 이해의 일치에서 자연스럽게 생겨났을 것으로 여겨진다. 장원과 더불어 송나라 때 이후 중국의 사회적 특징을 이루었다.

절도사 節度使 ■ ■ ■

중국에서 당나라 중기와 송나라 초에 지방을 다스리던 군장(軍將)을 말한다. 설치 목적은 고종 말년에 부병제를 기초로 하는 진수제(鎭戍制)가 북방 민족의 침입을 방지하는 기능을 상실하자 이를 대신하여 변방에 대군단을 두고 그것을 관할하게 하였다(710년). 변경의 방비를 위하여 설치한 군사령관으로 군사, 재정, 행정 3권을 장악하였으며, 안록산의 난을 일으킨 뒤 군벌로 변한 절도사들이 번번히 난을 일으키는 등 폐단이 극심해졌다. 송나라의 태종 시대에 이르러 소멸되었고, 그 뒤 군인의 명예적 칭호로 사용되었다.

정관의 치세 ■ ■

중국 당나라 제2대 황제인 태종 이세민의 치세를 말하는 것으로, '정관(貞觀)'은 태종의 연호이다. 수나라 말기부터 농민 반란이 빈발하고 군웅이 할거하여 당나라 초기의 국력은 피폐하였다. 이에 태종은 현명한 신하를 발탁하여 그들의 간언을 받아들였고, 경제력 회복에 힘썼다. 그 결과 당나라의 기강은 탄탄해졌고, 쌀값이 떨어졌으며, 백성들은 대문을 잠그지 않았고, 여행할 때는 식량을 휴대하지 않아도 되는 평화로운 시대를 맞이하였다. 또한 태종은 당나라의 국가 기반을 굳건히 하여 중앙 집권이 강화하였으며, 율령 체제도 정비하였다. 학교가 번성하였고, 과거 제도도 갖추어져 뛰어난 신하들이 배출되었다. 주위의 이민족들도 당나라에 복종하여 국위를 사방에 떨쳤다.

정복 왕조 征服王朝 ■ ■ ■

중국의 일부 또는 전부를 정복, 지배한 요 · 금 · 원 · 청나라 등 이민족 왕조를 가리키는 역사적 명칭으로, 미국의 사회 경제 사학자인 비트포겔이 붙인 이름이다. 정복 왕조는 한 민족이 무력으로 다른 민족을 정복하면서 자신의 고유 문화와 사회 제도를 유지하려는 왕조를 말한다. 특히 중국 정복 왕조의 특징은 정치 · 경제 · 사회의 이중 구조라는 데 있다. 이것은 유목 사회의 북방 민족이 농경 사회의 중국을 지배한 데에서 나타나는 결과이다. 요에서는 거란인과 유목인에 대한 북면관, 한인에 대한 남면관 제도가 함께 운영되었고, 금나라에서는 여진인에 대한 맹안 · 모극제, 한인에 대한 주현제가 있었다.

조 · 용 · 조 租庸調 ■ ■ ■

중국 수 · 당나라 때 정비된 조세 체계이다. 조(租)는 토지를 대상으로 거두는 곡물, 조(調)는 호(戶)를 대상으로 거두는 토산물, 중앙에 대한 노동력의 제공하는 역에 실제 종사하지 않고 대신 물납(物納)하는 것을 용(庸)이라 하였다. 조 · 용 · 조 제도는 당나라 중기 이후 소농민의 파산, 균전법의 붕괴 등으로 인해 운영상의 문제가 거듭되자, 덕종 1년인 780년에 토지를 주된 부과 대상으로 삼는 양세법으로 바뀌었다.(→ 중국 조세 제도의 변화)

주자 朱子 ■■■

성리학을 집대성하여 중국 사상계에 가장 큰 영향을 미친 중국 남송 때의 유학자이다. 경서를 통하여 통일적 사상을 배우고 그 참뜻을 체득하여 자기 인격의 완성을 꾀하며, 유학의 이상인 수기치인의 도를 실현하려는 신유학을 수립하였다. 그의 철학을 이기 철학이라 하는데, 형이하학인 기(氣)에 대해서 형이상학인 이(理)를 세워 이와 기의 관계를 명확히 하고, 생성론·존재론에서 심성론·수양론에 걸쳐 이기에 따른 일관된 이론 체계를 완성시켰다.

주자가례 朱子家禮 ■

중국 송나라 때 성리학자인 주희가 일상 생활의 예절에 관해 모아 기록한 책으로, 주문공가례(朱文公家禮)라고도 한다.

죽림칠현 竹林七賢 ■■

삼국 시대 말부터 서진 초기, 즉 3세기 중엽에 중국에서 관료 세계를 떠나 전원에서 유유자적한 생활을 즐긴 일곱 명의 은자를 말한다. 문학을 사랑하고, 술과 바둑과 거문고를 즐기면서, 세상을 등지고 죽림에 모여 청담을 나눈 완적, 산도, 향수, 완함, 혜강, 유령, 왕융 등 일곱 명의 지식인을 일컫는다. 칠현의 은둔 생활은 그 뒤 어수선한 시대의 중국 작가들에게 처세의 본보기가 되었다.

중국 조세 제도의 변화 ■■

	당	명	청
조세 제도	조·용·조 → 양세법-재산 정도에 따른 부과	일조편법 : 지세와 정세의 은납화	지정은제 : 일원적 은납화

중화 사상 → 화이 사상

진 晉 ■■

중국의 왕조로, 서진(265~316)과 동진(317~419)으로 나뉜다.
서진은 265년에 위나라의 권신 사마염이 왕위를 물려 주는 형식을
빌려 위나라의 제위를 빼앗아 진 왕조를 세우고, 무제라 칭한 뒤 도
읍을 뤄양으로 정하였다. 무제는 오나라를 쳐 천하를 통일하고, 점
전법과 과전법을 실시하였다. 그러나 일족의 제왕(諸王)을 강화하
였기 때문에 황제의 사후에 8왕이 난을 일으켰다. 그 뒤 흉노인 유
씨가 영가의 난을 일으켜 3대 회제를 살해하고, 이어 316년에 서진
을 멸하였다. 그 뒤 화베이는 5호 16국의 난세를 맞았다. 317년에
는 지금의 남경인 건업에 있던 왕족 사마예가 진 왕조를 재건하고,
원제라고 칭한 뒤 건업에 도읍하였는데, 이를 동진이라고 한다. 동
진 시대에는 화베이에서 옮겨 온 귀족과 토착 호족에 의한 귀족 제
도가 확립되었다. 또한 방대한 남천 인구의 영향으로 장난이 개발
되어 중국 경제의 중심이 되었다. 그러나 제왕의 힘이 약하였고 무
장들이 정권을 쟁탈하려고 정변을 일으켜 419년에 유유가 진을 무
너뜨렸다.

청담 淸談 ■■

삼국 시대의 위나라와 서진 시대에 현학가들 사이에 널리 유행한
담론(시사 비평)으로, 본래는 후한 말의 유학에 대한 비판에서 시작
되었다. 유교의 예의와 도덕론을 배격하고, 속세에 물들지 않으며,
노장 사상을 기본으로 하였다. 그러나 9품 중정법이 실시되면서 지
방 자제의 인물평을 많이 하기도 하였다. 사회의 불안과 유교의 권
위가 떨어진 삼국 시대와 5호의 침입 시대에 무정부주의적인 허무

주의를 내세워 일체의 현실 문제를 배격하였다. 죽림 칠현이 유명
하다.

초원길 ■ ■ ■

중국의 만리 장성 이북, 몽골 고원에서 알타이 산맥과 중가리아 초
원을 거쳐 카스피 해에 이르는 초원길은 기원전 6, 7세기경 기마 민
족인 스키타이가 이 길을 따라 활약한 뒤 본격적인 동서 교통로가
되었다. 그 뒤 진·한 시대의 흉노, 남북조 시대의 선비·유연,
수·당 시대의 돌궐·위구르, 송대의 거란·몽골 족 등 북아시아
유목 민족들은 모두 이 길을 따라 정복과 교역에 종사하면서 동서
문물의 교류에 크게 기여하였다.

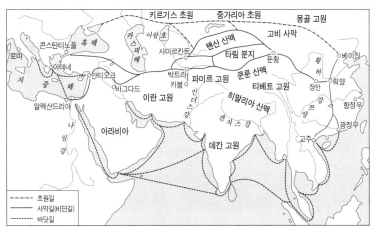

고대의 동서 교통로

추놈 문자 chunom文字 ■

베트남 민족 문자로, 한자를 바탕으로 만들어졌으며, 남방 문자라는
뜻에서 자남(字南)이라고 쓴다. 베트남에서는 고대부터 한자에서 파

생하여 고안된 나라 글자 추놈으로써 민족어 표기가 가능해졌고, 그 뒤 추놈과 한자를 섞은 표기법이 실용화되었다. 민족 문학이나 부락 사회의 기록을 남기는 유일한 수단으로 19세기까지 쓰였다.

칭기즈 칸 Chingiz Khan ■■

몽골 제국의 건국자로, 본명은 테무진이다. 몽골 부족을 통일하여 1206년에 즉위한 뒤 칭기즈 칸의 칭호를 얻었다. 이후 서하·금을 공격하고, 다시 호라즘을 쳐 중앙 아시아를 평정하였으며, 남러시아도 정복하는 등 대국가를 형성하였다. 그 뒤 서하를 공격하다 진중에서 병사하였다.

몽골 제국의 영토

카스트 제도 caste制度 ■■■

인도의 힌두 교도 사회의 세습적인 신분 제도로, 기원전 10세기경 인도에 침입한 아리아 인과 부족 제도가 나뉘면서 시행되었다. 사제 계층인 브라만, 왕후·전사 계층인 크샤트리아, 상인·농민 계

층인 바이샤, 수공업과 노예 계층인 수드라의 4대 계층이 생성되었
는데, 이것을 4성이라 한다. 최상층인 브라만 계층은 자신들의 혈통
이 순수하고 뛰어난 것이라고 주장하였다. 브라만 계층은 그 이하
인 계층에 속하는 자는 순차적으로 부정한 정도를 더하며, 인간으
로서도 열등하다는 관념을 가지고 있었다.

칼리프 Caliph ■

마호메트가 죽은 뒤 이슬람 사회의 최고 지도자를 가리키는 용어이
다. 칼리프란 아라비아 어로는 계승자, 대리인을 뜻하는 할리파
(Khalifa)의 영어식 발음이다. 마호메트는 아들이 없었으므로 교단
내에서 후계자를 뽑아 초대 칼리프에 아브 바쿠르를 선출하였다.
칼리프는 이슬람교의 주재자로서 정치, 종교의 양권을 장악하였다.
4대 칼리프 알리까지는 선거로 선출되었으므로 정통 칼리프 시대
(632~661)라 한다. 그러나 옴미아드 조, 아바스 조에 가서는 세습
화하여 동방적인 전제 군주화하였다.

킵차크 한국 Kipchak汗國 ■

몽골 4한국의 하나이다. 키르기스 초원과 남러시아의 킵차크 초원
일대에 세워진 이 나라는 몽골 제국의 서방 부분을 이루던 봉건국
으로, 13세기 중엽에서 14세기 말에 번영을 누렸다. 국민은 투르크
족과 몽골 계 타타르 족으로 구성되었으며, 대체로 몽골 족이 귀족
계급을 이루고 있었다.

코란 Koran ■ ■ ■

코란은 아라비아 어로 씌어진 이슬람교 경전이다. 코란은 20년에
걸쳐 알라(유일신)가 천사 가브리엘을 통해 무하마드(마호메트)에

게 하늘에 있는 '경전의 모체' 로부터 들려 주었다는 계시를 사람들이 기억하여 훗날 모아 기록한 경전이다. 코란은 종교적 내용 이외에 신자의 모든 생활을 규정하는 율법적 내용도 포함함으로써 이슬람 교도의 개인적 · 사회적 생활 전반에 영향을 끼쳤다.

탈라스 전투 Talas戰鬪 ■

751년 당나라 군대와 아바스 왕조 군대 사이에 벌어진 싸움이다. 이 싸움은 당나라의 안서 사진(安西四鎭) 절도사였던 고선지가 석국(샤슈)을 공략한 데에서 일어났다. 이 전투에서 당나라 군대가 크게 패하였으며, 이때 포로가 된 중국인들이 종이 만드는 법을 서방에 전하였다고 한다.

행 行 ■■

중국 상인 조합이다. 중국식 길드로서, 영업 점포를 가리키기도 한다. 행은 진 · 한나라를 거쳐 당나라에 이르러 사용된 명칭으로, 국가의 상업 통제가 강한 시기에 설치되었으며 상인들은 이를 통해 영업 보전, 경합 배제, 영업 독점, 상호 부조의 결실을 맺을 수 있었다. 당나라 말엽부터 송나라에 일어난 상업 혁명으로 시장의 통제나 행의 성격도 크게 달라졌다. 신흥 상공업자는 서로 경쟁을 조정하고, 가격 · 품질을 규제하며, 관청에 대한 절충과 상호 부조 등을 목적으로 업종별로 모여 상공 조합을 만들었다. 중세 유럽에서 형성된 상인 길드와 유사한 것으로 이야기된다.

헤이안 시대 平安時代 ■■

일본 역사 시대의 구분 가운데 나라 시대와 가마쿠라 시대 사이의 기간(794~1192)을 일컫는다. 794년 나라에서 천도한 헤이안쿄가 정치·문화의 중심지로 자리잡은 시기이다. 9세기 중엽부터 11세기 초반까지 후지와라 가문이 조정의 지배권을 장악하였다. 1086년, 시라카와 천황이 퇴위한 뒤에는 막후에서 정치를 하는 인세이 체제가 확립되었고, 말기에는 다이라씨가 통치권을 행사하였다. 이 시대에는 궁중 귀족 문화가 찬란한 꽃을 피우면서, 특히 미술과 문학 분야에서 괄목할 만한 발전을 이룩하였다. 헤이안 시대 말기에 지방의 호족 세력들이 무사단을 편성하여 귀족 정권을 수립하였는데, 이들의 대립에서 승리한 것이 가마쿠라 막부였다.

헤지라 Hegira ■ ■

622년, 마호메트가 이슬람 교단과 함께 박해를 피해 메카에서 메디나로 옮긴 일을 말한다. 헤지라를 통하여 종교적이며 정치적인 이슬람 공동체가 건설되었고, 마호메트는 정치·종교에 걸친 지도자가 되었다. 이슬람교에서는 이 역사적 전환의 해를 이슬람 기원 원년으로 정하였다.

형세호 形勢戶 ■ ■

형세호란 중국 송나라 때의 지방 호족을 일컫는 호칭이다. 당나라 말기부터 호족·유력호(有力戶) 등을 뜻하는 말로 쓰였으며, 대토지 소유자도 이에 포함된다. 송나라 때는 형세호 중에서 과거에 급제하고 관료가 된 사람이 많아 품관 형세(品官形勢)의 집안 또는 형세 관호(形勢官戶)라고 하였으며 이들이 지배 계층을 형성하였다. 남송 중기에는 품관의 집안, 이인, 직역호의 3계층이 형세호를 이루었고, 호적에는 특별히 붉은 글씨로 기재하여 일반 민호와 별도로 취급하였다.

홍건적의 난 ■

원대에 몽골 족의 지배에 항거하여 일어난 한족의 농민 반란이다. 홍건적이란 머리에 붉은 두건을 두른 데에서 붙은 이름으로, 홍두적 또는 홍적이라고도 한다. 이 반란은 이민족 왕조인 원나라를 쓰러뜨리고 한족 왕조인 명(明)나라를 성립시키는 계기가 되었다. 이 난은 미륵 · 백련 양 교도들이 일으켰는데, 원래 이 양 교단은 별개로 발생하였다. 하지만 원나라 말기에 이 양 교단이 혼합되어 행동하였고, 그 뒤 백련교로 통합되었다.

화이 사상 華夷思想 ■ ■ ■

자기 나라를 '중화'라 하여 존중하는 반면 주변의 다른 부족을 '이적(夷狄)'이라 하여 천시한 사상으로, 중화 사상이라고도 한다. '화'는 중국을 지칭하는 것으로 문화 민족임을 뜻하며, '이'는 문화 수준이 낮은 주변의 여러 민족을 가리키는 것으로, 중국인의 민족적 자존을 나타낸 사상이다. 춘추 시대 이민족의 침입이 심해 그들을 한(漢)민족 공동의 적으로 삼고, 중화의 문물, 제도를 지키기 위하여 양이(洋夷)를 부르짖었다. 아울러 당대에는 한유가 이단 배척 사상과 결합하였다. 송나라 때에 금나라와 대립하면서 중국의 민족적 우월성을 강조하는 중화 의식이 높아졌고, 금나라 때문에 남쪽으로 쫓겨간 남송 때의 주희는 자신의 사상 체계에 화이 사상을 철저하게 반영하였다.

황소의 난 ■ ■

중국 당나라 말기 약 10년 간에 걸쳐 일어난 농민 대반란으로, 875년 산둥성에서 소금을 밀매하던 황소와 왕선지가 주도하였다. 당시 당나라에는 환관들의 횡포와 지방 번진의 세력이 늘어나고, 부상

(富商) · 토호(土豪)는 땅을 모았으며, 부세(賦稅)와 소금 · 차의 독점 판매에 의한 수탈이 매우 심하였다. 이에 땅을 잃은 유민들과 가혹한 착취에 시달리던 소금 밀매 상인들은 도적이 되었다. 황소의 난은 난이 일어난 지 10년만에 평정되었지만 이 결과 강력한 하극상 풍조를 조성하였으며, 이로 인해 당나라는 멸망하였다.

후 옴미아드 왕조 後 Ommiad of Cordoba王朝 ■

우마이야 조의 일족인 아브드 알 라흐만 1세가 에스파냐에 건설한 왕조(756~1031)를 말한다. 이 이슬람 국가는 프랑크 왕국의 압력과 노르만의 침입을 저지하여 국세를 신장시켰다. 압둘 라흐만 3세 때에 아바스 왕조 문화의 수입에 노력하였으며, 자흐라 궁전을 짓는 등 황금 시대를 이룩하였다. 압둘 라흐만 3세는 스스로를 칼리프라고 칭하고, 이슬람 세계의 서방측 대표로 국토 개발과 학문 · 문예의 보호 장려에 힘썼다. 이 결과 수도인 코르도바는 바그다드나 카이로와 견줄 만한 상업 문화의 중심지가 되어 많은 상인과 유학

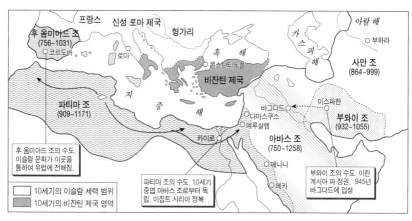

이슬람 제국의 분열(10세기)

생 들이 모여들었다. 그러나 후 옴미아드 왕조는 11세기 초부터 쇠
퇴하기 시작해서 각지에서 반란이 일어나 멸망하였다.

힌두교 Hinduism ■ ■ ■

브라만교를 모체로 하여 전통적이고 민족적인 제도와 관습을 망라
한 인도의 민족 종교이다. '힌두'란 원래 '인디아'와 인도를 가리키
는 말이다. 그러므로 힌두교는 문자 그대로는 '인도의 종교'를 뜻하
며, 일반적으로는 베다의 권위를 인정하지 않는 불교와 자이나교를
배제한 좁은 의미로 사용된다. 대체로 불교에 압도되어 쇠퇴한 브
라만교가 토착 신앙과 습속을 흡수해서 4세기 무렵에 확립하였다.
힌두교의 특징은 영원 불변하고 우주의 근원인 브라만과 인간 내면
의 참다운 자아인 아트만의 교설, 창조신 브라마, 유지신 비슈누,
파괴신 시바, 경전인 《베다》와 브라만 계급, 아힘사 등으로 나타낼
수 있다.

시바 신상

유럽 세계의 형성

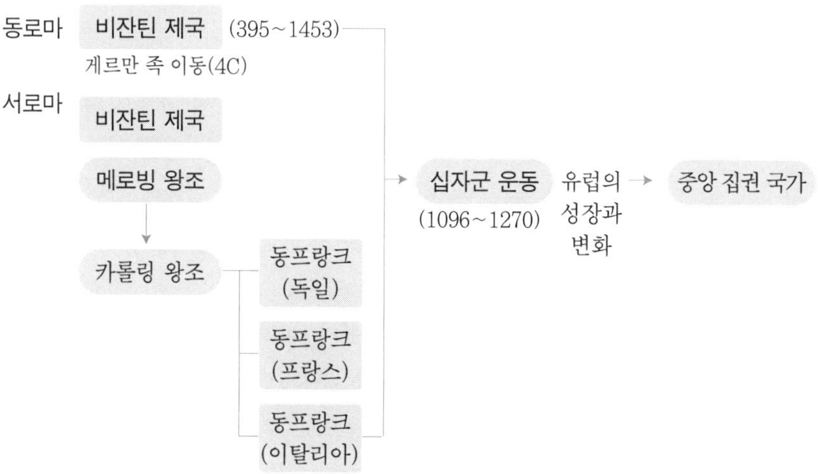

| 유럽 세계의 형성 |

게르만 족 German族 ■ ■ ■

인도 유럽 어족 중 게르만 어파에 속하는 언어를 사용하는 민족의 총칭이다. 신석기 시대 말 중부 독일에서 북상한 일부가 원주민과 융합하여 원시 게르만 민족을 이루었고, 청동기 시대에 중부와 동부 유럽 일대로 확산되었다. 기원 전후 1세기경에는 이동과 정착을 거듭하면서 농경과 목축을 행하였다. 최고 기관은 수장(首長)과 귀족 지도 아래 자유민의 민회(民會)였다. 용병으로서 로마로 유입된 4~6세기의 민족 대이동기에는 부족 왕의 권력이 증대되어 민회가 소멸하는 대신 부족 연합이 성립되었다. 이 민족 대이동은 동부 ·

서부 · 북부의 게르만으로 분화를 불러왔는데, 북부 게르만은 지금
의 스칸디나비아 반도의 민족들이고, 서부는 앵글로 색슨 족 · 프랑
크 족, 동부는 반달 족 · 고트 족 등이다.

게르만 족의 대이동 ■ ■ ■

흑해의 북쪽 해안에 있던 게르만 계의 고트 족이 4세기 말 서쪽으로
진출하여 온 훈족에게 밀려 376년에 서고트 족이 다뉴브 강을 건너
처음으로 로마 제국의 영토 안으로 이주하였다. 이를 계기로 라인
강 · 다뉴브 강 등 로마 제국 국경선의 북동쪽 일대에 있던 게르만
인의 여러 부족이 잇따라 이동을 시작하였으며, 특히 동게르만에
속하던 여러 부족이 서로마 영토 안으로 깊숙이 이주, 정착하여 각
지역에서 각각의 부족 국가를 세웠다. 이러한 과정은 거의 6세기 말
까지 210여 년에 걸쳐 일어났다. 프랑크 왕국을 제외한 대부분의
국가 수명이 짧았지만, 이 대이동으로 게르만과 로마 문화의 융합
이 추진되어 유럽 중세 사회 · 문화의 한쪽 기둥을 형성하였다.

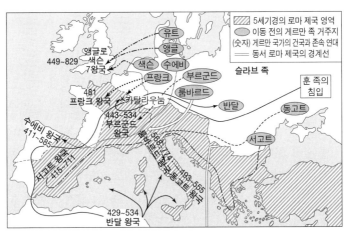

게르만 족의 대이동 경로

고딕 양식 Gothic樣式 ■ ■ ■

로마네스크 양식과 르네상스 양식 사이로, 12세기에서 15세기 무렵까지 서유럽 각지에 널리 퍼진 미술 양식이다. '고딕'이란 말은 '고트적'이란 뜻으로, 르네상스 시대의 미술가들이 그들 이전의 미술을 야만적이라고 멸시하여 부른 데에서 유래한 이름이다. 하지만 이 양식이야말로 중세 문화를 대표하는 것이라 할 수 있다. 이 양식의 핵심을 이루는 것은 교회 건축인데, 이 건축 양식은 하늘 나라에 가려는 중세 사람들의 열렬한 신앙심을 나타낸다고 할 수 있다. 높은 천장과 수직 첨탑에 아치 양식을 가미하고 크고 긴 창문을 아름다운 채색 유리로 꾸며 내부가 밝은 특징을 지니고 있다. 파리의 노트르담 성당, 랭스, 아미앵, 루앙, 샤르트르 대성당 등이 대표적인 건축물이다.

샤르트르 대성당
중세의 대표적인 고딕 양식

교부 철학 敎父哲學 ■

초기 그리스도 교회에서 합리적으로 교리를 조직하려는 철학으로, 2세기경부터 7, 8세기까지 이어졌다. 이 시대는 이교적(異敎的)인 로마 문화의 시대로, 그리스도교는 이교적 세계 속에서 박해받으면서 성장하였으며, 이 과정에서 그리스 철학, 주로 플라톤의 철학으로 그리스도교적 진리를 이해하려고 한 데에서 교부 철학이 성립되었다.

| 교부 철학과 스콜라 철학의 비교 |

구 분	교부 철학	스콜라 철학
성립 시기	8세기	9~15세기
역사적 배경	기독교의 정착기	기독교의 융성기
사상적 바탕	플라톤	아리스토텔레스
사상적 특징	기독교 교리의 체계화	기독교 교리의 철학적 논증
대표적 학자	아우구스티누스	토마스 아퀴나스
사 상	삼위 일체설	철학은 신학의 시녀

교회의 대분열 ■ ■

1378년에 교황 그레고리 11세가 죽은 뒤 로마에서는 우르반 6세, 아비뇽에서는 클레멘스 7세가 제각기 교황으로 즉위하여 두 교황이 대립하였다. 그 뒤로 독일, 영국 등은 로마의 교황을 지지하고, 프랑스를 중심으로 하여 스코틀랜드, 아일랜드, 포르투칼 등은 아비뇽의 교황을 지지하여 교회가 분열하였다. 1409년, 피사 공의회에서 두 교황을 모두 폐위하고 제3자를 등위하게 함으로써 분열을 끝내려 하였으나 양자가 거부함으로써 세 교황이 병립하여 교황청과 교회가 혼란을 겪었다.

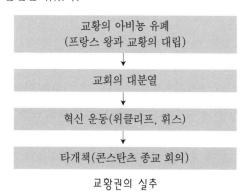

교황권의 실추

군관구제 軍管區制 ∎

비잔틴 제국의 제도로, 7세기부터 외적 침입에 대처하기 위하여 군 정과 민정의 분리를 폐지하고 군단의 사령관이 주둔지의 민정도 함 께 다스린 것을 지칭한다. 군관구의 장관은 부하 병사들에게 군사 적 복무에 대한 보상으로 병사 보유지를 지급하였으며, 보유지로서 소토지를 받은 병사들이 둔병, 즉 자영 농민층을 형성하였다. 이 제 도로써 생긴 자영 농민층은 10세기 후반까지 점차 쇠퇴하여 지방 호족의 대토지 소유가 늘어나고 병사 보유지는 잠식되었다.

궁재 宮宰 ∎∎

서양 중세 최고의 궁정직으로, 원래는 궁 행정의 장(長)을 뜻하는 말이었다. 메로빙 왕조 이후 국왕 및 유력 제후의 밑에 있었으나, 후기의 내란 시대를 통하여 아우스트라지엔 · 노이스트리엔 · 부르 군트 3분국(分國)의 궁재는 종사단(從士團)의 장관으로서 국왕의 권력을 능가하는 존재가 되었다. 특히 아우스트라지엔의 궁재직을 세습한 카롤링가는 687년에 프랑크 왕국 전체의 궁재가 되었고, 마 침내 751년 왕위에 올랐다.

그레고리 7세 Gregorius Ⅶ ∎∎

그레고리 7세(1020?~1085)는 1073년부터 1085년까지 로마 교 황으로 재위하였다. 한때 클뤼니에도 머물러 있어 수도원의 개혁 운동에 많은 영향을 받았다. 1059년에 추기경이 되어 교회의 성직 자의 기강 확립에 전력하였으며, 실질적으로는 로마 교회를 좌우하 는 세력을 떨쳤다. 1073년에 교황으로 취임한 뒤 성직 매매와 성직 자의 혼인을 금지하는 규율을 정하였다. 신성 로마 제국의 황제인 하인리히 4세와 성직 서임권을 둘러싼 다툼이 있었는데, 교황은

1076년에 황제에게 파문을 선고하고, 국내 제후의 반항으로 곤경에 빠진 황제로 하여금 1077년 카노사의 굴욕을 당하게끔 하였다. 그 뒤 그레고리는 국내의 제후를 진압한 하인리히 4세 때문에 교황에서 쫓겨나 1080년 로마에서 축출당하였다. 그에 의한 개혁과 교회 행정의 중앙 집권화는 오랫동안 중세 교회를 지배하였다.

그리스 정교 Greek正教 ■■

가톨릭, 신교 등과 더불어 그리스도교 3대 종파를 이루고 있다. 그리스도교는 서남 아시아로부터 로마에 전파된 이래 대체로 로마, 콘스탄티노플 등지에 있는 여러 주교들이 주도하였다. 그리스 정교는 그중 강력한 세력을 가지고 있었던 주교들 중의 하나인 콘스탄트노플 주교가 이끌던 교회로, 1054년에 로마 교회와 분리되었다. 그 뒤 비잔틴 제국과 동유럽 문화의 중요한 바탕이 된 그리스 정교는 로마 교황의 권위를 인정하지 않고, 제례 의식을 보다 중시하며, 자치적인 성격이 강하여 지역마다 다르게 나타난다는 점 등에서 가톨릭이나 신교와는 다른 성격을 지니고 있다.

기사 騎士 ■

중세 유럽에서 활동하던 직업 기마 무사를 일컫는다. '기사'라는 말은 좁은 의미로는 말탄 무사, 즉 평기사를 가리키지만, 넓은 의미로는 말탄 무사층 전체, 즉 봉건 귀족층 전체를 가리키는 용어로 사용된다. 9~10세기에는 영주로서의 토지 소유, 장원의 농민에 대한 지배권, 직업적 전사로서의 생활 양식 등으로 인해 사회적인 우위에 서는 '사실상의 귀족'이었다. 또 11, 12세기의 봉건 사회에서는 부나 권력의 크기에 따라 문벌 귀족인 성주 내지 영주층과, 그들에게 신하로서 따르는 좁은 의미의 평기사 층으로 나뉘는 귀족 내부의 계층 분화도 있었다. 이러한 기사 층은 특별한 의식, 즉 기사 서임식을 통해 계승되었으며, 무인으로서의 능력이나 자격의 문제가 아니라, 세습에 의한 특권이든 군주로부터 하사받은 특권이든 특권 신분으로서의 귀족 제도로 바뀌었다.

기사 서임식

기사도 이야기 ■■

중세 속어 문학의 한 갈래인 기사 문학은 그 주제, 내용, 형식에 있어서 풍부하고 다양하게 발달하였으며, 사회의 상층 귀족의 취향에 맞게 작품화되었다. 기사 문학은 허구의 틀 속에 기사가 종교적 의무와 세속적 의무, 특히 여성에 대한 사랑과 헌신에 충실해야 함을 칭송하였다. 형식으로는 영웅 서사시와 서정시가 있는데, 《니벨룽겐의 노래》, 《롤랑의 노래》, 《아서왕 이야기》 등이 대표적인 작품이다.

길드 guild ■■■

중세 서유럽에서, 상인이나 수공업자 등의 자영업자가 기독교 우애 정신에 입각하여, 여러 생활 면에서 서로를 위하여 결성한 신분적인 직업 단체를 뜻한다. 중세 도시는 시민들이 자치권을 획득하여 자치 도시로 발전하였으며, 시민들은 대체로 상인과 수공업자로 구분되었다. 이들 시민은 각각 동업 조합인 길드를 만들었다. 처음에는 상인 길드가 조직되었으며, 뒤에 수공업자들이 따로 수공업 길드를 조직하였다. 이들 길드는 상호 친목, 사업 독점, 경쟁 방지 등을 목적으로 조직되었으나 도시가 발전함에 따라 도시 행정까지 장악하였다.

노르만의 배

노르만 족 Norman族 ■ ■ ■

프랑스 북부 또는 프랑크 왕국에 자리 잡았던 바이킹 족과 그들의 후예를 말한다. 노르만 족(어원은 북쪽 사람이라는 뜻의 Nortmanni)은 원래 8세기 유럽 해안 지방을 습격하여 파괴적인 약탈을 시작한 덴마크 · 노르웨이 · 아이슬란드 출신의 야만적인 이교도 해적들이었다. 이들은 노르망디 공국을 세우고 원정을 나가 이탈리아 남부와 시칠리아 · 잉글랜드 · 웨일스 · 스코틀랜드 · 아일랜드 등을 정복하고 식민지로 만들었다. 노르만 족은 서구 봉건 사회의 형성과 발전에 영향을 미쳤다.

노르만 왕조 Norman王朝 ■ ■ ■

1066년에서 1154년까지 잉글랜드를 지배한 왕조이다. 노르만 정복으로 인하여 잉글랜드의 왕이 된 윌리엄 1세(재위 기간 1066~1087)는 봉건 제도를 도입하여 전국의 토지 소유자들에게 충성을 맹세하도록 하고, 세금 징수를 위한 토지 대장을 작성하는 등 집권적 봉건 국가의 기초를 만들었다. 노르만 왕조의 성립으로 인해 잉글랜드의 지배층은 앵글로 색슨 인으로부터 노르만 인으로 전면적으로 교체되었다. 역대 왕은 노르망디 공으로서 프랑스 귀족이기도 하였으며, 잉글랜드의 역사는 대륙, 특히 프랑스와의 교섭과 대립으로부터 큰 영향을 받았다.

농노 農奴 ■ ■ ■

농노란 세습 농지와 영주에 예속되어 있던 중세 유럽의 소작 농민 신분이다. 이들은 결혼을 하고 재산을 소유할 수 있다는 점에서 자유민의 성격을 가졌으나, 직업 선택이나 거주 이전의 자유가 없다는 점에서 노예적 성격을 가지고 있었다. 농노는 영주의 토지를 대여받은 데에 대한 대가로 지불하는 경제적 반대 급부가 아니라, 영주의 예속민이라는 이유로 그에게 강요되는 비경제적 부담, 즉 '경제 외적 강제'를 받았다. 이와 같이 농노는 영주로부터 부역이나 생산물 공납 등의 부담을 갖가지 형태로 부과받았으나, 13, 14세기 이후 상품 경제의 전개로 왕권이 신장되고 영주권이 약화됨으로써 농노 해방이 유상 내지 무상으로 실현되었다. 그 결과 농노는 영주권으로부터 국가 권력, 즉 왕권 아래 들어가 근대적 국민으로 성장하였다.

농노 해방 農奴解放 ■ ■ ■

고전 장원이 해체되면서 농민이 부역 노동이라는 영주의 직접 지배에서 벗어나 농업 경영의 주체가 되는 것을 일컫는다. 서유럽에서는 13세기부터 16세기에 활발하게 진행되었다. 이로 인해 사망세·혼인세·인두세 등이 폐지 혹은 축소되는 등 여러 가지 면에서 영주의 자의성이 지켜질 수 없었다. 농노 해방은 흔히 해방금과 맞바꾸어 행해졌으며, 영주가 수입을 얻기 위하여 강제로 해방을 추진하는 경우도 있었다.

대공위 시대 大空位時代 ■

독일 역사에서 호엔슈타우펜 왕조 몰락 때부터 합스부르크 가(家)의 루돌프 1세가 즉위할 때까지 명목상의 국왕만 있을 뿐 실질적인 지배자가 존재하지 않았던 시기(1256~1273)를 말한다. 제후의 세력은 한층 신장되고, 제국은 통일을 잃어, 여러 영방(領邦)의 분립

체제가 이루어졌다. 이 시기에는 이익에 따라 이합 집산하는 성 · 속 세력이 이른바 대립 왕을 선출하여 내부 혼란과 정치적 무질서가 극에 이르렀다.

대헌장 大憲章 ■ ■ ■

1215년, 영국의 존왕이 그의 실정을 비판하는 귀족들의 강요로 승인한 칙허장이다. 1204년에 프랑스 왕인 필리프 2세에게 대륙령의 대부분을 빼앗긴 존은 영국의 내정에 전념하였는데, 빈번한 과세와 군역 요구로 귀족들의 불평을 샀다. 또 캔터베리 대주교를 공위(空位)로 두어 그 동안의 수입을 횡령하였으므로 1209년에 교황 인노켄티우스 3세로부터 파문당하였고 1214년에는 귀족의 지지를 잃어 대륙령 회복에도 실패하였다. 이에 귀족들이 1215년 6월, 서명할 것을 강요한 문서가 대헌장이다. 대헌장은 전문(前文)과 63개조로 되어 있으며, 봉건적 관행에 반하는 부당한 상납금 · 군역 면제금 징수의 반대, 귀족들의 봉건적 특권 존중, 부당한 벌금이나 자유민에 대한 비합법적인 체포 금지, 그 밖에 적정한 재판 · 행정의 실시, 도시 특권의 존중, 상인의 보호 등을 요구하고 있다. 국왕도 법 아래에 있다는 원칙을 확립한 중요한 문서로서, 기본적으로 왕권을 견제하여 귀족의 봉건적 특권을 인정한 문서이지만, 그 뒤 국민의 권리를 보증하는 것으로 확대 해석되어 영국 입헌 정치의 시발점으로 인정받았다.

동방 무역 東方貿易 ■ ■

중세에 이탈리아 상인들이 지중해를 근거지로 삼아 동방의 물산을 서유럽으로 중개한 상업 활동을 말한다. 또는 고대 및 중세에 유럽인들과 동방 지역 사이에 이루어졌던 통상 무역의 총칭하는 경우도 있다. 이탈리아 상인이 동방산물, 후추를 비롯한 향신료와 명주실, 견직물을 사들여 서유럽에 재수출하였고, 남부 독일의 은을 유출시키기는 형태였다. 신항로 개척 이후 그 중요성이 감소하였다.

로마 가톨릭 Roman Catholic ■■■

로마 교황을 정점으로 하는 그리스도 교회를 말한다. 그리스도 교회에서는 그리스 정교 · 신교와 구별하여 사용된다. 가톨릭이란 말은 '보편적', '공동적(公同的)', '일반적'이라는 의미를 가진다. 로마 가톨릭 교회는 비판자나 옹호자 모두가 동의하는 바와 같이 서양 문명사에서 결정적인 정신적 힘이 되어 왔다. 동방 교회와 서방 교회는 5세기경까지 하나의 가톨릭 교회로서 관계를 유지하고 있었다. 그러나 431년에 에페소스 공의회에서 네스토리우스 파를, 451년에 칼케돈 공의회에서 그리스도교 단성론(單性論)을 배척하자 동방 교회의 일부가 분리되었다. 또 교황 레오 1세가 전 가톨릭 교회에 대하여 로마의 주교가 수위권(首位權)이 있다고 말해 로마 가톨릭 교회의 설립 강령을 천명하였다. 그 뒤 성상 파괴 논쟁, 콘스탄티노플의 총 대주교 포시우스의 임면 논쟁 등이 겹쳐 1054년에 동서 교회가 분열되었다. 그 뒤에 16세기 종교 개혁으로 프로테스탄트 여러 교회가 로마 가톨릭 교회로부터 떨어져 나갔다. 로마 가톨릭은 로마 교황을 중심으로 한 중앙 집권적인 위계적 조직으로 교황, 추기경, 대주교, 주교, 사제 등으로 구성된 성직자단이 있다.

로마네스크 양식 Romanesque樣式 ■

중세 유럽에서 11세기부터 12세기 중엽에 걸쳐 발달한 그리스도교 미술이다. 이 건축 양식은 바실리카 양식에 비잔틴적 및 이슬람적 전통과 켈트, 게르만적 전통의 영향을 받아 성립되었으며, 유럽 각지에서 볼 수 있다. 일반적으로 꼽을 수 있는 특징은 창문과 문, 아케이드에 반원형(로마 식) 아치를 많이 사용한 점, 건물 내부를 떠받치기 위하여 원통형 볼트와 교차 볼트를 쓴 점, 또 아치 때문에 생긴 어마어마하게 큰 힘으로 미는 바깥 방향으로의 추력에 견디기 위하여 굵은 기둥과 창문이 거의 없는 두꺼운 벽을 만든 점 등이다. 여러 양식의 교류는 특히 십자군이나 성지 순례에 기인하는 바가 크며, 그 전파는 수도회의 활약에 힘입었다. 이탈리아의 피사 대성당, 영국의 런던 탑 등이 그 대표적 건축물이다.

피사 대성당(1173~1350)

로마법 대전 Corpus Juris Civilis ■ ■ ■

동로마 황제 유스티니아누스 1세의 명으로 편찬된 대법전이다. 이 법전의 내용은 네 가지로 되어 있다. 첫째, 칙법집은 534년에 칙법을 정리한 것, 둘째, 학설집은 1~3세기 법학자들의 학설을 편집한 것, 셋째, 법학제요(法學提要)는 533년 이후의 칙법집으로, 이는 황제가 죽은 뒤 편찬되었다. 넷째, 신칙법은 533~565년의 칙법이 수록되어 있다. 고도로 집권화된 비잔틴 제국에서는 멸망 때까지 이 법 체계가 존속하였다. 역사의 자료로서 중요하며, 근대 유럽 여러 국법의 발전에 영향을 주었다.

메로빙 왕조 Merovingian王朝 ■ ■ ■

최초의 프랑스 왕가로 여겨지는 프랑크 족 왕조(476~750)이다. 프랑크 족의 한 부족장이던 클로비스가 분열되어 있던 프랑크 족을 통일하여 건립하였다. 그는 가톨릭으로 개종하고 로마 교황과의 제휴를 시도하였다. 그 뒤 분할 상속의 관습으로 왕국은 3, 4개의 분방이 되어, 왕가의 내분이 계속되었기 때문에 권력의 상당 부분을 왕실 관리인 궁재에게 넘겨야만 하였다. 후기 메로빙 왕조의 왕들은 거의 허수아비 왕으로, 막강한 세력을 지닌 궁재들의 뜻에 따라 옹립되거나 내쫓겼다. 이와 같은 기반 위에서 8세기 초 궁재 카롤루스 마르텔의 아들인 피핀은 쿠데타를 감행하여 최후의 메로빙 국왕인 힐데리히 3세를 폐위시키고 새로이 카롤링 왕조를 열었다(751년).

메르센 조약 Mersen條約 ■

870년, 동프랑크의 루트비히 2세와 서프랑크의 카를 2세 사이에 체결된 국경 획정 조약으로, 베르됭 조약에 따라 로타르 1세에게 귀속된 로트링겐(로렌)을 분할하기 위한 조약이다. 이 지역은 로타르 2세가 죽은 뒤 서프랑크에 병합되었으며, 동프랑크의 국왕 루트비히 2세는 무력으로 대항하려 하였으나, 그 뒤 870년 메르센에서 타협함으로써 분할이 결정되었다. 이는 독일·프랑스 양국 성립의 시발점이라고 볼 수 있다.

모범 의회 模範議會 ■ ■

에드워드 1세가 소집한 영국 최초의 중세적 신분제 의회로, 프랑스와의 전쟁, 스코틀랜드와 프랑스와의 제휴에 대처하기 위한 비용 마련을 위하여 소집하였다. 국내 계층 중 특히 중산 계급인 주

(州)의 기사, 도시 시민 들의 지지를 얻어 징세 제도를 확립하고자
하였다. 1265년의 몽포르 의회에 기초를 두고, 의회 구성 회원의
불규칙제를 시정하여 대주교 · 주교 · 수도원장의 대귀족 외에 각
주에서 기사 두 명, 각 도시의 시민 대표 두 명을 구성 회원으로
정하였다. 그들은 대체로 영국 사회를 대표하는 자들로, 귀족은
상원, 기사 · 시민은 하원을 각각 구성하였다. 그 뒤 의회는 항구
적 제도가 되었다.

바실리카 양식 basilica樣式 ■

고대 로마의 시장과 법정을 겸비한 공공 건물을 바실리카라고 한
다. 이러한 건축물의 건축 방식은 정방형의 평면 내부를 두 줄 내
지 네 줄의 기둥으로 가름으로써 중앙과 양측의 공간을 나누고 있
다. 4세기 초엽의 콘스탄티누스 대제에 의한 그리스도교 보호령의
공포는 그리스도교 성당의 건립을 촉진시켰는데, 이 새로운 상황
에 직면한 당시의 건축가들은 고대로마의 초기 바실리카의 기본
형식을 본떠 성당을 급히 건축하였다. 이 건조물들은 돌벽체로 둘
러싸였고, 나무로 짠 지붕을 가설한 직사각형의 건물이며, 정면 입
구와 마주보는 안쪽의 벽체는 반돔을 얹은 앱스(apse)를 형성하
고, 중앙에 제단을 설치하였다. 이 형식은 유럽 성당을 건축하는
데에 기본이 되었다.

백년 전쟁 百年戰爭 ■ ■ ■

기엔 및 플랑드르에 대하여 왕권의 신장을 꾀하였던 카페 왕가와
프랑스의 영토를 확보하여 경제적으로 플랑드르와의 긴밀한 관계
를 유지하려는 플랜태저넷 왕가의 대립을 원인으로 일어났다. 때
마침 1328년 카페 왕가가 단절되자 영국 왕 에드워드 3세는 발루

아 왕가의 상속권이 있다고 주장하고 전쟁을 일으켰다. 이 전쟁의 1단계는 1339년부터 1360년 사이로 프랑스가 영국에 패배하여 많은 영토를 영국에 넘겨 주었다. 그 뒤 샤를 5세 시대에 프랑스 군은 연이어 이겨, 1380년경에는 칼레 지역을 제외하고 프랑스의 모든 지역에서 영국군을 몰아냈다. 그러나 1415년 영국의 헨리 5세는 프랑스 내의 내란을 틈타 다시 프랑스에 침입하여 프랑스의 왕위의 계승을 약속받았다. 헨리 5세가 죽은 뒤, 영국이 프랑스 왕 샤를 7세의 군대를 오를레앙에서 포위하여 위기에 처하였을 때, 애국 소녀 잔 다르크가 나타나 오를레앙을 구하였으며, 이 때부터 제후들 사이의 내분도 사라져 프랑스 군은 계속 영국 군을 격퇴할 수 있었다. 오랜 전쟁으로 인하여 양국의 봉건 귀족이 몰락하고 왕권이 강화되어 중앙 집권 국가로 발전하였으며, 국민 의식도 높아졌다.

보니파키우스 8세 Bonifacius Ⅷ ■ ▩

중세 말기의 대표적 교황(재위 기간 1294~1303)으로, 교황에 선출된 뒤에는 교회법의 편찬을 명하고 법학적 지식을 활용하여 교황권의 확대에 노력하였다. 그러나 과격한 성격과 강력한 권력 지향 때문에 그의 재위 기간은 거센 투쟁으로 장식되었다. 특히 프랑스 왕 필리프 4세와의 싸움은 교황을 파국으로 몰았다. 중앙 집권화를 추진하고 있던 필리프 4세가 전쟁 자금을 조달하기 위해서 성직자에게 세금을 물리는 정책을 택한 것에 반대하여, 교황은 왕권이 교회의 일에 관여하는 것을 비난하고, 교황권이 세계를 주도하여야 한다고 주장하였다. 이에 필리프 4세의 법률 고문 노가레 등에게 로마 교외의 아나니에서 교황을 급습하도록 하고 폭력으로 소송하여 퇴위를 강요하였다. 정신적 타격을 받은 교황은 1개월 뒤 로마에서 죽었다(아나니 사건).

보름스 협약 Worms協約 ■ ■

1122년, 교황 칼릭스투스 2세(1119~1124 재위)와 신성 로마 황
제 하인리히 5세(1106~1125 재위)가 맺은 타협안으로, 성직 임명
을 놓고 교황과 황제 사이에 벌어졌던 서임권 논쟁이 이 협약으로
해결되었다. 서임권 논쟁은 하인리히 4세(1056~1106)와 교황 그
레고리 7세(1073~1085) 때부터 있었던 문제였는데, 보름스 협약
은 두 세력 간 갈등의 첫 번째 국면에 종지부를 찍었다. 성직 서임
권은 교황이 지니며 황제는 교회나 수도원의 봉토에 대하여 상급
영주권을 지닌다는 내용을 담고 있다.

봉건 제도 封建制度 ■ ■ ■

중세 유럽 사회의 제도로, 고대와 근대 시민 사회의 중간 시대인 서
로마 제국이 멸망한 뒤 16세기까지의 1,000년 동안 유지되었다.
기원은 로마 말기의 혼란과 중세 초기의 사회적 불안에서 찾아볼
수 있는데, 로마의 은대지제와 게르만의 종사제가 그 기원이라고
일컫는다. 유력자가 주군이 되어 봉신에게 봉토를 주고, 봉신은 주
군에게 봉사하며 군사적 의무를 행한다. 토지를 매개로 하는 이런
주종 관계가 왕을 정점으로 하여 중층적으로 맺어졌다. 그런데 주
군과 봉신은 본래 같은 전사로서 평등한 신분에 속하였으며, 따라
서 주종 관계 또한 평등한 사람들 사이에 맺은 쌍무적인 계약 관계
였다. 사회·경제적인 면에서 봉건 제도는 농노제로 경영되는 장원
제도를 의미한다.

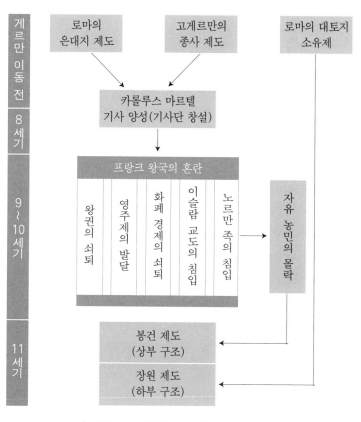

| 봉건제의 정착과 봉건 국가 구조 |

봉신 封臣 ■■

봉신이란 봉건제 사회에서 자신의 상위 주군에게 봉사하는 대가로 봉토를 받던 사람을 뜻한다. 봉건 계약에 따라 영주는 자신의 봉신들을 보호하고 봉토를 지급하는 대신 영주는 봉토와 관련된 군사적, 사법적, 행정적 봉사를 요구할 권리를 가졌으며, 봉건 제도로 생기는 다양한 수입에 대한 권리도 가졌다. 당초에는 세습되지 않았으나 얼마 뒤(유럽은 9세기 후반 이후) 세습화하였다.

봉토 封土 ▪

봉건 영주가 일정한 봉사 의무를 요구할 목적으로 봉신에게 준 토지로, 봉건 사회에서 지배 계급 내부의 주종 관계를 뒷받침하는 물질적 기초를 이룬다. 서유럽에서 군주가 봉신의 군역에 대한 보상으로 주는 은대지는 원래 당대만의 용익권이었으나, 9세기에는 봉건 가신제와 결부되어 세습화하였고 처분권도 인정되었다.

불수 불입권 不輸不入權 ▪

이뮤니티(Immunity)라 하여, 장원의 영주가 국왕이나 관리를 그의 영역에 드나들거나, 직무 집행(재판, 과세 등)을 할 수 없게 한 제도이다. '불수(不輸)'란 불수조(不輸租)에서 유래하였으며, 조(租) 이하의 세를 국가에 공납할 필요가 없음을 말하며, '불입(不入)'은 검전사 이하의 국가 관공리의 출입을 거부할 수 있는 특권이다. 이 특권을 부여받은 교회, 수도원은 관리의 개입을 받지 않고 독립적으로 재판권을 행사하며, 또 국가적 공조(貢租)를 면제받았다.

비잔틴 제국 Byzantine帝國 ▪ ▪ ▪

지금의 이스탄불인 콘스탄티노플을 수도로 한 중세 로마 제국으로, 동로마 제국이라고도 한다. 비잔틴 제국(395~1453)의 모체가 된 로마 제국의 동쪽 영토에는, 서쪽의 로마를 중심으로 하는 서로마 제국이 망한(476년) 뒤에도 1453년까지 그리스도교, 고대 그리스 문화, 그리고 로마의 정치 체제가 지속되어 서유럽과는 다른 독자적인 문화를 발전시켰다. 6세기 중엽 유스티니아누스 대제 때 옛 로마 제국 영토 대부분을 회복하여 지중해 세계를 제패하였으며, 황제의 권한이 강하였고, 황제가 그리스 정교의 수장을 겸하였다(황제교황주의). 이에 따라 정교 일치의 종교가 발달하였다. 공용어로는 그리스 어를 사용하였다. 수도인 콘스탄티노플은 그리스 · 로마 문화의 전통이 잘 보존되어 있고, 대학을 중심으로 학문 연구가 활발한 문화의 도시이자, 유럽과 아시아를 잇는 국제 무역의 중심지로 번영을 누렸다. 슬라브 족의 종교와 문화에 많은 영향을 끼쳤으며, 또한 그리스 고전 문화를 보존, 육성하여 서유럽에 전하였고, 이탈리아 인문주의에도 큰 영향을 미쳤다.

삼포제 三圃制 ■

유럽에서 근대적 윤작 농법이 도입되기까지 수백년 동안 개방 경지 제도와 함께 실시되었던 대표적인 토지 이용 제도이다. 마을의 공동 경지 전체를 거의 같은 크기의 세 개의 경포(耕圃)로 나누어 한 곳은 보리 · 귀리 등의 여름 곡물에, 다른 한 곳에는 가을 파종의 밀 · 호밀 등의 겨울 곡물에 할당하고, 나머지 한 곳은 휴작하고 가축을 방목하여 1년마다 순서를 바꾸도록 하는 방식이다.

서로마 황제 대관 西Roma皇帝戴冠 ■ ■ ■

726년에 비잔틴 황제가 성상 숭배에 대한 금지령을 내리자, 게르만 족에 대한 포교를 이유로 성상을 인정한 로마 교회가 이를 반대하여 두 교회의 대립이 날카로워졌다. 로마 교회는 비잔틴 황제에 대신할 새로운 보호자를 프랑크 왕국에서 찾았다. 이러한 상황에서 800년에 프랑크 왕국의 카롤루스 대제가 로마 교황으로부터 서로마 황제의 제관을 받았다. 이는 그리스 · 로마의 고전 문화와 그리스도 교, 게르만 문화의 전통이 융합되어 서유럽 문화권이 형성되었음을 상징적으로 보여주는 사건이다.

서임권 투쟁 敍任權鬪爭 ■ ■ ■

서임권이란 대주교나 주교, 수도원장 등을 임명하는 성직 임명권을
말한다. 세속 제후는 자신의 영지에 있는 교회의 성직자들을 자신
이 임명할 권리를 주장하자 로마 교황과 독일 황제 사이에 싸움이
일어났다. 이를 서임권 투쟁이라 한다. 카노사의 굴욕으로 교황권
이 승리하였으며, 보름스 협약으로 일단 타협을 보았다.

성 소피아 성당 聖Sophia聖堂 ■ ■

비잔틴의 황제 유스티니아누스 1세가 532~537년에 콘스탄티노플
에 세운 성당으로, '신성한 지혜의 교회'라고도 한다. 그리스 정교
의 중심이었으며, 로마의 아치 기술과 동방의 돔형 건축 기술을 조
합한 것이 특징이다. 1453년 뒤부터는 회교 사원으로 사용되었고,
현재는 박물관이 되었다. 설계자는 트랄레스의 안테미오스와 밀레
토스의 이시도도스이다. 지름 33미터, 높이 56미터의 돔을 중심으
로 하여 내부는 모자이크와 대리석으로 덮여 있어 화려하다.

성 소피아 성당의 외부(왼쪽)와 내부(오른쪽)

스콜라 철학 Schola哲學 ■ ■

스콜라 철학이란 원래 교회나 수도원 부설 학교의 학문을 뜻한다. 12세기에 이르러 주교직 관할에서 벗어나 독자적인 학문 연구가 발전되어 수도원에서 갇히기보다는 자유로이 각 대학에서 연구하여 많은 스콜라 학자를 배출하였다. 특히 이슬람 세계를 거쳐 라틴 어로 번역된 아리스토텔레스 사상이 서유럽에 확산되어 아리스토텔레스 르네상스 시대가 열렸다. 이로써 아우구스티누스 신학에 근본적인 수정을 가하여 신플라톤 철학에 기초한 신앙과 이성의 조화를 추구하였다. 9~12세기의 초기 스콜라 철학자인 안셀무스는 "믿기 위하여 이해하는 것이 아니라 이해하기 위하여 믿는다"고 하였고, 13세기 전성기의 토마스 아퀴나스는 신앙과 이성을 조화시켰다. 하지만 학문의 중요 관심은 역시 신학이었으며, 그래서 '철학은 신학의 시녀'로 간주되었다. 스콜라 철학의 붕괴 시기의 영국의 스콜라 철학자인 오컴은 신앙과 이성의 분리를 주장하였다.

슬라브 족 Slav族 ■

인도 유럽 어족의 슬라브 어파에 속하는 언어를 사용하는 민족의 총칭이다. 6, 7세기 이래 동유럽의 발칸 반도에 퍼져 있으며, 유럽 최대의 민족으로 인종은 백색, 금발이 많다. 언어의 가까움과 지리적 위치에 따라 크게 러시아 인·우크라이나 인 등의 동슬라브, 폴란드 인·체코 인·슬로바키아 인 등의 서슬라브, 세르비아 인·크로아티아 인 등의 남슬라브 등 세 개 민족군으로 분류된다. 이들은 대체로 비잔틴 문화의 영향을 받았다.

시몽 드 몽포르 Simon de Montfort ■ ■

시몽 드 몽포르(1208?~1265)는 영국의 귀족으로, 헨리 3세 때 왕

제 개혁 운동의 지도자로서 활동하였다. 프랑스의 명문 출신으로, 할머니의 인연으로 영국 귀족(레스터 백작)의 지위를 얻었다. 왕의 여동생과 결혼하여 왕의 측근으로서 프랑스의 지방 장관으로 임명되었다. 그러나 사임 뒤에는 왕의 낭비에 불만을 품은 제후의 선두에 서서 1258년 '옥스퍼드 조항'을 왕에게 인정시키고 열 다섯 명의 귀족에 의한 최고 행정 회의를 설치하였다. 그러나 왕이 약속을 어겨 내란(제후 전쟁)이 일어났으며, 왕을 체포한 시몽은 한때 국가의 통치권을 장악하였다. 하지만 1265년 황태자 에드워드의 반격을 받아 죽었다.

시몽 드 몽포르

신분제 의회 身分制議會 ■ ■ ■

중세 말기 이후 유럽의 신분제 사회에서 신분별로 편성된 의회를 말한다. 이 의회는 근대적 민주제 국가가 성립하고 국민 주권의 원칙에 기초한 대의제 의회로 바뀔 때까지 존속되었다. 봉건 제도 속에서는 봉신이나 고급 성직자 들이 국왕의 회의에 참석하여 자문에 응하는 의무가 있었는데, 중세 말기에 국왕은 재정 궁핍 때문에 봉신, 성직자 및 도시에 임시세를 부과하려 하였고, 이에 대하여 그들은 국왕의 자의적 과세에 반대하였다. 이런 이유로 과세와 그 밖의 일에 대한 동의를 얻기 위하여 신분별로 편성된 의회가 소집되었다. 영국의 의회, 프랑스의 삼부회, 독일의 제국 의회, 에스파냐의 코르테스 등이 그것이다.

신성 로마 제국 神聖Roma帝國 ■■

962년 오토 1세의 신성 로마 황제 대관에서 시작되어 1806년에 이르는 제국을 말한다. 제위(帝位)는 여러 가문을 전전하였고, 황제는 서임권의 투쟁으로 교황과 다투어 이탈리아로 출병을 거듭하였다. 그 결과 영내의 교회와 대제후 들이 자립하였고, 13세기에는 대공위 시대로 이어졌다. 대공위 시대의 황제 빌헬름 폰 홀란트(재위 1247~56) 때에 처음으로 '신성 로마 제국'이라는 명칭이 출현하였다. 14세기에는 황금 문서로 제후의 지위가 높아져서 황제의 권한은 명목에 그쳤다. 그 뒤 황제는 오직 자신의 영토 경영에 전념하였다. 신성 로마 제국의 판도는 독일에 한정되었기 때문에 그에 대응해서 15세기 말부터 '독일 민족의'라는 한정사(限定詞)가 붙었다(독일 민족의 신성 로마 제국). 나폴레옹의 라인 동맹 설립으로 16연방이 탈퇴하였고, 1808년에 황제가 제관을 사퇴함으로써 소멸되었다.

신학 대전 神學大典 ■■

중세 스콜라 신학자인 토마스 아퀴나스가 지은, 그리스도교 신학의 주요 교리에 대한 종합적인 저서이다. 전 3부(신·창조론, 윤리론, 그리스도·성사(聖事))로 이루어진 이 대작은 신학적 관점에서 볼 때 중세 학문의 집대성이라 할 수 있다. 내용의 중심은 ① 존재로서의 하느님, ② 선(善)으로서의 하느님, ③ 구원받기 위하여, 강생한 하느님을 필요로 하는 타락한 상태의 인류가 하느님에게 도달하는 길 등이다. 서술 양식은 중세 대학 특유의 수업 형식인 '토론'에서 유래하였고, 구성 요소인 2,669개의 '항(項)'은 모두 '……인가?'라는 의문 형태를 취하였다. 상세한 성서 해석이 담겨 있다.

십자군 十字軍 ■ ■ ■

11세기 말부터 13세기에 걸쳐 서유럽의 그리스도교가 이슬람 교도의 토벌을 위하여 일으킨 대원정으로, 병사들이 십자 표시를 붙여 '십자군'으로 불렸다. 당시 성유물 숭배나 성지 순례 등의 종교적 열정이 고조되고 있던 데다가 기사들의 모험심과 영토에 대한 야망, 상인들의 영리욕 등이 결합되어 십자군이 출범하였다.

십자군 전쟁의 결과 종교적으로 신앙심이 높아져 교회의 권력이 증대되고 교황권의 전성 시대가 되었다가 원정 뒤 교황의 권위가 실추되었다. 문화적으로 비잔틴 문화와 이슬람 문화를 접촉하였으며, 사회적으로는 기사 계급의 쇠퇴와 봉건 제도의 붕괴가 나타났다. 교통 발달과 상업·경제 구조가 변하고, 원거리 원정에 따라 수송 수단이 육상의 도로 정비와 해상의 항해술, 선박 건조 기술, 항만 시설 등이 발전, 확충되었다.

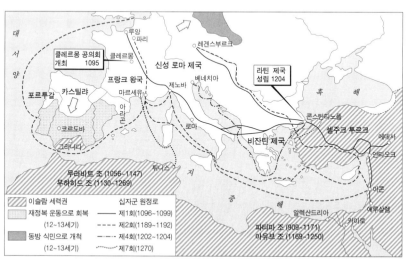

십자군 전쟁의 원정로

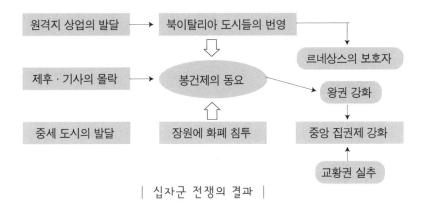

| 십자군 전쟁의 결과 |

아비뇽 유수 Avignon幽囚 ■ ■ ■ ■

교황권이 쇠퇴하고 황제권이 강화되었음을 상징적으로 보여주는 사건이다. 프랑스의 필리프 4세는 교황 보니파키우스 8세와 대립하였다. 그는 삼부회를 소집하여 지지를 받고, 교황에게 도전하여 승리하였다. 교황은 패배 직후 사망하였고, 그 뒤 프랑스 인이 계승하였으며, 교황청을 아비뇽에 두었다. 교황들이 아비뇽에 거주한 약 70년 간을 교황의 아비뇽 유수(1309~1377)라고 부른다. 이리하여 교황권은 크게 약화되었으며, 아비뇽의 교황들은 프랑스 왕의 영향속에서 프랑스에 의존하는 형편이었다. 그 뒤 로마와 아비뇽에 두명의 교황이 분립하는 교회의 대분열(1378~1417)로 이어지면서교황권을 더욱 쇠약해졌다.

아서 왕 전설 ■ ■

기사도 문학의 전형을 보여주는 작품으로, 아서 왕과 원탁 기사단의 이야기를 다루고 있다. 아서 왕의 무훈 기사 랜슬롯과 왕비 귀네비어의 사랑, 파시펄을 둘러싼 성배(聖杯) 전설, 켈트 계의 트리스탄과 이졸데의 비련, 150명의 원탁 기사단의 건국 이야기 및 무공

(武功)과 사랑 등 여러 설화를 모은 것으로, 가톨리시즘과 결합하여 특이한 로맨스의 세계를 형성하고 있다.

와트 타일러의 난 ■ ■

와트 타일러의 난이란 1381년에 잉글랜드 남동부를 중심으로 일어 난 중세 영국의 대표적 민중 반란으로, 와트 타일러와 존 볼이 봉기 하였다. 봉기의 직접 동기는 1351년에 제정된 노동 조례로, 무거운 인두세에 대한 징세 반대 운동이 같은 해 5월 에식스에서 일어나 남 쪽의 켄트로까지 확대되었다. 봉기 농민들은 정부 관리와 재판관을 죽이고, 영주의 저택이나 영주권의 근거가 되었던 영주 문서를 태 우며 런던으로 들어갔다. 이에 따라 같은 해 6월 14일, 리처드 2세 가 마일엔드에서 반란자와 회견하고, 농노제 폐지, 매매의 자유, 지 대 인하 등의 요구를 인정하였다. 다음날 반란군은 다시 스미스필 드에서 회견하고 탄압 제법령의 철폐, 교회 조직의 간소화, 교회 재 산의 분배 등을 요구하였으나 이 때 타일러는 살해되고 봉기는 와 해되었다. 하지만 이 민중 반란의 결과 인두세가 폐지되었고 농노 해방이 진행되었다.

우르반 2세 Urbanus Ⅱ ■

1088년부터 1099년까지 로마 교황으로 재위하였으며, 교회 개혁 의 중심인 클뤼니 수도원 출신으로 개혁적인 교황이었다. 그레고리 7세 밑에서 일하였으며, 교황이 된 뒤에도 속권에 의한 성직자 임명 및 성직 매매 등의 금지를 위하여 싸웠다. 아울러 프랑스 왕인 필리 프 1세까지도 파문하는 등 교황권의 확대에 노력하였다. 1095년 클레르몽에서 종교 회의를 열어, 성지 예루살렘을 이교도의 수중에 서 회복할 것을 목표로 하고 원정에 참가하는 자에게는 '면죄'를 약

속함으로써 중세 최대의 십자군 운동을 일으켰으며, 그는 예루살렘을
탈환하고 사망하였다.

위클리프 John Wycliffe ■

옥스퍼드 대학의 신학 교수로, 영국의 선구적 종교 개혁자인 위클
리프(1320?~1384)는 교황에 대한 납세에 반대하고, 특히 교회 재
산에 강렬한 공격을 가하였다. 1378년 교회 분열을 계기로 가톨릭
교의를 적극적으로 비판하고, 또한 성서의 번역을 시작하여 민중에
게 복음을 전하였다. 특히, 1381년 와트 타일러의 난이 그의 학설
에 의한 것이라 하여 대학과 귀족의 지지를 잃었다.

윌리엄 William ┃ ■■

영국의 국왕으로, 노르만 왕가의 창시자이기도 하다. 1066년 에드
워드 참회왕의 아들 해럴드의 즉위를 보고 잉글랜드 상륙을 감행,
교황에 의한 승인을 기치로 삼아 헤이스팅스에서 해럴드를 격파하
고, 이 해의 크리스마스에 대관식을 올렸다. 서북부의 반란을 진압
하였으며, 1070년에 전 잉글랜드를 통일하였다. 란프랑쿠스를 캔
터베리 대주교로 임명하고, 스코틀랜드 왕에게 복종할 것을 서약시
켰다. 전대의 봉건 제후를 억압하는 한편 심복자를 동남부의 중요
지점에 제후를 봉하여 프랑스적인 봉건 제도를 도입, 확립시켰다.

유스티니아누스 황제 Justinianus ┃ ■■■

527년부터 565년까지 비잔틴(동로마) 제국의 황제로 재위하였다.
유스티니아누스 황제(483~565)는 치세 초기의 막대한 과세 때문
에 수도 콘스탄티노플에서 일어난 반란에 시달렸으나, 테오도라와
벨리사리우스의 과단성으로 이를 진압하였으며, 아프리카의 반달

왕국 및 이탈리아의 동고트 왕국을 정복하였다. 또 두 차례에 걸쳐 페르시아와 싸웠고, 발칸 반도에서는 훈 족, 아바르 족, 슬라브 족들의 남하를 저지하였으며, 영토상 옛 로마 제국을 재현시켰다. 한편 뛰어난 인재를 등용하여 각지에 공공 건물, 대교회를 건설하였는데, 이 중 특히 콘스탄티노플의 성 소피아 성당은 유명하다. 또 트리보니아누스로 하여금 법률 편찬 위원회를 조직시켜 이전의 로마 법을 대집성한 《유스티니아누스 법전》을 편찬하게 하였으며, 종교 활동에 있어서도 교리 통일을 위하여 총 주교청과 로마 교황청에 간섭하여 많은 영향력을 행사하였다.

인노켄티우스 3세 Innocentius Ⅲ ■ ■

1198년부터 1216년까지 로마 교황으로 재위한 인노켄티우스 3세(1161~1216)는 볼로냐 · 파리 두 대학에서 법학과 신학을 공부하고 37세에 교황이 되었다. 캐너니스트(교회 법학자)로서의 소양과 정치가로서의 현실적 감각을 겸비한 교황으로 다방면에 걸친 업적을 남겼다. 신성 로마 제국 황제와의 대립에서 우위를 점해 교황권의 기초를 굳혔다. 영국의 존 왕과 캔터베리 대주교의 임명 문제를 둘러싸고 다투어 왕을 파문한 데 이어 프랑스 왕 필리프 2세(존엄왕)는 이혼 문제를 이유로 파문하였으며, 가능한 한 이단파가 정통으로 복귀하도록 힘썼다. 1204년 제4차 십자군은 교황의 의도에 반하는 결과로 끝났으나, 1215년 교황이 주재한 제4차 라테란 공의회는 중세 최대의 공의회였다. 그는 자신의 이러한 위세를 집약한 "교황은 태양이요, 황제는 달"이라는 표현을 사용하였다.

자크리의 난 ■ ■

프랑스 북동부에서 귀족 지배에 반대하여 농민들이 일으킨 반란

(1358년)으로, '자크리의 난'이라는 명칭은 당시 귀족들이 농부들을 업신여겨 자크 또는 '촌뜨기'라는 뜻인 자크 보놈이라고 부른 데에서 나온 이름이다. 흑사병 유행 이후의 사회 변동, 백년 전쟁의 혼란 속에서 지대를 올리거나 농민의 예속을 강화함으로써 곤경을 타개하려는 귀족들의 봉건적 반동에 대한 농민 봉기이다.

잔 다르크 Jeanne d' Arc ■ ■ ■

프랑스 로렌 주의 농민의 딸로, 백년 전쟁을 승리로 이끈 프랑스의 국민 영웅이다. 프랑스 동부의 로렌과 샹파뉴 사이에 있는 농촌에서 태어났다. 패전의 프랑스를 구하는 사명을 신탁받았다고 믿고, 1429년 왕위 계승권을 빼앗긴 샤를 7세를 도와 오를레앙을 해방시키고, 프랑스에서의 국왕 대관을 실현시켰다. 그러나 1430년 국왕 측근의 배신으로 콩피에뉴에서 영국군에게 붙잡혀, 1431년 이단자로서 화형 당하였다. 1456년에 명예가 회복되었고, 그 뒤 많은 문학 작품의 주제가 되었으며, 19세기 이후에는 구국의 영웅으로 칭송되었다. 1920년에 가톨릭의 성녀가 되었다.

칼을 든 잔다르크

장미 전쟁 薔薇戰爭 ■ ■ ■

영국의 봉건 귀족인 랭카스터와 요크 두 왕가 사이의 왕위 계승 문제를 둘러싼 내란으로, 1455년부터 1485년까지 30년 동안 산발적으로 계속되었다. 영국에서 랭카스터 가와 요크 가의 휘장이 각각 붉은 색과 흰색의 장미였기 때문에 이 이름이 붙었다. 1399년 리처드 2세를 몰아내고 왕위에 오른 랭카스터 가문의 헨리 4세 이후 헨리 5세, 6세가 왕위를 잇고 그 뒤 요크 가문에서 왕위를 이었는데, 그 사이 두 왕실 사이에 30년 간의 왕위 계승전이 벌어졌다. 여기에 영국 내의 거의 모든 귀족이 가담하였다. 이 전쟁은 결국 랭카스터 가문 유일의 왕위 계승자인 헨리 튜더가 요크 가문의 리처드 3세를 격파하여 끝났으며, 이로써 튜더 왕조가 시작되었다. 장기간에 걸친 내란으로 두 파로 갈라진 봉건 귀족층이 몰락하였으며, 내란을 잠재운 투터 왕조가 절대 왕권을 시작하였다.

장원 莊園 ■ ■ ■

중세 서유럽에서 영주의 토지와 농노로 구성된 자급 자족적인 경제 체제 또는 봉건 사회의 경제 단위를 이루는 영주의 토지 소유 형태나 그 토지를 말한다. 이는 봉건제와 밀접하게 결부되어 있으며, 영주 직영지와 농민 보유지 및 공동지로 이루어져 있었다. 직영지는 다시

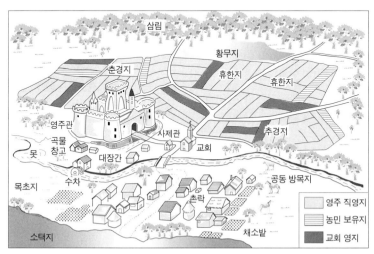

장원의 구조

영주의 저택과 직영 농장으로 나뉘었다. 중세 말에 상품 화폐 경제가 발전하여 지대가 금납화되고, 흑사병으로 인해 유럽의 인구가 감소하는 상황이 나타났다. 이로 인해 농노의 사회·경제적 처지가 나아졌고, 농민 중에는 자영 농민으로 상승하는 자가 나타나 장원은 해체되었다.

장원 경작

재정복 운동 再征服運動 ■

8세기 초 이베리아 반도 대부분을 점령한 이슬람 교도들로부터 영토를 되찾기 위하여 중세 스페인과 포르투갈의 그리스도교 국가들이 벌인 일련의 전투로, 국토 회복 운동이라고도 한다. 718년경이 시작되었고, 11세기에 이슬람 교도들의 단결이 깨지고 북부 스페인의 그리스도교 왕국들이 이슬람교에 반대하는 공격적인 십자군 정신의 영향을 받으면서부터 본격화되었다. 13세기 중엽에 이르러 이베리아 반도의 대부분이 그리스도교 국가의 통치 아래 들어왔다. 1492년 그라나다를 함락시킴으로써 이슬람 세력을 반도에서 완전히 몰아냈다. 십자군 전쟁과 함께 서유럽 세계가 확대되는 운동의 일환이었다.

주종 관계 主從關係 ■■

주군과 봉신 사이에 맺어진 하나의 특정한 관계를 말하는 주종 관계는 중세 유럽 봉건제의 중요한 요소 중의 하나이다. 주군과 봉신은 본시 같은 전사로서 평등한 신분에 속하였으며, 따라서 주종 관계 또한 평등한 사람들 사이에 맺은 쌍무적인 계약 관계였다. 이러한 관계는 봉신이 주군에 대하여 충성을 맹서하는 신서(homage)와 주군이 봉신에 대하여 행하는 서임(investiture)의 의식으로 성립된다. 봉신의 주군에 대한 중요한 의무는 ① 일정 기간(1년에 40일 정도)의 군사적 복무, ② 부조라 불리는 공납의 부담(주군의 장자 기사 서임, 주군의 장녀의 결혼, 주군이 포로가 되었을 때의 몸값 등), ③ 중요 사항의 결정을 위한 협의나 재판에의 참여를 위하여 주군의 궁정에 출사할 의무 등이 있었다. 이에 대하여 주군의 봉신에 대한 의무는 ① 봉의 수여, ② 봉신의 보호 등이었다.

중세의 대학 ■■

중세 초기의 교육 기관은 교회나 수도원에 설치되어 주로 자유 7과목인 기초 과목과 교리를 가르쳤다. 대학은 중세 유럽의 교사 · 학생들 간의 일종의 길드에서 시작되었다. 대학 성립은 당시의 지적 활동과 도시의 발흥을 배경으로 하였다. 중세 대학에서 가장 오래된 것은 파리 대학과 볼로냐 대학으로, 전자는 교수 길드, 후자는 학생 길드가 다스려 다른 대학의 모범이 되었다. 13세기에 제도가 완성된 파리 대학에서는 학장 밑에 독자적인 재판소를 갖는 완전한 자치제를 구현하였다. 학과는 문법, 수사, 논리 세 과목과 산술, 기하, 천문, 음악의 네 과목이었다.

중세 도시 中世都市 ■■

중세에 이루어져 번영한 서유럽의 도시를 말한다. 중세 초기에는 게르만 족 이동의 여파로 도시의 상공업 활동이 미미하게 존속하였으나, 중세 안정기인 10세기에 이르러 도시는 다시 활기를 띠기 시작하여 상주 인구가 늘고 활동 범위가 점차 커졌으며, 12세기 말에는 로마 시대를 능가하는 번영을 이루었다. 특히 11~13세기에 유럽 북서부와 북이탈리아에서 발달하였으며, 주교 도시와 성채 도시를 기원으로 이루어진 경우가 많았다. 중세 도시의 성격은 ① 스스로 상공업을 영위하는 상인 · 수공업자의 생산자 도시였고, ② 북서부 유럽 여러 도시의 경우는 시민적 결합의 원리가 자유와 평등을 전제로 한 서약 단체였으며, 자치와 자위(自衛)의 공동체였다. 요새를 중심으로 성장한 도시민은 농촌 주민과는 대조적인 자유로운 신분을 가지고 있었다. 이들은 영주의 지배에서 벗어나 자신들의 관할 구역을 지키려고 하였던 것으로, 독일의 한자 동맹과 이탈리아의 롬바르디아 동맹과 같은 도시 동맹을 조직하여 봉건 세력에 대항하기도 하였다. '도시의 공기는 자유를 준다'라는 속담이 있듯이, 장원에 매여 살던 농노가 도시로 도망가 '1년 1일'이 지나면 자유를 얻었다.

중세의 신분 ■

중세 봉건 사회의 신분은 제1신분인 성직자, 제2신분인 귀족, 제3신분인 평민으로 나뉘었다. 지배 계급은 성직자와 귀족이었으며, 피지배 계급은 평민으로 대부분이 농민이었으며 시민도 제3신분에 속하였다. 성직자는 대다수가 귀족 출신이었고, 평민 출신도 하위 성직의 일부를 차지하였다. 귀족은 수세기 동안 유럽 사회를 지배하였으며 공작, 후자, 백작, 자작, 남작, 기사 들이 이에 속하였다.

카노사의 굴욕 ■ ■

교권과 왕권의 대립에서 교권이 강하였던 시기의 사건으로, 신성

하인리히 4세가 아델라이드 백작 부인인 마틸다와 클뤼그 수도원장에게 교황의 용서를 주선해 달라고 간청하는 모습(1077년)

로마 황제 하인리히 4세가 교황 그레고리 7세에게 굴복하여 사면을 받은 사건(1077년)을 말한다. 1075년에 교황 그레고리 7세는 세속 군주에 의한 성직자의 서임을 금지함으로써 성직 매매 등 당시 교회에 만연한 부패한 관행을 개혁하고자 하였다. 이에 대하여 신성 로마 제국의 황제인 하인리히 4세는 그레고리가 교황으로 선출된 것을 무효라 선언하였고, 이에 교황은 하인리히를 파문하였다. 황제의 집권 정책에 불만을 품던 독일 제후는 1076년 왕이 교황으로부터 파문 당하자 이를 계기로 왕의 폐위를 결의하였다. 왕은 이 위기를 모면하기 위하여 이듬해 1월 북이탈리아 아페닌산의 카노사 성으로 교황을 찾아가 눈 속에서 3일 동안 성문 앞에 서서 용서를 빌어 겨우 파문을 면제받았다. 이는 제국의 황제 교황주의가 로마의 지상권(至上權) 앞에 굴복, 왕과 제후의 다툼에 교황이 중재자가 되었음을 의미하며 황제권의 패배를 나타낸다. 그러나 하인리히는 그 뒤 독일에 돌아와서 반대파들을 몰아낸 다음 다시 교황의 폐위를 선언하고 이탈리아로 쳐 들어가 교황을 몰아냈다.

카롤루스 대제 Carolus大帝 ■ ■ ■

카롤루스 대제(742~814)는 프랑크 국왕으로, 768년 부친인 피핀이 죽은 뒤 동생 칼만과 왕국을 공동 통치하다가 771년 칼만이 죽자 프랑크 왕국을 통일 지배하였다. 40여 년에 걸친 재위 기간 동안 사방을 점령하여 대통일 사업을 성취하였으며, 772년부터 804년 사이에는 작센을 병합하고, 774년에는 교황의 청으로 북이탈리아 랑고바르트 왕국을 멸망시켜 이를 합병하였다. 778년 서쪽으로는 사라센 족을 토벌하여 에스파니아 변경 영토를 설치하였다. 또한 그 뒤에도 주변의 국가를 정복하여 거의 대부분의 게르만 족을 하나의 국가와 하나의 종교, 즉 프랑크 왕국과 그리스도교를 통합하였다. 이 밖에 이탈리아의 영토의 일부를 교황에 헌납하는 등 교회에 대한 봉사가 컸으므로 교황 레오 3세로부터 800년 크리스마스에 서로마 황제에 올랐다. 이로써 다시 부활된 황제권과 교황권의 제휴로 피핀, 클로비스 이래의 과제였던 유럽의 비잔틴 제국으로부터의 해방이 실현되었다. 또한 수도 아아헨에 궁정 학교를 설립하는 한편 알퀴누스를 비롯한 학자들을 초빙하여 교육 사업을 장려하였으므로 카롤링 르네상스 문화가 번영하였다. 이 점에서 유럽을 형성하는 3대 문화 요소인 고전 문화, 그리스도교, 게르만 민족 정신은 카롤루스 대제가 통치하는 시기에 완전한 통합을 이루었다고 볼 수 있다.

카롤루스 마르텔 Carolus Martell ■ ■

카롤루스 마르텔(688~741)은 715년부터 741년까지 프랑크 왕국 동부 지방인 아우스트라시아 궁재를 지낸 인물이다. 프랑크 왕국의 전체 영토를 재통일해 다스렸으며, 732년 푸아티에에서 사라센의 침입을 격퇴하였다. 그의 별칭인 마르텔은 '망치'라는 뜻을 갖고 있다. 결단력에 야망과 능력까지 갖추고 있던 그는 자신의 세력을 다지기 위하여 끊임없이 노력한 인물이었다.

카롤링 왕조 Carolingian王朝 ■■■

메로빙 왕조에 이어 프랑크 왕국의 후반을 지배한 왕조(750~887)
로, 이 시기에 서유럽의 특징, 봉건 사회의 기초 및 현재의 프랑스,
독일, 이탈리아의 모체가 형성되었다. 프랑크 왕국의 분국(分國) 아
우스트라시아의 호족으로, 피핀 2세 이후 최고 궁재로서 실권을 잡
았으며, 751년 피핀 3세(단신 왕)이 쿠데타로 카롤링 왕조를 열었
다. 피핀 3세의 아들 카롤루스 대제는 게르만 여러 부족 대부분을
통합해서 중앙 집권적 지배를 시도하였으며, 800년에 교황 레오 3
세로부터 서로마 황제로 등극하였다. 대제가 죽은 뒤 게르만 족, 색
슨 족(작센) 등의 지방 호족의 대두로 왕권은 급속히 쇠퇴하여 분할
상속을 둘러싼 다툼이 이어졌다. 또한 베르됭, 메르센의 두 조약 결
과 왕가와 영토는 동부, 서부, 중부의 3국으로 분열, 이탈리아 계
(系)는 875년, 동프랑크 계는 911년, 서프랑크 계는 987년에 각각
단절되었고 결국 카롤링 왕조는 멸망하였다.

카페 왕조 Capet王朝 ■■

987년부터 1328년까지 존속한 프랑스 왕조를 말한다. 이 왕조는 1
세기 동안 카롤링 왕조와 서프랑크의 왕위를 다툰 로베르 집안의
후손들이 이루었다. 국가 권력이 분산되어 영방(領邦)이나 성주 지
배령이 분립되어 있던 왕조 성립 초기에는 '파리의 섬'이라 하여,
그 영토가 파리 주변에 한정되어 있었다. 12세기 전반 루이 6세 무
렵부터 직할 지배령이 증가하고 왕권이 집중되기 시작하여, 필리프
2세 때는 서프랑스에 있던 많은 영국령을 회복하고, 알비주아의 십
자군이 남프랑스를 왕령화하였으며 대제후 영(領)인 도시 코뮌네에
까지 왕권이 미쳤다. 또한 루이 9세는 공정한 재판을 통해 국왕 체
제의 권위를 높였고, 14세기 초 필리프 4세는 왕국 기본법·국왕

평의회 · 삼부회 등을 마련하여 지배의 객관화를 이루었다. 특히 필리프 4세가 삼부회의 지지를 얻어 로마 교황의 '아비뇽 유수'를 단행한 사실과 템플 기사단의 해산 등은 잘 알려져 있다. 카페 왕조는 왕권의 확장 및 강화를 통하여 프랑스 국민 국가의 기초를 닦은 것으로 평가받는다.

콘스탄츠 공의회 Konstanz 公議會 ■ ■

15세기 전반에 있던 개혁 회의라 불리는 일련의 종교 회의의 두 번째(1414~1418)를 말한다. 피사의 종교 회의(1409)가 교황권의 분열을 해결하려다가 실패한 뒤를 이어, 황제 지기스문트의 제창으로 교황 요하네스 23세가 소집하였다. 그 목적은 주로 그리스도교 세계를 다시 통일하려는 것이었으나, 존 위클리프와 얀 후스의 사상을 조사하고 교회를 개혁하려는 목적도 있었다. 이 회의는 병립하던 세 교황을 모두 폐위할 것을 의결하고, 감독 전원으로 구성되는 종교 회의의 권력은 교황권보다 우위에 있으며, 교황도 신앙 및 교회 개혁에 관한 문제에 대해서는 회의의 결정에 복종해야 한다는, 이른바 감독주의를 성명하고, 새로운 통일 교황으로서 마르티누스 5세를 선출하였다. 그 밖에 교회의 도덕 · 행정면의 개혁은 이해 관계와 감정의 충돌로 성공하지 못하였으나, 보히미아의 후스를 이단으로 결정하여 화형에 처하였기 때문에 후스 전쟁의 원인이 되었다.

클로비스 Clovis ■ ■

프랑크 왕국의 초대 왕으로 생존 기간은 465(?)년부터 511년까지이다. 메로빙 왕가의 시조. 살리 족 프랑크의 수장으로서 각지를 정복하였는데, 486년경 북부 갈리아 지역, 496년 마인 강에서 알프

스에 이르는 영토를 각각 확보하였다. 이어 로마 인으로부터 이단
시되는 아리우스 파 그리스도교를 믿는 다른 게르만과 달리 로마
인들과의 융합을 용인하였다(아타나시우스 파의 로마 가톨릭 교회로
개종). 507년에는 서고트 지배 지역을 정복한 뒤, 동로마 황제 아타
나시우스로부터 파트리키우스 및 콘술의 칭호를 받아 수도를 파리
로 정하였으며, 프랑크 인과 로마 인(갈리아) 사이의 사상적 융화를
도모하는 등 프랑크 왕국 발전의 기초를 세웠다. 그가 죽은 뒤 왕국
은 게르만의 관습에 따라 4왕자에게 분할 상속되었다.

클뤼니 수도원 Cluny修道院 ■

프랑스 동부 클뤼니에 있는 베네딕투스 수도회의 수도원으로, 910
년경에 건립되었다. 10, 11세기에 수도 생활을 엄격히 규제하고, 수
도원 밖에도 경건한 그리스도교 정신을 요구한 클뤼니 개혁의 중심
이 되었다.

키예프 공국 Kiev公國 ■

류리크의 일족인 올레크가 노브고르트에서 남하하여 키예프 지방에
세운 나라를 말한다. 10세기 이후 슬라브 인에 동화되면서 그리스
정교로 개종하였다. 11세기에 전성기를 맞았으나, 키예프 제공(諸
公)의 정치적 분쟁, 드네프르 상업로의 국제적 역할의 저하, 포로베
츠 인과의 전투 등으로 12세기 후반부터 쇠퇴하기 시작하여 1240
년 몽골에 정복되었다.

토마스 아퀴나스 Thomas Aquinas ■ ■ ■

이탈리아의 스콜라 철학자이자 신학자이다. 나폴리 대학에서 아리
스토텔레스를 공부하고, 도미니쿠스 수도회 수사가 되었다. 나폴

리·파리 대학에서 철학을 가르치는 한편《신학 대전》등의 많은 저서를 출판하였다. 그는 '이성을 자연의 빛'이라 하여 신앙에 도달하기까지의 기능을 하는 것을 보았고, '신앙을 은총의 빛'이라 하여 초이성적인 기능으로 보았다. 따라서 이성과 신앙은 서로 모순되는 것이 아니라 조화를 이루어야 한다고 하였다.

튜더 왕가 Tudor王家 ■ ■

튜더 가문의 기원은 13세기까지 거슬러 올라가지만 왕가로서 등장한 것은 장미 전쟁 당시 헨리 5세 및 헨리 6세와 함께 랭커스터 가문 편에서 싸웠던 웨일스 사람 오언 튜더(1400경~1461) 때문이었다. 튜더 가에 속하는 잉글랜드 왕들로는 헨리 7세(재위기간 1485~1509)와 그 아들인 헨리 8세(재위기간 1509~1547), 그리고 헨리 8세의 자식들인 에드워드 6세(재위기간 1547~1553)와 메리 1세(재위기간 1553~1558), 엘리자베스 1세(재위기간 1558~1603)가 있다. 이 시대에 시민 계급의 눈부신 발전을 배경으로 상공업이 발달하였고, 르네상스 문화가 꽃을 피워 영국의 국제적 지위가 현저히 향상되었다. 엘리자베스가 독신이었기 때문에 후계자가 없어 그의 사후에는 스튜어트 왕조로 바뀌었다. 이 왕조가 성취한 대사업은 영국 국교회 성립과 이에 따르는 수도원 해산이다. 중상주의 정책을 취해 상공업을 장려하고, 또 해외 발전을 지원하여 신항로 탐험에도 관심을 나타냈다. 16세기 후반에는 강국에스파냐에 맞서 1588년 아르마다(무적 함대)를 쳐부수었다. 영국의 르네상스 시대에 해당되며, 문화적 면에서도 발전된 시기였다.

프랑크 족 Frank族 ■ ■ ■

민족 대이동기에 갈리아를 중심으로 부족 연합 국가를 형성한 게르

만 족의 일파로, 그 국가가 프랑크 왕국이다.(→ 메로빙 왕조, 카롤
링 왕조)

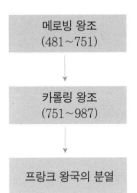

메로빙 왕조 (481~751)	• 클로비스의 개종(아타나시우스 파로) • 카롤루스 마르텔이 이슬람 침입, 격퇴(A.D. 8세기)
카롤링 왕조 (751~987)	• 피핀이 교황에게 영토 헌납(=교황령 시초) • 카롤루스 대제는 서로마 제국 영토를 회복(=서로마 황제 대관 수여 : 800년) • 문예 장려(=카롤링 왕조의 르네상스)
프랑크 왕국의 분열	• 카롤루스 대제 사후 베르됭 조약 → 메르센 조약(독일, 프랑스, 이탈리아의 성립 기원)

| 프랑크 왕국의 변천 |

플랑드르 Flandre ■

북프랑스, 벨기에, 네덜란드에 걸친 지역으로, 모직물 공업으로 번
성하였다. 이곳은 당시 프랑스의 제후인 플랑드르 백(伯)이 영유하
고 있었으나, 영국은 모직물 공업 지대인 플랑드르 지방이 프랑스
왕의 직접 지배하에 있는 것을 반대하였다. 이 지역을 둘러싼 영국
과 프랑스의 쟁탈전이 백년 전쟁의 실질적인 배경이었다.

필리프 2세 Philippe Ⅱ ■■

중세 프랑스를 다스린 카페 왕조의 왕들 가운데 최초의 위대한 왕
으로, 재위 기간은 1179년부터 1223까지이다. 잉글랜드 왕들이 갖
고 있던 프랑스 영토를 차츰 되찾았고, 북쪽의 플랑드르와 남쪽의
랑그도크까지 영토를 넓혔다. 1191년에 성지로 떠난 제3차 십자군
의 주요 인물이었다. 내정 정비에도 힘을 기울여 자치 도시 조성,

신지방 관료인 바이이의 육성으로 도시 영주를 약체화시키고, 행정 재판관 프레보의 독립성을 억제하는 등 봉건적 무질서를 극복하였다. 또한 파리 대학의 보호, 파리 시가의 확장 등 도시 미화에도 힘써 카페 왕권 신장에 크게 기여하였다.

필리프 4세 Philippe Ⅳ ■ ■

1285년부터 1314년까지 재위한 프랑스의 왕으로, 즉위한 뒤 로마 법에 따라 국가의 우위와 자율성을 주장하여, 봉건제와 교황권에 대항하는 강력한 중앙 집권 체제를 구축하였다. 13세기 말 플랑드르 · 기엔을 놓고 영국 왕 에드워드 1세와 싸웠으나 목적을 이루지 못하였고, 이 전쟁으로 인한 재정난에 대처하기 위하여 화폐 주조 · 성직자 과세 · 템플 기사단 해체 등 일련의 조치를 단행하였다. 성직자 과세 문제는 결국 교황 보니파티우스 8세와의 사이에 충돌을 불러일으켜 왕은 삼부회를 소집해 국민의 지지를 얻어 교황을 아니니의 별장에 유폐시켰다. 보니파티우스 8세가 죽은 뒤 새 교황으로 프랑스인 클레멘스 5세를 옹립하고 교황청을 프랑스 남부 아비뇽으로 옮겼다(아비뇽 유수, 1309년). 또한 1312년 교황에게 특권을 부여받고 왕권 지배 영역에서 벗어나 있어 집권 정치에 장애가 되던 템플 기사단을 강제로 해산, 그 재산을 몰수하고 이단으로 몰아 화형시켰다.

하인리히 4세 Heinrich Ⅳ ■ ■

신성 로마 제국 황제이다. 하인리히 3세의 사망으로 여섯 살에 제위에 올라 초기에는 섭정을 받았다. 1065년 뒤 왕권 강화를 위하여 노력하였으며, 1073년 작센에 대반란이 일어나 제후 귀족들이 배반하였으나, 보름스, 쾰른 등의 시민의 지지를 얻어 1076년에 이를 평정하였다. 전후, 왕권 회복에 불만인 제후의 반감을 이용한 로마 교황 그레고리 7세의 교권 확장책과 충돌하였다. 일라노 대주교의 서임 문제로 성직 서임권 투쟁이 벌어져 1076년에 교황으로부터 파문 당하였으며, 카노사의 굴욕을 견뎌 위기를 타개하였다. 귀국한 뒤 시민과 농민의 도움으로 세력을 회복한 그는 로마에 진군하여 그레고리를 추방, 1084년에 클레멘스 3세를 옹립하여 황제관을 받고, 1103년에는 '신의 평화' 운동의 이념을 계승한 최초의 제국 평화령을 공포하였다. 1105년에 상층 귀족들과 결탁한 그의 아들 하인리히 5세에게 배반당하여 기구한 운명 속에 죽었다.

한자 동맹 Hansa同盟 ■ ■ ■

중세 북유럽의 상업권을 지배한 북부 독일 도시들과 외국에 잇는 독일 상업 집단이 상호 교역의 이익을 지키기 위하여 창설한 조직이다. '한자(Hansa)'란 원래 유럽 여러 나라에서의 도시 상인들의 조합을 말하였으며, 이러한 한자가 12, 13세기경 많이 존재하였다. 14세기 중엽 한자 동맹에 가입한 도시의 수는 70~80에 이르렀고, 런던, 브뤼지, 베르겐, 노브고로트 등에 상관을 설치하여 16세기 초엽에 이르기까지 북방 무역을 독점하였다. 자체 방어를 위하여 해군을 소유하였으며, 자체의 법과 법정을 가졌다. 그러나 한자 동맹의 도시들은 신항로의 발견 뒤 급속히 쇠퇴하였다.

황금 문서 黃金文書 ■

1356년에 신성 로마 황제 카를 4세가 뉘른베르크 제국 회의에서 승인하여 공포한 법령으로, 금인 칙서(金印勅書)라고도 한다. 신성 로마 제국에서는 1198년 이래 특히 대공위 시대 이후 빈번하게 왕조가 교체되었고 이 과정에서 선제후는 독점적 국왕 선거권을 획득하였다. 이 관습이 선제후에 의한 국왕 선거법으로서 법제화된 것이 금인 칙서이다. 독일 선제후들의 입지 강화와 독일에 대한 교황권을 제한하기 위하여 공포하였다. 이 칙서는 신성 로마 황제 선출권을 일곱 명의 선제후에게 일임하고 다수결로 선출된 후보가 황제의 자리를 잇도록 보장하였으며, 이전에 후보들을 심사하고 당선을 승인한 교황의 권한을 금지하였다. 조세권과 화폐 주조권 등을 선제후들에게 부여한 이 법령은 백성들에게 부담을 가중시키고 자치권을 확보하려 한 도시 중산 계급에 심한 타격을 입히는 좋지 못한 결과를 낳았다.

황제 교황주의 皇帝教皇主義 ■■

세속적 지배자인 국가의 군주가 종교계의 수장을 겸하여 종교를 그 권력의 지주로서 이용하는 지배 형태를 말한다. 18세기에 사용된 용어로, 로마 교황의 세속적인 권력을 요구하는 교황 황제주의에 대칭되는 용어이다. 비잔틴 제국이나 이반 3세 이후의 러시아 제국에서 황제 교황주의를 살펴볼 수 있다.

후스 Johannes Huss ■■

보헤미아의 종교 개혁자이자 신학자이다. 당시 보헤미아에 전파되었던 J. 위클리프의 사상에 영향을 받아 교회의 세속화를 비난하였다. 1412년에 교황 요하네스 23세가 나폴리 왕 토벌을 위하여 면죄부를 판매하자 이를 비난하였고 민중도 반대 운동을 전개하였다. 이에 교황은 그를 파문하고 또 프라하시까지도 파문하였다. 1414년에는 콘스탄츠 공의회에 소환되어 1415년에 이단 선고를 받고 화형에 처해졌다. 그는 위클리프의 설을 따라 성서를 기본으로 하여 예정 구령설을 취하였으며 교회의 토지 소유와 세속화를 비난하

였다. 그의 교설은 독일인과 교회의 압박으로부터 고통받는 체코
인들의 민족 의식과 결합하여 개혁 운동을 일으키게 하였다.

흑사병 黑死病 ■ ■

흑사병 또는 선페스트는 주로 쥐벼룩을 통해 전염되는 병으로, 열
이 높이 오르고 임파선이 부풀어오르며, 피부에 검은 반점이 생기
기 때문에 그렇게 불렸다. 흑사병이 전 유럽에 걸쳐 크게 번진 것은
1347년부터 1350년까지였다. 사망률이 매우 높았으며, 특히 전염
된 도시에서는 인구의 절반 또는 그 이상이 줄었다고 하며, 유럽 총
인구의 1/3이 감소한 것으로 추정된다. 그 뒤에도 여러 차례에 걸
쳐 재발하여, 1300년경에 약 7,300만 명이던 유럽 인구는 1400년
무렵 4,500만 명 정도로 줄었다. 많은 노동자가 죽어 경작지가 급
속히 줄어들었고, 그 결과 많은 지주들이 파산하였으며, 노동력의
부족으로 지주들은 소작인들의 노동력을 집세로 대신하거나 임금을
주어야만 하였고, 기술자와 소작농의 임금도 상승하였다. 이러한
변화들이 그때까지의 엄격한 사회 계층 구조에 새로운 유동성을 가
져왔다.

서양 근대 사회의 전개

가격 혁명 價格革命 ■ ■ ■

아메리카 대륙으로부터 금·은 같은 귀금속이 들어오자 화폐 가치가 떨어지고 유럽 전체의 물가가 상승하였다. 이러한 현상은 당시로서는 혁명적인 변화로서, 이를 가격 혁명이라고 부른다. 가격 혁명은 임금 노동자나 지대 등 고정된 수입을 가진 지주들에게는 불리한 반면 생산업자나 상인 또는 자영농 등에게 유리하여 유럽이 새로운 경제 체제로 발전하는 데에 도움이 되었다. 그리하여 주로 상공업에 종사한 도시민들은 경제적 지위를 더욱 굳힐 수 있었다.

가리발디 Giuseppe Garibaldi ■ ■

가리발디(1807~1882)는 이탈리아의 애국자로, 마치니가 이끄는 청년 이탈리아 당에 가입하여 로마 공화국 방위에 활약하였다. 청년 이탈리아 당의 붕괴 뒤 미국으로 탈출한 그는 그 뒤 1859년부터 이탈리아의 통일 전쟁에 참가하였다. 1860년 '붉은 샤쓰 대'를 인솔하고, 제노바를 출항하여 시칠리아 섬의 마르살라에 상륙한 뒤 팔레르모를 점령하고, 다시 본토에 상륙하여 나폴리를 점거하였다. 그의 공화주의 경향을 경계하던 카보우르가 남하를 개시하여 둘 사이에 충돌의 위기가 이르렀다. 하지만 가리발디는 샤르데냐의 비토리오 에마누엘레 2세에게 남이탈리아를 헌상함으로써 위기를 극복하였으며, 이를 통해 이탈리아의 통일이 이루어졌다. 공화주의자인 그는 왕국 정부와 충돌하는 한편 1866년에는 티롤에서 오스트리아 군과 싸웠고, 교황군·프랑스 군과 멘타나에서 싸워 패배하였다. 정치 생활보다도 혁명 운동 및 군사 활동에 분주하였는데, 이탈리아의 국민적 영웅으로 추앙받았다.

갈릴레이 Galileo Galilei ■■

갈릴레이(1564~1642)는 코페르니쿠스의 지동설이 정당하다고 생각하였으나, 1600년에 역시 태양 중심설을 주장하던 브루노가 화형에 처해졌다는 소식을 듣고는 조심하였다. 자신이 직접 제작한 망원경을 사용하여 천체를 관측한 결과 많은 새로운 사실을 발견하고, 지동설의 정당성에 대한 신념은 더욱 굳어졌다. 그는 1630년에 '대화'라는 온건한 방식으로 지동설을 옹호하는 저서를 출간한 결과 가톨릭 교회로부터 박해를 받았다.

걸리버 여행기 Gulliver旅行記 ■■

영국의 풍자 작가인 J. 스위프트의 풍자 소설로, 1726년에 간행되었다. 작품은 4부로 나뉘며, 걸리버라는 영국인 뱃사람이 해상에서 난파하여 물결에 떠돌아 다니다가 기이한 나라에 가는 이야기로 되어 있다. 제1편 〈릴리퍼트〉는 키가 6인치도 되지 않는 소인이 사는 나라로, 이 소인족과 '거대한 인간 산(山)' 걸리버와의 사이에 일어나는 사건의 이야기를 다루고 있다. 제2편 〈브라브딩내그〉는 키가 교회의 첨탑만큼이나 크고 한 발짝의 보폭이 10야드나 되는 거인이 사는 나라로, 이번에는 걸리버 자신이 소인의 입장이 되어 '크고 작은 것은 비교의 문제'임을 깨닫는다. 제3편에서는 하늘을 나는 떠 있는 섬과 바르니바비 국(國)의 수도 라가도, 리리브다브도리브 섬 등의 여러 나라를 방문하여, 늘 깊은 사색에 열중하는 사람과 이상 야릇한 연구에 종사하는 학자들, 마법으로 죽은 자와 과거의 장면을 현실에 불러일으킬 수 있는 마법사들을 만난다. 제4편 〈말(馬)의 나라〉에는 인간의 모양을 한 '질병과 어리석은 행동과 악덕'으로 만든 듯한 추악한 동물 야후와, 말의 모양을 한 '훌륭한 절도와 예절'을 나타내는 청결하고 평화로운 동물 피눔이 살고 있다. 이와 같은 걸리버의 여행 이야기를 통하여 스위프트는 당시 영국의 정치, 사회의 타락과 부패를 통렬히 비판하였다.

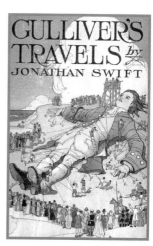

걸리버 여행기(책표지)

계몽 사상 啓蒙思想 ■ ■ ■

계몽 사상은 17세기 말 영국에서 시작하여 18세기 프랑스에서 활발하게 전개되었다. 이러한 계몽 사상은 르네상스 이래의 근대 사상의 결과이었으며, 직접적으로는 데카르트의 합리주의 철학, 자연 과학의 발달, 그리고 로크의 정치 사상으로부터 많은 영향을 받았다. 계몽 사상가들은 인간의 이성에 의한 무한한 진보를 확신하였으며, 절대 왕정과 구제도를 비판하고 자연권 사상과 사회 계약론에 의지하여 자유롭고 평등한 사회의 건설을 부르짖었다.

계몽 전제 군주 啓蒙專制君主 ■ ■ ■

계몽 전제 군주(정치)는 군주가 앞장서서 계몽 사상의 이념에 따라 일정한 근대화 개혁을 실현해 가는 정치 형태를 말한다. 프로이센, 오스트리아, 러시아 등 동유럽의 절대 왕정은 서유럽보다 늦어 17 세기 이후에 성립되었다. 더구나 농노제가 유지되고 시민 계급의 성장이 늦어져 도시와 상공업의 발전도 부진하였다. 그리고 18세기 에 계몽 사상이 성행함에 따라 프로이센의 프리드리히 2세, 오스트 리아의 요제프 2세, 러시아의 예카테리나 여제 등의 계몽 전제 군주 가 출현하였다.

고전 경제학 古典經濟學 ■

애덤 스미스를 시조로 맬서스, 리카도 등으로 대표되며, J.S. 밀에 이르러 완성된 경제학파이다. 영국에서 농업 혁명, 산업 혁명에 수 반하여 자본주의 경제가 성립하는 역사적 정황을 배경으로, 중상주 의나 중농주의의 학설을 비판하면서 성립하였다. 자유 경쟁을 전제 로 하고, 노동 가치설을 택하며, 시장을 매개로 하는 생산, 분배의 입체적 분석을 추진하여 경제학을 하나의 과학으로 체계화하였다.

곡물법 穀物法 ■ ■ ■

곡물법(1815년)은 영국 정부가 외국으로부터 값싼 곡물의 수입을 금지함으로써 지주들의 이익을 옹호하기 위한 것이었는데, 이 법을 폐지한 것(1846년)은 영국 산업 자본가들의 승리와 자유 무역주의 의 확립을 의미한다.

공안 위원회 公安委員會 ■

프랑스 혁명 당시 국민 공회가 창설한 위원회이다. 공포 정치에서 시행된 최고 가격·물자 조사·징발 등의 통제 경제의 실시, 토지 해방, 군수 산업의 정비, 대량 징병에 의한 근대적 혁명군의 창시 등은 공안 위원회에서 행해졌다. 이처럼 공안 위원회는 자코뱅 당파 독재의 중심 기관이 되었고 국민 개병제, 군수 산업의 정비, 물자 징발 등을 강행하였다. 테르미도르의 반동이 성공한 뒤 공안 위원회는 존재 이유를 상실하고 국민 공회의 해산에 따라 폐지되었다.

공장법 工場法 ■

영국에서 공장 노동자들의 가혹한 노동 조건을 시정하기 위하여 시행된 법률의 총칭이다. 1802년의 도제법(아동 노동자 보호법)을 시작으로 1833년에는 일반 공장법이 성립하였다. 9~13세 어린이의 9시간 노동, 14~18세의 12시간 노동, 18세 미만의 야간 작업 금지, 공장 감독관 설치 등을 규정하였다. 1844년에는 여성 노동자의 보호 규정을 추가하였고, 1847년에는 여성과 연소자의 10시간 노동을 규정하였다.

공포 정치 恐怖政治 ■

공포 정치란 프랑스 혁명 고양기에 실시된 자코뱅 당의 독재 정치(1793~1794)를 말한다. 루이 16세의 처형 뒤 민중의 지지를 받던 자코뱅 당은 1793년 6월, 국민 공회에서 지롱드 파를 추방하여 정권을 장악하였다. 공안 위원회, 보안 위원회, 혁명 재판소 등의 기관을 통하여 반대파를 탄압하고, 식량 징발이나 최고 가격제 등의 경제 통제를 하면서 대외 전쟁을 수행하였다. 그러나 자코뱅 당 내부의 알력으로 지도자가 자주 바뀌었고, 1794년에는 테르미도르의 반동으로 공포 정치는 끝났다.

과학 혁명 科學革命 ■ ■

과학 혁명이란 넓은 뜻으로는 16세기의 코페르니쿠스에서 17세기의 뉴턴에 이르는 시기를 말하며, 좁은 뜻으로는 근대 과학의 방법이 확립된 17세기의 갈릴레이에서 뉴턴에 걸친 근대 과학의 성립 시대를 일컫는다.

관세 동맹 關稅同盟 ■ ■

한 무리의 나라들이 동맹을 맺어 동맹국들 사이에는 자유 무역을 허용하면서 나머지 다른 나라들에게는 동일한 세율의 관세를 부과하도록 하는 무역 협정을 뜻한다. 관세 동맹의 결성은 동맹국 내의 무역을 활발하게 하는 무역 창출 효과와 지역 밖의 여러 나라로부터의 수입을 동맹국 내의 수입으로 전환하는 무역 전환 효과가 있다. 특히 1834년에 발족한 독일 관세 동맹은 1871년 독일 제국 성립의 경제적 기반을 형성한 것으로 유명하다.

95개조 반박문 ■ ■ ■

1517년 10월 31일, 면죄부 판매에 대하여 루터가 발표한 항의서이다. 면죄부 판매인인 테체르가 비텐베르크에 왔을 때 진리에 대한 사랑과 이를 명백히 할 목적의 종교적 확신을 갖고 '95개조 반박문'을 비텐베르크 성의 교회 문에 붙였다. 이 반박문은 라틴 어로 쓰여졌으며, 죄는 금전으로써 소멸되는 것이 아니라 회개함으로써 사하여지는 것이라고 주장하였는데, 독일 민중 사이에 큰 반향을 일으켜 종교 개혁 운동의 발단이 되었다.

구제도 舊制度 ■ ■

구제도란 역사적으로는 프랑스 혁명 전의 프랑스 사회를 총괄적으로 지칭하고, 확대시켜 의미할 경우에는 근대화 이전의 사회를 가리키며, 원어 발음대로 앙시앵 레짐(ancien régime)으로 사용하는 경우도 많다. 기본적인 특징은 절대주의 시대의 근대적인 발전에도 불구하고 그 사회 구조가 귀족적이고 봉건적인 요소와 세력을 탈피하지 못하고 있었다는 데에 있다. 이를테면 도시에는 길드 제도가 남아 있었고, 농민들은 봉건적인 공납의 부담을 지고 있었으며, 귀족 계급은 면세의 특권과 봉건적인 특권을 누리고 성직자, 귀족 그리고 제3신분이라는 신분 제도가 아직 남아 있었다. 프랑스 혁명은 이 구제도를 타파하려고 한 것이었다. 특히 전 인구의 약 2퍼센트에 해당되는 성직자와 귀족 들이 전 국토의 1/3 이상이나 되는 넓은 토지를 소유하고 절대 왕권에 기생하면서 관직을 독점하고 있었다.

국민 공회 國民公會 ■■

프랑스 혁명중인 1792년 9월 21일부터 1795년 10월 26일까지 프랑스를 통치한 의회를 말한다. 국민 공회는 왕정을 폐지하고 공화정을 선포하였으며, 1793년 보통 선거제를 규정한 헌법을 제정하였다. 하지만 보통 선거제 실시를 연기하고 공포 정치를 단행하였다. 1794년의 테르미도르 반동으로 국민 공회는 해산되고 총재 정부가 수립되었다.

국민 의회 國民議會 ■■

1789년 6월 17일부터 같은 해 7월 9일까지 삼부회의 대표자들이 만든 혁명 의회이다. 국민 의회는 봉건적 특권의 폐지를 선언하고 인권 선언을 발표하였으며, 제한 선거와 입헌 군주제를 규정한 입법 의회는 혁명을 방해하려는 주변 나라와의 혁명 전쟁을 일으켰다. 이 명칭은 1871년부터 1875년까지 의회에서 다시 사용하였으며 그 뒤를 이은 제3공화국(1875~1940) 시절에는 의회의 상원과 하원을 함께 부르는 말로 쓰이다가 1958년 제5공화국이 들어서면서부터는 하원을 가리키는 말로 쓰이고 있다.

국부론 國富論 ■■

1776년에 간행된 애덤 스미스의 저서로, 고전 경제학의 대표적인 작품이자 이후의 경제학과 경제 사상의 출발점이기도 하다. 애덤 스미스는 이 책에서 이론, 역사, 정책의 세 가지 면에서 처음으로 자본주의를 체계적으로 분석하여, 중상주의를 비판하면서 자유 방임이야말로 국부를 증진시킨다고 주장하였다.

군주론 君主論 ■■

르네상스 시기 이탈리아의 정치 이론가인 마키아벨리의 저서로, 정치학의 중요한 고전이다. 군주의 통치 기술을 다룬 이 책은 군주가 국가를 통치, 유지하기 위해서는 무엇보다도 권력에 대한 의지, 야심, 용기가 있어야 하며, 필요하다면 불성실, 몰인정, 잔인해도 무방하고 종교까지도 이용해야 한다고 주장하였다.

권리 장전 權利章典 ■■■

권리 장전(1689년)은 제임스 2세가 전제 정치를 강화하고 가톨릭을 부활시키려 한 데 대하여 의회가 명예 혁명을 일으킨 뒤 윌리엄 3세에게 제출하여 승인받았다. 의회의 입법권과 과세권을 확립하고, 의원 선거의 자유와 의회 발언의 면책권을 규정함으로써 절대 왕정을 무너뜨리고 법이 왕권을 견제함으로써 입헌 군주제, 영국 입헌 정치의 기초를 확립하였다.

권리 청원 權利請願 ■ ■ ■

권리 청원(1628년)은 국왕의 전제 정치를 비판하면서 부당한 과세와 이유 없는 체포와 구금을 반대한다는 내용의 권리 요구로, 찰스 1세의 승인을 받았다. 그 내용은 의회의 승인 없이 과세하지 말 것, 병사를 민가에 숙박시키지 말 것, 어떠한 사람도 국법에 의하지 않고 금고 및 구류할 수 없으며, 평시에 계엄령을 실시하지 말 것 등을 규정하고 있다. 그러나 찰스 1세는 의회를 해산하고 그 뒤 11년간이나 의회를 소집하지 않았다.

나로드니키 Narodniki ■

19세기 후반 러시아에서 사회주의 혁명 운동을 실천한 세력으로, '나로드니키'는 '인민주의자'라는 뜻의 러시아 어이다. 이들은 대체로 도시의 대학생과 일부 지식층(인텔리겐치아)이었으며, 농민 계몽을 통한 보다 더 철저한 사회 변혁 운동(브나로드 운동)에 나섰다. 하지만 농민들의 공감을 얻지 못한 상태에서 탄압이 심해지자 그들 중 일부는 폭력과 암살(테러리즘)로 기존 질서를 파괴하려는 과격파가 되어 알렉산드르 2세가 암살하였다. 19세기 말 자유주의적 색채는 강해지고 혁명적 기운은 약해졌다.

나폴레옹 1세 Napoleon | ■ ■ ■

프랑스의 황제로, 재위 기간은 1804년부터 1814년까지이다. 포병 장교로서 프랑스 혁명에 참가한 뒤 두각을 나타내어 1804년 제1통령에 취임, 군사 독재의 길을 열었다. 새 헌법을 제정하고 나폴레옹 법전의 편수와 여러 제도를 개혁하고, 그해 제위(帝位)에 올라 제1제정을 수립하였다. 이어 유럽 대륙을 정복, 계속하여 세력을 떨쳤으나, 대영 대륙 봉쇄와 러시아 원정에 실패하여 1814년 퇴위, 엘

나폴레옹 1세

바 섬에 유배되었다. 이듬해 귀국하여 백일 천하를 실현시켰으나, 워털루에서 연합군에 패한 그는 세인트헬레나 섬에 귀양가서 죽었다.

나폴레옹 3세 Napol on Ⅲ ■ ■

프랑스의 황제(재위 1852~1871)로, 나폴레옹 1세의 조카이다. 루이 나폴레옹이라고도 한다. 1848년의 2월 혁명 때 망명지에서 돌아와 대통령에 취임하였다. 1851년 쿠데타와 인민 투표를 거쳐 10년 임기의 대통령, 1852년에 황제가 되었으며, 1860년까지의 전제(專制) 지배 시대에 대외 팽창과 산업 자본의 이익 옹호 정책을 추진하였다. 그 뒤 멕시코 간섭의 실패 등으로 자유주의 개혁을 하지 않을 수 없었고, 1871년 프로이센-프랑스 전쟁에 패배하고 퇴위, 영국에 망명한 뒤 사망하였다.

나폴레옹 법전 Napolaon法典 ■ ■

프랑스 혁명의 자유, 평등의 민주 정신에 입각한 근대 법전(1804년 공포)이다. 나폴레옹도 "나의 명예는 전승보다도 법전에 있다"고 자랑한 이 법전은 시민 · 중산층의 경제 생활을 보장하고, 국민군의 형성에 주도적 역할을 한 농민층의 토지 소유권을 확인한 것이다. 개인주의와 자유주의를 기본 사상으로 하고, 법 앞의 평등, 소유권의 불가침, 개인의 자유, 균분 상속제, 신앙, 계약의 자유 등 자유권적 기본권을 보장하여 근대 시민법의 기본이 되었으며, 각국의 시민법에 많은 영향을 주었다.

나폴레옹 전쟁 Napoleon戰爭 ■

1797년부터 1815년까지 프랑스 혁명 당시 프랑스가 나폴레옹 1세의 지휘하에 유럽의 여러 나라와 싸운 전쟁의 총칭이다. 처음에는 프랑스 혁명을 방위하는 전쟁의 성격을 띠었으나, 차차 침략적인 것으로 변하여 나폴레옹은 유럽의 여러 나라와 60회나 되는 싸움을 벌였다. 프랑스 혁명에서 탄생한 내셔널리즘은 나폴레옹 전쟁을 계기로 유럽 각지에 확대되어 도리어 반(反) 나폴레옹적인 각국의 애국주의 운동으로 발전하였다.

남북 전쟁 南北戰爭 ■ ■ ■

1861년부터 1865년에 걸쳐 미국의 남·북 양 지역 사이에 벌어진 최대의 내전. 영토의 팽창과 서부의 개척에 따라 남부와 북부의 지역적 차이와 대립은 더욱 심화되었다. 남부는 노예를 사용하는 대농장 경영이 일반적이었고, 자유 무역과 분권주의를 주장하였다. 이에 비하여 북부는 자영 농민이 우세하고, 상공업이 발달하여 보호 무역과 중앙 집권을 원하고 있었다. 남북의 대립은 영토 확장에 따라 새로운 주가 생길 때 그것이 노예주가 되느냐, 자유주가 되느냐의 문제로 더욱 격화되었다. 1860년에 노예 폐지와 연방주의를 표방하는 공화당의 링컨이 대통령에 선출되자, 남부 7주가 연방을 탈퇴하여 남북 전쟁이 일어났다. 1863년, 링컨은 노예 해방을 선언하여 전쟁의 명분을 유리하게 전개하였고, 전쟁은 북부의 승리로 끝났다.

낭만주의 浪漫主義 ■ ■

18세기 말에서 19세기 중엽까지의 문예 사조이다. 고전주의에 반대하여 절대 왕정의 이완 및 부르주아지의 발흥과 함께 인간을 있는 그대로 보려는 욕구가 불출하였으며, 계몽주의에 반대하여 감각 현

상에서 인간성의 진실을 찾고 자국의 과거 역사에서 새로운 문화의
원천을 찾으려는 기운이 일어났다. 특히 독일을 중심으로 발달한 피
히테, 헤겔 등의 관념론 철학은 상상의 세계를 선호하는 낭만주의의
유행을 자극하였다. 낭만주의는 민족주의 운동과 역사학의 발달을
촉진하기도 하였으나, 자유주의에 반대하는 국가주의에 이용되기도
하였다. 중세 봉건 사회와 그리스도교를 찬양하기도 하였다.

낭트 칙령 Nantes勅令 ■ ■

프랑스의 앙리 4세가 국내의 프로테스탄트에게 신앙의 자유를 인정
한 칙령이다. 본래 프로테스탄트였던 앙리 4세는 국내의 종교적 분
쟁을 해결하기 위하여 가톨릭으로 개종함과 동시에 프로테스탄트에
게 신앙의 자유와 정치적 권리를 부여하였다. 이 칙령으로 위그노
전쟁은 일단 정치적으로 해결되었으나, 종교적 대립은 그 뒤에도
계속되었다. 특히 루이 14세는 절대주의를 강화하기 위하여 종교적
통일을 목적으로 1685년 이 칙령을 폐지함으로써 약 40만의 프로
테스탄트가 프로이센, 영국, 폴란드 등으로 망명하였다.

농노 해방령 農奴解放令 ■ ■ ■

1861년에 알렉산드르 2세가 공포한 법령을 농노 해방령이라 한다.
러시아의 황제 알레산드르 2세는 크림 전쟁의 패배로 농노제에 기
초를 둔 국가 체제를 반성하였다. 즉 농노제가 자본주의의 발전을
제약한다고 생각하였으며, 농노제를 폐지하여 농업 경영의 합리화,
곡물 가격의 안정, 수송로 건설을 이룩하고자 하였다. 농노 해방령
은 농노에게 인격의 자유를 부여하였으나 토지 분배에 있어서는 지
주의 이익에 주안점을 둔 극히 불만족스러운 것이고, 농민 생활의
빈곤은 여전하였다. 그러나 농노제의 속박이 완화되고 다수의 노동

자가 생겨남으로써 러시아의 자본주의 발달을 촉진하는 결과를 가져왔다.

농민 전쟁 農民戰爭 ■ ■

루터의 종교 개혁으로 1524년에 남독일 지방에서 발생한 농민 반란을 '농민 전쟁'이라고 부른다. '메멩겐의 12개조'에 압축된 농민들의 요구는 교회에 납부하는 1/10의 폐지, 봉건적 부과조의 경감, 농민의 지위 향상 등이었다. 반란 농민 중에는 천년 왕국설을 내걸고, 원시 그리스도교적인 공산주의의 경향을 가진 뮌처를 중심으로 한 과격한 재세례파(태어났을 때 받은 세례는 무효이며, 성장 뒤 확고한 신앙을 가졌을 때 다시 세례를 받아야 한다는 주장에서 유래)도 있었다. 루터는 처음 호의적인 태도를 보였으나 유력한 영주의 보호를 받기 위하여 반란 농민을 매도하고, 영주들에게 단호하게 진압할 것을 종용하였다. 농민 전쟁은 1525년에 진압되고 뮌처도 처형되었다. 루터의 태도에 실망한 농민들은 루터를 등지고 남독일은 대체로 가톨릭으로 남았으며, 루터의 종교 개혁은 그 뒤 주로 북독일의 제후들과 자유 도시를 중심으로 진행되었다.

뉴턴 Isaac Newton ■ ■ ■

영국의 물리학자이자 수학자로, 역학의 체계를 확립한 근대 과학의 시조이다. 갈릴레이, 케플러 등 선각자들의 업적을 계승하여 각 개인의 이론을 하나로 체계화함으로써 신적인 천상계를 속된 지상계와 동일한 포괄적·보편적인 역학 체계로 통일하였다. 우주 전체를 거대한 자동 기계로 규정하고 수학적·양적 자연 해석을 제창하여 근대 자연 과학의 기초를 이루었다. 만유 인력, 미적분법, 빛의 분석을 뉴턴의 3대 발견이라고 한다.

다윈 Charles Robert Darwin ■ ■ ■

영국의 생물학자. 1831년에 비이글 호를 타고, 세계를 일주하였다. 이 여행의 결과로 1840년에 《비이글 호 탐험 보고 동물학》을 출판하여 진화론의 기초를 확립하였다. 그 뒤 월리스의 협력을 받아 유명한 《종의 기원》(1859)을 발표하여 생물계뿐만 아니라 신학적 세계관에 대한 반론을 제기하고, 헉슬리 등의 광범한 지지를 얻었다. 이 결과 세계관에 혁명을 가져왔지만 반대 또한 강하였다. 그의 원리는 생존 경쟁에 있어서의 자연 도태와 적자 생존으로 표현되며, 제2대는 제1대와 조금씩 형질을 달리하면서 유전되고, 이것이 거듭되면 별종의 생물이 생긴다는 것으로 요약할 수 있다. 그리고 그중 환경에 적응하는 자만이 다른 생물보다 유리해지며 패자는 멸망한다고 하였는데, 이러한 주장은 19세기의 문화와 사상에 지대한 영향을 주었다. 이 사상을 다위니즘이라고 한다.

단테 Alighieri Dante ■ ■

단테는 피렌체에서 출생한 르네상스의 선구적 문인으로, 최후의 중세인이라 불리고 있다. 정쟁에 가담하였다가 추방된 뒤 이탈리아 각지를 방랑하였다. 한편 신격화되고 영화(靈化)된 베아트리체와의 연정을 노래한 그의 대표작 《신곡》은 중세적 사상이 남아 있지만, 등장 인물에 대하여는 개성적인 비판이 가해졌고, 이탈리아 어로 기록되어 근대적 성격을 나타내고 있다.

대륙 봉쇄령 大陸封鎖領 ■ ■ ■

대륙 봉쇄령은 나폴레옹이 영국에 대한 경제적 봉쇄 조치를 취한 것인데, 이것은 프랑스 경제의 유럽 장악을 의도한 중상주의 정책의 표현이었다. 대프랑스 동맹을 주도해 온 영국을 굴복시키려는 뜻이트라팔가르 해전(1805년)에서 좌절되자, 나폴레옹은 영국을 굴복시키기 위해 경제적으로 봉쇄하였다. 그리하여 영국에 대한 전면적 봉쇄의 단행, 영국과의 통상 및 통신의 금지, 영국선의 대륙 내 항구 출입 금지와 위반 선박의 몰수 등을 내용으로 하는 칙령을 발표하였다. 나폴레옹이 기대한 만큼의 성과가 없었을 뿐 아니라, 대륙 내의 반프랑스 감정을 고조시키는 결과를 초래하였다. 당시 영국은 산업 혁명이 진행되어 대륙 여러 나라의 산업이 영국의 산업에 압도되었다. 프랑스는 대륙 봉쇄령으로 대륙의 시장을 독점하려 하였으나 생산력이 따르지 못하고 다른 나라에서는 물자의 부족을 초래하였기 때문에 어려움을 겪었다. 또한 영국도 역봉쇄령을 내려 프랑스나 그 동맹국에 들어가는 것을 금지하였다.

대륙 회의 大陸會議 ■ ■

미국 독립 혁명기에 13개 식민지 및 독립 후의 각 주의 통일적 행동을 군사, 외교, 재정에 걸쳐 지도한 기관으로, 13개 식민지 대표로 구성되는 외교 회의의 성격을 지녔고, 각 대표는 자기의 식민 정부로부터 훈령을 가지고 출석하였다. 제1회는 보스턴 차 사건에 대하여 영국이 무력으로 탄압하자 식민지 사람들이 모여 본국에 청원서를 보내 자유가 이루어지지 않을 때에는 본국과의 관계를 끊을 것을 선언하였다. 제2회는 렉싱턴·콩코드에서 첫 충돌이 일어나자 다시 모여 무력 항쟁을 결의하고 조지 워싱턴을 총사령관으로 임명하였다. 1775년부터 시작된 제2회 회의는 1781년까지 존속하였고, 연합 규약을 발효한 뒤에는 연합 의회가 되었다.

데카메론 Decameron ■

세속적이며 시민적인 태도를 지닌 보카치오의 대표작(1349~1351)

으로, 제목인 데카메론은 '10일 간의 이야기' 라는 뜻이다. 플로렌스의 흑사병을 피해 교외의 별장으로 나간 열 명의 남녀가 열흘간 매일 한 편씩 계속한 100편의 이야기를 모은 형식이며 다양한 사회 계층이 등장한다. 단테의 《신곡》과 비교하여 인곡이라 부르기도 한다. 당대의 사회와 도덕을 잘 반영한 이 작품은 르네상스 후기의 작가들에게 영향을 주었으며, 특히 초서는 직접적인 영향을 주었다. 이 책은 한때 교황청으로부터 금서로 낙인찍히기도 하였다.

데카브리스트 난 Dekabrist亂 ■ ■

1825년 12월, 러시아에서 농노제 폐지를 목표로, 나폴레옹 전쟁시대에 서유럽 자유 사상에 접한 귀족 출신의 청년 장교들이 귀족 정치를 반대하는 운동을 벌였으나, 일반 대중의 정치에 대한 관심이 고조되지 못하여 데카브르스트의 거사는 실패하였다. 니콜라이 1세의 즉위식에서 일으킨 반란은 니콜라이 1세의 보수 반동 정책을 강화시켰으며, 황제는 국내의 정치적 자유 운동을 탄압하기 위하여 제3국을 창설하여 반대자들을 철저히 숙청하였다. 데카브리스트 난은 러시아 최초의 혁명 운동이라는 데에 그 의의가 있다.

돈 키호테 Don Quixote ■

에스파냐의 작가 세르반테스의 풍자 소설로서, 정식 명칭은 《재기 발랄한 향사 돈키호테 데 라 만차》이며, 그 스스로 편찬 목적을 "당시의 항간에 풍미하였던 기사도 이야기의 권위와 인기를 타도하기 위해서"라고 밝히고 있다. 주인공 돈 키호테, 종자 산초 판자를 통해 진정한 '인간' 을 그린 소설로 평가되기도 한다.

동인도 회사 東印度會社 ■ ■ ■

동양에서의 무역과 식민지 경영을 독점하기 위해 서구 세력들이 세운 회사를 말한다. 동인도 회사는 동인도와의 무역을 담당한 식민 기업으로서, 서유럽 여러 나라의 정치적 · 경제적 식민 활동의 기관이기도 하다. 주로 상업 자본의 집중 형태로서 상업적 독점 이윤을 추구하였으며, 신항로의 개척 이후 절대주의 시대에 크게 번영한 회사였다. 포루투갈, 네덜란드, 영국, 프랑스 등이 설립하였는데, 네덜란드와 영국의 동인도 회사는 각각 인도네시아와 인도를 경영하여 큰 이익을 올린 대표적인 식민 회사로서 악명을 떨쳤다. 프랑스의 동인도 회사는 영국과의 식민지 경쟁에서 패퇴하여 경영 부진으로 소멸되었다. 동인도 회사는 산업 자본이 확립되면서 차츰 그 존재 이유를 잃어 19세기에 들어서면서 모두 해체되었다.

라파엘로 Sanzio Raffaello ■

이탈리아 화가 · 건축가로, 레오나르도 다 빈치, 미켈란젤로와 함께 르네상스의 고전적 예술을 완성한 3대 거장의 한 사람이다. 그는 조숙한 천재였으며, 우르비노 지방 화가에서 바티칸 교황청 궁정 화가까지 최고의 사회적 영예와 세속적 성공을 누린 행복하고 세련된 엘리트 예술가로서의 전설적인 존재가 되었다. 페루지노로부터 감미로운 화풍을 배우고, '삼미신', '콘네스타빌레의 성모'를 제작하였다. 1504년 피렌체에 가서 사실(寫實)을 배우고, 1509년 율리우스 2세의 도움으로 로마로 초빙되어 대작 '논의', '아테네의 학당'을 제작, 많은 군상의 구성에 뛰어난 재능을 발휘하였다. 그의 미술은 일반적으로 조형력이 부족하고 선인들을 모방한 흠은 있으나, 르네상스 회화의 종합자인 동시에 완성자라고 할 수 있다. 애경, 온화, 유순한 인품은 궁정인들뿐만 아니라 모든 민중들로부터 사랑받았다.

라파엘로의 '아테네의 학당'

러다이트 운동 Luddite運動 ■ ■

러다이트 운동(1811~1817)은 기계 파괴 운동이라고도 부른다. 산업 혁명으로 인하여 기계가 우위를 점하자 경쟁에서 패배한 수공업자들은 몰락하였다. 자택과 공동의 작업장에서 스스로의 의지에 따라 노동해 온 그들은 실업자가 되든지 자본가의 강제 아래 움직이는 공장 노동자가 되든지 아니면 그대로 머물 수밖에 없었다. 그들은 기계야말로 빈곤의 원인으로 파악하여 기계를 파괴하였다. 계속되는 강경 탄압과 경기의 회복, 대공업의 진전으로 러다이트 운동은 끝났다. 이 운동은 자본주의에 내재된 모순과 사회 발전의 법칙을 인식하지 못한 복고적인 것이었지만, 비참한 노동자들이 분출한 본능적 · 단편적인 반자본주의 운동으로, 초기의 노동 운동이라는데에 의의가 있다.

레오나르도 다 빈치 Leonardo da Vinci ■ ■

르네상스를 대표하는 이탈리아의 화가 · 조각가 · 과학자이다. 어려

서부터 수학·음악·회화 등에 특이한 재능을 나타내고, 자연에 대하여 깊은 관심을 가지고 있었다. 1470년경부터 피렌체에 거주하면서 조각가 겸 화가로서 유명한 베로키오에게 사사하여 원근법, 해부학 등을 배우고, 자연의 사실에 열중하였다. 예술 활동으로는 '최후의 만찬' 등의 걸작이 있으며, 1499년 프랑스 루이 12세의 밀라노 침입 뒤 피렌체에 귀환하여 '모나리자'를 그렸다. 그 뒤 다시 밀

다 빈치의 '모나리자'

라노, 로마를 편력하여 예술·과학 분야에 다각적인 업적을 남겼으며, 1516년에는 프랑스 왕 프랑수아 1세에게 초빙되어 죽을 때까지 프랑스에 머물렀다. 과학적 연구는 수학·물리·천문·식물·해부·지리·토목·기계 등 다방면에 이르며, 이들에 관한 수기(手記)나 인생론·회화론 등이 많이 남아 있다.

로베스피에르 Robespierre ■ ■

프랑스의 혁명 정치가인 로베스피에르는 국왕의 거부권에 반대하여 루소의 '일반 의지'를 주장하였으며, 1793년에 혁명 정부의 수립과 최고 가격 결정, 망명자 재산 매각 등의 혁명 입법을, 공포 정치 기구(혁명 재판소, 공안 위원회)를 통해 추진하였다. 1794년 7월 27일, '테르미도르 반동'으로 아우 로베스피에르 등 동지와 함께 처형되었다.

로크 John Locke ■ ■ ■

영국의 철학자이자 정치 사상가이다. 왕정 복고 때는 네덜란드로

망명하였다가 명예 혁명 뒤 윌리엄 3세의 신임을 받았다. 경험론의 대표자인 로크(1632~1704)는 《인간 오성론》(1690년)에서 데카르트의 본유 관념을 배격하고 인식의 기원을 경험(감각과 반성)에서 찾았다. 정치적으로는 '정부 이원론'으로, 홉스에 대립하여 인민 주권을 주장하였다. 사회는 국가에 선행하며, 그 자연 상태는 만인 대 만인의 투쟁이 아니라, 평화와 협조의 상태이며, 자연권(생명, 자유, 재산)의 침범에 대한 방위로서 국가가 계약(피치자의 동의)을 거쳐 성립되는데, 혁명권을 포함한 최고 권력은 양도되지 않고 공동체가 유보한다고 하여 명예 혁명의 정당성을 이론화시켰다. 그 통치의 세 부문(입법, 집행, 연합)은 몽테스키외의 삼권 분립론으로 발전하고 계약 이론은 루소가 발전시켜 프랑스에 계몽 사상으로서 지대한 영향을 끼쳤다. 아울러 이러한 로크의 사상은 아메리카의 독립 선언에 구현되었다.(→ 사회 계약설)

루소 Jean-Jacques Rousseau ■ ■ ■

프랑스 계몽 사상가로, 이성의 시대를 매듭짓고 낭만주의를 탄생시킨 그의 사상은 여러 예술 분야와 사람들의 생활 방식과 교육 방식에도 변화를 일으켰다. 빈곤 속에 성장한 그는 귀족 부인들의 후원으로 독학하여 서른 여덟 살 때 《학예론》을 발표한 이래 《인간 불평등 기원론》, 《신(新) 엘로이즈》, 《사회 계약론》, 《에밀》 등의 걸작을 발표하였다. 자연미의 감성적 지각, 감정의 우위 및 자아의 해방 등으로 인해 '신낭만주의의 아버지'로 불리며, "자연에 돌아가라"는 자유 사상 계몽주의는 프랑스 혁명의 사상적 근거가 되었고, 나아가 서유럽 근대 사상의 확립을 가져왔다. 만년에 《에밀》의 일종의 성선적(性善的)인 사상이 원인이 되어 스위스로 망명, 갖은 박해를 받으며 고독하게 지내다가 죽었다.

루이 14세 Louis ⅩⅣ ■ ■ ■

프랑스 국왕으로, 재위 기간은 1643년부터 1715년까지이다. 프랑스 절대주의를 대표하는 전제 군주로, 태양왕이라고 불린다. 루이 14세는 치세 초기 프롱드의 난(1648~1653)을 겪었으며, 마자랭의 사후(1661년) 친정을 시작하여 절대 군주로서의 체제를 정비하였다. 행정적으로는 콜베르를 비롯한 유능한 인재를 등용하여 경제력, 군사력 그 밖의 국력의 충실을 기하였다. 대외적으로는 자연 국경설을 주장하여 자주 침략 전쟁을 일으켰는데, 그중 주요한 것으로는 플랑드르 전쟁(1667~1668), 네덜란드 전쟁(1672~1678), 에스파냐 계승 전쟁(1701~1714) 등을 꼽을 수 있다. 하지만 이들 전쟁에서 소득은 적고, 반대로 영국의 세계적인 우위, 프랑스의 국고 재정의 결핍을 초래하고 절대 왕정의 모순이 증대되었다. 1685년에는 낭트의 칙령을 폐지하였기 때문에 위그노의 국외 이주로써 산업상에 큰 타격을 받았다. 왕의 치세의 말년에는 절대주의의 모순이 더욱 표면화하여 개혁적인 사상이 대두하였다. 그러나 이 시대에는 프랑스 문화의 황금 시대로서 문학, 예술에도 코르네이유, 몰리에르 등을 비롯한 많은 뛰어난 시인과 예술가는 물론 파스칼 등의 사상가를 배출하고 베르사이유 궁전을 중심으로 화려한 문화가 전개되었다.

루이 16세 Louis ⅩⅥ ■ ■ ■

프랑스 국왕으로, 재위 기간은 1774년부터 1792년까지이다. 재위 초기 구제도의 모순 해결과 재정 위기를 타개하도록 하였으나 궁정 및 특권 신분의 저항으로 실패하였다. 아메리카 독립 혁명 개입 등으로 재정 위기가 심각해져 삼부회를 소집하였으나, 1789년 6월에는 삼부회가 국민 의회로 성장하여 입헌 왕정에의 움직임이 높아지자 루이 16세는 의회를 탄압하기 위하여 책동하였다가, 이것이 도리어 바스티유 습격 사건을 초래하였다. 1791년 6월 20일, 일가와 함께 국외로 도망하려고 하였으나 실패하였으며(바렌느 사건), 입헌 왕정을 기조로 한 1791년의 헌법의 승인을 강요당하였다. 국민 공회의 투표 결과 반역자로서 낙인찍혀 1793년 1월에 단두대의 이슬로 사라졌다.

루이 필리프 Louis Philippe ■ ■

프랑스 국왕으로 재위 기간은 1830년부터 1848년까지이다. 계몽 사상의 영향을 받고 프랑스 혁명군에 참가하여 공을 세웠으나 왕정이 몰락한 뒤 망명, 각지를 유랑하였다. 왕정 복고 후에 귀국하여 1830년 7월 혁명 때에는 추대되어 '프랑스 인의 국왕'으로서 즉위, 7월 왕정을 시작하였다. 당시의 프랑스는 산업 혁명의 진전기에 해당되어 부르조아가 지배적 지위를 차지하고 있었으므로, 이 왕정도 전형적인 부르조아 국가의 성격을 나타냈다. 정통주의파, 공화파 등을 비롯하여 노동 계급 등의 반대 세력에 대항하기 위하여 점차 강력한 개인 지배의 경향으로 기울어졌으며, 보수적인 기조 등을 신뢰하였기 때문에 자유주의자의 신임을 잃었고 국민의 불만을 샀다. 1847년 선거법 개정을 요구하는 개혁 연회가 각지에서 개최되었으며 수상 기조가 이를 억압하였으므로 1848년 2월 22일부터 같은 달 24일에는 파리에 2월 혁명이 발발하여 왕정은 붕괴하였다. 루이 필리프는 영국으로 망명하여 그곳에서 죽었다.

루터 Martin Luther ■ ■ ■

독일의 종교 개혁자. 가톨릭 교의에 대한 의문은 수도원 생활중에 싹텄으며, '신앙에 따르는' 확신에 접근하고 있었다. 1517년, 테젤

이 이끄는 면죄부 판매의 일행이 작센으로 왔을 때, 그가 자신의 종교적 확신에서 '95개조 반박문'을 비텐베르크 교회 문에 내붙인 것은 독일 민중들에게 커다란 영향을 불러일으켜 종교 개혁의 발단이 되었다. 로마 교황의 압박에도 굴하지 않고, 1519년, 교회 측 대표인 에크와의 라이프찌히 토론에서 교황의 권위를 부정하고, 1520년에는 교황의 파문장을 대중 앞에서 불태워 굳은 결의를 나타냈다. 1521년, 보름스 국회에 소환되어 소신을 철회할 것을 강요 당하였다. 하지만 이를 거절하였으므로 국법의 보호권 밖으로 놓여져, 돌아오는 길에 작센의 제후 프리드리히 공을 수행, 그의 보호로 바르트부르크 성에 들어가 성서를 독일어로 번역하였다. 1524년에 독일 농민 전쟁이 일어나자, 처음에는 영주, 제후와 농민과의 조정에 노력하였으나, 농민 전쟁이 폭력화하자 제후의 무력적 진압을 지지하여 개혁 운동에 대한 농민의 지지를 잃었다. 이는 그의 정신주의와 프로테스탄트 교회 확립을 제후들의 세력에 기대한 입장 때문이었으나, 영방 교회제 확립을 위한 개혁 운동의 방향 전환을 결정지은 것이었다. 루터 파는 성서와 모순되지 않는 교회 의식을 인정하였으며, 정교 분리로 군주권과 봉건 영주를 옹호하였다.

르네상스 Renaissance ■ ■ ■

중세 사회가 근대 사회로 바뀌는 14~16세기를 말한다. 십자군 이후, 동방 무역을 독점한 이탈리아 여러 도시의 번영을 배경으로 인간으로서의 자각을 가진 시민이 배출되었고, 인문주의의 개척과 고전 고대 문화의 동경과 함께 그때까지의 중세 그리스도교적 세계관에 구애되지 않고 인간 존중의 입장에 서서 개인을 해방하려는 경향을 보였다. 한편 피렌체의 메디치 가(家) 등 도시에 전제 지배자가 나타났고, 그들의 저택을 중심으로 문학, 예술, 학문에 새로운 양식이 등장하여 전성기를 맞았다. 그러나 신대륙, 신항로의 발견으로 이탈리아 여러 도시의 경제 기반이 붕괴되자 쇠퇴의 길을 걸었는데, 유럽 각국에 퍼진 르네상스는 특징 있게 발전하였다. 봉건 제도가 무너지고 국민 국가가 출현하였으며, 장원 제도가 해체되면서 자본주의가 발생하였다. 도시에서는 귀족 계급보다 시민 계급이 우세하였다. 신 중심의 세계관은 인간 중심의 세계관으로, 고딕 건축은 르네상스 건축으로, 라틴 문학은 국민 문학으로 바뀌었다.

링컨 Abraham Lincoln ■ ■ ■

미국 제16대 대통령으로, 재임 기간은 1861년부터 1865년까지이다. 노예제 문제와 관련하여 인민 주권의 원칙을 주장한 더글러스와 유명한 논전을 전개, 노예제의 불확대, 자유 제도를 부르짖어 일약 전국적인 명성을 떨쳤다. 1860년의 대통령 선거에서 공화당 후보로 당선되었다. 이 때문에 공화당에 반감을 갖고 있던 남부의 모든 주는 분리하여 아메리카 연방을 결성하고 북부에 무력 도발로 대항하였다. 그는 남부의 모든 항구의 봉쇄, 의용병 50만 명의 모집을 위시하여 인신 보호령의 정지, 강제 징병 실시, 언론 집회의 자유 제한 등을 행하여 전쟁을 지도하였으며, 점진적 노예 해방을 목표로 하였다. 하지만 북부 급진론자의 억제가 어렵자 1863년 1월 1일을 기하여 모든 노예의 해방을 선언하였다. 같은 해 대통령 선거 격전지인 게티즈버그에서 불멸의 연설인 "국민의, 국민에 의한, 국민을 위한 정부는 영원히 지상에서 사라지지 않을 것이다"를 남겼다. 1864년 대통령에 재선되었고, 1865년 9월에는 남군 총지휘관 리가 항복함으로써 무력 투쟁이 끝났다. 그 뒤 링컨은 열광적 남부파 배우인 부우드에게 암살당하였다. 그는 당시 농민, 자본가, 노동자, 급진주의자 등 이해 관계가 복잡한 세력을 파악하여 북부에 광범위한 전선을 펴 노예주 세력의 타도에 성공하였으며, 연방 재건의 길을 개척한 위대한 공적을 남겼다.

마르크스 Karl Heinrich Marx ■ ■ ■

독일의 정치 경제학자 · 철학자 · 사회학자 · 역사가로, 마르크스 주의의 시조이다. 헤겔의 변증법, 포이어바흐의 유물론의 영향을 받고 자본주의를 분석하여 노동자 계급의 혁명에 의한 사회주의 건설을 주장하였다. 1842년에 급진적인 부르주아 신문 《라인 신문》의 주필이 되었고, 1843년 파리에 이주하여, 프롤레타리아 혁명에 의한 인간의 보편적 해방을 추구하는 공산주의자가 되어 혁명적 집필 활동을 전개하다가 추방되었다. 1845년에 브뤼셀에 가서 평생의 동지인 엥겔스와 함께 미완의 대작 《독일 이데올로기》를 집필, 유물사관을 확립하였다. 1847년 《철학의 빈곤》을 간행하는 한편 공산주의자 동맹에 참가하여, 1848년 엥겔스와 함께 그 강령인 《공산당 선언》을 기초하고, 제1인터내셔널을 지도하였다. 2월 혁명이 일어나자 벨기에에서 추방되어 독일에 돌아왔고, 독일의 3월 혁명에 패하여 런던에 망명하였다. 그 뒤 경제학 연구에 몰두하여 1859년에 《경제학 비판》, 1867년 《자본론》 제1권을 간행하였으나 제2권의 준비중에 죽었다.

마젤란 Ferdinand Magellan ■

포르투갈의 항해자이자 최초의 세계 일주자이기도 하다. 남양 제도 탐험에 종사한 뒤, 1517년에는 에스파냐로 간 마젤란은 1519년 에스파냐 왕의 인가를 얻어 에스파냐 탐험대를 이끌고 출항하였다. 이 항해에서 남아메리카 동안을 남하하여 마젤란 해협을 발견하고, 또한 자기가 명명한 태평양을 항해하여 1521년 구암 섬에 도착함으로써 세계 일주를 완수하였다. 하지만 그는 같은 해 필리핀 군도에서 토인에게 피살되었다. 그해 11월에는 기함 트리니다드 호와 빅토리아 호가 몰리카즈에 도착하였으나 1522년 다시 그 하나가 파손되고, 빅토리아 호만이 에스파냐에 귀환하여 이로써 지구가 둥글다는 것과 아메리카가 아시아와 접속되지 않은 별개의 대륙이라는 점이 명백해졌다.

마치니 Giuseppe Mazzini ■ ■

이탈리아의 혁명가, 정치가, 저작가인 마치니는 제노바에서 출생하였고, 제노바 대학에서 법률을 공부하고 변호사가 되었다. 낭만주의와 고(古) 로마 공화국를 동경하였으며, 오스트리아의 압정으로부터의 해방과 통일을 목적으로 혁명 운동에 참여하여 카르보나리 당에 가입하였다가 투옥되었다. 석방 뒤 1831년에 청년 이탈리아 당을 조직한 그는 그 기관지를 통해 애국심을 고무하는 등 혁명 운동을 지도하였다. 1834년에는 다시 청년 유럽 당을 조직하여 각국의 민족주의 운동의 결속을 다짐하였다. 그는 1848년, 2월 혁명의 영향을 받아 로마에서 공화 정부를 수립하였으나 실패하고 영국으로 망명하였다.

마키아벨리 Machiavelli ■ ■ ■

마키아벨리(1469~1527)는 이탈리아 르네상스 시대의 정치 사상가이자 외교가 · 역사가이다. 그는 사건을 객관적 서술과 역사가의 냉철한 판단에 근거한 과학적 역사를 주장하였다. 로마 공화제를 지향한 마키아벨리는 군주론에서 강력한 군주가 이끄는 전제 정치를 주장하였는데, 당시 현실에 자극받아 통일을 위한 정치 체제의 출현을 희망하였다. 《군주론》에서 주장한 마키아벨리즘은 군주권의 우위에 입각한 통치자의 지배 원리를 강조하며, 정치적 목적의 달성을 위해서는 수단과 방법의 선택을 광범하게 허용하는 것을 인정하였다. 이러한 주장은 17세기 영국의 철학자인 홉스가 《리바이어던》에 채택하였으며, 프로이센의 프리드리히 대왕을 비롯한 근대 초기의 각국 군주들이 이를 실행하였다.

매뉴팩처 manufacture ■ ■ ■

수공업적 기술을 기본으로 하면서 경영은 자본주의적 공장 운영의 형태로 이루어지는 자본주의 성립 초기의 과도기적 생산 방식으로, 공장제 수공업, 수공업적 공장 경영이라고도 한다. 기술적으로는 수공업적인 도구를 쓰지만 임금 노동자의 분업에 바탕을 둔 협업 위에 조직되는 산업 자본의 초기적 형태이다. 기술상으로 공장제 기계 공업과, 경영 방식상으로 수공업과 구별된다. 종래의 도시 수공업이나 농촌 가내 공업, 객주제(客主制) 생산과 장기간 병존하였다. 역사적으로는 영국에서 16세기 중반에 형성되어 18세기 후반까지, 프랑스는 17세기 말에서 1820~1830년대가 본래의 매뉴팩처 기간이다. 절대 왕정은 위로부터 '특권 매뉴팩처'를 창출하였으나 산업 혁명으로 매뉴팩처 시대는 끝났다.

선대제에 따른 가내 수공업

맬서스 Thomas Robert Malthus ■

영국의 고전파 경제학자인 맬서스는 사회주의 사상을 비판하고, 자본주의 사회의 모순을 합리적으로 설명하였으며, 1789년에 간행된 《인구론》에서 인구 증가가 식량 증산을 상회한다고 파악, 과잉 인구에 따른 빈곤을 피할 수 없다고 주장하였다.

먼로 주의 Monroe主義 ■

1823년 12월, 미국 대통령 먼로(미국 제5대 대통령, 1817~1825)는 국회 교서에서 아메리카 대륙 내의 어느 한 공화국에 대한 유럽 국가의 간섭을 아메리카 합중국에 대한 비우호적 조치로 간주하겠다고 천명하였으며, 여하한 장차의 식민화도 배격될 것임을 명백하게 선포하였다. 먼로 선언은 그 뒤 미국의 대외적인 고립주의의 기본이 되었으며, 당시에는 메테르니히 체제를 저지할 수 있는 힘을 발휘하였다. 19세기 중엽 이후로 미국은 아메리카 대륙에서 지배적인 위치를 가져야 되며, 이러한 미국의 노력에 유럽은 관여할 수 없다는 팽창주의적 명분으로 바뀌었다.

메테르니히 Metternich ■ ■ ■

오스트리아의 정치가. 이지(理智)와 뛰어난 용모, 변술을 무기로 출세하였다. 나폴레옹 지배(1801~1806) 때 베를린, 파리에 사신으로 갔는데, 그의 보고는 오스트리아를 반(反) 나폴레옹적 입장을 취하였다. 1809년에 수상이 되었으며, 1813년에는 대(對) 프랑스 동맹을 체결하여 나폴레옹을 굴복시켰다. 빈 회의에 출석하여 사실상 회의를 주도하여 유럽 외교계의 제1인자로 군림하였다. 프랑스 혁명 전으로 복귀하자는 군주의 정통주의를 이상으로 삼고, 절대 군주들 사이의 국제적 단결을 강조하고 4국 동맹을 결성하여 이를 주도하였으며, 신성 동맹에도 가입하였다. 빈회의 뒤의 '메테르니히 체제'를 전개, 이탈리아, 독일 등의 자유주의, 국민 통일 운동을 억압하였다. 국내에서도 경찰을 정비, 가톨릭과 군대의 보호와 증강에 주력하는 한편 생활 개선에도 노력하였다. 하지만 7월 혁명에 대한 탄압은 그의 몰락 원인이 되어 1848년 3월 혁명에 따라 완전히 실각하였다.

면죄부 免罪符 ■ ■ ■

면죄부는 죄의 전면적인 사면이나 용서를 뜻하는 것이 아니라, 회개로써 용서받은 죄에 대하여 가해질 벌의 사면을 뜻하고, 면죄부를 구득한 뒤에도 교회가 정한 일정한 회개 행위가 필요하였다. 그러나 중세 말에 이르러 면죄부 판매가 성행하면서 그 동기나 목적도 순수한 종교적인 성격을 벗어나는 폐단이 짙어졌다. 면죄부는 메디치 가문 출신의 교황 레오 10세가 성 베드로 대성당의 수축비를 거두기 위하여 그 판매를 선포하였고, 이 결과 종교 개혁의 발단이 되었다.

명예 혁명 名譽革命 ■ ■ ■

1688년에서 1689년 사이에 영국에서 일어난 혁명으로, 스튜어트 왕조의 전제 정치를 피를 흘리지 않고 쓰러뜨렸기 때문에 명예 혁명이라고 한다. 1660년의 왕정 복고 후 찰스 2세에 이어 제임스 2세도 국왕의 권력을 남용하여 가톨릭 옹호 정책을 써 의회와 대립하였다. 1688년 가톨릭 신자인 왕비가 아들을 낳자 국민들의 불만은 극에 달하였다. 토리 당과 휘그 당 양당은 일치 단결하여 국왕의 장녀이며 신교도인 메리와 그의 남편 오렌지 공작 윌리엄에게 구원의 초청장을 보냈다. 제임스 2세는 싸우지도 않고 프랑스로 망명하였다. 1689년 의회는 윌리엄 3세와 메리 2세의 공동 통치를 결의하였다. 윌리엄은 의회가 기초한 권리 선언을 인정하고 권리 장전을 제정, 정식으로 즉위함으로써 사실상 의회가 주권을 쥐는 입헌 군주제가 수립되었다.

무적 함대 無敵艦隊 ■ ■ ■

에스파냐의 펠리페 2세가 편성한 함대로서, 1571년 레판토 해전에서 오스만 함대를 격파하여 지중해 해상권을 장악하고 그 위용을 과시하였다. 1588년 펠리페 2세가 영국을 원정하기 위하여 전함 127척, 수병 8,000명, 육군 1만 9,000명 및 대포 2,000포를 가진 대함대를 조직하여 출항하였다. 이때 영국은 전함 80척, 수병 8,000명의 숫적 열세였으나 뛰어난 기동력과 잘 훈련된 수병, 훌륭한 지휘관이 혼연일체 되어 에스파냐를 플리머스 연해와 칼레 연해에서 큰 손해를 입혔다. 무적 함대의 패배는 에스파냐의 해상권을 영국에게 넘겨 주었고, 네덜란드 독립의 계기가 되었다.

문화 투쟁 文化鬪爭 ■

독일의 수상인 오토 폰 비스마르크가 로마 가톨릭 교회와 1871~1887년에 걸쳐 격렬하게 벌인 싸움을 말한다. 남서 독일에서 성하였던 가톨릭 교도가 프로테스탄트 파인 프로이센 중심의 독일 통일에 불만을 갖고 교황 지상주의를 내걸어 로마 교회와 결탁하고 중앙당을 조직한 것이 원인이었다. 이에 따라 비스마르크는 국내 통일 강화를 위해 탄압에 나섰다. 그러나 가톨릭 측은 투쟁을 계속하였으며, 1878년 비스마르크는 내정의 전환과 함께 중앙당의 지지를 얻기 위하여 탄압을 중지하였다. 그 결과 비스마르크는 소기의 목적을 달성할 수 없었으나 국가와 교회와의 관계를 근대화하고 중앙 당을 제국 지지 세력으로 하는 데 성공하였다.

미국 혁명 美國革命 ■ ■ ■

미국 혁명이란 18세기 후반 영국령 북아메리카 13개 식민지가 본국의 지배에서 분리, 독립한 정치적 변혁을 말한다. 본국의 중상주의적 경제 통제에 불만을 품은 식민지가 7년 전쟁 뒤 인지 조례 등에 의한 과세 정책에 반발, 보스턴 차 사건을 일으켜 저항하였고, 대륙 회의를 열어 결속을 굳혔다. 1775년 보스턴 근교에서 쌍방간에 무력 충돌이 일어났고, 1776년 7월에는 독립 선언이 발표되었으나 당초에는 식민지 측의 준비 부족으로 고전하였다. 그 뒤 프랑스 군의 지원이 계기가 되어 형세가 유리하게 전개되었으며, 1781년 요크타운 전투에서 식민지 측이 대세를 잡았다. 1783년 파리 조약에서 독립이 승인되었고, 1787년에 합중국 헌법을 제정하였다. 군주, 귀족의 신분이나 봉건적 토지 제도의 잔재가 일소되고, 삼권 분립에 의한 양원제를 주축으로 하는 민주적 공화제를 취하는 새 연방이 탄생되었다.

미켈란젤로 Michelangelo Buonarroti ■ ■

이탈리아의 조각가, 건축가 · 화가 · 시인. 1492년 메디치 가의 몰락으로 볼로냐로 도망갔다가 사보나롤라의 화형 소식을 듣고 '피에타'를 조각하고, 자유와 독립을 상징하는 '다비드'를 완성하였다. 1505년 율리우스 2세의 초청으로 로마에 갔으며, 1508년 시스티나 예배당 천정화에 착수하여, 광대한 벽면을 몇 사람의 장인들만 데리고 1512년에 완성하였다. 이어 대규모적인 율리우스 기념 묘비를 만들다가 미완성으로 끝나고, 그 일부인 '모세', '노예' 등을 남겼다. 한편 교황 레오 10세에게서 '메디치가의 묘'의 제작을 강요당하여 클레멘스 7세 때에 완성하였다. 1541년 '최후의 심판'을 완성하였으나, 그는 결국 모든 것을 바친 자기의 예술도 헛된 것이

라 생각하고 절망한 인간의 고뇌를 호소하였다. 일생 동안 결혼을
하지 않은 채 소박하고 고독한 생애를 보냈다.

민족주의 民族主義 ■■■

민족의 독립과 자립 및 통일을 추구하는 신조. 중세의 로마 교황의
지배와 분권화된 봉건 제후의 지방 분권에 대항하여 군주 밑에서
민족을 단위로 한 통일 국가 수립을 주장하는 것에서 비롯되었다.
즉 국제적으로는 국가의 자주성으로, 국내적으로는 개인의 자각이
주장되는 것으로, 근대 초기의 민족 통일 운동의 기초를 마련하였
다. 민족의 독립과 통일을 추구하는 운동으로서, 유럽에서는 19세
기 이탈리아와 독일의 통일 운동이 대표적이다. 그러나 20세기의
민족주의는 제1차 세계 대전 뒤 강대국에 대항하는 약소국의 독립
을 의미하는 것과 나치 독일의 경우 거꾸로 독일 민족의 우월성을
주장하는 것으로 이용되었다. 역사적 현상으로서 민족주의는 다양
하게 나타나 선진국과 후진국에서의 역할에 차이가 있다. 제2차 세
계 대전 뒤에는 아시아, 아프리카 등 개발 도상국들의 독립 운동에
서 분출된 주장으로서 식민지 체제로부터의 해방과 결부되었다.

바르톨로뮤 디아스 Bartolomeu Diaz ■

포르투갈 사람으로, 1480년 국왕 조안 2세의 후원으로 탐험에 나
서 인도로 가는 항로는 찾아나섰다. 그러나 아프리카 최남단인 희
망봉을 지난 뒤 폭풍우를 만나 목적을 달성하지 못하고 고국으로
돌아왔다.

바스코 다 가마 Vasco da Gama ■

인도로 가는 항로의 개척자로, 1497년 마누엘 왕의 명을 받고 리스

본을 출항하여 그해 11월에 희망봉에 도달하였다. 그 뒤 인도양을 횡단하여 1498년 5월, 이도의 캘리컷에 도달하였다. 현지에서 캘리컷 지배자의 적대적인 태도와 인도양 무역의 독점권 탈취를 두려워하는 이슬람 상인의 박해를 받았으나 다음해 탈출하여 리스본에 귀항하였다. 이로써 인도로 가는 직접 항로가 열렸는데, 이는 동서 교통 역사상 획기적인 의의를 지닌다. 가마는 그 뒤 이도의 총독이 되었으며 현지에서 사망하였다.

베르사유 궁전 Versailles宮殿 ■■

파리 근교의 베르사이유에 있는 바로크 양식의 대궁전으로, 루이 14세 궁전으로 세워진 프랑스 절대주의 왕제를 상징하는 건조물이다. 궁정을 호화롭게 장식해 권력과 재력을 내외에 과시하였으며, "짐이 곧 국가다" 라고 말한 의도가 종합적으로 나타난 궁전이다. 정면 중앙 부분은 옛 건물을 보존하여 이질적이지만, 정원 쪽은 절도와 변화 있는 위용을 갖추어 각국 궁전의 모범이 된다. 호화로운 내장은 르브룅, 장대한 정원은 르 노트르, 건축은 르보 망사르가 담당하였다. 프랑스 절대주의 왕제를 상징하는 건조물이다.

보름스 국회 Worms國會 ■

신성 로마 제국의 황제인 카를 5세가 즉위한 뒤 최초로 열린 독일의 제국 의회(1521)를 보름스 국회라고 한다. 이 의회는 합스부르크 가의 세습 영토 계승, 제국 정청 및 제국 대심원의 설치, 프랑스와의 교전 등이 심의 결정된 이외에 루터의 종교 개혁 운동 등을 다루었다. 루터는 이 의회에 소환되어 심문을 받았고, 또한 그가 표명한 사상의 취소를 요구받았으나 거부하여, 황제가 이른바 보름스 칙령에 서명함으로써 루터 및 그의 지지자에 대한 법률적 보호를 정지하고, 저서의 소각, 금서 출판자의 엄벌 등을 명령하는 등 개혁 운동을 탄압하였다.

보스턴 차 사건 ■■

1773년 12월 16일 밤, 미국 식민지의 주민들이 영국 본국으로부터의 차(茶) 수입을 저지하기 위하여 일으킨 사건을 보스턴 차 사건이라 한다. 미국 주민들은 영국 동인도 회사에 주어진 차의 전매권에 반대하여 상인 및 도시의 장인과 소농민이 각지에서 저항 운동을 조직화하였다. 보스턴에서 동인도 회사의 선박에 적재된 차의 하역 작업을 거부하는 민중 집회의 결의를 무시하고 허친슨 총독이 차의 하역을 강행하려 하자 일부 식민지인들이 인디언으로 가장하여 세 척의 배를 습격하고 1만 5,000파운드의 차를 바다에 던졌다. 이에 영국의 본국 정부가 보스턴 항만 조례를 비롯한 일련의 탄압 입법을 제정하여 독립 혁명의 불씨가 되었다.

보카치오 Giovanni Boccaccio ■■

이탈리아 작가로, A. 단테, F. 페트라르카와 함께 이탈리아 최대의 문학자로 꼽힌다. 서정시 · 서사시 · 장편 소설 · 단편 소설 · 논문 등 다방면에 재능을 발휘하였고, 라틴어와 속어(발생기의 이탈리아어)를 구사하여 방대한 작품을 남겼다. 페트라르카와 함께 르네상스 인문주의의 토대를 마련하였다. 《데카메론》, 《테세우스 이야기》, 《이교신(異敎神)들의 계보》과 같은 작품을 남겼다.

부르센사프트 Burschenschaft ■

독일의 자유주의 운동에서 중요한 역할을 한 학생 조직이다. 1815년 예나 대학에서 창립되었고, 뒤에 열 네 개 대학이 가입하였다. 출신지별 학생 단체를 대신하는 조직이었는데, 1817년의 바르트부르크 숲에서의 종교 개혁 300주년 기념제와 라이프치히 전승 기념 행사 참가를 계기로, 독일의 자유와 통일을 주장하였다. 운동의 격화로 1819년 메테르니히가 주창한 카를스바트의 결의에 탄압당하였다.

브 나로드 운동 v narod 運動 ■

19세기 후반에 러시아에서 일어난 농촌 계몽 운동인 브 나로드(v narod)는 '인민 속으로'의 뜻을 담고 있다. 이 운동은 농촌 계몽을 목적으로 하였으며, 이들 운동가들을 나로드니키(인민주의자)라고 하였다. 이 운동은 농민 공동체를 기반으로 사회주의를 실현할 수 있다는 신념을 가진 귀족 청년과 학생 들의 주도로 일어났다. 수많은 지식인이 농촌으로 들어가 농민에게 급진적 혁명 사상을 고취하는 데 힘썼다. 하지만 농민들의 호응을 얻지 못하고 당국의 탄압을 받으면서 끝나고 말았다.

비스마르크 Bismarck ■ ■ ■

독일의 정치가. 1862년 빌헬름 1세 때 수상이 되었다. 철혈 연설을 하여 의회와 충돌을 일으켜 헌법 투쟁을 하였고, 의회를 무시하고 군비 확장을 강행하여 '철혈 재상'이란 명칭이 붙었다. 1866년 프로이센-오스트리아 전쟁의 승리로 군비 확장의 성과를 과시하였으며, 의회와도 화해하여 소독일주의에 의한 독일 통일의 기초를 굳게 하고, 1870년부터 1871년까지의 프로이센-프랑스 전쟁에서 승리를 거두어 1871년 2월, 베르사이유 궁전에서 빌헬름 1세를 독일 제국의 황제로 하는 대관식을 올리고, 스스로도 독일 수상이 되었다. 통일을 완성한 뒤 그 육성에 전념하고 외교와 동맹에 수완을 발휘하였다. 내정에 있어서는 1872년 뒤 중앙당, 남독일의 가톨릭을 상대로 문화 투쟁을 전개하였으나 뜻을 이루지 못하고 곤혹에 빠졌으며, 사회주의자 진압법을 제정하는 한편 사회 보장 제도를 마련하고, 자본주의의 발전에도 힘썼으나, 1878년 뒤 자유 무역주의를 버리고 보호 관세주의를 채택하였다. 이로 인하여 여당인 국민 자유당과도 멀어졌다. 그는 처음에는 식민지 획득에 뜻을 두지 않았으나 1880년대 초부터 적극성을 띠어 아프리카와 남태평양에 약간의 식민지를 획득하였다. 1890년 3월, 빌헬름 2세와 충돌하여 사임하였다.

빅토리아 여왕 Victoria女王 ■■

영국의 여왕으로, 재위 기간은 1837년부터 1901년까지이다. 여왕의 64년 간에 걸친 치세는 영국 자본주의가 세계적 우위를 확보하고, 국내적으로는 선거법 개정, 기타 중산층 시민 계급의 지위를 확고부동한 것으로 한 자유주의적인 제반 개혁이 행해진 시기와 영국의 우위가 위협을 받아 제국주의적인 정책으로 전향하기 시작하는 시기로 성립되어 있으며, 영국뿐만 아니라 유럽의 중요한 전환기에 해당한다. 여왕의 지위는 '군림하지만 통치하지 않는' 것이었으며, 특히 치세의 후반기에 있어서는 영국의 대외 발전에 동조하여, 그 빛나는 상징으로서 국민들로부터 사랑을 받고, 1877년 이후에는 인도 여제의 칭호도 겸하였다.

빈 체제 Wien體制 ■■■

빈 회의에서 성립한 19세기 전반의 유럽 정치 체제를 말한다. 빈 회의는 정통 · 보수 · 반동주의를 내세워 혁명 이전으로의 복귀를 원칙으로 하였으나 그것이 구제도로서의 절대 왕정은 될 수 없었다. 프랑스의 경우를 살펴보면 헌법과 의회가 존재하였다. 사제와 귀족은 우위를 차지하였으나 더 이상 영주가 아니었다. 혁명을 통해 세력을 신장시킨 부르주아지들은 하원에서 다수를 점하였으며, 농민에게 할양된 보유지는 회수가 불가능해졌다. 이러한 보수 반동 세력이 부활할 수 있었던 것은 아직 시민 계급의 성장이 충분하지 못하였음을 말해 주는 것으로, 이 문제는 산업 혁명의 영향으로 시민 계급이 더욱 성장하면서 극복되었다. 빈 체제는 라틴 아메리카의 독립과 그리스의 독립 등으로 동요되기 시작하여 프랑스 2월 혁명과 독일의 3월 혁명으로 해체되었다.

빌헬름 1세 Wilhelm | ■ ■

독일 제2제국의 초대 황제 및 프로이센 왕(재위 1861~1888). 프로이센 왕에 즉위한 뒤 자유주의 내각을 조직시켜 기대를 모았다. 하지만 육군상 로온과 함께 병제 개혁을 실시하려고 하자 의회의 지지를 잃었다. 1862년 비스마르크를 수상으로 등용하여 병제 개혁을 단행한 빌헬름 1세는 1864년 덴마크와의 전쟁, 1866년 프로이센-프랑스 전쟁에 승리하여 1871년에 독일의 통일을 완성하고, 베르사이유 궁전에서 대관식을 올려 신독일 제국의 최초의 황제가 되었다. 그 뒤 비스마르크를 신임하고, 제국을 그의 지도에 위임하였다.

사회 계약설 社會契約說 ■ ■ ■

근대 국가의 근본 문제인 '권력'과 '자유'의 관계를 민주주의적으로 해결하는 방법을 제시한 근대 정치 사상이다. 인간은 태어나면서부터 자유·평등의 권리를 가지며, 이 권리를 보다 잘 보장하기 위하여 서로 계약을 맺어 '법이 지배하는' 정치 사회(국가)를 구성할 필요가 있다고 설명하고, 또 정치 사회를 운영하기 위하여 설치된 정치 기관을 어떻게 행사하면 개인의 자유와 생명의 안전을 지킬 수 있는가를 제시한 사상이다. 17, 18세기의 시민 혁명기에 등장한 근대 국가의 정통성과 존재 이유를 설명한 정치 이론으로, T.홉스 · J. 로크 · J.J. 루소가 대표적이다.

홉스의 사회 계약설 — 홉스에 의하면, 인간의 자연 상태는 투쟁의 상태로서, 이를 벗어나기 위하여 계약을 맺고 모든 권리를 지배자에게 양도함으로써 국가가 성립하며, 따라서 왕권은 신성하다고 하였다.

로크의 사회 계약설 — 인간의 자연 상태는 자연법이 지배하는 평등한 상태이며, 인간은 재산과 생명, 그리고 자유라는 자연권을 누리고 있었다. 인간은 자연권을 더 확실히 누리기 위하여 계약을 맺고 국가를 형성하였다. 따라서 지배자가 위탁받은 권한의 한계를 넘어설 때 이에 반항하는 것은 시민의 자연권에 속한다고 주장하였다.

루소의 사회 계약설 — 인간은 자유롭고, 따라서 국가의 성립은 인간의 자유 의지에 의한 것으로 보았으며, 일반 의지의 행사인 주권은 양도될 수 없는 것으로 보아 주권 재민을 주장하였다.

사회주의 社會主義 ■ ■ ■

사회주의는 산업 혁명 이후 나타난 자본주의 사회의 문제를 비판하고, 경쟁보다 협동, 자유보다 평등을 추구하며, 생산과 소비를 공동으로 하는 사회, 즉 토머스 모어가 《유토피아》에서 상상한 이상 사회를 추구하는 사람들이 일으켰다. 이 중 오웬은 영국의 대표적인 공상적 사회주의자로, 1800년 뉴라나크에 큰 방적 공장을 경영하면서 노동 문제에 큰 관심을 가져 미국의 인디애나 주에 '뉴하모니'라는 이상적인 공동 촌락을 건설하였다. 그의 생산 및 소비의 공동조합 사상은 그 뒤의 노동 운동에 큰 영향을 끼쳤다. 프랑스의 생시몽은 유한 계급인 귀족이나 성직자를 배격하고 '일꾼'인 산업 계급이 사회를 지도해야 한다고 주장하였다. 푸리에는 오웬과 비슷하게 '팔랑지(phalange)'라는 일종의 생산 협동 조합을 만들어 그것의 보급으로 이상적인 사회를 실현하려고 하였다. 한편 마르크스는 오언, 생시몽, 푸리에 등의 사회주의 사상은 그 주장이나 운동이 실현될 수 없는 꿈에 불과하다고 하여 '공상적 사회주의'라고 비판하였다. 반면에 자신의 사상은 자본주의 체제가 안고 있는 문제들을 해결하는 데 과학적인 체계를 갖추었으므로 '과학적 사회주의'라고 하여 다른 사회주의와 거리를 두었다.

산업 혁명 産業革命 ■■■

1760년대에 영국에서 시작되어 각지로 파급된 기계의 발명과 기술의 변화, 그리고 이로 인하여 일어난 사회·경제상의 변화를 가리킨다. 산업 혁명은 프랑스 혁명과 더불어 유럽의 근대 사회 성립에 가장 결정적인 영향을 끼친 사건이었다. 영국은 산업 발달에 필요한 광대한 시장을 가지고 풍부한 자본·자원·노동력을 구비함에 따라 가장 일찍 산업 혁명을 이룰 수 있었으며, 또 명예 혁명 이후의 정치와 사회의 안정이 보다 크게 기여하였다. 면제품 수요의 증대를 배경으로 기술 혁신이 일어났으며, 동력으로서 채용된 증기 기관이 기계 공업·제철업·석탄업·수송 분야로 확대, 이용되었다. 19세기 전반에 이르러 영국은 '세계의 공장'으로서 압도적인 공업력으로 다른 여러 나라에 압력을 가하였다. 유럽은 이를 계기로 농업 중심의 사회에서 벗어나 산업 사회로 발전하였으며, 공장의 출현과 새로운 도시의 발생은 농촌 인구의 대량 유입을 초래하였다. 이러한 상황에서 노동자들의 열악한 노동 조건이나 부녀자와 미성년자 취업과 같은 사회 문제가 야기되었다.

삼부회 三部會 ■ ■

프랑스에서의 성직자, 귀족, 평민의 세 신분 대표로 구성되는 회의로서, 1302년 필리프 4세가 왕권 신장을 위하여 교황 보니파키우스 8세와의 투쟁시에 소집한 것에 기원을 둔다. 국왕 자문 기관으로서 영국 의회처럼 입법권을 가지지는 않았으나 때로는 과세권을 행사하였다. 1614년에 소집된 이래 소집되지 않았으나, 재정 위기에 처한 루이 14세가 1789년 5월 5일에 베르사유에 소집한 것이 프랑스 혁명의 구체적인 도화선이 되었다. 종전의 관례에 따르면 신분별로 결정하였기 때문에 귀족과 성직자부가 합세하는 경우 언제나 특권 계급에게 유리하였다. 그렇기 때문에 개회 초부터 제3신분 대표들은 신분별이 아니라 머릿수 결정을 주장하고, 합동 회의를 제의하여 일부 성직자 대표의 찬성을 얻어 삼부회를 국민 의회로 탈바꿈시키는 데 성공하였다. 이 국민 의회는 새로운 헌법을 제정할 때까지 해산하지 않겠다는 서약을 행하였기 때문에 제헌 의회로도 불렸다.

30년 전쟁 三十年戰爭 ■ ■ ■

30년 전쟁(1618~1648)은 유럽의 여러 나라들이 종교와 왕조, 영토 및 통상에서의 적대 관계 등 다양한 이유로 벌인 전쟁이다. 독일에서는 1555년 아우크스부르크의 화의 뒤 신 · 구 양교의 대립이 다시 일어났고, 1617년 페르디난트가 보헤미아 왕위에 오르자 신교파를 압박하였으므로 귀족들이 반란을 일으켰다. 이 전쟁은 황제파의 대전 상대국에 따라 보헤미아-팔츠 전쟁(1618~1623), 덴마크 전쟁(1625~1629), 스웨덴 전쟁(1630~1635), 프랑스-스웨덴 전쟁(1635~1648)으로 전개되었다. 이 전쟁의 결과 네덜란드와 스위스의 독립이 정식으로 승인되었고, 승자의 입장이 된 프랑스는 메스, 툴 및 베르됭의 영유를 확인하고 알자스를 획득하였으며, 스웨덴은 서포메른시역과 발트 해·북해 연안의 영토를 얻었다. 독일 내에서는 제후의 독립성이 강화되어 신성 로마 황제의 지위는 더욱 명목적 존재가 되었다. 한편, 종교 면에서는 칼뱅 파가 루터 파와 가톨릭과 동등한 권리를 가졌다.

상업 혁명 商業革命 ■ ■ ■

지리상의 발견으로 세계 무역의 구조가 바뀌고, 그 결과로 유럽 내부에 세력 교체와 경제·사회·생활상의 변화가 생긴 것을 일컫는다. 15세기 초 무렵부터 시작된 대항해 시대에 콜럼버스가 발견한 신대륙 항로, 바스코 다 가마의 아프리카 남단 회항에 의한 동양으로 가는 신항로 등이 개발되었다. 그 결과 유럽에서는 그때까지 지중해·북해·발트 해를 중심으로 활동한 이탈리아 상인의 상업권이 구조적으로 쇠퇴하고, 세비야와 카디스 상인이 주체가 된 에스파냐의 신대륙, 즉 서인도 무역(모직물 등의 유럽 산물과 신대륙 은의 교환)과 포르투갈을 중심으로 하는 동양, 즉 동인도 무역(중국의 비단, 동남 아시아의 향료 등의 반강제적 무역)이 이를 대신하였다. 상권이 세계적인 규모로 확대되었으며, 약 1세기에 걸쳐 이베리아의 두 나라가 그 지배 체제를 확립하였다. 신대륙에서 들어온 막대한 양의 은은 에스파냐를 비롯하여 유럽에 가격 혁명이라는 물가 등귀를 가져왔으며, 중세 말기까지 번영한 남독일의 은광은 쇠퇴하여 유럽 상업 자본의 발전에 큰 구조적 변화를 가져왔다. 이어서 네덜란드와 영국의 상업 자본이 동인도 상업권에 침입하여 제국주의 시대로 이어지는 선구적 역할을 하였다.

선거법 개정 ■ ■

산업 혁명으로 인하여 나타난 이촌 향도의 인구 이동 현상은 유권

들이 거의 없는 농촌과 인구가 많아도 독립된 선거구를 갖지 못한 신흥 공업 도시를 출현시켰다. 제1차 선거법 개정은 이러한 부패 선거구 문제를 해결하고, 도시의 신흥 상공 시민들에게 참정권을 확대하였다. 그러나 제1차 선거법 개정에서 혜택을 받지 못한 노동자들은 인민 헌장을 내걸고 참정권을 요구하며 차티스트 운동을 전개하였다. 하원 의원의 완전한 보통 선거 제도는 제5차 선거법 개정 (1928년)으로 확립되었다.

수력 방적기 水力紡績機 ■

제니 방적기는 생산력을 급격하게 증가시켰으나 거기서 생산되는 실이 약해 피륙의 날실로는 부적당하였다. 이를 해결한 것이 아크라이트의 수력 방적기로서, 처음에 동력으로 수력을 이용하였기 때문에 그렇게 불렸으나 곧 증기력이 이용되어 기계를 사용하는 공장 제도가 본격적으로 발전하기 시작하였다.

수장령 首長令 ■ ■

영국의 종교 개혁에 있어서 영국 왕을 영국 국교회의 지상의 유일 최고의 수장으로 하는 법령이다. 헨리 8세는 캐더린과의 이혼이 교황의 승인을 받지 못하자 로마 교회에서 분리할 것을 결의하고 1529년 성직자의 특권을 제한한 다음, 1532년 초에는 교황에게 지불하던 수입세마저 금지하고, 나아가 1533년에는 교황에 대한 영국으로부터의 모든 상고(上告)를 금지하였다. 이에 대한 조처로 교황이 1534년에 헨리 8세를 파문하자 영국 의회는 강경한 자세를 보여 수장령을 통과시켰다. 이 법령으로 영국 국교회는 로마 교회로부터 분리되고, 영국 국왕을 최고의 장(長)으로 하여 재편성되었다. 메리 여왕 시대에 일시 가톨릭적 반동이 있었으나, 1559년에

엘리자베드가 다시 반포, 시행함으로써 영국 국교회의 기초가 확립되었다.(→ 통일령)

스튜어트 왕조 Stuart王朝 ■

스코틀랜드(1371~1714)와 잉글랜드(1603~1714)에 군림하던 영국 왕조이다. 1371년 스코틀랜드 왕가의 최고 집사인 피츠앨런 가문의 로버트 2세가 스코틀랜드의 왕이 되면서 스코틀랜드에서의 스튜어트 왕조가 시작되었다. 그 뒤 6대 제임스 4세는 잉글랜드 왕 헨리 7세의 딸과 결혼, 1603년 엘리자베스 1세가 죽자, 헨리의 후예인 제임스 6세가 잉글랜드 왕 제임스 1세가 되어 잉글랜드의 왕위를 계승하고 양국의 왕위를 겸하였다. 1649년 제임스 1세의 아들 찰스 1세가 청교도 혁명으로 인하여 처형됨으로써 1649년부터 1660년에는 공화제가 되었지만, 1660년 왕정 복고로 찰스 2세가 즉위, 다시 왕위를 차지하였다. 그 뒤 제임스 2세는 1688년의 명예 혁명으로 추방되고, 그의 딸 메리와 남편 윌리엄이 네덜란드로부터 영입을 받아 공동으로 즉위하였다. 그 뒤 앤 여왕의 죽음으로 스튜어트 왕가가 단절되고 하노버 왕가가 창시되었다.

스티븐슨 Robert Stephenson ■

영국의 증기 기관차 발명가. 기관차의 발명은 기술 혁명의 최고조를 보여주는 동시에 영국 및 세계 경제계에 커다란 영향을 주었다.

시민 혁명 市民革命 ■■■

봉건 사회 또는 절대 왕정의 지배로부터 시민 사회로의 전환에 즈음해서 일어난 혁명으로, 부르조아 혁명이라고도 한다. 절대 왕정 밑에서 상품 경제의 발전과 함께 우세해진 부르조아지가 산업 사회 성립의 전제 조건을 갖추기 위하여 주도적인 역할을 한 정치적 변혁으로, 이 결과 절대 왕정의 타파, 영주권의 부정, 국민 국가를 바탕으로 하는 권력의 재편성 등이 실현되는 등 자유와 평등을 최고의 가치로 여기는 새로운 근대 국가를 탄생시켰다. 영국의 청교도 혁명, 미국의 독립 혁명, 프랑스 혁명 등이 그 전형으로, 자유와 평등을 이념적 토대로 하는 시민 사회를 창출하였다. 그 뒤의 시민 사회의 발전 과정은 각국의 역사적 조건 속에서 여러 가지 양상으로 나타난다.

신곡 神曲 ■■

이탈리아의 시인인 단테의 대서사시로, 원제는 《희곡(喜曲)》인데, 후세 사람이 '신성한' 이라는 형용사를 추가하였다. 《신곡》의 구성은 지옥편, 연옥편, 천국편 등 세 개로 되어 있으며, 각 편은 33장, 각 연은 3행으로 구성되어 있다. 여기에 서장 1장이 놓여 있어 결국 신곡은 100장으로 이루어져 있다. 시인이 베르길리우스, 베아트리체, 베르나르의 안내로 상상의 삼계(三界)를 돌아보고 끝으로 가장 지고한 하늘에 도달한다는 이야기를 다루고 있는데, 이는 행복을 찾아 속죄하는 인류의 여행을 의미한다. 이 위대한 중세 문학 작품은 인간의 속세 및 영원한 운명을 심오한 그리스도교적 시각으로 그리고 있다. 그러나 작품 곳곳에 교황을 포함해서 성직자들에 대한 치열한 규탄이 형상화되고 있어, 단순한 그리스도교의 선전 글이 아니라, 정치적으로는 교황청과 예리하게 대립하는 망명자 단테의 정책이 제시되어 있다. 또 시인의 소원인 로마 제국의 재건, 이탈리아 반도의 정치적 통일, 아랍 세계를 경유한 과학 사상, 그리고 전위적인 시법(詩法)·신학·사회 비판 등 중세 라틴 문화를 총결산한 글이다.

신항로 개척 전후의 무역 구조 ■■■

신항로 개척 이전의 무역 구조 형태는 십자군 전쟁 이후에 크게 활성화되었는데, 동방 물산에 대한 유럽 인의 수요 급증에 따른 교역상의 이득을 이탈리아와 이슬람 상인들이 독점하고 있었다. 따라서 유럽 인들은 동방과의 직접 교역을 통하여 경제적 이득을 얻고자 하였으며, 르네상스 시기에 발달한 천문학·지리학·항해술 등을

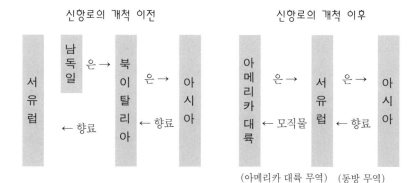

(아메리카 대륙 무역) (동방 무역)

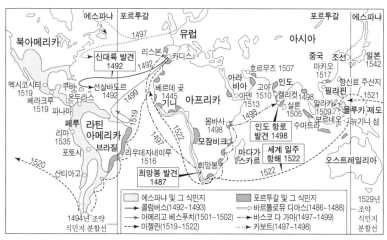

신항로의 개척(1487~1610)

토대로 신항로가 개척되어 유럽과 동양을 잇는 새로운 통상로가 개척될 수 있었다. 신항로 개척으로 무역의 중심지는 지중해에서 대서양 연안으로 바뀌었으며, 가격 혁명은 상공업 발달을 가져와 상업 혁명이 초래되었다. 이에 따라 유럽의 상공업자들은 더욱 시장 개척을 꾀하여 활발한 대외 진출과 식민지 확대가 이루어졌다. 유럽 국가들이 산업 혁명을 완수하면서 주요 수출품이 되었다.

실락원 失樂園 ■ ■

영국의 시인인 밀턴의 서사시로, 1667년에 간행되었다. 모두 열 두 권으로, 하느님이 창조한 최초의 인간 아담과 하와가 사탄의 유혹에 빠져 낙원에 있는 금단의 열매를 따 먹고 낙원에서 추방된다는 《구약 성서》〈창세기〉의 이야기를 소재로 하고 있다. 여기에 타락한 천사, 사탄의 반역 이야기를 섞어 인간성과 원죄와 은총의 문제를 추구하고 있다.

심사율 審査律 ■

찰스 2세 때 의회가 제정, 반포한 법률(1673년)이다. 영국의 관리, 의원은 반드시 영국 국교도이어야만 한다고 규정한 법률로, 왕의 가톨릭 부활 정책에 대항하여 만든 것이며, 인신 보호율은 불법으로 인민을 체포하지 못한다는 것과 국민이 정식 재판을 요구할 권리가 있음을 규정하였다. 1828년에 폐지되었다.

아즈텍 문명 Aztecan civilization ■

멕시코 중앙 고원을 중심으로 14세기 중엽부터 1521년까지 번영하였던 아즈텍 족의 문명을 말한다. 멕시코 북부에 있던 민족인 아즈텍 족은 여러 부족을 정복하고 그 문화 유산을 더욱 발전시켰다. 특히 건축물과 정교한 역법이 발달하였으며, 수도 테노치티틀란(지금의 멕시코시티)은 당시 세계에서 가장 번영한 도시의 하나로 꼽혔다. 태양은 인간의 피를 양식으로 한다는 기괴한 우주관을 가지고 신전에서 매일 인신 공양의 의식을 행하였다.

테나유카의 아즈텍 유적

아우크스부르크 화의 Augsburger和議 ■■

아우크스부르크 회의는 독일에 있어서의 가톨릭, 프로테스탄트 양파의 대립을 조정하기 위하여 아우크스부르크에서 소집된 제국 회의를 말한다. 그 내용은 제후 및 제국 도시는 신구 신앙 중의 하나를 선택할 수 있는 권리를 가지며, 가톨릭 제후가 루터 파로 개종할 때에는 그 지위와 영토를 상실하며, 루터 파의 영토에는 가톨릭 교회의 사법권은 행사되지 못한다는 것 등이다. 이 화의는 루터파 신교의 공인을 의미하며, 제후에 의한 종교의 선택은 독일 영방 국가의 국가 종교 채택이라는 면에서 국가 종교의 시작을 이룬다고 할 수 있다. 이 화의를 계기로 개인에 의한 종교 선택의 자유를 획득하는 과정이 시작되었는데, 루터 파만의 공인은 결국 30년 전쟁 발발의 한 원인이 되었다.

알렉산드르 2세 Aleksandr Ⅱ ■ ■ ▪

러시아 황제로, 재위 기간은 1855년부터 1881년까지이다. 농노 해방을 실시하여 '해방 황제' 라고도 불렸다. 크림 전쟁중에 즉위한 황제는 농노 해방(1861년), 사법 제도의 개혁, 도시의 제한적 자치 제도의 허용(1870년), 국민 개병 제도의 도입 등 여러 자유주의적 개혁을 단행하였으며, 그 밖에 재정면에서도 예산제의 확립, 각 행정부 특별 회계의 국고로의 통일, 회계 검사 제도의 실시, 국가 재정의 정비 등을 행하여 치세의 전반은 '계몽과 자유의 치세', 이른바 '60년대' 가 되었지만 귀족 계급의 반대로 개혁을 이루지 못하였다. 폴란드의 독립 운동(1863~1864), 농민의 부담 증대 등으로 사회가 점차 불안해지자 반동화되면서 결국 '인민의 의지 당'의 테러를 당하였다. 대외적으로는 크림 전쟁을 종결시켰고(1856년), 독일 · 오스트리아와 3제 동맹을 맺은 뒤 남진하여 투르크와 싸웠으나, 베를린 회의에서 굴복하였다. 또 중앙 아시아에도 원정하였으며, 극동에서는 중국과 아이훈 조약(1858년), 베이징 조약(1860년)을 맺어 연해주를 점령하였고, 알래스카는 미국에 매각하였으며(1867년), 일본과는 사할린 · 쿠릴 열도를 교환하였다(1875년).

앙리 4세 Henri Ⅳ ■

프랑스의 왕(재위 1589~1610). 부르봉 왕조의 시조로, 위그노의 지도자로서 활약하였다. 앙리 3세 암살 뒤 즉위하여 1593년 가톨릭으로 개종, 신흥 부르조아지의 지지를 얻어 국내의 평정에 힘썼으며, 1598년 낭트 칙령으로 종교 전쟁을 종결시켰다. 그의 치세

동안 농업, 공업의 부흥이 눈부셨으며, 프랑스 절대 왕정의 기초가
확립되었다.

애덤 스미스 Adam Smith ■ ■

애덤 스미스(1723~1790)는 《국부론》(1776년)에서 정부는 개인의
경제 생활에 간섭해서는 안 된다는 입장을 표명하였다. 그는 각 개
인이 자신의 이익을 추구하도록 내버려두면 '보이지 않는 손'이 작
용하여 결과적으로 사회 전체의 복지를 증진시키고 국가의 경제 발
전이 보다 많이 이룩될 수 있다고 주장하였다. 한편 그는 국가의 기
능을 최소한으로 축소시켜 정부의 역할을 소극적인 경찰관의 지위
로까지 낮춘 야경 국가론을 펼쳤다. 또한 국제적인 경제 질서에서도
자유 방임주의를 주장하여, 당시 각국의 정부가 자국의 산업을 보호
하기 위하여 보호 관세를 부과함으로써 수입을 제한하고 있는 것을
자연 상태에 어긋나는 일이라고 비난하고, 자연의 법칙에 맞는 경제
질서는 국제적 분업에 입각한 자유 무역이라고 강조하였다.

에디슨 Thomas Alva Edison ■ ■

미국의 발명가. 전등·음향·전지·전화 등 전기 관계를 중심으로
넓은 분야에서 1,300건 이상의 특허를 얻었다. 세계 최초의 전등
회사를 만든 기업가이기도 하였다. 탄소 필라멘트를 사용한 진공
백열 전구, 축음기, 전화기의 전신인 탄소 송화기, 가정용 영사기의
발명 등이 유명하다.

에라스무스 Desiderius Erasmus ■ ■

가장 위대한 휴머니스트로 꼽히는 네덜란드 출신의 에라스무스는
초기 그리스도교의 단순성과 소박성으로 되돌아가고자 하여 '그리

스도의 철학'을 내세우고, 그리스도를 본뜬 참다운 경건한 생활을
중시하였다. 이러한 그리스도교의 회복은 성서의 본래의 뜻을 정확
하게 이해함으로써 가능하다고 확신하여 《신약 성서》를 번역하고
주석을 달아 1516년에 출판하였다. 또 《우신 예찬》을 출판하여 기
성 교회의 타성적인 형식주의를 비판하고 가톨릭 교회의 부조리와
성직자 계급의 부도덕을 공격하였다. 중세 사회 일반인들의 신앙의
순화, 스콜라 신학의 형식주의에 대한 비판, 수도 성직자 계층의 부
도덕 공격, 교황권의 반성 등을 주제로 한 그의 개혁 사상은 루터의
개혁 운동의 기반을 마련하였다.

에스파냐 왕위 계승 전쟁 ■■

1701년부터 1714년까지 프랑스 · 에스파냐와 영국 · 오스트리아 ·
네덜란드 사이에 일어난 전쟁을 말한다. 1700년 에스파냐 왕인 카
를로스 2세가 죽었는데 후사가 없었으므로 프랑스 왕 루이 14세의
손자인 필리프 앙주 공(公)이 펠리페 5세로 즉위하였다. 이에 해상
무역, 특히 신대륙 무역 확보라는 전략에서 프랑스와 에스파냐의
제휴에 반대하는 영국 · 네덜란드 및 에스파냐 왕위 계승권을 주장
하는 오스트리아 3국은 동맹을 맺고 프랑스와 에스파냐에 선전 포
고를 하였다. 전선은 유럽 대륙, 인도, 아메리카 식민지(앤 여왕 전
쟁)까지 확대되었으며, 동맹군 측에 유리하게 진전하여 위트레흐트
조약과 라슈타트바덴 조약으로 끝을 맺었다. 프랑스는 펠리페 5세
의 왕위 계승을 인정받아 정치적 권위를 보전하였으나 식민지 영토
를 잃고 경제적으로는 패배하였다.

엘리자베스 1세 Elizabeth Ⅰ ■■

영국 여왕으로, 재위 기간은 1558년부터 1603년까지이다. '훌륭한

여왕 베스'라는 별명으로 국민의 경애를 받은 엘리자베스 1세의 긴 치세 중 영국 절대주의의 극성기를 이룩하였다. 여왕은 교묘한 정치적 역량이 있어, 특히 의회에 대해서는 강경책과 온건책을 아울러 써 이를 조종하였으며, 결혼할 기회는 여러 번 있었으나 정치적 · 종교적 이유 때문에 끝까지 독신으로 지냈다. 그의 치적을 열거하면 수장령과 통일령의 제정(1559년), 39개조의 제정에 의한 영국 국교회의 확립, 그레샴의 제안에 의한 통화 개혁, 무적 함대의 격파 (1588년), 모직물 산업 육성, 동인도 회사 설립 등을 들 수 있다.

엥겔스 Friedrich Engels ■■

마르크스와 함께 마르크스 주의를 공동 창시한 독일 사회주의자로, 마르크스를 경제적으로 원조하면서 함께 활동하였으며, 그 자신도 《자연 변증법》, 《K.E. 뒤링의 과학의 변혁》(1876년), 《공상에서 과학으로》(1884년), 《L.A.포이어바흐와 독일 고전 철학의 종말》 (1886년) 등을 집필하였다. 마르크스 유고에 기초한 《자본론》의 완성에 심혈을 기울여, 제2권을 1885년에, 제3권을 1894년에 간행하였다. 1889년에 창설된 제2인터내셔널에 대한 원조와, 1890년 런던에서 열린 제1차 메이데이 참가 등 국제 노동 운동 · 사회주의 운동에 지도와 참가도 계속하였다. 1895년 마르크스와 자신의 저서에 대한 전집을 준비하였으나 같은 해 8월 식도암으로 죽었다.

영국 국교회 英國國敎會 ■■

16세기 영국에서 종교 개혁의 결과 성립된 교회로, 영국 교회 · 앵글리컨처치 · 영국 성공회 · 잉글랜드 교회라고도 한다. 영국의 종교 개혁의 배경에는 교황의 권력을 배격하고 중앙 집권을 확립하려는 정치적 · 경제적 동기와 함께 교황에 대한 국민의 반감과 민족 의식

의 각성이 있었다. 하지만 반가톨릭적이 아니라, 신교 중에서 교리
가 가장 가톨릭에 가깝다고 할 수 있다.

영국의 시민 혁명 ■ ■ ■

제임스 1세, 찰스 1세는 왕권 신수설을 주장하며 전제 정치를 행하
였다. 의회의 승인 없이 과세를 징수하였으며, 국교회를 강화하였
다. 이에 청교도 혁명이 일어났으며, 왕정 복고 뒤에는 찰스 2세,
제임스 2세의 카톨릭 강요 정책에 대하여 의회는 찰스 2세 때 심사
령을 제정하고 제임스 2세를 폐위시키고 명예 혁명을 일으켰다.

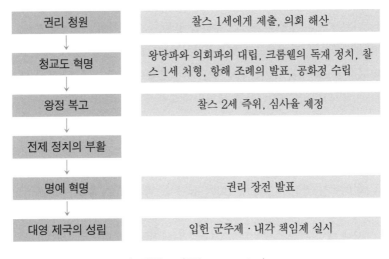

권리 청원	찰스 1세에게 제출, 의회 해산
↓ 청교도 혁명	왕당파와 의회파의 대립, 크롬웰의 독재 정치, 찰스 1세 처형, 항해 조례의 발표, 공화정 수립
↓ 왕정 복고	찰스 2세 즉위, 심사율 제정
↓ 전제 정치의 부활	
↓ 명예 혁명	권리 장전 발표
↓ 대영 제국의 성립	입헌 군주제 · 내각 책임제 실시

| 영국의 혁명(17세기) |

예수회 Jesus會 ■

에스파냐의 로욜라가 설립한 것으로, 교황에 대한 절대 복종과 군
대식의 엄격한 규율을 특징으로 하며, 유럽에서의 신교 확대 방지
와 함께 아시아, 아프리카 대륙에 대한 선교 사업을 전개하였다. 당

시의 에스파냐는 식민 사업의 결과 신대륙, 동양과 교역하고 있었으므로 이들 선교사의 파견이 가능하였다. 선교사들은 이들 지역에 종교와 근대 과학을 전해 주었으며, 식민지 개척의 보조자 역할도 함께 하였다. 예수회는 빠르게 성장하여 가톨릭 신앙을 옹호하고 부흥시키는 반 종교 개혁의 중요한 역할을 하였다.

예정설 豫定說 ■■

칼뱅 교리의 핵심은 예정설로, 인간의 구제 여부는 신의 의지로써 미리 예정되어 있고 인간은 스스로 자신의 운명을 바꿀 수 없다는 것이다. 이는 구원이 전적으로 신의 섭리임을 가르치고 있으며, 기독 교인 스스로 근면하고 절제된 생활을 하는 것이 곧 신에게 선택받았음을 의미하는 것이라고 여기도록 하였다. 이러한 칼뱅의 교리는 당시 성장하던 상공 계층에 크게 환영받았다. 막스 베버에 의하면, 예정설은 새로운 근대적 직업관과 세속적 금욕의 윤리를 낳게 하여 자본주의 발달의 정신적 지주가 되었다.

예카테리나 2세 Ekaterina Ⅱ ■■

러시아의 여제로, 재위 기간은 1762년부터 1796년까지이다. 독일의 2류 귀족 출신으로 다섯 살 때 어머니와 러시아 궁정에 들어가 1744년 대공비가 되었다. 남편인 표트르 3세를 근위연대(近衛聯隊)의 쿠데타로 폐위시키고 즉위한 예카테리나 2세는 계몽 전제 군주를 자처하였다. 또한 폴란드 분할의 주역이었으며, 투르크와 싸워 영토를 넓혔고, 내각의 도움으로 러시아 제국의 행정과 법률 제도를 개선하였다. 그녀의 치세 동안 러시아는 유럽의 정치 무대와 문화 생활에 완전히 편입되었다.

오스트리아 왕위 계승 전쟁 ■

오스트리아의 왕위 계승을 둘러싼 1740년부터 1748년까지의 국제 전쟁으로, 18세기 이후 영국의 세계적 우위와 프로이센-독일의 대두를 있게 한 계기가 되었다. 식민지를 둘러싼 서유럽 열강, 특히 영국과 프랑스의 대립이 심해지는 가운데 신성 로마 황제 카를 6세는 장녀인 마리아 테레지아에게 전 영토를 물려주려고 하였다. 이에 따라 마리아 테레지아의 즉위에 반대하여, 왕위 계승을 주장한 바이에른, 에스파냐, 작센과 반(反) 오스트리아 세력인 프로이센, 프랑스가 동맹을 맺고 이에 맞서 영국과 손잡은 오스트리아가 벌인 전쟁으로, 1748년에 아헨의 화약(和約)이 성립됨으로써 전쟁이 종결되었다.

오스트리아 – 헝가리 제국 Austria-Hungary帝國 ■ ■

오스트리아와 헝가리의 '대타협'을 통하여 형성된 제국(1867~1918). 독일인을 주로 하여 슬라브 인, 마자르 인 등을 포함한 복합 민족 국가였던 오스트리아가 프로이센-오스트리아 전쟁에서 완패한 다음 국가 조직을 재편하여 구성하였다. 헝가리 왕국은 독립국으로 독자적인 헌법, 의회를 갖고 있었으나, 국왕은 오스트리아 황제가 겸임하였고, 외교, 군사에서는 양국 일체였다. 그러나 체코 인을 주로 하는 슬라브 계는 범(汎) 슬라브 주의로 기울고 궁정의 범게르만 주의와 대립하였다. 오스트리아-헝가리 제국은 제1차 세계 대전에서 패배하고, 1918년의 산제르만 조약에서 오스트리아, 헝가리, 체코슬로바키아로 나누어 독립하면서 소멸되었다.

왕권 신수설 王權神授說 ■ ■ ■

17세기의 정치 사상으로, 17세기 이래 유럽에서는 왕권은 신으로부터 주어졌기 때문에 신성하고 절대적이라는 왕권 신수설이 유행하여 절대 왕정을 옹호하는 정치 사상으로서 기능하였다. 이 사상에 의하면 왕권은 신이 내려준 신성한 것이기 때문에 국왕은 신에게만 책임을 지며, 신하인 국민이 국왕에게 반역하는 것은 곧 신에 대한 반역을 의미한다. 루이 14세의 "짐이 곧 국가다"가 왕군 신수설을 가장 잘 표현한 말이다. 이를 비판한 것이 사회 계약설이다.

요먼 yeoman ■ ■

영국의 봉건 사회 해체 과정(15세기)에서 등장하여 19세기 전반 제 2차 인클로저 운동의 와중에 소멸된 독립 자영 농민을 말한다. 이들 자영 농민층은 경제적 발전에 따라 계층 분화를 일으켜, 부유한 지주로 상승하는 자와 빈농으로 몰락하는 이들이 생겼다.

요제프 2세 Joseph Ⅱ ■ ■

오스트리아 황제로, 재위 기간은 1765년부터 1790년까지이다. 1780년까지는 어머니 마리아 테레지아와 공동으로 통치하였다. 어머니 사후, 1781년의 종교 관용령과 농노 해방 등 여러 가지 개혁을 행하며 오스트리아의 근대화에 힘썼다. 그러나 급격한 개혁과 중앙 집권화 뒤 귀족, 성직자, 영내 여러 민족의 반항을 초래하여 별다른 성과를 거두지 못하였다.

워털루 전투 Waterloo戰鬪 ■ ■

1815년 6월 18일, 나폴레옹의 백일 천하를 와해시킨 전투로, 이로써 프랑스와 유럽 국가들 간의 23년에 걸친 전쟁이 끝났다. 이 전투는 지금의 벨기에 워털루 남쪽 5킬로미터 지점에서 나폴레옹의 7만

2,000명의 병력과 웰링턴이 이끌던 동맹군 6만 8,000명 및 G.L. 블뤼허가 이끌던 프로이센 군 4만 5,000명 간에 벌어졌다. 프랑스 군은 그해 6월 16일, 리니에서 프로이센 군을 물리치고, 같은 달 18일에는 워털루에서 영국군을 공격하였으나 프로이센 군의 기습 적인 측면 공격으로 완패하였다. 나폴레옹 군대 중 2만 5,000명이 사상 당하고, 9,000명이 포로가 되었다. 웰링턴 군대는 1만 5,000 명, 블뤼허 병력은 약 8,000명이 사상당하였다. 이 전투로 인해 나 폴레옹의 백일 천하는 끝나고, 그는 두 번째 퇴위하였다.

위그노 전쟁 Huguenots戰爭 ■ ■

프랑스의 왕권을 둘러싼 정치 투쟁과 결부된 종교적 내란(1562~ 1598). 앙리 2세의 사후, 모후인 카트린 드 메디시스는 섭정으로서 정권을 장악하였는데, 기즈 가(家)는 가톨릭 교도의 세력을 배경으 로 왕권에 위협을 가하였다. 카트린은 프로테스탄트에게 종교의 자 유를 인정함으로써 기즈 가의 세력을 억압하려 하자 도리어 양파의 싸움은 격화되어 30년 간에 걸친 종교 내란이 발발하였다. 1572년 에는 성 바르돌로뮤의 학살 사건이 일어났으며, 또한 에스파냐는 카 톨릭을, 영국은 프로테스탄트를 각각 원조하여 국제전으로 변모하 고 좀처럼 결말이 나지 않다가, 마침내 부르봉 가의 앙리 4세가 왕 위에 올라(1598년), 가톨릭으로 개종하고 낭트 칙령을 발표(1598 년)하여 프로테스탄트에게 신앙의 자유를 인정함으로써 끝났다.

위트레흐트 조약 Utrecht條約 ■

에스파냐 왕위 계승 전쟁의 결과 1713년에 체결된 평화 조약으로, 루이 14세가 체결한 많은 조약 가운데 유럽의 지도를 크게 재조정 한 가장 중요한 조약이다. 이 조약으로 유럽은 적절한 세력 균형을

이루고 이후 약 30년 간 큰 충돌 없이 지낼 수 있었다.(→ 에스파냐 왕위 계승 전쟁)

윌리엄 3세 William Ⅲ ■ ■

영국 국왕(1689~1702). 처음에는 네덜란드 총독이었는데, 명예 혁명 때 의회의 초청으로 영국으로 건너가 메리와 공동 대관하여 유명한 권리 장전을 승인하고, 1692년에 숙적 루이 14세와 싸워 그 함대를 격파하였다. 에스파냐 계승 전쟁에서는 다시 프랑스와 개전하였다. 내정으로는 1689년에 군벌령, 관용령을 발포하고 1701년에는 왕위 계승법에 따라 왕위를 스튜어트 계의 프로테스탄티즘 신봉자에만 국한시켰다. 또한 정당에 의한 책임 내각제를 시작하고, 권리 선언의 승인과 함께 '군림하지만 통치하지 않는다' 는 영국 왕정의 향방을 정한 것은 특기할 만하다. 또 그의 치세중에 잉글랜드 은행(1694년)과 런던 주식 거래소가 창설되었다.

유토피아 Utopia ■ ■

영국의 정치가이자 인문주의인 토마스 모어의 작품. 그는 헨리 8세의 이혼 문제로 사형 당한 정통적인 가톨릭 신자로서, 《유토피아》에서 기존 법률의 가혹함과 전쟁의 어리석음을 비판하였다. 권두시에 처음 등장하는 '유토피아' 는 그리스 어 'ou' 와 'topos'를 조합하여 창출해 낸 합성어로서 '아무 데도 없는 곳' 을 뜻하였는데, '좋은 곳' 이라는 뜻의 'eu-topos'의 동음 이의어이기도 하였다. 유토피아에서 묘사된 이상국은 건물·시가·위생·노동·교육·경제 등에 관해 매우 진보적이며, 유토피아의 수도 아모로트의 사람들은 여섯 시간 일하고 여덟 시간 자며, 그 외에는 각자의 취미, 특히 독서에 시간을 보낸다. 유토피아의 시민들은 자위상의 필요, 또는 폭정 속에서 신음하는 국민의 해방을 돕는 경우가 아니면 전쟁을 하지 않는다. 교육은 범죄의 예방으로 실시되며, 교도소에 갇힌 사람들은 생계 수단을 위한 교육을 받고 석방된다.

융커 Junker ■

근대 독일, 특히 동 프로이센의 보수적인 지주, 귀족층을 일컫는 말이다. 동 엘베 강변의 여러 주에는 역사적으로 대토지 소유제가 발달하여 여기에 예속적인 농업 노동자를 사용하여 직영지의 경영을 행하던 구츠헤르트샤프트가 성립하였는데 19세기에 이르러 농업의 자본주의화가 진행됨에 따라 구츠헤르트샤프트가 변질하여 그 후예라고도 할 수 있는 융커 층이 성립하였다. 그들은 토지 소유에 부수되는 여러 가지 전제적 특권을 유지하면서 반봉건 영주적 성격을 가지고 있었다. 그들은 융커 이외의 사람과는 결혼하지 않았으며, 폐쇄적 사회를 형성하였기 때문에 시민적 성장이 결여되었으며, 호엔촐레른 가에 충성적이었다. 대부분 농업 경영가, 사관, 관료인 그들은 의회에서 우세하여 프로이센 행정 기구의 중추를 이루는 중요한 관직을 독점하였다.

2월 혁명 二月革命 ■■

1848년 2월 22일부터 같은 달 24일에 걸쳐, 파리를 중심으로 하는 민중 운동과 의회 내 반대파의 운동으로 루이 필리프의 왕정이 무너지고 공화정이 성립된 혁명이다. 당시 프랑스에서는 7월 혁명을 전후하여 산업 혁명이 본격적으로 진행되었고, 그 결과 노동자와 상공계층의 세력이 증대되고 있었다. 이를 배경으로 이들은 선거권 확대를 요구하였으며, 이러한 그들의 요구가 받아들여지지 않자 혁명을 일으켰다. 2월 혁명의 영향으로 빈 체제는 붕괴되었다. 이 혁명은 단순히 프랑스뿐만 아니라 오스트리아 · 프로이센 · 이탈리아 등 서유럽 여러 나라에도 큰 영향을 끼쳐 갖가지 정치적 변동을 낳았다. 2월 혁명에는 노동자와 사회주의자가 참가하였으나 온건 공화주의자들은 그들의 요구를 받아들이지 않은 채 새로운 헌법을 제정하였고, 이에 불만을 품은 노동자들이 6월에 봉기를 일으켰지만 진압되고 12월 선거에서 루이 나폴레옹이 대통령으로 당선되었다.

인권 선언 人權宣言 ■■■

1789년 7월 14일, 파리 민중이 봉기하여 바스티유 감옥을 습격함으로써 발발한 프랑스 혁명은 같은 해 8월 26일에는 인권 선언을 채택하여 혁명의 기본 원리를 천명하였다. 이 선언은 인간의 자유와 평등, 국민 주권, 언론 · 출판 · 신앙의 자유와 법적 평등, 그리고 재산권의 불가침 등을 선언한 것으로, 미국의 독립 선언과 더불어 민주주의 발전에 기여한 가장 중요한 선언이다.

인문주의 人文主義 ■■■

휴머니즘이라는 말은 라틴 어의 후마니타스(humanitas)에서 유래하였으며, 일반적으로 인간주의 또는 인도주의 등으로 번역된다. 수사학 · 시학 · 역사 · 윤리 및 정치 등 인간적인 학문을 연구하며, 인간성을 존중하려는 경향을 뜻한다. 르네상스 시대의 휴머니즘은 그리스와 로마의 고전 작가의 작품을 수집, 정리 및 연구하는 동시에 이를 가르치고 배우는 기풍을 말하며, 이러한 일에 종사하는 사람들을 휴머니스트라고 불렀다. 르네상스 시대의 휴머니즘은 오늘날의 휴머니즘의 기원이 되며, 이를 구별하기 위하여 인문주의라고 번역한다.

인신 보호법 人身保護法 ■

1679년 찰스 2세 때 의회가 제정, 반포한 법률로, 불법으로 인민을 체포하지 못한다는 것과 국민이 정식 재판을 요구할 권리가 있음을 규정하였다.

인지 조례 印紙條例 ■ ■ ■

7년 전쟁 이후 영국은 부족한 재정을 보충하기 위하여 인지세를 비롯한 여러 가지 세금을 부과하였다. 인디언의 반란 및 프랑스의 보복에 대비하여 북아메리카에 1만 명의 군대를 주둔시킬 비용의 일부를 식민지로부터 충당하려고 한 것이다. 이는 법률상 및 상업상의 증서나 증권류 · 주류 판매 허가증 · 책자 · 신문 · 광고 · 달력 · 트럼프 · 골패 등에 반 페니~10파운드의 인지를 붙이려는 규정이었다. 1765년 10월에 실시되었으나 반년 뒤에 철폐되었다. 또한 이것은 식민지 전체의 대영 반발을 불러일으킨 중요한 입법이다.

인클로저 운동 enclosure運動 ■ ■ ■

16세기 영국에서 모직물 공업의 발달로 양털 값이 폭등하자 지주들이 자신의 수입을 늘리기 위하여 농경지를 양을 방목하는 목장으로 만든 운동으로, 자본주의적인 경영 방법에 눈뜬 젠트리들은 부를 축적할 수 있었으나 다수의 영세농은 몰락하였다. 이로 말미암아 토지를 잃은 빈농들은 농토를 떠나 도시로 유입되고 도시 자본가는 이들 노동자를 얻어 신흥의 메뉴팩처를 발전시켰다. 이로써 중세 촌락의 공동체적인 성격이 많이 해체되었다. 제2차 인클로저 운동은 1차 때와는 달리 대농장의 경영으로 인한 것이었다. 곡물 가격이 오르자 자본가가 소농민의 토지를 흡수하여 대농장을 경영함으로써 농업의 자본주의 경영이 이루어지자 농민들은 토지를 이탈하여 도시의 임금 노동자로 흡수된 것을 말한다. 이로 인해 공업에 필요한 노동력이 값싸고 풍부하게 제공되었다.

입법 의회 立法議會 ■ ■

프랑스 혁명기인 1791년 10월 1일부터 1792년 9월 20일까지의 프랑스 의회를 말한다. 입헌 군주제와 제한 선거를 규정한 1791년 헌법에 따라 성립되었다. 초기에는 자유주의 귀족, 상층 부르조아인 푀양 파가 다수를 차지하였고, 그 뒤 지롱드 파 내각이 성립되었다. 1792년 4월, 오스트리아와 프로이센과의 대외 전쟁, 물가 상승과 식량 부족 등의 원인으로 민중 운동이 고조되어 같은 해 8월 10일에 민중 봉기가 일어났다. 그 결과 왕권은 정지되고, 입법 의회는 사실상 기능을 상실하여 해산되었으며, 국민 공회로 바뀌었다.

입헌 군주제 立憲君主制 ■ ■ ■

군주의 권력을 헌법으로 제한하는 정치 형태이다. 입헌 군주제는 절대 군주를 타도하고 근대 국가를 형성한 17세기 영국에서 맨 처음 확립되었다. 원래 영국에서는 13세기 말 이후 의회의 지위와 권한이 순조롭게 발전해 왔기 때문에 군주의 권한은 의회가 제정한 법률이나 결정에 제한된다는 권력 제한적 인식이 강하였다. 그러나 17세기에 들어와 군주가 그 권한의 확대, 강화를 도모하고 절대 군주의 길을 추구하였기 때문에 시민 혁명이 일어났다. 따라서 명예 혁명 뒤의 영국에서는 입법권을 가진 의회(국왕 · 상원 · 하원)가 행정권을 가진 국왕보다 우위에 있다는 정치 사상이 확립되었다. 게다가 영국에서는 18세기 중반 무렵 이후 행정권은 사실상 내각이 장악하였고, 이어서 19세기로 접어들자 정당 정치가 확립되는 과정

에서 다수당이 형성하는 내각이 의회에 대하여 책임지는 형태로의
의원 내각제가 정치 운영상의 기본 원칙이 되면서 영국은 세계 민
주주의 국가들의 모델이 되었다.

마추피추의 도시 유적
1450~1532년, 페루 쿠스코 지방

잉카 Inca ■

안데스 문명 최후의 국명 및
그 지배 계층을 잉카라고 한
다. 중앙 안데스에서는 기원
전 1000년경 옥수수 농경이
확립되었고, 종교의 힘도 있
어 사회의 계층화가 진전되어
1200년경에는 지방적 왕국과
수장적(首長的)인 정치 조직
이 성립되었다. 잉카는 그 하
나로서 15세기 중엽부터 주변
민족을 정복하여 15세기 말에는 남북 4,000킬로미터의 대영역을
지배하였다. 수도는 쿠스코였다. 사회 계층은 귀족과 평민으로 양
분되었고, 평민의 대부분은 농민이었다. 토지는 국유로 황제, 태양
신전, 국민용으로 3분되었으며, 국민은 할당받은 땅 외에 황제와 신
전의 땅을 경작하였다. 문자 · 철 · 수레는 없었으나 토기 · 청동기 ·
직물의 기술은 높았고, 특히 석조 건축 기술은 극치를 이루었다.
1532년 피사로 등 에스파냐 인의 침입으로 최후의 왕 우아이나 카
팍이 죽자 잉카 제국도 파멸하였다.

자본론 資本論 ■■

총 세 권으로 출간된 《자본론》 중 마르크스의 생전에 출간된 것은

제1권뿐이다. 1867년 마르크스가 작업을 마쳐 간행한 제1권은 자본주의 경제 체제의 내적 구조와 운동 법칙을 자세히 서술하고 이 체제의 내적 붕괴의 경향을 도출하고 있다. 제2권과 제3권은 그가 죽은 뒤에 절친한 동료인 프리드리히 엥겔스가 편집, 출간하였다. 《자본론》은 제1권 〈자본의 생산 과정〉, 제2권 〈자본의 유통 과정〉, 제3권 〈자본제적 생산의 총과정〉(17편 97장)으로 구성되어 있으며, 전체가 엄밀한 변증법적 논리로 전개되어 있는 것이 특징이다. 전권의 구성을 보면 제1권은 상품·화폐·자본·잉여 가치의 생산 과정, 자본주의적 축적, 제2권은 자본 순환의 여러 형태, 자본의 회전, 사회 총자본의 재생산 과정, 제3권은 생산 가격·이윤·이자·토지 등의 형태를 한 잉여 가치의 여러 계급에 따른 분배 법칙, 자본주의 사회의 여러 계급 등으로 되어 있다.

자본주의 資本主義 ■ ■ ■

자본이 원칙적으로 사적으로 소유되고 관리되는 정치적·사회적·경제적 체제를 자본주의라고 한다. 자본주의의 특징은 노동력의 고용이 주종 관계이던 봉건 제도와는 달리 자유 계약을 기초로 하고 있다. 또 자본의 사회적(통상적으로는 국가) 소유를 기본으로 하는 사회주의와는 달리 사적 소유를 기본으로 한다. 자본주의에서는 가격 메커니즘이 자원 배분의 신호가 된다. 칼 마르크스는 자본주의가 발전함에 따라 생산 관계의 모순이 격화함과 동시에 집중과 독점이 촉진되고, 주기적 공황이 심각해짐으로써 발달한 자본주의 국가도 사회주의로의 이행이 불가피하다고 주장하였다. 현대 자본주의는 19세기 말에서 금세기에 걸쳐 주식 회사 제도가 보급되고, 대기업 체제가 지배적이 되어, 소유와 경영의 분리가 일반화되고 있으며, 이에 따라 관료제화로 나아가고 있다(슘페터의 주장). 동시에 국가의 정책적 민간 개입도 불가피해졌다(케인스의 주장).

자연권 사상 自然權思想 ■■

자연권 사상은 17세기에 과학 혁명의 영향을 받아 체계가 갖추어졌다. 자연의 세계에 자연의 법칙이 있듯이 인간의 사회에도 자연의 법칙이 있는데, 이 법칙을 자연법이라고 하며, 이 자연법에 따라 인간에게 보장된 권리가 자연권이다. 자연권은 인간이 자연 상태 속에서 기본적으로 가지고 있으며, 그중 생명, 자유, 재산의 권리가 핵심적이라고 하였다. 로크, 홉스 등이 이러한 자연권 사상을 강조하였다. 특히 로크는 인간이 사회 계약을 맺고 정부를 형성하는 것은 그들이 가진 자연권을 보다 잘 지키기 위한 것이라고 주장하였는데, 이것이 계몽 사상의 기반이 되었다.

자유주의 정책 自由主義政策 ■■

자유주의란 모든 불합리한 체제 · 제도 · 인습으로부터 인간을 해방하여 인간의 기본권의 하나인 자유권을 확보하려는 이념이다. 영국은 1820년대 이후 의회 정치를 통해서 점진적인 자유주의 정책을 추진하였는데, 심사령 폐지, 가톨릭 교도 해방법 제정, 곡물법 폐지, 항해 조례의 폐지, 공장법 제정, 선거법 개정 등이 그것이다. 이러한 자유주의적 개혁은 최대 다수의 최대 행복을 추구하는 벤담의 공리주의 철학이 사상적 기반을 제공하였다.

자코뱅 당 Jacobins ■■

프랑스 혁명 시대의 정치 단체로, 파리의 자코뱅 수도원을 본부로 하여 전국적 조직을 가지고 의회와 민중 운동을 매개하였다. 자유주의 귀족과 진보적 부르조아지 의원 등을 중심으로 1789년 11월에 '헌법 동지회'로 발족하여 입헌 군주제를 주창하였다. 혁명이 격화됨에 따라 지방의 민주적 당과 유대를 확대하고, 공화주의의 주장을 강화하였다. 1791년에 우파가 빠져나가 따로 푀양 클럽을 결성하였고, 1792년 뒤에는 로베스피에르 등이 중심이 되어 결속하였으며, 소(小) 부르조아적 성격을 강화함으로써 상퀼로트의 지지를 받았다. 1793년 6월에 지롱드 당을 추방한 뒤, 자코뱅 의원을 핵심으로 하는 산악당이 국민 공회의 주도권을 쥐고 공포 정치를 단행하였다. 그러나 내부 대립과 정세 변화로 말미암아 테르미도르의 쿠데타가 일어나 1794년 11월에 와해되었다.

절대주의 絶對主義 ■ ■ ■

봉건 사회의 해체에서 근대 시민 사회의 성립에 이르는 과도기에 몰락하는 봉건 귀족과 신흥 상공 계급과의 대립 관계 위에서 성립된 전제적인 정치 형태를 말하며, 16~18세기에 유럽 각국에서 발달하였다. 상업 자본가와 자영 농민 및 봉건 귀족은 자신들의 지위

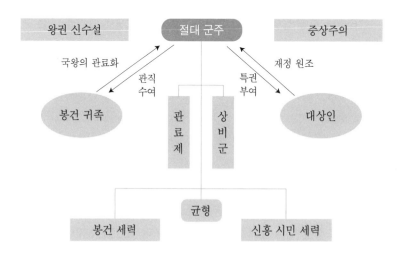

와 이익을 위하여 강력한 국왕에게 의지하려고 하였다. 한편 국왕
은 국왕 자신의 권력 유지를 위하여 시민 계급과의 결합이 필요하
였다. 이처럼 서로의 이익 추구를 위해 결합하였다. 이 시대의 군주
의 권력은 무제한, 무제약적으로, 국민의 자유는 제한되고 법률은
국왕의 마음대로 만들어졌다. 루이 14세가 말한 "짐이 곧 국가다"
라는 표현은 국가와 왕권을 동일하게 생각한 절대 군주의 성격을
잘 나타내고 있다. 절대주의는 정치적으로는 왕권 신수설에 의존하
여 관료제와 상비군을 설치하여 왕권을 강화하였으며, 경제적으로
는 중상주의 정책을 실시하였다. 이 시기의 전반기에는 종교 전쟁
을 치루었고, 후반기에는 왕조 전쟁이 행해졌다.

제임스 2세 James Ⅱ ■

영국의 국왕으로, 재위 기간은 1658년부터 1688년까지이다. 형 찰
스 2세의 뒤를 이어 즉위한 뒤 왕권 신수설을 신봉하여 반동 정책을
강화하고, 상비군의 창설, 가혹한 재프라즈 재판의 실시, 가톨릭 부
활 등을 획책하였다. 특히 특면권을 행사하여 심사율을 무시하고
1688년 관용 선언을 다시 발포하여 가톨릭 교도에 관직을 주는 등
시대 착오적인 절대주의를 고집하여 사회의 동요를 일으켰다. 또
휘그 당은 물론 그에게 호의적인 토리 당까지 적대시하게 함으로써
이에 양당으로부터 왕위를 박탈당하고 네덜란드 총독인 빌럼 3세가
새 왕으로 추대되어 명예 혁명이 이루어졌다. 제임스 2세는 프랑스
로 망명하여 루이 14세의 비호 속에서 왕위 탈환을 기도하였으나
실패하였다.

제임스 1세 James Ⅰ ■

영국의 국왕으로, 재위 기간은 1603년부터 1625년까지이다. 엘리

자베스 1세가 죽은 뒤 영국 왕위에 올라 스튜어트 왕조를 열었다. 국교 정책을 강조하여 신·구 양 교도를 탄압하였고, 왕권 신수설을 받들어 의회 세력과의 대립을 심화시켰다. 종래 잉글랜드와 대립되어 있던 구교국 에스파냐와 가까이 한 일도 국민의 불만을 사는 원인이 되었다. 한편 튜더 왕조의 여러 왕이 평정시킨 북아일랜드에 신교도에 의한 식민지화를 추진시켜 오늘날의 아일랜드 문제의 불씨를 만들었다. 1624년에 왕권 강화를 기도하다가 귀족들의 반감을 사 암살당하였다.

젠트리 gentry ■■

대체로 작위를 가진 귀족보다 그 지위가 낮으나, 요우먼보다는 상위에 있는 지주층을 가리킨다. 16세기 중엽부터 청교도 혁명 전에 걸친 1세기 동안의 영국 사회의 가장 주목할 만한 사실은 이들 젠트리의 지위와 경제력의 현저한 상승이며, 그들은 하원에서 다수를 차지하고, 지방에서는 치안 판사를 맡아 지방 행정을 장악하는 등 가장 유력한 사회층이 되었다. 젠트리의 차남 이하는 도시에 나아가 법조계나 상업에 종사하였고, 유명한 법률가나 대상인은 토지를 매입하여 젠트리가 되는 경우도 있었다. 이러한 영국 사회의 계층 간의 유동성 또한 영국 사회의 중요한 특징 중 하나였다.

종교 개혁 宗教改革 ■■■

중세 가톨릭 교회를 분열시키고 프로테스탄트 교회를 수립한 16세기의 교회 개혁을 말한다. 중세 가톨릭 교회는 14세기의 교회 분열로 인하여 보편적 권위를 잃고 보헤미아에서는 J.후스가 교회 개혁을 강요하고 있었다. 콘스탄츠 공의회(1414~1416)는 분열의 해결, 즉 교회 전체의 통일과 후스 처리에 일단은 성공하였으나 교회

전체의 개혁에는 실패하였다. 그 뒤 신학자 · 신비주의자를 비롯해서 각 방면으로부터 개혁 요구가 제시되었으나 가톨릭 교회는 세속적 영화와 권세를 추구하여 성공을 거두지 못하였다. 이때 루터가 주장한 종교 개혁은 새로운 신앙 원리에 바탕을 둔 시도였으나, 결과적으로 가톨릭 교회를 분열시키고 프로테스탄트 교회를 수립하는 계기가 되었다. 이 종교 개혁 운동은 칼뱅의 등장으로 새로운 전기를 보이며 유럽 각지로 퍼져나갔다. 이 무렵 유럽의 주요 국가들은 중앙 집권적 국가가 형성되는 단계여서 그 과정에 종교 개혁 운동이 끼어들었다. 각국의 정치 사정에 따라 그 전개 양상은 여러 가지 변화를 보였는데, 국왕 권력의 절대화에 이바지하는 경우도 있었으며 국가의 독립 운동의 사상적 근간이 되는가 하면 양심의 자유도 낳게 하여 근대화에 이바지하는 면이 나타났다.

종교 전쟁 宗敎戰爭 ■ ■

종교 전쟁은 종교상의 충돌로 말미암은 전쟁으로, 종교 개혁을 계기로 구교도와 신교도 사이에 일어난 일련의 전쟁을 가리킨다. 루터 파의 제후와 자유 도시가 일으킨 슈말칼덴 전쟁, 대표적인 가톨릭 국가인 에스파냐의 지배 안에 있던 네덜란드의 신교파가 일으킨 네덜란드 독립 전쟁, 프랑스에서 종교적 대립과 왕위 계승 문제가 얽혀 일어난 위그노 전쟁, 보헤미아에서 신교파의 반란으로 시작된 유럽 최대 규모의 30년 전쟁 등은 모두 종교 전쟁이었다.

중농주의 重農主義 ■ ■

18세기 프랑스의 케네, 튀르고 등이 제창한 경제 사상이다. 중국 유교의 농업 사상의 영향을 받아 근대 자연법의 입장에서 경제를 논한 것으로, 부의 원천을 농업 생산에 두었다. 부의 원천인 순생산물(잉여 생산물)은 농업 생산에서만 생긴다고 주장하여, 사회적 부의 재생산 법칙을 인간의 의지나 정치 등에서 독립한 자연적 질서로 파악하였다. 이 주장의 배경은 수출 공업 보호를 위한 중상주의적 농산물 저가격 정책과, 절대 왕정 아래에서의 중과세 때문에 농업 생산이 쇠퇴한 데에 있었다. 중농주의는 위기에 빠진 절대주의적 봉건제의 시민적 재편성을 겨냥한 과도적 성격의 체계이지만, 그 이론은 애덤 스미스에서 비롯되는 고전학파가 탄생하는 계기가 되었다.

중상주의 重商主義 ■ ■ ■

16~18세기에 서유럽 제국에서 자국 산업 및 상업의 육성을 위하여 국가 권력과 특권 상인이 제휴로써 추진한 일련의 경제 정책을 말한다. 중상주의라는 말에서는 상업만을 중시하는 것으로 생각되지만, 실제로는 상업에 기반되는 공업을 중시하여 발전되어야만 하는 것을 의미한다. 중상주의의 세 가지 정책을 살펴보면 처음에는

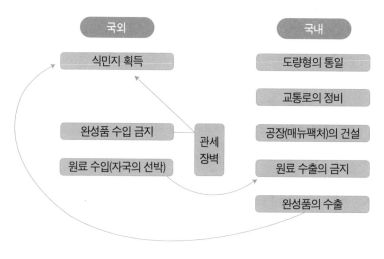

| 중상주의 경제 정책 |

금 · 은과 같은 귀금속의 소유가 국부의 원천이라고 하여 중금주의
가 행해졌으나 경제 정책으로서 불충분하다는 것이 드러나자, 무역
차액설을 토대로 수입을 억제하고 수출을 증가시킴으로써 국부의
축적을 도모하려고 하였다. 그러나 점차 국내 공업 발전의 필요성
을 깨달아 해외 식민지의 획득과 함께 본국의 공업과 무역에 유리
하도록 식민지를 통제하는 식민지 정책이 곁들여졌다. 이러한 정책
을 가장 모범적으로 실시한 사람이 콜베르이므로 중상주의를 콜베
르 주의라고도 하며, 중상주의의 특색이 국가의 간섭과 통제이므로
국가주의라고도 한다.

증기 기관 蒸氣機關 ■

증기의 열에너지를 동력원으로 이용하여 기계적인 일을 하는 기관.
보통 보일러에서 발생시킨 증기의 압력으로 실린더 안의 피스톤을
움직여 그 왕복 운동으로 동력을 얻는다. 1699년에 영국의 세이버
리가 증기 펌프 기관을 실용화한 이래로 뉴커먼, 와트 등이 효율이
높은 증기 기관을 계속 발명하였다. 증기 기관의 장점은 다른 열기
관에 비해 구조가 간단하고 취급이 쉬우며, 고장이 적어 수명도 길
다. 또 고압 증기의 사용으로 인해 회전력이 강하며, 저속에서도 힘
이 세다. 반면 역회전하면 열효율이 떨어지고, 회전 속도가 느려지
며, 출력이 작고, 소형 경량화가 어렵다.

증기 기관차 蒸氣機關車 ■

철도 기사인 스티븐슨의 권고에 따라 증기 기관차용 철도가 부설된
것은 1825년이었으며, 이때 그가 만든 기관차는 스톡턴과 달링턴
사이를 시속 15마일의 속도로 달렸다. 이는 유사 이래 가장 빠른 여
행 속도였다. 그 뒤 그가 설계한 로켓 호는 처음 것의 두 배에 가까

운 속도로 리버풀과 멘
체스터 사이를 달렸으
며, 그가 죽을 때까지 영
국에서는 약 6,000마일
의 철로가 부설되고 미
국에서도 그와 비슷한
철로가 부설되어 철도
시대가 도래하였다.

지동설 地動說 ■■

태양을 중심으로 한 지구와 행성의 공전과 지구의 자전을 주장하는
이론이다. 고대에는 아시스타코스가 제창하였으며, 중세에는 교회
가 이런 주장을 금지하였다. 르네상스 시기에 코페르니쿠스가 지동
설이 진리에 가깝다고 하였으며, 갈릴레이도 천체 관측을 통해 그
와 같은 주장을 하였다. 지동설은 중세적 세계관을 뒤집는 결과를
가져왔다.

지롱드 Girondins ■■

프랑스 혁명기의 온건 공화파. 이들 가운데 많은 수가 지롱드 주 출
신으로, 1791년 10월부터 1792년 9월까지 입법 의회를 장악하였
다. 지롱드 파는 사회 계층상 공통점은 없었으나, 사교계에 들어온
부유한 도시의 상공 시민과 해외의 망명 은행가와 밀접한 관계를
맺고 있었다. 반면 민중과의 접근은 없었다. 그들은 전쟁의 승리로
반혁명파를 철저하게 응징하고 정정(政情)의 불안을 해소하는 것이
부르주아 자유주의를 안정시키는 길이라고 생각하였다. 왕정의 폐
지와 공화정의 실현을 주장하는 점에서 자코뱅 파와 동일하지만 민

중 봉기를 두려워하며 혁명의 격화를 두려워한다는 점에서 결정적으로 다르다. 결국 지롱드 파는 전쟁 수행에 있어 그 약체가 드러나고, 악화되는 경제 위기 속에서 반혁명의 움직임이 각지에서 발생하자 이를 수습하지 못하여 1783년 5월 31일부터 같은 해 6월 2일의 민중 봉기로 정권에서 추방되었다. 지도자는 브리소, 톨랑, 콩도르세 등이다.

차티스트 운동 Chartism ■ ■

1830, 1840년대에 일어났던 영국 노동자 계급의 정치적인 운동이다. 선거법 개정이 일부 신흥 자본가에게 선거권을 확대시켰으나 노동자에게는 실질적으로 아무런 혜택도 주지 않았다. 그리하여 노동자를 중심으로 일부 중산층도 가담하여 1838년 '인민 헌장'을 내걸고 청원 운동을 전개하였다. 인민 헌장의 주된 내용은 성년 남자의 보통 선거, 인구 비례에 의한 평등한 선거구 설정, 하원 의원의 재산 자격 철폐, 매년 선거, 비밀 투표 등이었다. 이러한 청원 운동은 그 뒤 운동 자체의 조직력과 지도력의 부족으로 성공을 거두지 못하였다. 제1차 세계 대전까지 매년 선거민을 제외하고 나머지 요구를 모두 실현되었다.

찰스 2세 Charles Ⅱ ■

영국의 국왕으로, 재위 기간은 1660년부터 1685년까지이다. 찰스 1세의 아들로, 청교도 혁명 당시 왕당파의 옹호를 받아 의회파와 싸웠으나, 왕당파의 패배로 프랑스로 도망가 행동을 같이 한 클래렌던의 손에 양육되었다. 부왕이 처형된 뒤에는 찰스 2세라 칭하고, 1651년 스코틀랜드에 상륙하여 국왕으로 영접되었으나 크롬웰과 싸워서 패배하고 다시 한번 프랑스로 망명하였다. 1680년 브레다 선언 직후 귀국하여 왕정 복고를 실현시켰다. 친정에 임해서는 클레렌던을 중용하고, 국교 재건, 기타 브레다 선언을 파기하는 정치를 강행하였다. 그러나 대외 정책에 있어서는 특히 영국, 네덜란드 전쟁을 수행하고, 경제 정책에서는 크롬웰의 정책을 답습하였으며, 생활을 위해서는 왕령까지도 매각하지 않을 수 없었다. 클레렌던이 실각한 뒤에는 커밸에게 정무를 담당시켰으나 중요 문제는 직접 다루었다. 이러한 보수적이며 전제적인 태도가 의회를 자극하여, 심사율과 인신 보호율이 성립하였으며 가톨릭 교도 배척법으로 발전하였다. 그러나 그는 과학 진흥에 뜻을 두어 왕립 협회의 창립에 협력하였다.

찰스 1세 Charles | ■

영국의 국왕으로 재위 기간은 1625년부터 1649년까지이다. 제임스 1세의 둘째아들이기도 하다. 영국 국교주의를 강화하여 청교도를 억압하였을 뿐만 아니라 대외 전쟁 때문에 재정이 곤란해지자 중세를 부과하려고 하였다. 하지만 1628년 의회는 오히려 국왕의 대권을 규제하는 '권리 청원'을 제출함으로써 이에 응수하여 그는 이를 승인하지 않을 수 없었다. 이듬해 톤세, 파운드세의 문제로 의회를 해산하고, 그 뒤 11년 동안 의회를 소집하지 않고, 로오드, 스트레퍼드를 기용하여 반동 정치를 강화하였다. 스코틀랜드에 국교를 강요하고, 이에 대한 반항을 진압하기 위하여 자금이 필요한 데에서 소집한 의회와도 충돌하여 1642년 마침내 청교도 혁명이 발발하였다. 크롬웰에 패배하여 스코틀랜드로 도망갔다가 의회파의 분열에 편승하여 1648년에 다시 한번 의회 측과 전쟁을 벌였으나 여기서도 실패한 그는 체포되어 처형되었다.

청교도 淸敎徒 ■■

영국의 칼뱅 계통의 신교도들을 통틀어 청교도라 하며, 그들의 신앙을 청교주의라 한다. 그들은 칼뱅 주의에 입각하여 가톨릭적인 성격이 강한 영국 국교회에 반대하고 이를 정화하려고 하였다. 예정설을 받아들이고 또한 칼뱅주의의 특색인 금욕주의적인 성격이 강하지만, 그 내부에는 장로파, 독립파 등 여러 갈래가 있었다. 17세기에 스튜어트 왕조가 들어오면서 박해를 받아 아메리카 대륙으로 건너가기도 하였고, 마침내 1642년 청교도 혁명에서는 주도적인 역할을 담당하였다. 이러한 청원 운동은 그 뒤 운동 자체의 조직력과 지도력의 부족으로 성공을 거두지 못하였다.

청교도 혁명 淸敎徒革命 ■■■

영국에서 1640~1660년 청교도를 중심으로 일어난 최초의 시민 혁명으로, 이 과정에서 영국은 일시적으로 군주 정치가 무너지고 공화정이 되었다.(→ 영국 혁명)

청년 이탈리아 당 靑年Italia黨 ■■

1831년에 마치니가 창설한 당으로, 교육과 봉기에 의한 민족 의식의 각성을 꾀하고 공화정의 통일 국가 실현을 지향하여, 리소르지멘토 운동에 중요한 역할을 하였다. 카르보나리 당을 대신하여 격심한 탄압 아래 무장 봉기를 되풀이하였으며, 스위스나 폴란드의 운동과도 제휴하였다. 1844년에 봉기의 실패로 차츰 붕괴되었고, 1848년에 혁명 뒤 정식으로 해산하였다.

7년 전쟁 七年戰爭 ■

7년 전쟁(1756~1763)이란 오스트리아 왕위 계승 전쟁 때 프로이센에게 슐레지엔을 잃은 마리아 테레지아가 실지 회복을 위하여 일으킨 전쟁으로, 제3차 슐레지엔 전쟁이라고도 한다. 1755년 북아메리카에서 발발한 영국-프랑스 전쟁을 배경으로 1756년 1월에는 프로이센-영국 동맹이 성립되었다. 한편 마리아 테레지아는 러시아와 프랑스와의 동맹에 성공하여 프로이센에 빼앗긴 슐레지엔의 탈환을 기도하였다. 1756년 작센에 진입한 프리드리히 2세는 1757년에 로스바하와 로이텐 싸움에서 승리하였으나 1759년 쿠너스도르프에서 연합군에게 패하여 영국의 지원까지 끊기는 궁지에 빠졌다. 그러나 1762년 표트르 3세의 즉위로 러시아가 탈락하는 정세의 변동으로 곤경을 벗어나 1763년에는 후베르투스부르크 조약을 맺어 슐레지엔을 확보하였다. 영국과 프랑스도 같은 해 파리 조약을 체결하였다. 이로써 프로이센은 독일의 주도권을 확립하고, 영국은 북아메리카와 인도의 프랑스 영토를 빼앗아 유럽 강대국으로서의 지위를 확립하였다.

7월 왕정 七月王政 ■ ■ ■

7월 혁명 뒤 자유주의자로 유명한 루이 필리프를 옹립하여 입헌 군주제의 7월 왕정이 설립되었다. 7월 왕정은 선거권이 크게 제한되어, 대지주와 시민 계급의 상층이 지배하는 체제였다. 그러나 때마침 산업 혁명이 본격적으로 진행되기 시작하여 산업 자본가의 발언권이 커지고, 날로 늘어나는 노동자들은 사회주의 사상의 영향을 받으면서 선거권의 확대를 요구하였다. 그러나 7월 왕정이 이를 수용하지 않자, 1848년 파리에서 사회주의자와 노동자 들이 중심이 되어 2월 혁명이 일어났다.

7월 혁명 七月革命 ■ ■ ■

루이 필리프를 프랑스 왕위에 오르게 한 혁명(1830년)이다. 나폴레옹이 몰락한 뒤 권력을 회복한 부르봉 왕실의 샤를 10세는 노골적인 보수 반동 정치를 실시하였다. '1814년 헌장'의 정신에 역행하여 언론 및 출판의 자유 등의 기본권을 제한하는 칙령을 발표(7월 26일)함으로써 7월 혁명이 발발하였다. 항의 시위에 이어 사흘 간의 시가전(7월 27일~7월 29일)이 벌어졌으며, 8월 2일에 샤를 10세가 물러나고 루이 필리프가 '프랑스 인의 왕'으로 선포되었다(8월 9일). 7월 혁명에서 상층 중간 계급, 즉 부르주아 계급이 정치적 · 사회적으로 우위를 확보하여 그 뒤 7월 왕정(1830~1848)의 성격을 규정지었다.

카르보나리 당 Carbonari黨 ■

1806년경 남이탈리아에서 조직된 비밀 결사로, 뒤에 이탈리아 각지로 확산되었다. 카르보나리란 '숯 굽는 사람'이라는 뜻이다. 자유주의적 · 애국적 이념을 신봉하였고, 1815년 나폴레옹의 패전 뒤 승전한 연합국들이 이탈리아에 강요한 보수주의 정치 체제에 대한 반대 운동을 주도하였다. 1831년부터 1832년까지의 중부 이탈리아에서의 혁명의 실패는 당의 해체를 가져왔으나 이 운동은 청년 이탈리아 당으로 이어졌다. 이 운동의 영향으로 리소르지멘토 운동의 길이 열렸고, 이탈리아의 통일(1861년)이 이루어졌다.

카보우르 Conte di Cavour ■ ■

이탈리아의 정치가이자 외교관. 카보우르는 영국에 유학, 영국의 입헌 정치에 감화되어 온건한 입헌주의를 앞장서 주장함과 동시에 농지 개혁과 영국식 산업 개혁의 도입에도 정력을 쏟았다. 1852년에 아젤리오가 퇴진한 뒤 수상에 취임하자 외교 문제에 몰두한 그는 우선 크림 전쟁에 개입하여 1856년에는 파리 조약을 유리하게 인도하였고, 1859년 오스트리아와의 관계가 긴박해지자 나폴레옹 3세와 밀약을 맺고 이듬해 프랑스, 이탈리아 연합군을 조직하여 오스트리아을 격파하고 롬바르디아, 토스카나, 파르마를 획득하였다. 그러나 나폴레옹 3세의 배신으로 인한 빌라프랑카의 화약으로 베네치아 획득에 실패한 책임을 지고 1859년 7월 물러난 그는 그 이듬해 다시 수상에 올랐다. 가리발디의 시칠리아, 나폴리의 정복을 교묘히 조작하고, 니스와 사보이를 프랑스에 넘겨주고 이를 회유하여 베네치아, 로마를 제외한 중·남부를 통일하였다. 하지만 완전한 국가 통일을 보기 직전에 죽었다.

칸트 Immanuel Kant ■ ■ ■

독일의 철학자이자 계몽 사상가이다. 처음에는 뉴턴의 물리학을 배우고 칸트 라플라스 설이라고 불리는 성운설(星雲說)을 발표하였다. 그 뒤 점차 철학으로 기울었다. 1770년에 교수가 되어 데카르트적 합리주의적 철학과 영국의 경험론 철학을 종합하여 비판 철학을 완성하였다. 그의 저서로도 유명한 《순수 이성 비판》(1781년), 《실천 이성 비판》(1788년), 《판단력 비판》(1790년)은 3대 비판이라 불리는 것으로, 종래의 형이상학을 깨뜨리고, 각각 진리, 도덕, 미에 대한 문제를 취급하여 근대 철학을 수립하였다. 그의 사상을 따르는 이들을 칸트 학파라 부르는데, 피히테, 헤겔, 쇼펜하우어 등이 이에 속한다. 19세기 말에는 코헨, 빈델 반트, 리케르트의 노력으로 그의 근본 정신을 부활, 발전시키는 신칸트 학파가 일어났다.

칼뱅 Jean Calvin ■ ■ ■

종교 개혁자, 신학자이다. 프랑스에서 태어난 칼뱅(1509~1564)은 1541년 이후에는 제네바에서 종교 개혁에 종사하였으며, 그의 교설은 광범한 문제를 다루고 있었다. 신학적으로는 루터와 같이 엄격한 성서주의의 입장에 서서, 가톨릭적인 교계 제도와 그 행위주의를 비판하였다. 예정설은 여기에서 유래되었다. 그의 사회관은 그의 교회관과 일치하는 것으로, 여기에서 강조하는 것은 엄격한 교회 규율과 교회원 상호간의 연대성이다. 이 점은 후기 칼뱅 주의에서 볼 수 있는 개인주의적 특징과 분명한 대조를 보이고 있다. 칼뱅이 제네바라는 당시의 시민적인 환경에서 교리를 형성시켰다는 것은 중요한 의미를 가지고 있다. 아울러 그의 교의는 합리주의적이며 시민 사회인에게 적합한 것이기 때문에 프로테스탄티즘의 주류가 되었다. 칼뱅 파는 철저한 성서 지상주의에 입각하여 성서에 명시되지 않은 의식은 모두 부정하였고, 정교 일치의 신정 정치를 추구하였다. 근로를 강조한 칼뱅의 교리는 새로운 근대적인 직업관과 세속적인 금욕 윤리를 낳아 자본주의 발달의 정신적 지주가 되었으며, 상공 시민 계층에게 환영받았다.

코페르니쿠스 Nicolaus Copernicus ■ ■ ■

코페르니쿠스(1473~1543)는 폴란드의 천문학자로, 지동설의 제창으로 천문학계와 사상계에 혁신을 가져왔다. 〈천체의 운동을 그 배열로 설명하는 이론에 대한 주해서〉(1510~1514)라는 논문에 자신의 생각을 정리하였으나, 1543년 《천구(天球)의 회전에 대해서》에서 본격적으로 태양 중심설의 천문학 재해석을 다루었다. 이 책의 최초의 인쇄본은 코페르니쿠스의 임종 때 전달되었다고 하며, 1616년 로마 교황이 이 책을 금서 목록에 올렸다. 이 책의 영향으로 지구는 모든 변화와 소멸의 중심이라고 생각하였으며, 더 이상 창조의 축소판이라고 여기지 않았다. 이로써 우주에 대한 철학적인 개념이 완전히 바뀌었다.

콜럼버스 Christopher Columbus ■ ■ ■

이탈리아의 제노바에서 태어난 콜럼버스는 토스카넬리에게서 지도를 구해 연구한 결과 지구는 구형이며, 서쪽으로 항해하면 아프리카 남단을 우회하는 것보다 훨씬 빨리 인도에 도달할 수 있다는 확신을 가졌다. 그는 포르투갈 왕에게 탐험을 간청하였으나 받아들여지지 않자 에스파냐로 가 이사벨라 여왕의 후원을 받았다. 1492년 8월 3일에 1회 항해를 시작하여, 같은 해 10월 12일에 현재의 서인도 제도의 어느 섬에 도착하여 산살바도르('성스러운 구세주'라는 뜻)라고 이름지었다. 그는 이 곳이 인도의 일부라고 생각하였다. 귀국 뒤 신세계의 부왕으로 임명된 그는 17척에 1,500명의 대선단(대부분 금을 캐러 가는 사람들이었다)을 이끌고 2차 항해를 떠났다. 그는 그곳에 여왕의 이름을 딴 이사벨라 시를 건설하는 한편 인디언들을 동원하여 금을 채굴하였다. 그러나 금의 산출량이 보잘것없자 항해자들은 인디언을 살육하고 노예화하는 만행을 저질렀다. 황금 대신 노예가 본국으로 보내졌고, 콜럼버스는 문책을 당하였다. 3차, 4차 항해도 별 소득이 없었으며, 1504년 이사벨라 여왕이 죽은 뒤 콜럼버스의 지위는 더욱 하락하여 초라한 모습으로 잊혀진 인물이 되었다. 그는 죽을 때까지도 자신이 발견한 땅이 인도라고 믿었다(오늘날 서인도 제도는 여기에서 유래한다). 그가 발견한 서인도 항로를 계기로 아메리카 대륙이 유럽인의 활동 무대가 되었고, 인디언의 수난의 역사가 시작된 셈이다.

콜베르 Jean-Baptiste Colbert ■■

프랑스 중상주의를 대표하는 정치가로, 상인 출신인 그는 루이 14세 치하에서 재상이 되어 프랑스의 국위 선양과 경제력 강화에 노력하였다. 그는 국력을 높이기 위해서는 국부(國富 : 금, 은)를 증가시켜야 하며 이를 위해서는 무역을 진흥시켜야 하고 산업 활동을 장려해야 한다고 생각하였다. 그리하여 재정 지출의 삭감, 세제의 정리, 조세의 수입 확대, 법제의 통일 등을 통하여 중앙 집권을 강화하였으며, 학예를 보호하고 베르사유 궁전을 축조하였다. 그는 관료적인 입장에서 상업 및 산업 등의 부르주아적 발전을 촉진시켰지만 그 자신은 부르주아지의 대변자는 아니었고, 다만 절대 왕정에 봉사하는 고급 관리에 불과하였다. 부르주아지의 자주적인 활동이나 국민의 이해에 대한 그의 반감과 무시는 이런 데에서 연유한다. 한편 그는 해외 식민지의 획득에도 노력함으로써 해군력을 증가시켜 프랑스를 영국, 네덜란드에 견줄 만한 나라로 만드는 데 기여하였다.

크롬웰 Oliver Cromwell ■■

크롬웰은 1642년 혁명이 시작되자 의회군에 소속되어 군인으로서 기병대를 이끌고 활약하여, 그의 군대는 '철기대'라 불리는 등 유명해졌다. 왕당군을 격파한 뒤로는 더 이상의 혁명에 반대하는 장로파와 싸우면서 혁명을 더욱 추진시켰다(1645년 뉴우 모델 아미의 편성, 1648년 프라이드 퍼어지, 1649년 국왕의 처형 등). 왕의 처형 뒤 영국의 민주화는 현저하게 진척되어 '공화국이며 자유국'의 탄생을 보았지만, 그것은 중산 시민층과 자영농을 위한 것에 불과하였다. 이에 대하여 소농, 수공업자, 노동자를 사회적 기초로 하는 레벨러즈(수평파)가 반대하였지만, 그는 이를 무력으로 진압하였다. 그러나 이와 같은 상태에서는 공화제조차 유지할 수 없으므로 1652년에는 의회를 비상 수단으로 해산시키고, 호국경에 취임하여 독재 정치를 실시하였다. 대외적으로 항해 조례로 네덜란드에 큰 타격을 주기도 하였으나, 그가 죽은 뒤 독재 정치에 대한 국민의 불만이 높아져 왕정 복고가 이루어졌다.

크림 전쟁 Crimean戰爭 ■

크림 전쟁(1853~1856)은 러시아의 대외 팽창 정책 가운데 남진 정책과 관련한 투르크와의 전쟁이다. 이 전쟁은 가톨릭 교회와 그리스 정교회 사이의 성지 예루살렘에 대한 관리권 다툼으로 일어났다. 나폴레옹 3세가 오스만 투르크로부터 성지 관리권을 얻자 러시아의 니콜라이 1세가 오스만 투르크와 전쟁을 벌였으며, 이에 영국과 프랑스가 오스만 투르크와 동맹을 체결함으로써 러시아의 남진 정책은 실패하였다. 이를 계기로 근대화의 필요성을 절감한 알렉산드르 2세는 농노 해방령을 선포하였다(1861년).

테르미도르의 반동 ■■

테르미도르의 반동은 프랑스 혁명기인 1794년 7월 27일(혁명력 제2년 테르미도르 9일)에 일어난 반란으로, 쿠데타로 인하여 로베르피에르 파가 몰락하고 공안 위원회의 독재가 해체되어 공포 정치를 종결시킨 사건이다. 공포 정치 시기에 공안 위원회가 강력한 지도 아래 재정 위기를 극복하고 국내의 반혁명 세력을 진압하였으며 혁명 전쟁도 호전되었다. 이에 따라 봉건 지대에서 풀려나 토지를 분배받은 소농과 유산 시민 들이 보수화하여 전처럼 강력한 지지를 보내지 않았으며, 혁명 정부 내부의 분파 항쟁이 계속되는 가운데 부르주아적인 당파들이 쿠데타로 주도권을 회복하였다. 이에 혁명 입법을 폐기하고 부르조아적 안정을 꾀하였으며, 1795년에 총재 정부가 성립되었다.

토머스 모어 Thomas More ■ ■

영국의 인문주의자 · 정치가 · 대법관. 옥스퍼드 대학 재학중 에라스무스와 사귀어 그 영향을 받았으며, 평생 친하게 교류하였다. 변호사였으나 종교상의 회의를 느껴 수도사가 된 그는 국왕 헨리 8세의 신임을 얻어 1504년 하원 의원에 선출되었고, 1510년에 부지사, 1529년에 대법관이 되었다. 그러나 가톨릭 신앙을 고수하여, 국왕의 이혼에 반대함으로써 런던 탑에 유폐되었다가 처형되었다. 저서인 《유토피아》는 빈곤도 호사로움도 없으며, 사유 재산도 없는 이상적 국가, 사회를 가톨릭적인 인도주의 입장에서 묘사하여, 르네상스 시대를 반영한 유토피아 소설의 백미로 꼽힌다.

톨스토이 Tolstoy ■ ■

러시아의 작가인 톨스토이는 1853년 크림 전쟁에 종군하였으며, 《유년 시대》(1852년), 《소년 시대》 · 《청년 시대》(1857년), 《세바스토폴리 이야기》(1855년)를 군대 생활중에 썼다. 1857년 유럽을 유람하고 귀국한 뒤에는 학교의 설립과 교과서의 편찬에 종사하였고, 자유주의적 진보주의로 기울어졌다. 1869년에 나폴레옹 전쟁을 주제로 한 《전쟁과 평화》를 완성하였다. 1873년에 《안나 카레니나》로 귀족 사회를 묘사하였다. 하지만 이 즈음부터 종교적인 번민에 빠졌고, 1882년에는 《참회》를 발표한 것은 물론 《우리는 무엇을 할 것인가》(1884년)를 써서 사랑과 무저항주의를 역설하였다. 1900년 《산 송장》과 《부활》을 썼으나, 자신은 사회적 모순과 허위 생활에 대한 고민 끝에 집을 나와 객사하였다.

통령 정부 統領政府 ■

1799년 프랑스 혁명기에 쿠데타로 성립한 정부. 4원제(원로원, 입법원, 참의원, 법제 심의원)로 구성된 입법부는 권한이 적었고, 세 명의 집정이 행정권을 행사하였으나 사실상 제1집정 나폴레옹의 독재였다. 제2회 프랑스 동맹과의 전쟁, 반정부 세력의 탄압, 로마 교황과의 종교 협약 체결, 나폴레옹 법전의 제정 등을 수행하고 결국 혁명의 부르조아적 안정을 추진하였다. 1802년 8월, 나폴레옹은 종신 통령에 추대되고, 2년 뒤에 황제로 즉위, 제정하였다.

통일령 統一令 ■

영국 국교회에서 예배·기도·의식 방법을 통일한 법령으로, 예배 통일법이라고도 한다. 1334년 헨리 8세의 '국왕 지상법(國王至上法, 首長令)'은 영국을 로마 가톨릭 교회의 지배에서 완전히 벗어나게 하였으나 교의(敎義)와 의식은 여전히 가톨릭을 답습한 것이었다. 1349년 에드워드 6세 때 통일령이 공포되어 비로소 프로테스탄트 양식이 가미된 기도서와 42개조의 신앙 신조가 제정되었다.

트리엔트 공의회 Trient公議會 ■

1545~1563년 북이탈리아의 트리엔트에서 열린 로마 가톨릭 교회의 제19차 에큐메니컬 공의회로, 종교 개혁 운동으로 생긴 유럽 교회의 혼란과 분열을 종식시키는 데에 목적이 있었다. 개혁자들에게 지적 당한 폐습을 개혁하고, 7성사(七聖事), 화체설(化體說), 원죄 등의 교의를 명확히 하였다. 이로써 중세에서의 교의나 전례(典禮)의 다양성은 없어지고 통일적 교회를 목표로 하는 근대적 가톨릭 주의가 수립되었다. 그러나 규율면에서는 부재 성직록 폐지, 주교의 감독권 강화, 면죄부 판매인 폐지, 신학교 정비에 의한 강론

능력이 풍부한 사제 양성 등 교회 활성화에 기여하고 영성 생활에
기반을 제공하였다.

파리 조약 Paris條約 ■

파리 조약(1783년)은 미국의 독립 혁명을 종결시킨 조약이다. 요크
타운에서의 패전 뒤 영국은 프랑스와 대항하고, 미국의 독립으로
발생하는 손해를 줄일 목적에서 우호적 태도로 나왔기 때문에 이
조약은 미국에 유리하게 맺어졌다. 영국은 북아메리카의 독립을 인
정하고 미시시피 강 동쪽 땅을 인도하였다. 동시에 영국은 독립 운
동을 원조한 프랑스, 에스파냐와 베르사유 조약을 맺어 풍상스에게
서인도 제도의 토바고 섬과 세네갈을, 에스파냐에게 플로리다와 미
노르카를 양도하였다.

파리 코뮌 Paris Commune ■

1870년 9월, 나폴레옹 3세의 항복과 더불어 파리에서는 공화정이
선포되었다. 다음해 2월에는 비스마르크의 권유에 따라 총선거가
실시되고, 보르도에 국민 의회가 소집되었다. 그러나 이 의회의 다
수를 차지한 것은 왕당파 계통의 명사나 부유층으로서, 이를 토대
로 수립된 임시 정부가 프로이센과 강화 조약을 맺자 3월에 파리의
노동자와 소시민층은 반란을 일으켜 '파리 코뮌'이라고 불리는 노
동자 중심의 새로운 정부를 수립하였다. 그러나 5월 말 임시 정부
군대의 공격을 받고 파리 코뮌은 분쇄되었다. 파리 코뮌은 무산자
를 주체로 하여 세워진 세계 최초의 사회주의 정부라는 데에 그 의
의가 있다.

페트라르카 Francesco Petrarca ■■

이탈리아의 학자·시인·인문주의자인 페트라르카의 문학적 업적은 우아한 이탈리아 어 시(詩)와 인문주의의 선구를 이루는 방대한 라틴어 작품의 두 분야로 나뉜다. 두 분야 모두 그리스도교 중세의 붕괴를 예견하고, 시대의 위기를 해결하려는 정신적 소산이었다. 스콜라 학파를 배척하고, 고대의 고전을 통해 그리스도 교인이 지녀야 할 생활 태도를 모색하였으며, 중세 연애시의 전통을 계승한 시집 《칸초니에레》에서는 르네상스 서정시의 방향을 결정지었다. 그의 시는 중세의 정신적·종교적 사상과 고전적 우아함을 아울러 갖추고 있어, 단테의 신학적·중세적 경향에 비하여 인문주의적이며, 근대적 우울과 자연의 아름다움도 묘사되어 있다.

펠리페 2세 Felipe Ⅱ ■■

1556년부터 1598년까지 재위한 에스파냐 국왕으로, 신성 로마 황제인 카를 5세의 아들이다. 포르투갈의 마리아, 영국 여왕 메리 튜더, 프랑스 왕 앙리 2세의 딸 발르와의 엘리자베트, 황제 막시밀리안 2세의 딸 안나와 모두 합하여 네 차례의 결혼을 함으로써 당시의 유럽을 주름잡았다. 젊어서부터 밀라노, 나폴리, 시칠리아, 네덜란드 등 여러 나라를 지배하였기 때문에 1556년 왕위에 즉위하였을 때는 신세계에 걸치는 광대한 영토을 지배하였다. 그야말로 태양이 지는 일이 없는 영토였다. 1557년 프랑스 군을 격파하여 프랑스의 종교 전쟁에 개입하였으며, 1569년에는 투르크 군을 레판토의 해전에서 격파하였다. 1581년에는 포르투갈을 병합하였으나 1588년 아르마다 싸움에서 영국 함대에게 패하여 그의 빛나는 전성기는 막을 내렸다. 그의 시대를 정점으로 에스파냐의 절대주의는 국가 번영의 기초를 신대륙 무역에 의한 거부의 축적과 메스타를 중심으로 하는 국내 모직물 공업의 발전에 두었다. 하지만 속령 네덜란드에 대한 종교적 간섭과 국내의 중소 생산자인 무어 인에 대한 종교적 박해 때문에 스스로의 경제적 기반을 붕괴시켰다. 펠리페 2세는 전형적인 르네상스적 군주인 까닭에 예술의 보호에도 힘썼다.

표트르 대제 Pyotr Ⅰ ■■■

표트르 대제의 개혁을
상징하는 그림

러시아 황제(재위 1682~1725). 1697년에는 사절단과 함께 네덜란드, 영국, 독일 등지를 순회하면서, 조선술, 포술을 배우는 한편, 각국의 풍속, 제도를 연구하고 귀국한 뒤 귀족에게 서유럽 식의 풍속 관습을 강요하였으며, 율리우스 력을 채용하는 등 적극적인 개혁에 착수하였다. 1700년 발트 해 진출을 기도하여 북방 전쟁을 벌였고, 1711년 투르크와의 싸움에 패하였다. 그러나 1721년 뉘스타트 조약에서 발트 해 연안을 획득하여 숙원을 풀었다. 1722, 1723년 페르시아에 원정하여 카스피 해 서안을 병합하였다. 이러한 전쟁은 농민에게 군사, 운수 등 계속적으로 무거운 부담을 지워 초기에는 농민의 반란을 야기하였으므로 그는 내외의 곤란을 극복하기 위하여 강력한 행정 조직의 확립을 목표로 절대주의 국가를 확립하였으며, 교육 문화에도 힘을 기울여 러시아의 근대화에 큰 역할을 수행하였다.

프랑스 제2제정 ■■

프랑스 제2제정(1851~1871)은 2월 혁명 뒤 수립된 제2공화정의 대통령 루이 나폴레옹이 1851년 쿠데타를 일으켜 독재권을 잡고, 이듬해 국민 투표로 황제의 지위에 오름으로써 성립되었다. 그는 상공업을 장려하여 경제적 번영을 꾀하는 한편 파리 시의 개조와 만국 박람회 개최 등 대사업을 일으켰다. 또한 크림 전쟁과 이탈리아 통일 전쟁 등 적극적인 대외 팽창 정책을 펴 국민적 영광을 약속하였다. 그러나 정치적 안정을 구실로 자유를 억압하다가 프로이센과의 전쟁에서 패하여 몰락하였다.

프랑스 혁명 France革命 ■ ■ ■

프랑스 혁명은 절대 왕정하의 사회 체제, 즉 구제도의 모순 때문에 발생하였다. 구제도 아래에서 제1신분인 성직자와 제2신분인 귀족이 광대한 토지를 소유하고 관직을 독점하면서 면세 특권을 누리

국민 의회 시대	인권 선언 발표, 봉건적 공납의 유상 폐지
↓	
입법 의회 시대	대불(對佛) 동맹군 침입, 지롱드 당(=온건파)과 자코뱅 당의 대립
↓	
국민 공회 시대 (제1공화정)	자코뱅 당의 정권 장악(=로베스피에르의 공포 정치 ; 루이 16세 처형, 징병제, 혁명력 제정, 미터 법 실시, 통제 경제, 봉건적 공납의 무상 폐지→1793년의 헌법(최초의 민주적 헌법, 보통 직접 선거)
↓	
총재 정부 시대	지롱드 당의 5인 총재
↓	
나폴레옹	유럽 대륙 제패 → 내정(=중앙 집권화, 나폴레옹 법전) → 몰락의 기운(=대륙 봉쇄령, 러시아 원정 실패) → 의의 : 각국에 민주의의 각성, 유럽에 프랑스 혁명의 이념을 전파

| 프랑스 혁명의 과정 |

프랑스 혁명 3신분

는 계급인 것에 반해, 제3신분인 시민과 농민은 전 인구의 90퍼센트를 차지하고 국가 재정의 대부분을 부담하면서도 그들의 역량에 알맞은 지위를 보장받지 못하였다. 제3신분 중 상공업자를 중심으로 한 시민 계층은 계몽 사상가들의 개혁안과 혁명 사상을 받아들여 절대 왕정의 전제 정치와 봉건적 요소를 타파하고 자유로운 시민 사회를 건설하고자 하였다.

프로이센 Preussen ■ ■ ■

30년 전쟁을 겪은 독일의 중심은 전쟁의 피해가 적었던 동부로 옮겨 합스부르크 가의 오스트리아와 호엔촐레른 가의 프로이센이 대두하였다. 선제후인 호엔촐레른 가에서 지배하던 브란덴부르크 공국은 프리드리히 빌헬름 때 독일 기사단(십자군 시대에 성지 순례자 보호, 성지 방위를 목적으로 한 종교 기사단)이 개척하여 폴란드 주권 밑에 있던 프로이센을 병합하였다. 이렇게 성립한 프로이센은 프리드리히 1세 때 왕위 계승 전쟁에서 황제를 도와 참전한 공로로 국왕권을 획득하였다. 프리드리히 2세는 대표적인 계몽 전제 군주로 대외적으로는 오스트리아 왕위 계승 전쟁, 7년 전쟁, 폴란드 분할 등 영토 확장 정책을 취하였고, 안으로는 과학적인 농법 채용, 법률의 간소화, 산업의 장려 등 근대화 정책을 추진하였다. "군주는 국가 제1의 공복이다"라는 말로 유명하다.

프로이센-오스트리아 전쟁 ■

1866년 프로이센과 오스트리아 사이에 일어난 전쟁으로, 7주 전쟁이라고도 한다. 프로이센과 오스트리아가 독일의 통일 문제를 둘러싸고 계속 대립하는 가운데 빌헬름 1세가 무력에 의한 오스트리아 타도를 꾀하고 비스마르크를 기용하여 군비를 확장하였다. 슐레스비히, 홀슈타인 두 공국에 관한 문제를 계기로 싸움이 시작되어 1866년 6월 15일, 개전과 동시에 프로이센 군은 동맹 제국과 함께 진격하여 오스트리아 군을 연파하였다. 오스트리아는 화의를 요청하였고, 8월에 프라하 조약이 체결되었다. 오스트리아는 독일의 통일 문제에 간섭하지 않을 것과 슐레스비히, 홀슈타인을 프로이센에 내줄 것을 약속하였다. 프로이센은 그 뒤 독일 연방을 조직하여 독일 통일의 기초를 다졌다.

프로테스탄트(신교)의 탄생 ■ ■ ■

루터의 종교 개혁은 결국 아우크스부르크 종교 화의를 통하여 루터파를 승인함으로써 결말을 맺었다. 그러나 개인에게 종교의 선택권이 주어진 것은 아니었다. 한 지역의 지배자가 그 지역의 종교를 결정한다는 원칙에 따라 각 영방 국가의 제후나 자유 도시의 지배자들이 종교의 선택권을 가졌으며, 칼뱅 파는 인정받지 못하여 뒤에 있을 30년 전쟁의 불씨를 남겼다. 그러나 루터 파를 인정하여 그리스도 교 세계의 통일이 무너지고, 로마 교황의 지배를 받지 않는 새로운 교회가 나타났다. 흔히 신교를 '프로테스탄트'라고 부르는데, 이것은 로마 교회에 '항의하는 사람들'이라는 의미에서 붙은 이름이다.

프리드리히 2세 Friedrich Ⅱ ■ ■ ■ ■

프로이센 국왕(재위 1740~1786)으로, 흔히 프리드리히 대왕으로 알려져 있다. 1740년 즉위 5개월 뒤 오스트리아 황제 카를 5세가 숨지자 슐레지엔의 상속권을 둘러싸고 오스트리아 왕위 계승 전쟁(1740~1748)을 일으켜 슐레지엔을 획득하였다. 그 다음의 7년 전쟁(1756~1763)에 이르기까지 약 10년 동안 그는 많은 치적을 쌓았다. 산업 정책은 중상주의로 부왕 프리드리히 1세의 통치를 계승하였다. 계몽 전제주의를 신조로 하였으나 본질적으로는 전제 정치였다. 사회 구조는 개혁하지 않았으며, 엄격한 신분간의 구분이 존재하였다. 그는 스스로를 무신론자라고 칭하였으나 종교적으로 관용을 베풀었다. 군비를 강화하여, 그가 사망할 때 군인 수는 19만 5,000명에 달하였고 국세의 2/3가 군비에 쓰였다.

항해 조례 航海條例 ■ ■ ■

넓은 의미에서는 리처드 2세 이래의 영국 무역을 규제한 규정의 총칭이며, 좁은 의미로는 1651년의 크롬웰의 항해 조례 및 1660년, 1663년의 조례를 가리킨다. 청교도 혁명 때 크롬웰이 국내 상공업의 발전을 위하여 네덜란드 중계 무역에 타격을 가한 조례로서, 유럽 대륙에서 영국에 수입되는 상품은 영국 선박이나 생산국의 선박만이 수송할 수 있고, 유럽 대륙 이외의 지역(아시아, 아메리카 등지의 식민지)에서 수입되는 상품은 영국 선박만이 수송할 수 있다고 규정하였다. 이 항해 조례는 영국의 해상 진출에 크게 공헌하였으며, 자본 축적에 커다란 역할을 하였다. 그러나 19세기 산업이 더욱 발달함에 따라 자유 무역을 방해하는 결과가 되어 폐지되었다.

헤겔 G.W.F Hegel ■ ■ ■

독일의 철학자인 헤겔(1770~1831)의 주요 저서로는 《정신 현상학》, 《대논리학》 등이 있는데, 이를 일관하는 특징은 변증법과 이성주의이다. 세계를 현실과 이성의 일치라고 본 그는 절대적이고도 유일한 방법인 변증법을 통해 절대 정신으로 향해 전개되는 세계를 이성적으로 추구하였다. 독일 관념론 테두리 안에서 변증법을 완결시킨 그의 영향은 세계로 퍼져 헤겔 학파를 이룩하였다. 하지만 포이에르바하로부터 시작되는 헤겔 좌파는 논리가 정반대인 유물 변증법을 만들기에 이르렀다. 《법 철학》에서 프로이센의 절대주의를 긍정하였으며, 《역사 철학》에서는 게르만 인만이 세계 역사의 영위자라는 독단에 빠지기도 하였다. 그는 미학, 종교 철학, 철학사 등의 저술도 많이 남겼다.

헨리 8세 Henry Ⅷ ■ ■

영국의 국왕(재위 기간 1509~1547). 독실한 가톨릭 교도이었으나 앤 불린과의 연애와 왕비와의 이혼 문제 등으로 교황과 대립하였다. 1543년 수장령을 발표하여 스스로 영국 교회의 수장이 되고, 로마 교회에서 이탈하여 수도원을 해산시키고 재산을 몰수하였다. 왕비를 여섯 명이나 바꾸고, 측근의 많은 사람을 처형하는 등 폭정을 휘둘렀으나 전형적인 절대 군주였다. 영국 절대주의는 그로부터 강화되어 엘리자베스 여왕의 치세로 이어졌다.

홉스 Thomas Hobbes ■ ■

영국의 철학자이자 정치 사상가이다. 그는 저서인 《리바이어던》 (1651년)에서 사회 계약설의 입장에서 절대주의를 이론화하였다. 자기 보존을 위해서 자연권을 마음대로 행사하는 이기적인 개인 집

단인 사회는 '만인(萬人)의 만인에 대한 투쟁' 의 장이기 때문에 오
히려 개인의 안전을 상실할 수도 있는 결과가 되므로 이성은 보편
적인 자연법의 실현을 요구한다. 이리하여 자연권을 주권자에게 넘
기고 주권자는 이 계약을 강행하기 위하여 계약을 초월하여 존재하
는 것이므로 주권력은 절대적인 것이라 하였으며, 국가를 거대한
괴물인 '리바이어던' 으로 비유하였다. 그 밖의 주요 저서 《철학 원
리》는 제1부 〈물체론〉(1655년), 제2부 〈인간론〉(1658년), 제3부
〈시민론〉(1642, 1647년)으로 나누어져 있다. 또 그는 《법의 원리》
(1640년)에서 인간은 절대적인 주권에 종속될 때 평화적인 공동 생
존이 가능하다는 사상을 구체화하였다.

T.홉스의 《리바이던》
무수히 많은 작은 국민들 왕관을 쓴 거대한 국왕의 몸을 구성하고 있는 표지 그림이 책의 취지를
상징하고 있다(1651년).

근대 아시아의 발전

강희제 康熙帝 / 성조 聖祖 ■■

청나라의 제4대 황제로, 재위 기간은 1661년부터 1722년까지이다. 치세 초기 세 번의 난을 진압하였고, 대만을 근거지로 반항을 계획하던 명의 유신 정성공 일족을 멸하고 중국 전 국토를 통일하였으며, 러시아와 네르친스크 조약을 맺어 외몽고와 티베트를 판도에 넣었다. 내정을 충실히 하고 문화 사업을 일으켜 청조의 전성기를 열었다. 국내 정치에서는 탐관오리를 제거하고, 절약에 힘써 국민의 생산에 특히 관심을 기울였으며, 조세의 경감, 장정세의 폐지 등 세제의 합리화에 전력하였다. 역대 중국의 황제 가운데 재위 기간이 61년으로 가장 길었고 훌륭한 임금으로 전해진다.

건륭제 乾隆帝 / 고종 高宗 ■■

청나라 6대 황제로, 재위 기간은 1735년부터 1795까지이다. 청조 전성기의 황제로, 열 차례에 걸친 정벌을 통하여 중국의 최대 판도를 확보하였으며, 미얀마·안남·타이 등을 속국으로 삼았다.《사고 전서》편찬 등의 문화 사업을 펼치는 한편 사상 탄압도 행하였으며, 치세 말기에는 화신 등의 부패한 고관을 신임하는 등 청 쇠퇴의 조짐을 보이기 시작하였다.

고증학 考證學 ■■■

중국 청나라 때 학계의 주류를 이룬 학문의 한 방법이다. 송나라 때의 사변 철학인 주자학이나 명나라 때의 관념론 철학인 양명학과는 대조적으로, 폭넓게 자료를 수집하고 엄격한 증거에 의거하여 실증적으로 학문을 연구하고자 하였으며, '실사구시(實事求是)'가 그 신조였다. 대상으로 삼는 영역은 경학(經學)을 중심으로 문자학 · 음운학 · 역사학 · 지리학 · 금석학 등 매우 광범위한 분야에 걸치고 있다. 끊임 없는 사상 탄압 속에서 학자들은 현실에 대한 관심을 포기하고 고증학적인 학문의 방법만을 계승, 발전시켰다. 청조 고증학자들이 대량의 고전 문헌을 정리하여 고증학적 연구가 획기적으로 진행되었는데, 이와 같은 학문은 매우 전문적인 학문을 위한 학문으로, 현실에 대해서는 아무런 유효성을 갖지 못하였다. 이 때문에 19세기 중엽, 국내의 모순이 격화하고 열강의 침략이 시작되어 청조의 지배 체제가 동요하기 시작하자 학문의 본질에 대하여 심각하게 반성하여 다시 실천에 도움이 되는 학문을 추구하였다. 청조 말기의 공양학파는 고증학에서 출발하면서 공양학을 변혁의 이론으로서 발전시켰다.

곤여 만국 전도 坤輿萬國全圖 ■

1602년 명대에 입국한 이탈리아의 예수회 선교사인 마테오 리치가 간행한 세계 지도이다. 한자로 제작된 최초의 과학적인 세계 지도

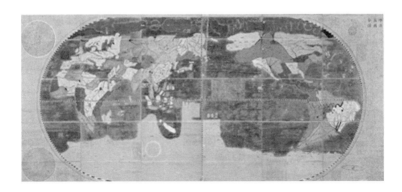

로, 오르텔리우스 도법을 사용하여 전세계를 타원형 지도로 나타냈
으며, 중국을 지도의 중앙에 놓고 베이징을 경(經) 0°로 하였으며,
지도 안에 세계의 지지(地誌)를 간단히 기입하여 중국인의 세계관
변화에 크게 기여하였다.

공양학 公羊學 ■■

고증학이 점차 형식화되자 이를 비판하며 나온 것이 청나라 말의
공양학이다. 고증학은 현실 정치나 사회의 문제 등에 대하여 둔감
한 반면 과학적인 방법을 개창하여 학문 발달의 깊은 경지를 보여
주기도 하였다. 그러나 19세기 초엽부터는 현실 사회의 문제에 대
한 비판 의식이 싹텄는데, 이는 고증학의 전개 과정에서 등장한 공
양학 이론을 통해서 가능하였다. 공양학의 역사 인식에는 세계주
의, 혁명 사상, 진보관이 포함되어 있다. 무술 변법을 주도한 캉 유
웨이는 공양학을 바탕으로 개혁적인 논리를 전개하였다.

공행 公行 ■■

외국과의 무역을 할 수 있는 특허 상인의 조합을 말한다. 청조에서
는 관세를 징수하기 위하여 관리를 두는 것보다 상인들에게 청부를
하는 편이 편리하다고 생각하여 공행을 설치하고 그들에게 직접 무
역할 수 있는 독점권을 주고 그 대신 관세를 책임지고 징수하여 국
가에 상납하도록 하는 의무를 부여하였다. 이러한 공행 제도는 아
편 전쟁 뒤 자유 무역의 조류에 따라 폐지되었다.

광서제 光緒帝 / 덕종 德宗 ■

청조의 11대 황제로, 재위 기간은 1874년부터 1908년까지이다.
1887년까지 서태후가 섭정하였다. 치세중 러시아·프랑스·영국

에 영토를 부분적으로 빼앗기고 청 · 일 전쟁에 패하였다. 위기에서 벗어나기 위하여 혁신 사상을 가진 캉 유웨이 일파의 지지로 일본 의 메이지 유신을 본떠 변법자강 운동을 벌였다. 하지만 1899년 변 법자강 운동을 반대하던 서태후와 수구파가 무술 정변을 일으킴으 로써 실패하고 자금성에 유폐되었다가 병사하였다.

교안 教案 / 구교 운동 仇教運動 ■

청나라 말에 전국 각지에서 일어난 그리스도교의 선교사 및 중국인 신자에 대한 박해 사건을 말한다. 애로 호 사건의 결과 그리스도교 가 공인되어 각국의 선교사는 오지로 들어가 포교하였는데, 그 신자 들은 유교를 부정하고 전통적인 중국 봉건 사회 안에서 이질적인 집 단을 형성하였다. 그로 인하여 각지의 향신(鄕神)과 회당(會黨, 비밀 결사) 등이 선교사와 신자 들을 박해하고 교회를 불태우는 등 갖은 분쟁이 잇따라 일어났다. 이러한 사건이 일어날 때마다 열강이 항의 와 터무니없는 요구를 함으로써 다시 민중의 분노를 사서 끝내는 의 화단 사건으로까지 발전하였다. 1868년의 톈진 교안(敎案), 1895 년의 양쯔 강 연안 일대의 교안 등이 특히 유명하다. 중국에서의 이 같은 반(反) 그리스도교 운동을 구교 운동이라고 한다.

군기처 軍機處 ■■

청조 때의 최고 정무 기관으로, 3~6명의 군기 대신과 사무관인 군 기 장경으로 구성되었다. 1729년, 옹정제가 중가르 부 토벌에 즈음 하여 기밀을 유지하기 위하여 임시로 설치한 군기방이 그 전신이 다. 1732년에 군기처로 개칭되면서 상설 기관이 되었으며, 이어 내 각의 권능을 이어받아 국가의 최고 기관이 되었다.

난징 조약 南京條約 ■ ■ ■

아편 전쟁의 결과 영국과 청나라 사이에 체결된 최초의 불평등 조약으로, 이 조약의 결과 중국의 문호가 개방됨으로써 열강의 중국 침략의 계기를 제공하였다. 이 조약은 영토의 할양, 배상금 지불, 5개 항구의 개항을 주요 내용으로 한다. 아편 때문에 발생한 전쟁이나 아편에 관한 내용은 난징 조약에 포함되지 않은 것이 특징이다. 이 조약 뒤 미국은 왕샤 조약, 프랑스는 황푸 조약을 체결하여 중국 내륙까지 시장을 확대하려고 하였다.

| 중국과 서구 열강이 맺은 불평등 조약 |

조약명	계 기	내 용
난징 조약	아편 전쟁	홍콩의 할양, 상하이, 닝보, 푸저우, 아모이, 광저우 개항, 공행 폐지, 영사 재판권, 최혜국 대우(호문 추가 조약)
텐진 조약	애로 호 사건	베이징 외교관 주재, 배상금 지불, 10개 개항장 추가, 그리스도 교 포교 자유, 내지 여행의 자유
베이징 조약		주흥의 할양, 텐진 개항, 가톨릭 교회의 재산 취득 허용, 러시아에 연해주 할양
신축 조약	의화단 운동	배상금 지불, 외국군의 베이징 주둔 인정, 관세의 담보

난카쿠 蘭學 ■ ■ ■

18세기 에도 막부 초기의 전통적·현실적·합리적인 사조 위에 서양의 새로운 학문을 도입하여 학계와 사상계에 새로운 물결을 가리킨다. 네덜란드의 영향을 받아 이를 난카쿠라 한다. 쇼군의 실학 장려와 서양 근대 과학의 영향을 받아 의학·천문학·지리학 등이 특히 발전하였다. 그러나 이들이 점차 서양의 발전에 주목하여 그렇지 못한 일본의 현신을 비판하자 막부는 한때 탄압 정책을 가하기도 하였다.

네르친스크 조약 Nerchinsk條約 ■ ■

1689년 청 · 러시아 간에 체결된 평등 조약으로, 러시아의 남하 정책으로 이루어졌으며, 중국이 외국과 체결한 최초의 근대적 조약이다. 중국과 러시아가 스타노보이 산맥을 경계로 국경을 정하였다.

누르하치 奴爾哈齊 ■ ■

중국 청나라의 초대 황제로, 재위 기간은 1616년부터 1626년까지이다. 묘호는 태조(太祖)이기도 하다. 16세기 말에 자립하여 여진의 여러 부(部)를 평정하고, 1616년 칸의 자리에 올라 국호를 후금, 연호를 천명이라 제정하였다. 1619년 사르프에서 명나라 군을 격파하고, 그 뒤 랴오양을 함락시켜 그곳에 도읍을 정하고 1625년 선양에 도읍을 정하여, 팔기 제도를 확립하고, 만주 문자를 제정하는 등 청조 발전의 기초를 닦았다. 아들인 태종 때 국호를 청으로 개칭하였다.

다이묘 大名 ■ ■

일본의 헤이안 시대부터 전국 시대까지의 무사를 일컫는 명칭이다. 당초에는 큰 묘덴을 영유하는 자, 나중에는 부하 일당을 거느리고 현지를 지배하는 유력한 무사를 말하였으나, 에도 시대에는 1만 석 이상의 무신으로서 장군에게 예속되어 있는 영주를 가리킨다. 이들 다이묘의 봉토 지배는 막번 체제의 기본적인 체제가 되었다.

대동 사상 大同思想 ■

중국적 유토피아 사상으로, 계급적 차별과 착취가 없는 자유 · 평등 · 평화의 사회를 구상한다. '대동(大同)'이란 《예기》〈예운편〉에 "권력을 독점하는 자 없이 평등하며, 재화는 공유되고 생활이 보장

되며, 각 개인이 충분히 재능을 발휘할 수가 있고, 범죄도 없는 세상"이라고 정의되어 있다.

도요토미 히데요시 豊臣秀吉 ■■■▫

중세 일본의 무장이다. 16세기 오다 노부나가가 시작한 일본 통일의 대업을 완수하였고, 1592년과 1596년의 한반도 파병(임진 왜란과 정유 재란)에는 실패하였다. 이 사이 1585년에 간파쿠, 1586년에 다조다이진의 최고위 관직과 함께 도요토미의 성을 하사받았다. 노부나가의 정책을 계승함과 동시에 획기적인 신정책의 실시로 근세 봉건 사회의 기초를 구축하였다.

도쿠가와 이에야스 ■■■▫

일본의 마지막 바쿠후인 도쿠가와 바쿠후의 창시자. 1562년 오다 노부나가와 동맹하여 미카와를 평정하였다. 1566년 도쿠가와로 성을 바꾸었고, 1582년 다케다씨를 멸하여 스루가를 병합하였다. 오다가 죽은 뒤에는 도요토미 히데요시의 천하 통일을 도운 공으로 간핫슈의 영주가 되어 에도(지금의 도쿄)에 입성하였다. 도요토미 사후 5 다이로(五大老, 장군의 최고 보좌역)의 필두로서 세력을 장악하였고, 1600년 세키가하라의 싸움에서 이시다 미쓰나리 등을 격파하였으며, 1603년 세이이 다이쇼군이 되어 에도 바쿠후를 개설하였다. 그 뒤 오사카의 싸움에서 도요토미 가를 멸망시키고 전국을 재통일하여 바쿠후 260여 년의 기초를 확립하였다.

동유 운동 東遊運動 ■

베트남의 청년에게 독립 운동에 필요한 근대 기술을 일본에서 배우게 한 운동이다.

동치 중흥 同治中興 ■

1860년 베이징 조약이 체결된 뒤부터 청조도 국제 관계에 눈을 뜨고, 또 1861년 목종 동치제가 즉위하여, 동태후와 서태후가 섭정하면서부터는 공친왕을 중심으로 외국과의 친화책이 강구되었다. 1864년에는 십수 년 간이나 계속되던 태평 천국의 난이 평정되어 청조는 평온한 나날을 보냈고, 또 증국번, 리홍장, 좌종당 등 유능한 인재가 등용되어 정치의 실(實)을 거두었다. 이를 동치 중흥이라 한다. 이로부터 청조의 정치에는 만주인 대신에 한인(漢人)들이 등장, 큰 힘을 미쳤고 지방 권력도 강화되었다.

량 치차오 梁啓超 ■■

청나라 말, 중화민국 초기의 사상가이다. 캉 유웨이의 제자로 변법 운동에 참가한 그는 일본에 망명한 뒤에는 독립 운동과 후진 계몽에 힘썼으며, 청나라의 입헌 군주제적 개혁을 주창하며 혁명파 기관지 《민보》와 논쟁을 전개한 한편 중국 내의 입헌 운동을 지도하였다. 신해 혁명 뒤 귀국하여 위안 스카이의 정치 고문이 되었으나, 위안 스카이의 제정(帝政)에는 반대하였으며, 1915년과 1916년의 제3혁명 계획에 참여하였다. 그 뒤 돤치루이 내각의 재정 총장이 되었다. 그는 계몽 사상가로서 커다란 기여를 하였으나, 뒤에는 군벌 · 관료와의 결합을 굳히고 혁명 운동에 반대하는 보수성을 보였다.

러 · 일 전쟁 Russo · Japanese戰爭 ■■■

1904년 2월부터 1905년 9월까지 한국과 남만주에 대한 지배권을 둘러싸고 러시아와 일본 사이에 일어난 전쟁이다. 1903년 4월, 러시아는 의화단 운동을 진압한 뒤 만주 주둔군의 2차 철병을 미루며

만주에 대한 독립적 지배와 한반도 진출의 야심을 노골화하였다. 이로 인해 일본의 침략 의도와 충돌하여 여러 차례 러 · 일 교섭이 있었으나 합의점에 도달하지 못하였다. 1904년 2월, 일본의 기습 공격으로 시작된 이 전쟁은 뤼순 공방전, 펑톈 전투 그리고 쓰시마 섬 해협에서의 해전 등에서 일본이 승리하였다. 러시아는 제1차 러시아 혁명이 발발하여 더 이상 전쟁을 지속할 수 없자 미국 대통령 루스벨트의 권고를 받아들였다. 1905년 9월에 포츠머스에서 휴전 조약이 성립되고, 같은 해 10월 11일에 강화 조약이 공포되었다. 이 결과로 일본은 당시 한반도에 있어서의 정치 · 군사 · 경제상의 우월권을 가지고, 러시아는 만주에서 철병하고 뤼순 · 다롄 부근의 조차지 및 창춘~뤼순 간의 철도를 일본에 양도하였으며, 북위 50° 이남의 사할린을 할양하였다.

로이 | Rammohan Ray ■ ■ ■

힌두교와 청교도 운동 단체인 브라모 사마지의 인도인 설립자이자 종교 지도자, 영국 통치하에서 인도의 점진 노선을 이끌었던 사회 개혁가이다. 1815년 캘커타에 정주한 그는 아토미야 사바를 결성하여 종교 · 사회 개혁 운동을 시작하였다. 힌두교의 우상 숭배 사상을 비판하고, 베단타 학파의 유일한 무형(無形)의 신을 주장하였으며, 고대 인도의 철학서《우파니샤드》를 영어와 벵골 어로 번역하였다. 또한 영어 교육을 중시하여 앵글로 힌두 학교를 설립하고 벵골 어와 페르시아 신문을 창간하는 등 교육 · 저널리즘 분야에서도 선구자였다. 1828년 그가 창설한 종교 · 사회 개혁 운동 단체인 브라모 사바는 브라모 사마지(협회)로 계승되었다.

리훙장 李鴻章 ■■■

청나라 말의 정치가. 태평 천국의 난이 일어나자 귀향하여 단련을 이끌고 태평군과 싸웠으나 공이 없었고, 1859년 쟝시에 가서 옛 스승인 증국번의 막료가 되었다. 증국번의 천거로 1862년 강소성 순무사가 되고, 상하이 방위를 위하여 의용군인 회용을 이끌고 부임하여 태평군의 주력과 교전, 그의 멸망 뒤 유력한 정치가의 제1인자가 되었다. 1870년 직례 총독 겸 북양 대신이 된 뒤 25년 간 그 지위를 유지하면서 주로 청나라 말의 다난하였던 외교 절충에 임하였다. 1858년의 톈진 조약, 1895년의 시모노세키 조약, 1901년의 신축 조약 등은 그가 체결한 조약이다. 이 외에도 그는 군대 조직, 군사 공업의 근대화 등 양무 운동의 주동 인물이기도 하였다.

마라타 동맹 Maratha同盟 ■■

18세기 데칸 지방을 중심으로 북인도에까지 진출하여 인도 최대의 세력이 된 마라타 세력들간의 연합체. 1707년 샤프가 즉위하여 재건한 마라타 왕국은 18세기 중엽에 내부로부터 크게 변질되었다. 왕국의 실권은 재상 페슈와의 손으로 넘어갔으며 시바지에 의한 건국 이래의 명문의 실권이 상대적으로 약화되고 신흥 제후의 세력이 강대해졌다. 그 때문에 마라타 세력은 데칸 고원을 중심으로 하여 푸나에 재상부를 두는 재상 정부와 인도 각지에 할거한 마라타 제후와의 연합이라는 형태를 취하였다. 이것을 마라타 동맹·마라타 연합 등으로 부르는데, 이들은 18세기에 쇠미해진 무굴 제국을 대신해 영국 세력에 대항하는 대표적 세력이 되었다. 그 뒤 영국의 인도 지배에서의 최대 난점으로서 영국을 괴롭혔으나 세 차례에 걸친 마라타 전쟁 끝에 영국에 병합되었다.

마테오 리치 Matteo Ricci ■ ■

이탈리아의 선교사로, 중국 이름은 이마두이다. 이탈리아의 마체라타 태생으로, 1571년 예수회 교단에 가입하였고, 1582년 중국 선교사로 임명되어 그해 8월 중국에 도착, 본격적인 선교 활동을 시작하였다. 30년 가까이 중국에 머무르면서 중국과 서양의 상호 이해를 위하여 노력하였고 중국 문화를 받아들임으로써 거의 모든 외국인에게 배타적이었던 중국의 문호를 여는 데 선구자적인 역할을 하였다. 한편 천문학과 지리학에 관심을 가져 《곤여 만국 전도》를 간행, 중국 지식인들에게 세계의 여러 지역과 중국의 지리적 관계를 보여주었고, 《중국에서의 그리스도교 선교의 역사》, 《교우론》 등을 출판하였다. 이 밖의 주요 저서로 《신에 대한 확신론》, 《25개의 복음》, 《천주실의》 등이 있다.

막번 체제 幕藩體制 ■ ■

도쿠가와 시대의 정치 체제를 칭하는 것인데, 절대 지배자인 쇼군이 막부를 장악하고, 그 아래 여러 다이묘의 번(藩)이 자치권을 행사하였다. 그러나 영지는 쇼군이 전봉(轉封), 몰수, 감봉(減封)을 임의로 할 수 있어, 막번 체제를 봉건제의 바탕 위에 선 중앙 집권적 정치 체제라고 하기도 한다. 이들은 막부가 제정한 '무가제 법도(武家諸法道)'를 엄격히 준수하여야 하였다. 여기에는 성의 신·증축 금지, 다이묘끼리의 무허가 혼인 금지, 결당 금지, 선박 제조 금지, 기독교 금지 등 엄격한 통제 조항이 들어 있었다. 다이묘들은 군역과 무기를 제공하고 산킨고타이(參勤交代), 처자의 에도 거주, 에도 수비 등의 임무를 띠고 있었다.

메이지 유신 明治維新 ■ ■ ■

1854년 미국의 무력에 굴복하고 문호를 개방하면서 서구의 군사적
위력을 느낀 일본은 하층 무사들이 주동이 되어 에도 막부를 타도
하는 존왕 운동이 일어났다. 1876년에는 국왕 중심의 새 정권이 성
립되고, 이듬해 5개조의 어서문이 발표되면서 개혁이 시작되었는
데, 이를 메이지 유신이라고 한다. 이로써 700년에 걸친 무인 정치
가 막을 내리고 왕권이 회복되었다. 그 뒤 일본은 중앙 집권 체제
강화와 산업 육성, 군비 확충을 위한 부국 강병 정책을 폈으며, 헌
법이 제정되고 의회가 개설되었다. 그러나 일본의 헌법은 국왕의
신성 불가침을 규정하여 의회를 통한 왕권의 견제는 이루어질 수
없었다. 결과적으로 일본의 근대화는 국수주의, 군국주의, 제국주
의로 치달았다.

미국에 의한 개항	페리에 의하여 미 · 일 화친 조약 체결
↓	
왕정 복고(1867)	메이지 천황에게 통치권 반환
↓	
메이지 유신(1868)	프로이센을 모방한 헌법 제정, 근대적 중앙 집권 체제, 징병제 실시, 교육 제도 개선, 상공업 장려 (의의 : 상인 · 자본가 등의 민족 자본 배경, 위로부터의 개혁)
영향 • 조선 : 개화당 • 중국 : 변법자강 운동	
↓	
대륙 침략	강화도 조약 → 청 · 일 전쟁, 러 · 일 전쟁

| 일본의 근대화 과정 |

명 明 ■ ■ ■

중국 역대 통일 제국의 하나(1368~1644)로 한족 최초로 강남을
거점으로 하였다. 몽골 족이 세운 원조(元朝)를 무너뜨리고 한족의

지배를 회복한 왕조로, 만주족이 세운 청조(淸朝)가 등장할 때까지 중국을 지배하였다. 북쪽으로는 조선 · 몽골 · 투르키스탄, 남쪽으로는 베트남 · 미얀마에 이르기까지 영향력을 행사하였다. 수도는 금릉(난징), 뒤에 베이징으로 옮겼다. 초기에는 황제 독재 지배 체제가 확립되어, 3대 영락제 때 전성기를 맞았다. 중기 뒤에는 북로남왜(北虜南倭, 몽골 족과 왜구)와 환관의 횡포에 시달리고 재정난에 빠진 데다 궁정의 분규가 격화되어 쇠퇴하다가 이자성의 난으로 멸망하였다.

명대의 아시아

무굴 제국 Mughal帝國 ■ ■ ■

16세기 초부터 19세기 중반까지 인도를 통치한 이슬람 왕조. 무굴 왕조의 창시자는 바부르이다. 거의 3세기에 걸쳐 인도를 효율적으로 통치하였다. 바부르의 손자인 제 3대 황제 악바르는 집권적 관료

제에 입각한 통치 체제를 확립하였고, 힌두 교도와의 유화를 도모
하여 독특한 인도 이슬람 문화가 궁정 중심으로 개화하였다. 그 뒤
자항기르, 5대 샤 자한에 걸쳐 번영이 계속되고, 6대 아우랑제브 때
영역은 최대로 확대되었으나 이슬람 편중 정책으로 인한 힌두 계
세력의 이탈이 시작되었다. 동시에 궁정의 낭비와 전쟁 비용으로
재정난을 드러냈다. 7대 황제 이후에는 주변 세력의 침공과 반항이
계속되어 분열 상태에 놓였으며, 18세기 후반부터 영국의 식민지화
가 추진되어 델리 부근의 소왕국이 되고 말았다. 1857년에 세포이
항쟁이 나자 무굴 왕조의 마지막 황제 비하두르샤 2세는 미얀마로
추방되었고, 왕조는 멸망하였다.

무술 정변 戊戌政變 ■ ■

청 · 일 전쟁에서 청이 패배하자 열강은 청나라에서 세력을 확보하
는 데 혈안이 되었다. 이러한 추세에 중국인들은 분기하여, 정치 체
제의 개혁과 부국 강병책을 강구하였는데, 그것을 변법 자강 운동
혹은 무술 변법이라 한다. 서태후를 중심으로 한 보수파는 변법자
강 운동의 혁신 정치에 대하여 불만을 품고 그해 9월 정변을 일으켰
다. 보수파 세력이 다시 정부의 요직을 차지하고, 신정부는 불과
100일 만에 붕괴되고 말았다. 이로 인해 중국의 근대화는 한층 뒤
쳐졌다.

문자의 옥 ■ ■

청의 전성기인 강희 · 옹정 · 건륭 시대의 반청적인 중국 지식인들에
대한 대규모의 탄압을 총칭하는 말이다. 특히, 건륭제 때에는 금서
총목이 공포되어 청조에 대하여 불순한 내용이 있는 서책은 출판과
소장 및 구독을 엄금하였으며, 반청적인 학자는 본인뿐 아니라 그

가족과 제자까지 처형하였다. 이러한 문자의 옥은 이민족을 통치하는 청조로서는 불가피한 사상 통제였으며, 고증학을 발달시키는 한 요소가 되기도 하였다.

베이징 조약 北京條約 ■ ■

중국 베이징에서 청나라가 외국들과 맺은 몇 가지 조약의 총칭. 일반적으로는 1860년 청나라와 영국, 프랑스, 러시아가 맺은 조약을 가리킨다. 1858년 톈진 조약의 비준 교환 거부로 영국과 프랑스군이 베이징에 침입하여 함풍제를 내쫓고 원명원을 불질렀다. 그 결과 톈진 조약이 비준되고 이 조약이 체결되었다. 내용은 배상금 증액, 톈진 개항, 주룽 반도의 영국에의 할양 등이다. 러시아는 알선의 대가로 우수리 강 동쪽 연해주를 할양받았다.

벵골 분할 Bengal分割 ■ ■

20세기 초엽, 인도의 반영(反英) 운동을 분열시키려는 목적으로 영국령 인도 정청에서 시행한 분할 정책을 벵골 분할이라 한다. 당시 벵골은 오리사와 비하르 두 주로 되어 있었으므로 명목상 광대한 벵골 주의 능률적 행정을 위해서 동벵골 아삼주와 비하르·오리사의 일부를 포함시킨 벵골 주로 분할한다는 것이었다. 배후에는 종래의 영구 토지 설정을 폐지하여 지조(地租)를 증액한다는 재정상의 속셈 외에, 반영 운동이 가장 치열한 벵골 지역을 힌두 및 무슬림(이슬람 교도)이 각기 많이 거주하는 지역이라는 종교적 척도로 분단해서 운동 자체에 분열을 초래하려는 정치적 의도가 있었다. 이에 대해서 벵골뿐 아니라 펀자브·봄베이 주, 남쪽의 마드라스 주에도 분할 반대 투쟁이 번져 갔다. 벵골에서는 무슬림 농민도 이 운동으로 결집하였다. 1905~1908년 B.G. 틸라크와 L. 라지파트라이 등 급진적 민족파의 지도로 스와데시(국산품 애용) · 영국 상품 배척 운동 등이 광범위하게 조직되고, 민족 독립을 의미하는 스와라지의 목표가 내세워져 인도의 민족 운동 사상 큰 전기를 이루었다. 이러한 운동에 대한 일정한 양보로 1911년에 이르러 분할령은 철회되었다.

변법 자강 운동 變法自彊運動 ■■■

중국의 고위 관료 집단이 중심이 되어 일어난 청나라 말의 정치 · 사회 제도의 개혁 운동(1898년)을 일컫는다. 청 · 일 전쟁(1894~1895)에서 중국이 패한 뒤, 서양 제국주의 열강들이 중국에 끊임없이 특권을 요구하는 등 청조의 위기가 커지면서 양무 운동에 대한 반성론이 대두되는 상황에서 캉 유웨이와 량치차오를 중심으로 새로운 차원의 자강 운동이 추진되었다. 중국의 고전에 기반을 둔 낡은 과거 제도는 폐지되었고, 새로운 체계를 갖춘 국립 초 · 중 · 고등 학교 및 대학 들이 설립되었으며, 서양의 산업 · 의학 · 과학 · 상업 · 특허 제도가 추진 · 채택되었다. 또한 정부 행정의 쇄신, 법전의 개정, 군대의 혁신이 이루어졌으며 부정 부패는 공격을 받았다. 그러나 서태후와 보수파의 반격과 개혁파의 분열 등으로 실패하고 변법 정권은 100여 일 만에 붕괴되었다.(→ 무술 정변)

보로 운동 保路運動 ■

1911년 5월, 청조의 철도 국유화 정책과 4국 차관단의 차관에 의한 천한(川漢) 철도의 건설에 반대하는 쓰촨 성의 신상(紳商) 계층을 중심으로 한 회(會)가 조직되었다. 이 회는 각지에 분회를 설치하여 파과(罷課), 파시(罷市) 운동을 주도하였다. 청이 이를 탄압하자 동맹회, 가노회 등 비밀 결사를 중심으로 하는 무장 봉기가 일어났고, 이 운동은 곧 인근의 후난, 후베이, 광둥의 모든 성에 파급되어 신해 혁명의 도화선인 우창 봉기에 연결되었다.

부역 황책 賦役黃冊 ■

명대의 호적으로, 1381년 홍무제 시대에 작성되었으며, 그 뒤 10년마다 이장·갑수 들이 다시 만들었다. 각 호의 가족의 성명과 나이·재산 등을 기입하였다. 노란 표지가 붙은 데에서 황책이라고 하였다.

브라모 사마지 운동 Brahmo Samaj 運動 ■■

로이 등 서양 교육을 받은 인도 지식인들이 19세기 전반에 전개한 힌두교에 대한 영적·사회적 개혁 운동이다(종교 순화 운동). 그들은 서양의 합리주의와 인도주의를 수용하여, 힌두교의 교리와 이에서 비롯된 사회 풍속을 개혁할 것을 주장하였다. 이 운동은 힌두교의 개혁을 통한 반외세를 겨냥한 것으로, 전통의 정비를 통한 근대화 운동이다.

사고 전서 四庫全書 ■■

청의 건륭제 때 이루어진 총 3만 6천 책의 거대한 편찬물로서, 중국에서 편찬된 총서 중 가장 방대하다.《사고 전서》는 그 당시까지 전수된 한국·일본 관계의 책을 포함한 고금의 서적을 총망라한 것으로 경(經, 고전), 사(史, 역사), 자(子, 사상 기술), 집(集, 문학)의 4부로 분류하여 각 부를 1고(庫)로 하여 수장하였으므로 사고 전서라는 명칭이 생겨났다.

삼국 간섭 三國干涉 ■■

청 · 일 전쟁 뒤에 맺어진 시모노세키 조약에 관하여 러시아, 프랑스, 독일 3국이 일본에 가한 간섭을 말한다. 청 · 일 전쟁(1894~1895)에서 승리한 일본은 시모노세키 조약을 맺어 청국으로부터 타이완, 펑후 섬 및 랴오뚱 반도를 얻었다. 만주로의 진출을 기도하고 있던 러시아는 이에 위협을 느껴 독일 및 프랑스의 지지를 얻어, 일본의 랴오뚱 반도 영유는 청에게 위협이 될 뿐만 아니라, 조선의 독립을 유명무실화하는 등 동양의 평화를 어지럽힌다 하여, 일본에게 랴오뚱 반도를 청국에 돌려줄 것을 권고하였다. 일본은 이 간섭에 굴복하여 랴오뚱 반도를 청국에 반환하였다. 이 간섭의 보상으로써 러시아는 청국에 여러 가지 요구를 강요하여 1896년에 만주로 이어진 철도 부설권을, 1898년 3월에는 뤼순, 따롄의 조차권을 획득하였다. 독일은 1897년 11월에 쟈오조우 만을 조차하였고, 프랑스도 1898년에 러시아의 도움을 얻어 광저우 만을 조차하였다.

삼국지 연의 三國志演義 ■■

명나라 때 나관중이 지은 장편 소설로, 정식 명칭은 《삼국지 통속 연의》이다. 중국 4대 기서의 하나로 후한 말에서 위, 오, 촉의 3국 정립을 거쳐 진(晉)나라의 성립까지의 역사를 소설화하였다. 진의 진수가 편찬한 정사인 《삼국지》를 바탕으로 하면서도 위의 정통 왕조설을 일축하고, 촉나라를 후한의 정통을 잇는 나라로 내세우고 있다. 따라서 내용도 유비, 관우, 장비의 도원 결의에서 제갈공명이 오장원에서 죽을 때까지 촉나라를 중심으로 하여 서술되고 있으며, 여러 영웅, 호걸의 활약상과 극적 장면의 연속으로, 중국 역사 소설의 백미를 이루고 있다.

삼민주의 三民主義 ■■

민족, 민권, 민생의 삼민주의는 쑨원의 지도 이념이었다. 민족주의는 대내적으로 만주족을 타도하고 중화를 회복하는 것을 목표로 삼고, 대외적으로는 제국주의 열강으로부터 해방된 자유로운 독립을 표방하였다. 민권주의는 민주 정치 실현을 위하여 모든 국민은 선거권, 파면권, 제헌권, 복결권의 네 가지 권리를 가지며, 이 네 가지 권리 아래에서 입법, 사법, 행정, 고시, 감찰로 5권이 분리되어 민권 정치 기관을 조직하였다. 민생주의는 국민의 생활 안정을 위한 것으로 자본을 억제하고 지권의 평균을 실현하는 것이다.

삼번의 난 ■■

청나라 초기의 반란으로, '삼번(三藩)'이란 윈난의 평서왕 오삼계, 광둥의 평남왕 상지신, 푸젠의 정남왕 경정충을 말한다. 이들은 모두 한족의 장군으로서 청의 중국 지배를 도운 공로에 의하여 분봉되었는데, 그 세력이 강대하였기 때문에 청조에 커다란 위협이 되었다. 성조 강희제가 번을 폐할 것을 명하자 이들은 청에 반기를 들고 일어났다. 삼번에서 반란이 일어나자, 반청 운동자들이 이 반란에 동조하여 남중국을 중심으로 8년에 걸쳐 난이 전개되었다. 삼번의 난은 멸청 흥한(滅淸興漢)을 구호로 삼아 대규모로 전개되었으나, 오삼계의 죽음과 윈난 성의 함락 등으로 연합 전선에 차질이 생긴 반면, 청군은 강희제의 확고한 방침 아래 획일적인 방어 공세를 취하여 드디어 청의 승리로 끝나고 그 뒤 청은 전성기를 맞이하였다.

서광계 徐光啓 ■■

명나라 말기의 정치가 · 학자. 중국에서 활동한 유명한 예수교 선교사 마테오 리치와 함께 수학 · 수력학 · 지리학에 대한 유럽의 서적

들을 번역하였다. 중국에 그리스도교와 서양 과학 기술을 보급하는
데 공헌하였다.

서유기 西遊記 ■

중국 명나라 때 완성된 장편 소설로, 《삼국지 연의》,《수호전》,《금
병매》와 함께 4대 기서 중의 하나이다. 작자는 오승은이다. 당나라
고승 현장의 서천취경(西天取經)을 위한 고난의 여행을 주축으로 하
고 있는데, 그의 역사적 장거가 차츰 민간에도 알려져 전설화되고
기상천외한 공상도 가미되어 약 1000년 후에 오승은의 소설로서
결실을 맺었다. 작자는 서민이 가장 사랑하는 영웅으로 오랜 세월
을 두고 형상화되어 온 주인공 손오공과 저팔계, 사오정 등의 성격
설정을 비롯한 희극적·모험적·신마적(神魔的) 요소들로 독자적인
문학을 이룩하였다.

서태후 西太后 ■■

청 문종 함풍제의 비(妃)이자 동치제의 생모이기도 한 서태후는 청
나라 말 약 반 세기 동안 조정의 중심 인물이었다. 동치제의 즉위
뒤 자안 황태후와 함께 섭정하여, 공천왕을 의정왕으로 삼고, 전통
적 체제를 유지하기 위하여 근대적 기술을 채용하였다. 권력에 대
한 집념이 깊고, 적극적인 성격으로 독재적 경향이 강하였다. 동치
제 사후에, 궁정 내의 반대를 물리치고 광서제를 세워, 스스로 섭정
이 되어 황제의 성년 후에도 결정권을 장악하였다. 1898년에 무술
변법(변법자강 운동)을 누르고 광서제를 유폐하였다. 1900년에는
의화단을 선동하여 열강에 선전하여 열강의 베이징 진주, 배상 등
의 결과를 초래하였다. 사건 뒤 보수파의 세력이 실추되는 중에 광
서제와 같은 무렵에 사망하였다.

세포이 항쟁 Sepoy抗爭 ■ ■ ■

세포이란 동인도 회사의 인도인 용병을 말한다. 대우에 대한 불만과 탄약통에 소기름이나 돼지 기름을 발랐다는 이유로 집총을 거부, 이것이 원인이 되어 세포이들이 봉기하여 곧 각계 각층의 반영민족 운동으로 발전하였다. 세포이 항쟁(1857~1859)의 결과 무굴 제국의 붕괴가 촉진되었으며, 인도 민족 운동의 선구적 역할을 하였다. 영국은 이를 진압하고 인도를 영국 국왕이 직접 통치하는 직할 식민지로 편입시켰다.

쇄국 鎖國 ■

일본의 에도 막부가 시행한 외국과의 통교 금지책으로, 그리스도교의 금지와 막부의 무역 독점이 주목적이었다. 여러 조치를 거쳐 1641년에 나가사키가 네덜란드·중국과의 유일한 해외 무역항이 되면서 쇄국 체제가 완성되었다. 우리 역사에서는 조선 시대 외국과의 통상을 제한하여 교류 관계를 맺지 않았던 외교 정책을 지칭한다.

수에즈 운하 Suez運河 ■

수에즈 운하는 지중해와 홍해를 연결하는 길이 168킬로미터의 세계 최대 운하이다. 수에즈 지협에 운하를 파려는 착상은 고대부터 있어 왔다. 16세기에는 베네치아 상인이, 17세기와 18세기에는 프랑스와 독일이, 1799년에는 나폴레옹이 계획하였으나 지중해와 홍해의 수위차 때문에 포기하였다. 1854년에는 프랑스의 외교관인 게셉스는 이집트 태수 사이드 마호메트로부터 운하 개설의 특허권을 얻어 1859년에 포트 사이트 쪽에서 착공하기 시작하여 10년만에 개통을 보았다. 이 운하는 인도 항로를 1만 킬로미터나 단축하였으며, 운하가 개통된 1870년에는 평균 900톤의 선박 486척이 통과하였고, 1982년에는 평균 1,600톤의 선박 2만 2,500척이 통과하였다. 20세기에 들어 통과 화물 중에서 석유 및 석유 제품이 차지하는 비중이 1960년에 전체 화물 톤 수의 70퍼센트를 차지하고 있다.

수호전 水滸傳 ■

중국 명나라 때의 장편 소설로, 4대 기서 중의 하나이다. 저자는 시내암이다. 송나라 휘종의 선화 연간(宣和年間, 1119~1125)에 송강 등 36명이 화이난(회남)에서 반란을 일으켜 한때 위세를 떨쳤으나 이내 항복하였다는 간략한 기술이 《송사(宋史)》에 실려 있다. 이 사실이 있은 얼마 뒤부터 이것이 영웅 설화로 전설화되어 마침내는 108명의 영웅 호걸이 등장하는 일단의 형식을 갖춘 것이 《수호전》이다. 현행의 《수호전》은 많은 간본이 전하는데, 100회본, 120회본, 71회본의 세 종으로 나뉜다.

스와데시 Swadeshi ■■

20세기 초 인도에서 반영(反英) 민족 해방 운동으로 전개된 국산품 애용 운동을 말한다. 벵골 분리에 대한 국민 반항 표현으로 국산품 애용 및 영국 상품 배척 운동으로 나타났다. 1905년 8월, 캘커타 국민 회의 대표는 벵골 분리가 철회되지 않는 한 영국 제품을 사지 말도록 호소하였다. 스와데시 운동은 인도 국민의 적극적인 호응으로 벵골 지방에서는 외제 의복을 입고 외출하는 것이 위험할 정도였다. 또한 처음에는 벵골 지방에만 국한되었지만, 1905년 말에는 전 인도적 성격을 지님으로써 토산품의 수요는 증가하고 영국 상품의 판매량은 현저히 줄어들었다.

스와라지 Swaraji ■ ■

인도 제어(諸語)에서 '자기의 지배', 즉 자치(自治)를 뜻하는 말이다. 마라타 왕국의 창시자 시바지는 무굴 제국에 대항하는 힌두의 독립 국가를 스와라지로 표하였는데, 근·현대 인도 역사에서는 '민족 독립'을 뜻한다. 1905년부터 시작된 벵골 분할 반대 투쟁중에 B.G. 틸라크 등이 정치적 슬로건으로 내세워 이듬해의 국민 회의파 캘커타 대회에서 비로소 공식적인 정치적 목표로 채택되었다. 1927년에는 사이먼 위원회 보이콧 운동의 와중에서 국민 회의파의 목표가 '푸르나 스와라지'(완전 독립)로 규정되었고, 1929년의 국민 회의파 라호르 대회에서도 '자치령 지위(地位)'를 부정하고 이 것을 정치적 목표로 채택하였다.

시모노세키 조약 下關條約 ■ ■

1895년 4월, 청·일 전쟁에서 압도적 승리를 거둔 일본의 시모노세키에서 청나라와 일본 사이에 체결된 강화 조약으로, 일본의 이토 히로부미, 무쓰 무네미쓰, 청나라의 리훙장 등 양국 전권 대표가 조인하였다. 시모노세키 조약은 일본의 조선에 대한 지배권의 확립, 랴오둥 반도, 펑후도 등에 대한 영토 분할, 배상금 획득 등을 조약 내용으로 하였다. 이 조약에 따라 청은 조선의 독립을 인정하고 일본은 조선에 대한 정치적·군사적·경제적 지배권을 확립할 가능성을 지녔다. 이로써 청의 약체가 폭로되자 서양 세력은 다투어 중국에서 이권을 획득하려고 하였다.(→ 삼국 간섭)

시크 교 Sikhism ■ ■

인도 북서 지방의 펀자브에서 일어난 이슬람교에 영향 받아 개혁된 힌두교의 개종파라고 보아도 좋다. 16세기 초에 힌두 교도이던 나나크(1469~1539)가 이슬람교의 영향을 받아 메카까지 순례한 뒤 이슬람교의 알라 신과 비슷한 유일신에의 귀의를 주장하였다. 힌두교의 번잡한 카스트 미신을 배척하고 인간의 절대 평등을 주장함으로써 하급 카스트 출신의 호응을 받았다. 시크 교는 무굴 제국의 통치 속에서는 그 통치에 저항하는 운동을 펴왔고, 그 저항 운동 과정에서 인도의 민족 운동자와 하층민의 호응으로 군사적인 집단을 이루기도 하였다. 이에 무굴 제국 치하에서는 불법의 종교, 불법의 집단으로 인정되어 탄압받기도 하면서 그 세력이 쇠약해졌다. 그러나 18세기 후부터는 다시 세력을 떨쳐 펀자브 지방을 중심으로 집단의 군사 편성을 정비한 뒤 영국 세력에 대항하였다. 이것을 시크 전쟁이라고 한다.

신사 紳士 / 향신 鄕紳 ■ ■ ■

명·청 시대의 새로운 지배 계층이다. 명대에 학교와 과거가 밀착되면서 형성된 신사층은 관직에 진출하는가 하면 지방의 세력가로서 관료 조직과 밀착해서 정치·사회·경제·문화 등 모든 영역에서 커다란 영향력을 행사하였다. 주현의 입학 시험에 합격한 생원, 성 단위의 시험에 합격한 거인, 국자감의 학생인 감생, 전시에 합격한 진사와 전직 관리 등으로 구성되었다. 그들은 민중의 교화·치안 유지·주민 복지는 물론 징세 등 여러 면에서 중심적인 역할을 하였으며, 형벌과 조세 등에 특혜를 받았다. 송대 사대부와 성격이 유사하지만 사대부보다 그 수가 월등히 많고, 국가로부터 일정한 특권과 지방 통치에 관한 임무를 부여받아 준관료적인 성격을 지니고 있었다.

신축 조약 辛丑條約 ■ ■

의화단 운동 때 8개국 연합군이 중국 베이징을 점령한 다음 청나라 정부를 압박하여 체결한 불평등 조약(1901년 9월 7일)으로, 베이징 의정서라고도 한다. 청 정부측 대표인 이쾅·리훙장과 영국·독일·일본·미국·러시아·오스트리아·프랑스·이탈리아·네덜란드·스페인·벨기에 등의 11개국 대표가 베이징에서 체결하였다. 관세를 담보로 한 막대한 배상금 지불, 외국 군대의 베이징 주둔, 모든 배외 운동의 적극적인 탄압을 약속하였다. 신축 조약은 중국에 대한 서구 열강의 통치를 강화시켰으며, 청 정부는 이에 반대할 힘이 없었다.

신토 神道 ■ ■

일본 민족은 고대부터 봄에 풍년을 기원하는 기년제와 가을의 추수 감사제를 위하여 마을마다 신사를 세워 공동으로 제사해 왔는데, 13세기에 이 신사의 전통에 불교 이론을 수용하여 일본 신토의 사상적 체계가 이루어졌다. 메이지 유신 뒤 신사의 국가 관리가 법제화되었는데, 이는 국왕을 신격화하기 위한 정책의 일환이기도 하였다. 여기에서 국가적인 신토가 이루어졌다.

신해 혁명 辛亥革命 ■ ■ ■

1911년에 일어난 중국 민주주의 혁명으로, 민국 혁명, 제1혁명이라고도 한다. 중국 혁명 동맹회가 성립된 뒤, 혁명파의 무장 봉기, 인민의 반청(反淸) 투쟁이 격화 일로를 치달았고, 1911년 10월 우창 신군(武昌新軍)이 봉기하여 신정권을 수립, 신해 혁명의 도화선에 불을 붙였다. 같은 해 12월 1일에는 쑨원을 임시 대통령으로 하는 중화 민국이 성립되어, 민주적인 임시 약법(約法)이 공포되었다.

아편 전쟁 (1840~1842)	원인 : 영국의 중국 침략 야욕, 청의 민간 무역 억제 계기 : 임칙서의 아편 몰수 결과 : 난징 조약 체결(=상하이 등 5개항 개항, 홍콩 할양 치 외 법권 및 최혜국 대우)
↓	
태평 천국 운동 (1850~1854)	홍수전의 멸만 흥한(민족주의) 성격 : 중국 고유 사상＋그리스도교의 사상 주요 개혁 : 천조 전무 제도, 남녀 평등, 전족의 금지, 노예 매 매, 축첩 금지 의의 : 민족주의 운동의 선구, 반제국주의 진압 : 증국번, 리홍장 등의 신사층의 의용군＋외국군 상승군
↓	
애로 호 전쟁 (1856~1860)	영국 국기 모독, 프랑스 선교사 살해 → 베이징 조약 체결(= 그리스도교 선교 승인, 외교관 베이징 주재 구룡 반도 할양, 러시아 연해주 차지)
↓	
양무 운동	증국번, 리홍장 등의 한인 관료 중심 개혁 내용 : 군수 공업 육성, 유학생 파견 한계점 : 중체서용(→ 피상적 모방)
↓	
청·일 전쟁	양무 운동의 한계점 폭로
↓	
변법 자강 운동 (1898, 무술정변)	중심 인물 : 캉 유웨이, 량치차오 등 / 일본 메이지 유신 영향 → 헌 군주제 수립 주장 실패 : 보수 세력의 반대
↓	
의화단의 난 (1899~1901)	목표 : 외국 세력 그리스도교 배척 → 부청멸양 → 베이징 의 정서 체결(= 외국군의 베이징 주둔) 성격 : 반외세 민족주의 운동
↓	
쑨원의 민족 운동	삼민주의
↓	
신해 혁명 (1911)	사상 : 삼민주의(민족-독립, 민권-민주주의, 민생-경제 발전) 과정 : 중국 동맹회 중심, 철도 국유령이 발단 의의 : 청 왕조 멸망 → 공화국 성립
↓	
중화 민국 수립 (1912) ↓	아시아 최초의 민주 공화정
군벌의 항쟁	위안 스카이의 항쟁

| 중국 근대화 과정의 전개 |

이에 대하여 청나라는 위안 스카이를 기용하여 혁명군의 토벌을 명하였는데, 그는 청나라의 선통제를 퇴위시키는 조건으로 쑨원으로부터 임시 대통령 지위를 빼앗고, 1912년 3월 10일 대통령에 정식 취임하였다. 그는 군사력을 배경으로 독재의 강화를 꾀하였으므로, 이를 반대하는 혁명파의 지도 아래 1913년 7월에 제2혁명, 1915년 12월에 제3혁명의 투쟁이 벌어졌으나, 대세는 군벌 혼전 시대로 접어들었고 결국 신해 혁명은 미완의 상태로 끝났다.

쑨원 孫文 ■ ■ ■

근대 중국의 혁명가. 일찍부터 서양 사상의 감화를 받아 중국 근대화에 뜻을 품고 청·일 전쟁 때 비밀 결사인 흥중회에 가입하였다. 그 뒤 청조 타도와 민국 수립을 꾀하여 혁명 운동에 종사하였고, 1905년 중국 혁명 동맹회가 성립되자 총재로 취임하고 삼민주의를 강령으로 삼았다. 청·일 전쟁 직후부터는 수차례 혁명을 꾀하다 실패하여 일본과 구미 제국으로 망명한 그는 각지에서 화교들에게 혁명의 필요성을 고취시켰다. 1911년 10월, 우창에 혁명의 봉화가 일어나자 급히 귀국하여 다음해 1월 수립된 중화민국의 임시 대통령에 취임하였으나 혁명당의 실력 부족으로 위안 스카이에게 그 지위를 양도하였다. 이어 위안 스카이와의 충돌에서 패하자 1914년 일본으로 망명하여 중화 혁명당을 조직, 1917년 꽝뚱 군정부를 수립하고 대원수에 취임하였다. 1918년에는 상하이에서 당을 재건하여 중국 국민당으로 개칭하였는데, 이 시기부터 소비에트 공산당과 연합, 혁명 프로그램으로 《건국 대강》을 저작하고, 삼민주의의 이론도 더욱 발전시켰다. 1924년에 전국 통일을 기도하여 북벌군을 일으켰으나, 정세 변화로 인해 시국 수습차 그해 일본을 거쳐 베이징에 들어갔다가 1925년 3월, 혁명 중도에 베이징에서 병사하였다.

아담 샬 Adam Schall ■

독일 출신의 예수회 선교사. 중국식 이름
은 탕약망이다. 1622년 중국에 가서 선교
에 종사하였으며, 서양 천문학을 소개하는
데 공이 컸다. 명조(明朝) 때 서광계의 원
조로 달력을 고쳐 바로잡고 대포를 제조하
였다. 명이 망한 뒤 청조(淸朝)에서는 흠천
감감정에 임명되었다. 서양인으로 중국 왕
조의 정식 관리가 된 최초의 사람이다. 저
서로는《숭정역서》,《시헌력》등이 있다.

아편 전쟁 阿片戰爭 ■ ■ ■

아편 전쟁

광저우 안에서 영국의 군함이 중국의 정크 선을 공격
하고 있다.

영국은 대중국 무역 적자를 해
소하기 위하여 인도산 아편을
중국에 밀매하였다. 19세기 초
이래 급격히 늘어난 아편 밀매
는 절대 빈곤층인 농민까지도
아편 중독자로 만들면서 중국
의 은을 대량으로 유출하였다.
그 결과 농민의 부담은 가중되
고 국가 재정도 궁핍하였다. 한편 상품 판로의 확대를 원한 영국은
조공 형식의 공행 무역의 폐지를 계속 요구하였으나 빈번히 거절당
하자 무력 시위를 계획하였다. 때마침 임칙서의 영국 아편 몰수를
빌미로 영국은 중국을 공격하여 아편 전쟁이 터졌다. 이 전쟁에서
중국의 신사층과 민중이 평영단을 조직하여 영국군을 공격하기도
하였지만, 청군은 철저하게 패배하였다. 그 결과 청은 영토의 할양,

배상금 지불, 5개 항구의 개항을 약속한 난징 조약과 관세 자주권 상실, 최혜국 대우, 치외법권 등을 인정하는 호문 추가 조약을 맺었다. 이 조약은 중국이 외국과 맺은 최초의 불평등 조약이었다.

| 아편 전쟁 전후 무역의 변화 |

악바르 대제 Akbar大帝 ■■

인도 무굴 제국의 제3대 황제로, 재위 기간은 1556년부터 1605년까지이다. 벵골 만에서 아라비아 해에 이르는 광대한 영토를 평정하여 무굴 왕조의 기초를 쌓았다. 델리에서 아그라로 천도하는 한편 법제·세제·화폐 제도를 개혁하였다. 그 자신은 문맹이었으나 문화에도 깊은 이해를 가져 무굴 문화의 보호자가 되었다. 또 이슬

타지마할 묘당

람 교도였으나 다른 종교에 대한 편견이 적어, 이슬람교, 힌두교, 그리스도교 등을 절충한 새 종교 '신성 종교(神聖宗敎)'를 제창하였다. 무굴 제국의 악바르 대제는 관료 제도와 지방 제도를 정비하여 중앙 집권 체제를 강화하였으며, 힌두교와 이슬람교의 융합에도 노력하였다. 그리하여 인도 고유의 문화와 이슬람 풍의 문화가 조화되어 새로운 인도·이슬람 문화가 발달하였다. 이러한 특징을 보이는 대표적 미술품이 타지마할 묘당이다.

애로 호 사건 Arrow War ■■

1856년, 관둥에서 영국기를 달고 있는 애로 호를 청의 관헌이 수행하여 중국인 선원 열 두 명을 해적의 용의로 체포하고 영국기를 내린 사건을 애로 호 사건이라고 한다. 통상 조건에 불만을 갖고 있던 영국은 이를 계기로 중국 전체의 무역항을 개방하고, 공사를 베이징에 주재시키고자 해군으로 광둥 성을 공격하였으며, 프랑스도 선교사 살해 사건을 구실로 영국과 같이 광둥을 점령, 톈진 조약을 맺었다. 그러나 조약 비준 사절단이 함대를 이끌고 베이징에 가던 중 수비대와 충돌하자 영국·프랑스 군은 다시 톈진과 베이징을 점령하고, 베이징 조약을 맺어 청을 굴복시키고 말았다.

양명학 陽明學 ■■■

송나라 때의 육구연의 주장을 계승한 왕양명의 학설로, '심즉리(心卽理)'라는 절대적 유심론에 바탕을 두고 있으며, 인간의 마음에 갖추어진 양심의 절대성과 자율성을 강조하고, 학문의 목적을 지식의 실현에 있다고 하였다. 그리고 참다운 진리는 실천을 통하여 완성되는 것이라고 하여 지행 합일(知行合一)을 역설하였다. 양명학은 주자학을 대신하여 명나라 후반기 사상계의 주류를 이루었고, 한동안 침체된 중국 유학에 새로운 계기를 마련하였다.

양무 운동 洋務運動 ■ ■ ■

아편 전쟁 뒤부터 태평 천국 운동을 거치는 동안 청조의 일부 만주족 통치 집단 및 한인 관료들은 서양 기계 문명의 우수성을 인식하였다. 이들은 특히 태평 천국 운동이 진압되는 과정에서 서양 군사 기술 도입의 중요성을 깨닫고 자강 운동을 시작하였다. 자강 운동은 서양의 군사 기술과 군수 산업을 도입하여 부국 강병을 꾀하고 혼란된 지배 체제를 재정비하려는 노력이었다. 그러나 '중체 서용(中體西用)'의 양무 운동 정신은 서양의 근대 정신을 이해하지 못한 채, 그들의 군사 기술만을 수용하자는 고식적인 것이었다. 그리고 주로 지방관들이 추진하여 전체적인 계획성이 없었고, 관이 직접 감독하는 관독 상판 형식의 산업도 폐단이 많았다. 게다가 서양 열강의 협조가 필요하여 저자세 외교가 계속되었고, 양무 운동의 추진에 필요한 경비는 민중의 부담을 가중시켰다. 그 때문에 일본과 러시아에 이권을 빼앗기고, 청 · 프 전쟁, 청 · 일 전쟁에서 잇달아 패하는 결과를 초래하였다.

난징의 병기 공장에서 제조된 대포와 포탄

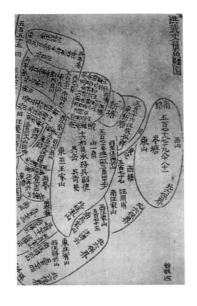

어린도책 魚鱗圖冊 ■

송나라 때 이후, 특히 명나라 때부터 조세 징수의 기초 자료로 만든 토지 대장. 책머리에 총도(總圖)에서 토지를 세분한 모양이 물고기의 비늘같다고 하여 이러한 명칭이 붙여졌다. 각 토지의 자호(字號), 번호, 위치, 지목(地目), 면적, 형상(形狀), 세율, 소유자 및 전호의 성명을 기입하고 있다.

에도 막부 江戶幕府 ■ ■ ■

1603년 도쿠가와 이에야스가 세이이 다이쇼군에 올라 에도에 개설한 중앙 집권적 무가 정권으로, 도쿠가와 막부라고도 한다. 1867년 도쿠가와 요시노부에 의한 대정봉환(大政奉還)까지 15대 265년 동안 존속하였다. 700만 석에 이르는 덴료(直轄地)와 많은 가신(家臣)을 배경으로 그 통치 체제는 강력하였다. 다이묘 등의 통제책으로는 산킨고타이(參勤代) · 토목 사업 등을 행하였으며, 또 여러 가지 법도를 정하여 무가 · 공가(公家) · 사사(寺社) 등을 통할하였다. 바쿠후의 재정 기반은 덴료를 위시하여 화폐 주조 발행권과 쇼군의 사금고, 쇄국에 의한 외국 무역 독점, 광산 지배 등에 있었는데, 점차로 화폐 경제의 발전과 함께 여러 가지 모순이 생겼고, 교호 · 간세이 · 덴포의 개혁 등에 의한 재정 재건도 효과를 거두지 못하였으며, 농민 봉기의 빈발, 나아가 개국 문제를 계기로 한 존왕 양이 운동의 전개 속에서 붕괴되기 시작하였다.

영락 대전 永樂大典 ■

영락제가 명령하여 1408년에 완성된 중국 최대의 백과 사전. 경(經)·사(史)·자(子)·집(集) 등의 백가서(百家書)로부터 천문·지지·음양·의복·승도·기예 등을 편집하도록 하여 이듬해에 바로 완성하였다. 짧은 기간 동안 편집하여 조잡한 면도 있지만, 원본이 이미 없어져 버린 것을 많이 수록하였다. 명나라 말 청나라 초의 혼란과 아편 전쟁 등으로 대부분 소실되었다.

영락제 永樂帝 ■■

중국 명나라 제3대 황제로, 재위 기간은 1402년부터 1424년까지이다. 묘호는 태종(나중에 성조로 바뀜). 스스로 대군을 이끌고 다섯 번에 걸쳐 몽골 족을 쳐 헤이룽 강 하류로 진출하였고, 안남(지금의 베트남)의 정벌, 티베트의 회유, 남아시아로의 함대 파견 등으로 명나라의 국위를 북아시아에서 아프리카 동안까지 떨쳤다. 내정에서는 홍무제의 방침을 거의 대부분 계승하고, 독재권을 강화하였다. 《영락 대전》을 편찬하게 하는 등 문화에 대한 관심도 컸다. 그의 재위 기간에 명나라는 전성기를 누렸으나 해외 원정과 대규모 공사로 인한 막대한 물적·인적 소모는 그 뒤 명을 피폐하게 하는 원인이 되었다.

오스만 투르크 제국 Osman Turk 帝國 ■■■

오스만 투르크 족이 세운 이슬람 제국(1299~1922). 유목민인 오스만 투르크 족은 몽골에 쫓겨 중앙 아시아로부터 소아시아로 옮겨와 1300년경 왕조를 창건하였다. 그 뒤에 팽창을 거듭하여 1402년경에는 아나톨리아의 거의 전역을 정복하였다. 1346년경에는 유럽에 발판을 마련하였고, 1389년 발칸 동맹군을 무찔렀다. 1402년

앙카라에서 티무르 군에게 패배하였지만 회복된 뒤 1453년 콘스탄
티노플을 점령하여 비잔틴 제국을 멸망시키고 새 수도를 이스탄불
이라 명명하였다. 이집트를 제압하고 1517년에 성도(聖都) 메카의
보호권을 획득하여 칼리프의 지위를 수중에 넣음으로써 술탄 칼리
프 제도가 성립되었다. 쉴레이만 1세 때가 전성기로 영토가 가장 넓
었다. 궁정의 전제 정치가 경화된 17세기 후반부터 러시아 · 오스트
리아의 억압을 받고, 나폴레옹의 이집트 침입 뒤에는 여러 민족의
반항이 속출하여 19세기에는 영토가 적어지기 시작하였다. 1908년
에 청년 투르크 당 혁명이 이루어졌으나 제1차 세계 대전에서 패하
고, 술탄 정치의 무능과 부패가 노출되면서 국민의 혁명으로 근대
터키가 성립되었다.

옹정제 雍正帝 / 세종 世宗 ■

청나라의 5대 황제. 군기처를 두어 정무의 신속화를 꾀하는 한편 관
료 중에서도 특히 지방관의 기강 단속에 힘썼다. 사상 통제(문자의
옥)를 행하고 그리스도교를 금하였으며, 대외적으로는 칭하이 · 티
베트를 평정하여 국력을 충실히 하였다.

와하브 운동 Wahhab運動 ■■

이슬람교의 종교 운동(1700~1787)으로, 와하브 주의라고도 한다.
무하마드 빈 압둘 와하브의 주장을 바탕으로 하며, 사우디아라비아
건국의 기초가 된 이슬람 종교 개혁 운동을 말한다. 그의 사상은 원
시 이슬람에 부가되었던 혁신 일체를 부정하고, '코란과 수나
(sunnah, 예언자의 범례)로 돌아가라'는 복고 또는 순화주의이다.
18세기 중엽 사우드가의 이븐 사우드가 와하브의 종교 운동을 지
지, 지원한 이래 와하브 운동은 군사적으로 확대되어 제1차 와하브

왕국을 아라비아 반도에 세웠다. 와하브 운동은 이슬람 근대화의 선구가 되었으며, 이슬람 세계에 큰 영향을 주었다. 이슬람 법(샤리아)을 바탕에 둔 이슬람 국가 실현의 이념은 모슬렘의 정치 · 종교 운동의 지주가 되었고, 이와 같은 운동이 인도와 아프리카 등지에서 잇따라 일어났다. 오늘날 이슬람 세계에서 널리 볼 수 있는 이슬람 원리주의적 운동의 원류를 이루었다.

왕양명 王陽明 ■ ■ ■

명나라 때의 철학자 · 관리. 심성론(心性論)으로 동아시아 여러 나라들의 철학 사상에 깊은 영향을 미쳤다. 관리로서 굴곡이 많은 세월을 보내기는 하였지만 반란 진압에 큰 공을 세워, 그가 다스리던 지역은 100여 년에 걸쳐 평화를 누렸다. '양지(良知)가 바로 천리(天理)'라는 그의 주장은 12세기에 활약한 성리학자 주희의 '각각의 사물에 그 이치가 있다'라는 주장과는 정면으로 대립한다. 왕양명의 주장은 전통 유교 사상과 어긋난다는 인식 때문에 한동안 사학(邪學)으로 간주되기도 하였다.

우르두 어 Urdu語 ■

인도 유럽 어족 중 인도 아리아 어군의 하나. 힌디 어와 똑같은 문법 구조를 가지고 있으면서도 페르시아 어나 아라비아 어로부터 차용해 온 말을 계속 받아들였으며, 페르시아 문자로 표기하는 우르두 어는 델리에 도읍을 정한 무굴 왕조의 공용어로서 18세기 후반부터 그 지위를 확보하는 한편, 북인도 각주의 법정어(法廷語)와 교육어가 되었고, 수많은 훌륭한 문학 작품을 탄생시켰다. 파키스탄의 공용어이며, 인도 공화국 공용어의 하나이다. 주로 이슬람 교도들이 사용한다.

위안 스카이 袁世凱 ■■

중화 민국의 초대 대총통. 우리 나라의 동학 혁명 때 조선 주재 공사로 청의 세력 부식에 진력하고 청 · 일 전쟁을 유발하였다. 1898년 무술변법을 일으켜 서태후의 총애를 받아 군기처 대신과 외무부 상서의 요직을 역임하였다. 서태후 사후 실각하여 은퇴하였다가 1913년 신해 혁명이 일어나자 다시 기용되어 총리 대신의 자리에 앉아 실권을 잡았으며, 난징 정부의 양보를 받아 청나라 황제의 퇴위와 동시에 임시 대총통이 되었다. 그 뒤 제국주의 열강의 지지를 배경으로 혁명의 성과를 무력하게 하였으며, 1913년의 제2혁명을 무력으로 진압하였다. 1915년 1월, 일본의 21개조의 요구를 수락하여 1915년에 황제로 즉위하였으나, 이로 인한 중국 민족주의의 고양과 반제(反帝) 토위안(討袁)의 기세가 제3혁명으로 폭발하였다. 이듬해 혁명 진행중인 그해 6월에 죽었다.

6유 六諭 ■

1398년 중국 명나라 태조 주원장의 민중 교화를 위한 칙찬서(勅撰書)이다. 부모에 효도할 것, 어른을 존경할 것, 향리에서 화목할 것, 자손을 교육할 것, 분수를 지킬 것, 잘못을 저지르지 말 것 등의 백성들에게 지키도록 권장한 여섯 가지의 도덕률로서, 이는 원의 지배 안에서 약화되었던 전통 문화를 부흥시키기 위한 것으로 볼 수 있다.

의화단 운동 義和團運動 ■■

청나라 말기에 의화단을 중심으로 일어난 농민 운동이다. 청 말의 그리스도교는 서양 군사력을 등에 업고 들어온 종교였다. 이러한 이유 때문에 보수적 관료, 지방의 신사, 농민 모두 반대하였다. 그리하여 1850년대부터 전국에서 반(反) 그리스도교 폭동이 일어났다. 특히 독일의 세력 범위로 사회 불안이 가장 심한 산둥 지방에서는 의화단이라는 종교 결사가 조직되어 부청멸양(扶淸滅洋)을 구호로 반 그리스도교·반 제국주의 운동을 일으켰다. 의화단이 베이징에 입성하여 외국 공사관을 습격하여 기세를 올렸으나 8개국 연합군에게 패배하였다. 이에 8개국 연합군은 청 정부를 압박하여 불평등 조약인 신축 조약을 체결하였다.

이갑제 里甲制 ■■

명나라 때의 향촌 조직. 1381년 태조 주원장은 이갑제를 제정하고, 자급 자족이 가능한 110호(戶)를 기준으로 이(里)를 편성하되, 정(丁)·량(糧)이 넉넉한 10호를 이장호(里長戶)로 하고, 나머지 100호를 갑수호(甲首戶)로 하여 10갑(甲)으로 나누고 1갑은 11호로 편성하였다. 이는 향촌의 경우이며 도시에서는 방(坊), 교외에서는 상(廂)이라고 한다. 이장(里長) 한 사람과 갑수(甲首) 열 사람은 10년에 한 번씩 이갑의 일을 맡아 보았다. 이갑은 부역황책의 작성, 세역 징수, 치안 유지는 물론 상공물료와 공비 부담 등을 맡았다. 일조편법 실시로 중요성이 줄었으나 청조 강희제 말경까지 존속되었다.

이자성 李自成 ■■

명을 멸망시킨 농민 반란군의 지도자이다. 산시 성에서 반란군을 이끈 그는 세력을 신장하여 1637년 시안을 점령하고 국호를 대순이라 하여 관제를 정비하는 등 국가의 면모를 갖추었다. 명의 수도 베이징이 함락되고, 명의 의종 숭정제가 자살함으로써 명은 멸망하였다(1644년). 이자성은 관제를 개편하고 상하이 관에 있던 명의 장군 오삼계 토벌에 나섰으나 청의 원조를 받은 오삼계에 대패하여 베이징을 버리고 달아나 10여 년 간에 걸친 대반란은 완전히 진압되었다.

인도 국민 회의 印度國民會議 ■ ■ ■

1885년, 영국이 인도를 통치하는 데 반영 운동을 약화시키려는 목적으로 조직된 회의이다. 처음에는 영국의 인도 통치에 협력하는 기관의 성격을 갖고 있었으나, 영국의 인도 통치가 굳어지고, 인도인의 민족 의식이 고조되면서 차츰 민족주의 운동의 지도적인 역할을 담당하였다. 이때의 구성 계층은 상인·금융업자·지주·지식인으로서 농민·노동자 대표는 포함되지 않았다. 1905년 카슨 총독은 행정상의 불편을 구실로 벵골 주를 이슬람 교도 거주 지역과 힌두 교도 거주 지역으로 분단하는 정책을 시행하였다. 이는 벵골 지역의 종교적 대립을 이용하여 반영 의식을 약화시키려는 것이었다. 인도 국민 회의는 이에 대항하여 1906년 캘커타 대회에서 스와라지, 스와데시, 영국 상품 배척, 국민 교육의 4대 강령을 채택하였다. 1919~1922년 간디의 지도 아래 불복종·비협력의 저항 방법을 전국적으로 전개하여 국민 회의파의 지도자들이 탄압을 받았다. 국민 회의는 1929년 마드라스 대회에서 인도의 완전 독립까지 결의하는 등 영국의 통치에 대한 인도 국민의 저항·자치·독립 운동의 지도적 기관으로 발전하였다.

인도 제국 印度帝國 ■ ■ ■

영국의 식민지였던 인도의 독립 때까지를 일컫는 호칭. 1876년의 왕위 칭호법에 의하여 영국 왕(당시 빅토리아 여왕)이 다음 해부터 인도 황제로 호칭됨으로써 여기에 인도 제국이 성립되었지만 통치 조직의 실질적 개편이 있었던 것은 아니었다. 인도 황제는 제국에 대하여 공적이 있다고 인정되는 인도인에게 여러 가지 명예 칭호나 영국의 위계를 하사하여 그들의 충성심을 고무시켰다. 1877년·1903년·1911년에 델리에서 열렸던 접견식에서는 황제의 즉위를 경축하여 인도인에 대한 훈장 수여가 대규모로 실시되었는데, 이것은 대대적인 제국적 행사였다.

일조편법 一條鞭法 ■■■

명나라의 세법은 여러 가지 잡세가 많아 복잡하였고, 이갑제가 동요하자 세액의 불공평과 부정이 심하여 재정 곤란에 직면하였다. 이에 징세 업무를 간소화하고 조세 수입을 확보하기 위하여 부역과 조세를 각각 일조(一條)로 하여 납세자의 토지 소유 면적과 정구(丁口) 수에 따라 세액을 결정하여 은으로 납부하게 하는 조치가 지방관에 의하여 시행되었다. 이를 일조편법이라 하는데, 먼저 1560년부터 1570년경에 강남을 중심으로 시행되어 점차 화북 지방으로 확대되었으며, 완전히 은납화가 되는 것은 18세기 초의 지정은제에 이르러서이다.

임칙서 林則徐 ■

아편 수입의 성행으로 은이 대량 유출되어 중국 경제에 타격이 심하고 국민 건강을 해치자 청조는 논의 끝에 아편 엄금책을 실시하였다. 이때 흠차 대신으로 임명된 후광 총독 임칙서는 광둥으로 파견되어 무역 단절, 외국 상관의 봉쇄 등 강경 수단을 취하여 영국 상인을 굴복시킨 뒤, 아편 2만 상자를 압수하여 불태워 버렸으며, 각국의 상선에 대하여 아편을 중국에 가져올 때는 화물을 몰수하고 법에 의하여 처벌한다고 하였다. 이 시기 영국 수병의 중국인 살해 사건이 일어나 청에서는 범인의 인도를 요구하였지만 영국이 응하지 않자 물자 공급 중단 등 강경 수단을 취하였다. 이것이 아편 전쟁을 일으킨 단서가 되었다.

전례 문제 典禮問題 ■■

중국에서 온 예수회 선교사에 대하여 1662년 정식으로 선교의 자유가 공인된 이래 예수회 선교사들은 포교를 위하여 중국에서 제물을 차려놓고 공자 및 조상에 제사하는 풍습을 인정하였다. 그러나 이러한 선교 방법이 다른 교단의 선교사들과의 사이에 의견 대립을 벌여 중국인에 대한 제사 의식 허용을 로마 교황청이 금지하였다. 이에 대하여 옹정제와 건륭제는 모든 중국인 신자에게 중국적인 전례를 허용할 것을 요구하며 이에 불복하면 국외로 추방하거나 선교 활동을 금하게 하였다. 이를 전례 문제라 하는데, 이는 기독교 자체에 대한 선교 금지일 뿐 서양 과학의 금지는 아니었으며, 이로써 명나라 말부터 확대되어 온 중국인에 대한 선교는 청나라 중기에 와서 전례 문제로 실패하였다.

전 인도 무슬림 연맹 ■■

전 인도 무슬림 연맹이란 1906년에 조직된 인도 무슬림의 정치 조직을 말한다. 이 조직은 인도에 있는 이슬람 교도들의 보호와 그들의 권리 향상을 위해서 조직되었는데, 처음에는 영국에 협력적인 중류 · 상류층의 사람이 많았다. 이슬람교는 본시 힌두교와는 대립적 관계에 있었지만, 1919년부터는 영국의 인도 통치에 저항하는 세력으로 전향하여 반영 운동과 민족 운동을 추진하던 국민 회의파와 제휴하였다. 그러나 1924년 진나(Jinnah)가 연맹을 맡으면서부터 다시 친영적인 경향으로 되어 국민 회의파와 다투기도 하였다.

1940년에는 인도의 분리 독립의 계획이 세워져 이를 적극적으로 추진하였다.

정한론 征韓論 ■

1870년대를 전후로 일본 정계에서 강력하게 대두된 한반도에 대한 공략론이다. 1868년, 일본은 왕정 복고를 조선 정부에 통고하고 양국간의 국교 회복을 청하여 왔으나, 당시 척왜 정책을 고집하던 대원군 집정의 조선 정부는 이를 받아들이지 않을 뿐더러 접견조차 하지 않았다. 이에 일본의 조야에서는 정한론이 세차게 일어났고, 1873년에는 이것이 정치 문제화되어, 삿슈의 거두이자 메이지 유신의 원훈인 사이고 다카모리 등 주창파와, 당시 총리격인 이와쿠라 도모미 등 반대파 사이에 대립이 격화되어 끝내 서남 전쟁이라는 반란으로 이어졌다.

정화 鄭和 ■■

윈난 성 출신의 이슬람 교도, 영락제 때 중용되어 1405년부터 1433년까지 전후 일곱 차례에 걸친 대원정을 감행하여, 동남 아시아, 인도 남해안, 서남 아시아의 여러 지역에 원정하였다. 이때부터 조공 무역이 융성하여 약 30여 국이 조공하였다. 정화의 원정으로 중국인의 남해에 대한 지식이 확대되었고, 중국인의 해외 진출을 촉진시켰으나(화교의 기원), 이는 백성의 자유로운 해외 무역 활동이 금지된 상태에서 이루어진 것으로 장기화되지는 못하였다.

조공 무역 朝貢貿易 ■■

중국은 19세기 중엽까지도 그들 주변의 나라와 민족들은 모두 자국에 복종하는 것으로 간주하여, 그 복속을 조건으로 무역을 승인하였다. 무역은 각 국이 중국 황제에게 공물을 헌상하는 반례(返禮)로, 황제로부터 하사품을 급여하는 형식으로 행해졌다. 이것을 조공 무역이라고 한다. 이로 인하여 무역은 완전히 정부 통제 속에 놓여지고, 자유 무역은 전혀 인정되지 않았다.

조닌 町人 ■

일본 도쿠가와 시대(1603~1867) 때 도시에 거주한 상공업자들을 말한다. 이 시대 초기에 등장하여 사회적으로 영향력을 행사하고 부유한 계층이 된 사람들로, '조'(町, 도회지)에 살기 때문에 '조닌'이라고 불렸으며, 대체로 상인이었으나 공예가나 장인도 있었다. 일본에서 천문학 · 농학 · 의학 · 토목 공학 등의 발전은 조닌의 후원으로 이루어졌다. 봉건 지배를 뒤엎은 1868년의 메이지 유신 뒤 정부의 간섭에서 벗어나 독자적으로 발전할 수 있는 기회가 허락되자 조닌 계급은 차츰 쇠퇴하였다. 그 대신 무사 계급 출신의 기업가들이 조닌을 밀어내고 산업계의 지도자로 등장하였다.

존왕 양이 운동 尊王攘夷運動 ■ ■

도쿠가와 막부 말기에 일어난 정치 운동으로 국왕을 받들자는 존왕론과 이민족을 물리치자는 양이론의 운동을 말한다. 이 둘은 모두 주자학의 명분론과 일본적인 순수한 사상 체계를 주장하였던 국학의 국수성에서 나왔지만 존왕론은 국왕의 권력을 중심으로 하는 봉건 지배 체제의 재편성을 꾀하였고 양이론은 대외적인 충격을 계기로 봉건적 배외주의를 선동하여 봉건 지배를 강화하고자 하는 것이었다. 그러나 이들의 정치 운동은 각 계층과 봉건 제후의 성격 여하에 따라서 그들의 정치적 목표가 달랐고 아울러 그 주장을 실천하는 방법이 서로 맞지 않아서 알력과 싸움이 그치지 않았다. 마침 도쿠가와 막부의 개국 정책이 일부 존왕 양이론자들의 반대의 표적이 되고 또 막부 체제의 붕괴를 가져오면서 막부 체제의 변혁과 전복으로 귀결되었다.

좌종당 左宗棠 ■

중국 청나라 말기의 군인, 정치가. 후난 성 태생. 1852년 이후 증국 번의 상군(湘軍)을 지휘하여 태평 천국의 난을 진압하였다. 1866년 중국 최초의 관영 조선소를 만들어 양무 운동의 선구자가 되었다. 1876년 흠차 대신으로서 신장의 위구르 족의 난을 진압하고, 1884년 청 · 프 전쟁 때는 평화 외교를 벌였다.

주원장 朱元璋 ■■

명나라의 초대 황제로 홍무라는 연호를 사용하였기 때문에 홍무제라 한다. 후저우의 가난한 농가에서 태어나 열 일곱 살 때 부모를 잃고 불우한 청년 시절을 지냈다. 스물 다섯 살 때 백련 교도의 난이 일어나자 여기에 가담하였고, 곽자흥의 부하가 되어 두각을 나타냈다. 1368년 명을 세워 난징에 도읍하고, 다시 원(元)을 몽골로 몰아내고 중국을 통일하였다. 그는 호풍(胡風)의 일소, 당 · 송 전통으로의 복귀를 명하였으며, 내정을 개혁하였고, 법률의 편찬에도 힘써, 대명률(大明律), 대명령(大明令)을 제정하였다. 군주 독재적인 관료 체제를 강화하였다.

중체 서용 中體西用 ■■

중국의 학문을 본질적 원리로 삼고 서양 학문을 실제적 용도로 삼는다는 것으로, 장지동이 널리 보급시켰으며, 양무 운동의 이론적 기초가 되었다. 체(體)와 용(用)은 각각 중국의 목적과 서양의 방법

또는 중국의 가치와 서양의 기술을 말하며, 중국의 도덕적 원리와
윤리적 교훈을 근본으로 부강을 위하여 서양의 방법을 도입한다는
것이다.

지정은제 地丁銀制 ■ ■ ■

청대의 세제, 명 말에 일조편법의 시행 이후 정치 · 사회적 혼란으
로 무산(無産)의 정(丁)이 증가하여 정을 대상으로 하는 징세가 곤
란해지고, 호적면에서도 탈세를 목적으로 거짓으로 기재하는 경우
가 많아 청대의 강희 말년부터 옹정 연간에 걸쳐 각 지방에서 정세
(丁稅)를 지세(地稅)에 포함시켜 은으로 납부하도록 하였다. 단일
세제로서 인두세가 없어져 세법은 더욱 간편해졌으며, 국가 세입의
기초가 토지로 확정된 것이다.

지즈야 jizyah ■ ■

이슬람 법의 규정에서 정복된 이교도가 내는 인두세를 말한다. 이
인두세를 바침으로써 그들이 믿는 종교가 허용되었다. 마호메트가
유대 교도와 그리스도 교도들에게서 징수한 것이 시초로,《코란》제
9장 29절로써 제도화하였다. 자유 신분으로 성년에 달한 이교도의
남자에게만 부과되었는데, 화폐로 징수하였다. 세액은 가벼웠으나
이슬람 교도의 지배에 속한다는 예속적인 의미를 가졌다.

천공개물 天工開物 ■

명 말에서 청 초의 송응성이 지은 산업 기술 서적이다. 1637년경
만든 책으로, 모든 산업 부문을 망라한 산업 백과 사전이다. 이미
전해진 서양 과학 기술에 대한 기록은 화기(火器)를 제외하고는 거
의 없고, 중국 재래식 산업 기술이 수록되어 있다. 3권 18편 중 식

품 생산 관계가 가장 많고 다음으로 의복 염색 부분, 채광, 금속 가공 부문이 많다. 예외는 있으나 전반적으로 송나라 이래의 뚜렷한 실증 정신으로 일관되어 있다.

《천공개물》 표지(왼쪽)와 《천공개물》 본문(오른쪽)

천조 전무 제도 天朝田畝制度 ■ ■ ■

균전제적 토지 제도를 기초로 한 태평 천국의 사회 경제 제도이다. 이에 따르면 토지를 9등분하여 남녀 및 연령에 따라 균등하게 나누고, 한 가족의 필요 이상은 국가에 귀속시켜 불구자나 무의탁자의 생활에 충당하도록 하였다. 이로써 토지의 사유를 인정하지 않고, 하나의 농업 공동체 사상을 기반으로 하였기 때문에 태평 천국의 난은 혁명적 성격을 띠었다. 우리나라의 경우 동학 농민 운동 세력이 제시한 폐정 개혁 12조 중 "토지는 평균하여 분작(分作)한다"는 내용에서 태평 천국의 토지 균분 이념에 근접할 수 있다.

천주실의 天主實義 ■

이탈리아 예수회 선교사인 마테오 리치가 저술한 한역 서학서(漢譯

西學書). 중국학자와 서양학자의 토론 형식으로 전통 유학과 불교 · 도교 등을 논하고, 스콜라 철학과 선진 공맹(先秦孔孟)의 고전을 들어 가톨릭의 교리와 사상을 이론적으로 옹위하면서 가톨릭 신앙의 몇 가지 본질적 문제를 인간의 이성과 자연적인 식견으로 입증하였다. 이 책은 유교 전통 사회에 가톨릭 신앙을 심어 주었을 뿐만 아니라 중국 고대 사상과 서유럽 윤리 사상의 융합이라는 점에서 중요한 사상사적 가치를 지닌다.

청대 아시아

청 淸 ■ ■ ■

중국 대륙의 마지막 왕조로, 기간은 1616년부터 1912년까지이다. 1616년 누르하치가 여진족을 통합하여 후금국을 세우고, 1636년 태종 때 국호를 대청으로 개칭하였다. 명나라가 망하는 틈을 타서 중국에 침입, 순치~강희 연간에는 명나라의 유족, 삼번(三藩)의 난, 대만의 정씨(鄭氏) 등을 평정하고 전국 지배에 성공하였다. 강

희 · 옹정 · 건륭의 3대 130여 년 간의 전성기에는 영토를 크게 확장하고 여러 제도의 정비, 대규모의 편찬 사업을 추진하여 학술을 장려하는 한편 사상 통제에 의한 '문자의 옥'을 치르고 변발을 강요하였다. 그러나 건륭 말기부터 정치가 부패하고 군사력의 근간인 팔기병의 실력이 저하되었다. 또한 사회 모순도 깊어져 백련교의 난 등이 발발하고, 아편 전쟁을 기화로 제국주의 열강의 침략을 받아 반(半) 식민지화가 진행되었다. 이로써 점차 혁명 운동이 고양되

어 1911년 신해 혁명이 일어나 이듬해 선통제(宣統帝)의 퇴위로 멸
망하였다.

청년 투르크 당 Young Turks ■

오스만 제국 압둘 하미드 2세(1876~1909)의 전제 지배를 배제하
고, 1876년에 제정된 미드하트 헌법의 부활 및 입헌 정치의 수립을
표방한 정치적 비밀 결사이다. 1908년의 혁명 뒤 정식 정당으로서
약 11년 간(1908~1918) 투르크의 정권을 담당하였다. 그 사상적
배경을 이루는 것은 19세기 후반 투르크 근대화 운동의 지도자들,
예컨대 파리 등 서구에 유학한 신지식층에 속하는 자유 사상가들이
내세운 자유주의 · 입헌주의가 그 이념이었다. 행정면의 광범한 개
혁을 단행하여 신민법 및 신상법의 공포, 부인의 지위 개선 및 취업
을 위한 제반 조치, 국민 교육을 위한 각종 단체의 설치, 코란의 번
역 등이 이루어졌다. 이 정권은 당초 제국 내의 모든 민족의 자유와
평등을 역설하는 오스만 주의를 내세웠지만 영국과 러시아의 압박
때문에 범 투르크 주의로 전환하여 독일에 접근하였으며, 제1차 세
계 대전에서 패배하여 붕괴하였다.

청 · 일 전쟁 淸日戰爭 ■ ■ ■ ■

1894, 1895년 조선의 지배권을 둘러싸고 청나라와 일본이 일으킨
전쟁이다. 1876년 강화도 조약 체결 뒤 일본이 군사적 · 정치적 ·
경제적으로 조선에 진출하자 청나라가 이에 반발하여 임오 군란,
갑신 정변 등을 거쳐 조선에의 종주권을 강화하였다. 또한 영국과
러시아도 조선에 진출을 기도하여 조선은 동아시아 국제 정세의 초
점이 되었다. 1894년 동학 농민 운동으로 청나라가 출병하자 일본
도 출병하여 정치적 · 군사적 요충을 장악하였다. 1895년 4월, 청

나라 전권 대사 리홍장은 일본에 가서 일본 측이 제시하는 강화 초안을 수용하고 시모노세키 조약에 조인하였다. 청 · 일 전쟁은 동아시아 3국의 진로를 결정하는 중요한 계기가 되는 사건이었다. 전쟁 뒤 일본은 급속한 발전을 이룩한 반면, 조선은 자주적 개혁이 좌절되었고, 중국은 제국주의 열강에게 분할되기 시작하였다.

청 · 프 전쟁 淸佛戰爭 ■

1884년과 1885년 사이에 베트남의 식민지화를 추진하는 프랑스와 청나라 사이에 일어난 전쟁이다. 프랑스는 19세기 후반에 베트남을 침략하여 1883년 완조(阮朝)를 굴복시키고 프랑스의 보호권을 승인하게끔 하였다. 종주권을 주장하는 청나라는 이에 불만을 품고 1884년 6월, 장지동이 이끄는 주전파가 중심이 되어 프랑스 군을 저지하는 데 성공하였으나 해전에서 실패함으로써 전세가 불리해지자 영국의 조정으로 1885년 6월에 톈진 조약을 체결, 결국 청나라는 프랑스의 베트남 보호권을 승인하였다.

카자르 왕조 Qajar王朝 ■■

이란 왕조(1779~1925). 카스피 해 남동부 골간 지방에서 유목하던 터키계 카자르 부족을 아가 모하마드 칸이 거느리고, 1779년 잔드 왕조를 쓰러뜨려 이란을 통일하고 세운 왕조이다. 19세기 영국 · 러시아를 중심으로 하는 유럽 열강의 경제적 · 정치적 침략을 받았다. 두 차례의 대러시아 전쟁으로 1828년 터키만차이 조약에 따라 카프카스의 영토를 잃고, 1841년에 영국과 통상 조약을 맺어 자본주의 시장에 편입되었다. 1848년부터 1851년에는 재상 A. 카비르의 근대 개혁이 실효를 거두지 못하였고, 1870년대 뒤 유럽인 투자가에 대한 각종 이권 양도로 왕조의 체제가 약화되었다. 1891

년과 1892년 영국인에게 양도된 담배의 이권을 둘러싼 담배 불매 운동은 민중에게 반제국주의 투쟁과 카자르 왕조 전제 체제 타도의 필요성을 자각시켰다. 그 뒤 1905년부터 1911년 입헌 혁명으로 왕조의 지배권이 흔들리다가 제1차 세계 대전 뒤 1921년 레자 칸의 군사 쿠데타로 사실상 카자르 왕조는 무너졌다. 그 뒤 1925년 레자 칸은 새 내각을 구성하여 이란 국왕으로 추대되었다.

캉 유웨이 康有爲 ■■

청 말, 중화 민국 초의 학자이자 정치가인 캉 유웨이(1858~1927)는 복고주의를 주창하였던 종래의 고문학적인 유학 사상을 지양하여 발전적이고 진취적인 금문학적(공양학적)인 유학 사상을 부흥, 발전시켜 대담한 대동 사회의 건설을 꿈꾸는 《대동서(大同書)》라는 미래 대망서를 저술하기도 하였다. 일찍부터 변법 자강의 생각을 가지고 있었으며, 1898년 혁신 정치를 단행하였지만 무술 정변이 일어나 국외로 망명하였다. 신해 혁명 뒤에도 청조 회복 운동과 공자를 국교로 삼아야 한다고 주창하기도 하였다.

타지 마할 Taj Mahal ■

무갈 제국 샤자한 황제의 비(妃) 마할의 묘로, 1630년부터 시작하여 1648년에 건조되었다. 백대리석으로 만들어진 인도 페르시아 양식의 대표적인 건물이다.(→ 악바르 대제)

탄지마트 개혁 Tanzimat改革 ■■■

투르크의 개혁 운동으로, 1839년 오스만 제국은 와해의 분위기를 극복하기 위하여 탄지마트로 불리는 광범위한 개혁에 착수하였다. 이 개혁의 주요 목표는 중앙 집권 체제의 강화, 징병제 실시, 유럽

식 교육 제도의 도입, 술탄 신민의 평등한 보호 등이었으며, 1876년에는 헌법을 제정하고 의회도 개설하였다. 그러나 그리스도 교도의 동요, 보수파의 반발, 러시아의 방해로 성과는 미약하였다. 러시아의 남하 정책을 저지하려는 영국과 프랑스가 개혁을 지원하였으나 그 차관과 자본이 경제 예속을 심화시켰고, 결국 러 · 투 전쟁 (1877~1878)으로 전제 정치가 부활하였다. 탄지마트에 의한 투르크의 근대화는 열강에 의한 투르크의 반식민화, 열강의 간섭과 압박 아래서 실효를 거두지 못한 점도 있지만, 이슬람 세계의 오랜 전통에서 벗어나지 못한 투르크 민족의 의식 구조, 이질적인 서유럽 사회의 정치 · 사법 제도의 기계적인 도입, 농업 사회에서 유럽적인 산업 형태를 수립하고자 한 내적인 불합리성 때문에 좋은 결실을 거두지 못하고 말았다.

태평 천국 운동 太平天國運動 ■ ■ ■

청 말기 홍수전이 창시한 그리스도교 비밀 결사를 토대로 1851년에서 1864년까지 청조 타도와 새 왕조 건설을 목적으로 일어난 혁명성을 지닌 농민 운동을 말한다. 청 말기 인구가 급격히 증가하고 은값이 오르자 향촌 사회의 불안과 갈등이 증폭되었다. 아편 전쟁 패배 뒤 상하이가 개항되자 대외 무역의 독점을 누리던 광저우와 연결된 교역로가 불황에 빠지면서 실업자가 된 운송업자와 전쟁 뒤 해산된 지방군, 그리고 영국 해군에 쫓겨 광둥과 광시의 내륙으로 들어온 해적들로 사회 불안이 가중되었다. 또 명조(明朝) 회복의 기치를 내건 비밀 결사 천지회의 반란으로 혼란이 더욱 심화되었다. 이러한 상황에서 광둥 성에서 유입해 온 커자(客家)와 먼저 이주해 온 한족 본지인 사이에 1840년대 중반 이후 집단적 분쟁이 끊임없이 일어났다. 태평 천국은 그리스도교를 표방하고 농지의 균등 분배, 남녀 평등, 사회 악습의 철폐와 멸만 흥한(滅滿興漢)을 부르짖어 전폭적인 대중의 지지를 얻은 청나라 말기에 일어난 대농민 반란으로, 청조에 심각한 타격을 주어 한인 관료의 대두를 촉진시키고 그 뒤 중국 혁명 운동에 많은 영향을 주었다.

티무르 제국 帖木兒帝國 ■■

1370년부터 1507년에 걸쳐 중앙 아시아·이란·아프가니스탄을 지배한 왕조. 중앙 아시아 유목민의 군사력과 오아시스 정주민의 경제력을 기반으로 티무르(帖木兒)가 창설하였다. 수도인 사마르칸트는 동·서 무역의 중심지로 번영하였으나 그의 사후 유목민적 사고에 의한 일족의 분봉제(分封制)와 시대의 실력자가 왕위를 차지해야 한다는 왕위 계승제가 존중되어 왕권 쟁탈전이 계속되었다. 티무르 왕조는 정치적으로 강력한 국가는 아니었으나 티무르를 비롯한 여러 왕들의 학문·예술의 보호로 화려한 궁정 문화가 발달하였으며, 중앙 아시아 최고의 문화 수준을 과시하였다. 미술에는 세밀화로 유명한 비호자드 차가타이와 투르크 어 문학을 확립한 미르 알리 시르 나바이, 페르시아 고전 문학의 완성자인 자미 등이 활동하였다.

페리 제독 Perry提督 ■■

미국의 군인. 동인도 함대 사령관으로 일본 특파 대사를 겸임하였다. 1846년부터 1848년까지 멕시코 전쟁에 참전하였고, 1853년 일본과의 외교 공방 끝에 미·일 화친 조약을 체결하였다. 귀국한 뒤 정부의 위촉으로《페리 제독 일본 원정기》를 편집하였다.

미 · 일 화친 조약 체결 당시의 모습(1853년)

평영단 平英團 ■

아편 전쟁중인 1841년 영국군이 광저우를 점령한 뒤, 청군의 허약함에 실망하고 영국군의 횡포에 분노한 민중들이 향신(鄕紳)의 지도 아래 결성한 민간 반영(反英) 조직이다. 광저우 성 밖의 삼원리에서 영국군을 포위하였으나, 정부의 명으로 해산하였다. 아편 전쟁 뒤 민족주의 운동의 선구적인 역할을 하였다.

플라시 전투 Plassey戰鬪 ■

1757년, 클라이브가 지휘하는 영국군과 프랑스, 토후의 연합군과의 사이에 일어난 싸움으로, 전투가 일어난 플라시는 서벵골 주 북부 바기라티 강변에 위치하고 있다. 싸움의 결과 3,000명의 클라이브군은 7만(보병 5만, 기병 2만, 대포 53문)의 프랑스, 토후 연합군을 격파하여 벵골 지방을 완전히 지배하였다. 플라시 전투를 통해 인도에서의 영국의 우위는 확정되었고, 영국의 세계 지배의 기초가 확립되었다.

항조 운동 抗租運動 ■

소작 농민이 고율의 소작료에 반대하여 벌인 운동으로, 소작 쟁의라고 한다. 볏단을 빼돌려 소작료의 일부를 착복하거나, 흉년 때 소작료 납부를 거부하거나, 지주의 승낙 없이 소작권을 양도하는 등의 방법으로 행해졌다. 19세기 중반 뒤에는 지주와 소작인의 분쟁이 집단적·폭력적이 되면서 여러 지역에서 민란이 발생하였다.

해금 정책 海禁政策 ■■

명·청 두 왕조가 시행한 해상 교통·무역·어업 등에 대한 제한 정책이다. 명나라에서는 1371년 홍무제가 왜구에 대한 방어책으로서 외국과의 교역 및 해외 도항을 금한 데에서 시작되었다. 그 뒤 밀무역이 성행하고 단속을 강화하면 오히려 왜구가 더 극성을 부리곤 하여 1567년에 금령을 완화하였다. 청나라에서는 남명(南明)과 정씨 대만에 대한 대책으로서 엄중한 해금을 실시하였다. 1684년 정씨가 항복한 뒤 해제하였다가 1757년에 다시 쇄국 정책으로 전환하였다. 무역항을 광저우로 제한하는 이 정책은 아편 전쟁을 일으켜 1842년 난징 조약으로 끝이 났다.

향용 鄕勇 ■

중국 청나라 때의 지방 의용군으로, 18세기 말 백련교도의 난, 19세기 중반 태평 천국의 난 때 팔기(八旗)·녹영(綠營) 등 정규군이 무력함을 드러내자 이를 보충하기 위하여 각 지방에서 조직, 편성되었다. 지방관이 주체가 되어 조직한 것과 지방 유력자가 주체가 되어 그의 지배 아래 있던 농민이나 유민으로 조직한 것이 있으며, 그 기능이나 활동 범위에 약간의 차이가 있으나 모두 민중 반란에 대항해 질서를 지키는 일을 하였다.

홍수전 洪秀全 ■■■

중국 청나라 말기의 농민 운동 지도자. 광둥 성 태생으로, 태평 천국 운동의 최고 지도자로 천왕(天王)이라고 칭하였다. 과거의 예비 시험에 몇 번 실패한 뒤 그리스도교를 접하고, 풍운산 등과 배상제회(拜上帝會)를 조직하여 인간의 정치적 · 경제적 평등과 사교(邪敎)의 박멸을 주창하며 신자를 모았다. 그는 상제회라는 비밀 결사를 만들어 청조 타도를 부르짖고 광시 성에서 폭동을 일으켰다. 또한 그는 변발과 호복을 폐지하였고, 남녀 평등과 빈부의 차를 없애고, 토지의 균등한 분배를 이상으로 하는 태평 천국을 건설하였다. 그러나 그의 토지 분배 정책에 놀란 향신층의 반발과 영국의 고든이 이끄는 상승군 등의 공격으로 태평 천국은 15년 만에 평정되고 말았다(1864년). 그리하여 한족의 대규모 근대적 민족 운동인 태평 천국 운동은 실패하고 중국 사회의 모순은 더욱 심해졌다.

회관 會館 / 공소 公所 ■

동업 또는 동향인 사람들이 사교와 상호 부조를 목적으로 세운 건물로, 단체의 구성은 다양하며 동료 의식으로 뭉쳐 있었다.

현대 세계의 형성

제국주의 → 제1차 세계 대전 → 베르사유 체제 → 경제 공황 →
     (1914~1918)   (1929)

전체주의 → 제2차 세계 대전 → 경제 공황
     (1939~1945)

간디 | Mohandas Karamchand Gandhi ■ ■ ■

인도의 민족 운동 지도자이다. 포르반다르의 중급 카스트 인 상인 집안 출신으로 영국에 유학하여 변호사 자격을 얻은 그는 1800년 대 말부터 남아프리카의 인도인의 자유를 획득하기 위하여 활약하였다. 1915년에 귀국한 뒤 종교성이 짙은 반영(反英) 무저항·불복종 운동을 선언하고, 세 번에 걸친 대대적인 민족 운동과 열 한 번의 단식을 전개하였다. 국민 회의파의 지도자로서, 1920년부터

비폭력주의를 상징하는 간디와 물레

1922년에 걸친 불복종, 비협력의 방식으로 민족적 저항을 시작하
였고, 1932년부터 1933년, 1942년 이후의 민족 운동을 주도하였
다. 그는 종래의 민족 운동 지도자가 미처 알지 몰랐던 대중층을 저
항 대열에 끌어들였고, 철저한 폭력 부정의 이념으로 저항을 실천
하였다는 점에 역사적 의의가 있다. 1930년대 이후에는 독립 투쟁
보다 사회 문제에 전념하여, 힌두 사회의 체질 비판, 이슬람과 힌두
양파의 대립 완화에 노력하였다. 제2차 세계 대전 뒤에는 파키스탄
과의 분리 독립에 반대하고 통일 인도의 조직에 노력하였으나 과격
한 힌두 교도에 암살되었다.

건국 방략 建國方略 ■

중국의 쑨원이 반식민지 중국에 있어서의 건국의 방법을 밝힌 책으
로, 제1부 심리 건설, 제2부 물질 건설, 제3부 사회 건설의 3부로
되어 있다. 이 책은 쑨원의 사상이 만년에 신삼민주의로 심화되는
과도기에 발표된 것으로, 그 기초를 이루었다는 점에서 역사적 의
의를 지닌다.

국공 합작 國共合作 ■ ■ ■

중국 현대사의 양대 정당인 중국 국민당과 중국 공산당이 맺은 두
번에 걸친 협력 관계를 말한다. 제1차(1924~1927)는 국민 혁명
시기, 북방 군벌과 그 배후의 제국주의 열강에 대하여, 제2차(1937
~1945)는 항일 전쟁 시기, 일본 제국주의에 대하여 통일 전선이
조직된 것이다.

제1차 국공 합작 — 제1차 국공 합작은 중국 공산 당원이 국민당에
개별적으로 가입하는 형태를 취하였다. 1924년 1월의 국민당 제1
차 전당 대회에서 소련과의 연합(聯蘇) · 공산당과의 제휴(容共) ·

노동자와 농민에 대한 원조(農工扶助)의 3대 정책이 채택되어 국공 합작을 발족하였다. 합작 후 공산당은 세력이 크게 성장하였으며, 국민당은 소련의 언조로 광둥에서 혁명 정부 재건과 대중적 기반을 확보했다. 국민 혁명은 진전되었고, 북벌 과정에서 1927년 우한에 혁명 정권을 수립하였다. 그 사이 혁명 세력 내부의 대립이 심화되어 장제스는 국민당 우파와 결합하고 제국주의 열강, 저장 재벌을 배경으로 반(反) 혁명으로 전환하였다. 그리하여 국민당 좌파 및 중국 공산당과 손을 끊고 난징 정부를 세웠으며, 우한 정부의 붕괴 뒤 중국 공산당은 우익 기회주의를 청산하고 토지 개혁을 진행시켰으며, 장시 소비에트를 성립시켜 난징 정부에 대항하였다. 그리하여 10년에 걸친 국공 내전이 발발하였다.

제2차 국공 합작 — 제2차 국공 합작은 국·공 양당이 대등한 입장

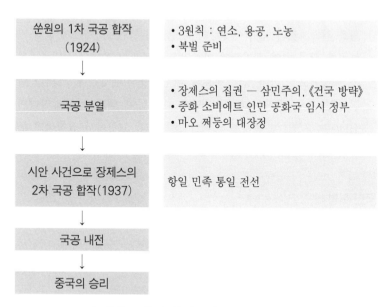

쑨원의 1차 국공 합작 (1924)	• 3원칙 : 연소, 용공, 노농 • 북벌 준비
국공 분열	• 장제스의 집권 — 삼민주의, 《건국 방략》 • 중화 소비에트 인민 공화국 임시 정부 • 마오 쩌둥의 대장정
시안 사건으로 장제스의 2차 국공 합작(1937)	항일 민족 통일 전선
국공 내전	
중국의 승리	

| 중국의 국민 혁명 이후의 역사 흐름 |

에서 정책 협정이라는 형태를 취하였다. 시안 사건을 거쳐 1937년 7월에 중·일 전쟁이 발발한 뒤 국공 합작이 구체화되었다. 국민당은 오지에 충칭 정부를 세우고 공산당의 변구(邊區) 정부를 포위할 태세를 취하였으나, 중국 공산당은 게릴라 전을 전개하여 일본군의 배후에 항일 근거지를 확대해 갔다. 1945년 이 같은 전선 배치를 그대로 유지하면서 국·공 양당은 태평양 전쟁의 종결을 맞이하였고, 생사를 건 내전에 다시 돌입하였다. 내전이 끝난 1949년에 자유 중국 정부는 타이완으로 건너갔고, 대륙에는 중화 인민 공화국 정권이 수립되었다.

국민당 國民黨 ■

1912년 중국에서 창당된 정당이다. 당 지도자는 쑨원으로, 러시아의 볼셰비키 당의 지원과 중국 공산당(1924~1927)의 협력을 받아 당을 결속시켰다. 쑨원이 죽은 1925년 뒤부터는 장제스가 당의 지도자가 되어 지역 군벌들의 자치권을 제한하고 쑨원의 삼민주의를 기본 정책으로 삼아 중국 본토의 대부분을 지배하였다. 그러나 일본 패망으로 정전된 뒤 공산당과 대립하여 내전에 임하였다가 1949년 공산당에 패하고 타이완으로 도피, 그곳에서 실질적인 독재 정당으로 군림하였다.

국민 혁명 國民革命 ■■■

1924년부터 1928년까지 중국 국민당과 중국 공산당의 합작하에 전개된 중국 민족의 통일 독립 운동을 말한다. 1925년 7월, 국민당은 광둥 혁명 정부를 국민 정부로 재조직하고 휘하의 모든 군대를 국민 혁명군으로 통합, 개편하였다. 1926년 7월, 장제스를 총사령관으로 하여 북벌에 나선 국민 혁명군은 중국 남부의 약 34개 군벌 세력을 무너뜨리거나 흡수하면서 1926년 11월에는 창사 · 우한 · 주장 · 난창 등의 주요 도시를 점령하고, 1927년 3월에는 상하이 · 난징에 진주함으로써 강남 지역의 통일을 완수하였다. 제1차 국공 합작의 결렬 이후 장제스는 1928년 봄에 베이징을 점령하고 같은 해 11월에 만주의 장쉐량을 난징 정부에 흡수하여 전 중국의 통일을 완성하였다. 국민 혁명의 성공은 사실상 노동자 · 농민 운동의 좌절과 궤를 같이하였으며, 혁명 과정에서 이루어진 봉건 지주와 군벌의 타협, 외국의 군사적 · 경제적 의존 등은 국민 혁명을 '미완의 혁명'으로 평가하는 근거가 되기도 한다.

국제 연맹 國際聯盟 ■■

제1차 세계 대전이 종결된 뒤 창설된 국제 연맹은 영구적인 세계 평화를 지향하는 사상 최초의 대규모 국제 기구였다. 스위스의 제네바에 본부를 둔 국제 연맹은 국제 노동 기구, 국제 사법 재판소 등을 산하 기관으로 두었다. 그러나 침략에 대한 대책이 미비하고, 제창국인 미국이 참가하지 않았으며, 독일과 소련이 초기에 제외되어 평화 유지에 결함이 있었다.

군국주의 軍國主義 ■■

군사력에 의한 국위 신장을 국가의 주요 목표로 생각하여 사회 구조나 국민의 생활 · 사고 양식을 군사적 가치에 종속시키려는 사상 및 체제를 군국주의라고 한다. 군사 조직의 '명령과 복종' 원리에 따라 대내외적으로 호전적인 정책을 수행한다. 근대 국가가 성립한 뒤 군국주의의 전형적인 예는 19세기 말부터 제1차 세계 대전 말기까지의 독일 제국과 만주 사변에서부터 제2차 세계 대전 종전까지의 일본, 그리고 이탈리아에서 발견할 수 있다. 근대 군국주의는 근대 국가와 보조를 맞추어 생성, 발전하였다.

나치스 Nazis ■ ■

독일 노동자 당이 1920년에 개칭한 이름으로, 지지 기반은 기존 정당 · 노조에 불만을 품은 중간층과 실업자였다. 하지만 사회주의 운동에 위협을 느낀 경영자 단체의 원조를 받아 풍부한 자금으로 선전 활동을 시작하면서 선거를 통한 정권의 쟁취를 꾀하였다. 1932년에 제1당이 되고, 1933년에 재계와 군부의 지지 아래 히틀러 정권을 실현하였다.

난징 대학살 南京大虐殺 ■ ■

중 · 일 전쟁의 전면전 초기에 일본군이 난징에서 저지른 만행을 말한다. 1937년 8월, 상하이를 공략한 일본군은 중국군의 완강한 저항을 받았으나, 11월에 다시 추격을 개시하여 12월 13일에는 난징을 공략하였다. 그 뒤 10일 동안의 극심한 혼란 속에서 일본군이 무차별 살상과 강간으로 수많은 사람들을 희생시키는 만행을 저질렀다. 극동 군사 재판에서는 피살자 수를 11만 9,000명으로 헤아렸다.

네루 Pandit Jawaharlal Nehru ■ ■

인도의 정치가이자 민족 운동 지도자이다. 네루는 해로우와 케임브리지 대학에 유학한 뒤 인도로 돌아와 1919년 인도 의회당에 참여하였다. 그는 그 뒤 21년의 기간 중 9년을 감옥에서 보냈다. 당 총서기를 거친 뒤 1929년 의장으로 선출되어 당의 목표를 자치에서 완전한 독립으로 변경한 그는 1939년 전쟁이 일어나자 인도에 자유를 주지 않는 한 연합국에 협력하지 않겠다고 선언하였다. 1947년에는 그의 정신적 지도자인 간디의 의사와는 반대로 인도의 분할에 동의하고 수상이 되었다. 그의 정책은 근대화되고, 세속적이고 민주적인 사회주의 국가를 인도 민족주의와 접목시키는 데에 있었다. 이는 캐시미르를 인도 내에 묶어 두려는 시도와 고아로부터 포르투갈 인의 강제 추방(1961년), 중국과의 국경 분쟁(1962년)에 잘 나타난다. 대외적으로는 비동맹 입장을 견지하였으며, 영 연방 내에 잔류하면서도 중립적 역할을 함으로써 아시아 강국으로서의 지위를 높였고, 다른 나라의 분쟁에 중재자로서 활동하기도 하였다. 1964년에 사망할 때까지 수상에 재임하였다. 민주주의, 사회주의, 통일, 비종교주의라는 네루의 4대 정책 기조는 그 뒤 인도 정치의 근간을 이루었다. 주요 저서로는《인도의 발견》,《세계사》등이 있다.

노르망디 상륙 작전 Normandy 上陸作戰 ■ ■ ■

1944년 6월 6일, 연합군이 북 프랑스의 노르망디 해안에서 감행한 상륙 작전. 제2차 세계 대전중 유럽 대륙으로부터 퇴각한 연합군이 독일 본토로 진공하기 위한 발판을 유럽 대륙에 마련하기 위하여 감행하였다. 아이젠하워 장군의 지휘 아래 함선 1,200척, 항공기 1만 대, 상륙 주정 4,126척과 수백 대의 장갑차로 편성된 대 부대가 노르망디에 상륙한 사상 최대의 규모였다. 그 뒤 독일은 동서 양 전선에서 후퇴를 거듭하였다.

뉴딜 정책 New-Deal政策 ■ ■ ■

미국의 F.D. 루스벨트 대통령이 1933년 이래 1939년까지 공황 극
복을 위하여 실시한 일련의 경제 정책을 말한다. 주요 내용은 농민
구제를 위한 농업 조정법(AAA), 고용 증대, 생산 조절, 실업자 구
제를 골자로 한 산업 부흥법(NIRA)이었으며, 그 밖에 테네시 계곡
개발 공사(TVA)의 추진, 와그너 법에 따른 노동자의 단체 교섭권
인정, 실업 보험과 최저 임금제 등이다. 뉴딜 정책의 특징은 경제에
대한 정부의 통제에 있으며, 이것은 전통적인 자본주의 경제 원칙
의 변화를 가져왔다. 자본주의에 일부 사회주의적 요소를 가미한
것이기 때문에 사회주의에 더 가까운 것도 아니고 자유주의의 원리
를 부정하고 있는 것도 아니다.

황제 니콜라스 2세(오른쪽)와
황태자 알렉세이(1915년)

니콜라이 2세 Nikolai II ■

로마노프 왕조 최후의 황제로, 재위 기
간은 1894년부터 1917년까지이다.
1905년의 혁명과 패전에 임하여 국회
개설(開設)을 약속함으로써 겨우 혁명
을 억제하였다. 제1차 세계 대전 때 니
콜라이 니콜라예비치 대공의 파면 뒤
자신이 총사령관으로서 전선의 대본영
에 있었으나 전황의 불리, 식량의 결핍
에 따른 민중의 불만 및 라스푸틴이 조
종하는 대(對) 독일 강화파의 암약 등
으로 주전파(主戰派)인 자본가의 신뢰
를 잃고, 1917년 2월 혁명이 일어나 퇴위하였다. 10월 혁명 뒤 소
련 정부에 체포되어 가족과 함께 총살되었다.

다이쇼 데모크라시 大正Democracy ■■■

메이지 시대는 산업화에 어느 정도 성공을 거두었으나 정치적으로
는 근대 민주주의 사회라고 할 수는 없었다. 그러나 다이쇼가 즉위
한 뒤 민중이 정치·문화 등 각 방면에 민주주의적 개혁에 참여하
였다. 그 결과 정당 정치가 행해졌고, 보통 선거 실시로 민주 정치
가 진일보하였으며, 사회주의 운동도 본격화되었다. 교육과 학문
면에서도 큰 변화가 있어, 의무 교육과 대학 교육이 확대되었고 자
유 분방한 예술 활동이 보장되었다. '천황 기관설(天皇機關說)'이
나온 것도 이때의 민주주의적인 분위기를 반영한 것이었다.

대서양 헌장 大西洋憲章 ■■

1941년 8월 14일, 미국의 루스벨트 대통령과 영국의 처칠 총리 사
이에 이루어진 공동 선언으로, 영토 불확대, 민족 자결, 통상·자원
의 기회 균등, 사회 보장, 안전 보장 등 제2차 세계 대전 및 전후 처
리의 지도 원칙을 명시하였다. 이 원칙은 연합국 공동 선언과 국제
연합 헌장에 계승되었다.

처칠과 루스벨트가 대서양 회담을 위해 만난 모습

대장정 大長征 ■■■

대장정이란 1만 5,000킬로미터에 달하는 중국 공산군(紅軍)의 역
사적 대행군(1934~1935)으로, 이 결과 공산당의 혁명 근거지가
중국 동남부에서 서북부로 옮겨졌으며 마오 쩌둥이 확고부동한 지
도자로 부상하였다. 홍군은 추격해 오는 장제스의 국민당 군과 계
속 싸우면서 18개의 산맥을 넘고 24개의 강을 건너 서북 지방의 싼
시 성에 도달하였다. 중국의 많은 청년들은 장정이라는 영웅적인
투쟁에 자극을 받아 1930년대 말과 1940년대 초에 걸쳐 공산당에
가담하였다.

도스 안 Dawes案 ■

제1차 세계 대전 뒤 패전국인 독일의 배상 문제에 관하여 배상 문제
전문가 위원회의 위원장인 미국의 C.G. 도스가 제안한 해결안이다.
1923년 1월, 독일이 배상금을 지불하지 못하자 프랑스 · 벨기에가
독일의 루르 지방을 강제 점령하는 등 배상 문제가 점점 어려워졌
는데, 이를 해결하기 위하여 도스를 위원장으로 하는 배상 전문 위
원회가 구성되고, 1924년 7월에 도스 안이 채택되었다. 배상 총액
및 지불 기한에 상관없이, 1924년부터 5개년 간의 지불 연액(支拂
年額)을 2억 3,500만 달러 내지 5억 8,700만 달러까지로 정하고,
5년이 지난 뒤에는 독일 경제의 번영 여하에 따라 증액하기로 하였
으며, 또 배상 재원으로서는 철도 수입 · 관세 · 알코올 세 · 연초
세 · 설탕세로 충당하기로 하였다. 이에 따라 프랑스 · 벨기에는 루
르 지방에서 철수하였고, 독일은 외국 자본의 원조를 받아 산업을
회복시킬 수 있었다. 도스 안은 총배상액의 미정 등의 문제로 1930
년에 채택된 영 안에 의해 수정되었다.

드골 De Gaulle ■■

프랑스의 군인이자 정치가로, 제2차 세계 대전중 자유 프랑스 운동 지도자, 군사 전략가로 활동하였으며, 제5공화국 초대 대통령이기도 하다(1959년). 대통령이 되자 경제를 강화하고, 12개 아프리카 식민지에 독립을 부여하였으며, 나토(NATO)로부터 철수하고 독자적인 핵 억지 정책을 추진하였다. 1968년 학생-노동자 폭동도 성공적으로 처리하였지만 1969년에 실시한 국민 투표에서 패배하자 사임하였다.

러시아 혁명 Russian革命 ■■■

1905년과 1917년에 러시아에서 일어난 혁명으로, 보통은 1917년의 혁명을 가리킨다. 러시아 혁명은 2월 혁명과 10월 혁명으로 구분된다.

2월 혁명 ― 제1차 세계 대전의 장기화로, 제정 러시아의 여러 가지 모순이 표면화하여 제정은 붕괴되고 부르조아 민주주의 혁명이 성공하였다. 노동자·군사 대표인 소비에트와, 국회를 기반으로 한 임시 정부가 성립, 그 뒤 노동자, 농민과 부르조아, 지주 등 양자에

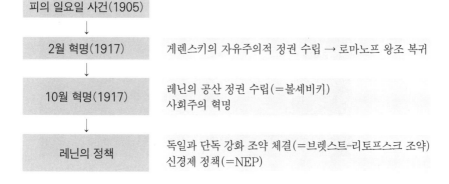

피의 일요일 사건(1905)	
↓	
2월 혁명(1917)	게렌스키의 자유주의적 정권 수립 → 로마노프 왕조 복귀
↓	
10월 혁명(1917)	레닌의 공산 정권 수립(=볼셰비키) 사회주의 혁명
↓	
레닌의 정책	독일과 단독 강화 조약 체결(=브렛스트-리토프스크 조약) 신경제 정책(=NEP)

대표되는 세력의 대립 항쟁이 계속되었다.

10월 혁명 — 전쟁을 속행하는 임시 정부에 대하여, '빵과 평화'를 요구하는 대중을 볼셰비키(소비에트 내의 레닌을 중심으로 한 세력)가 주도하였다. 볼셰비키 세력을 확대하여 10월 말, 무장 봉기로써 임시 정부를 무너뜨리고 소비에트가 권력을 쥐는 인류 역사상 최초의 사회주의 정권을 수립하였다.

레닌 Vladimir Il' ich Lenin ■ ■ ■

소련의 정치가. 1893년부터 페테르스부르크의 마르크스 주의 그룹을 지도하여, 나로드니키나 합법적 마르크스 주의자를 비판하였다. 1895년 노동자 계급 해방 투쟁 동맹을 조직하여 체포되고, 이어 시베리아로 유형되었다. 1899년 러시아에 있어서의 프롤레타리아의 역할을 밝힌 그는 1903년의 러시아 사회 민주 노동당의 제2회 대회에서는 볼셰비키를 지도하였고, 제1차 러시아 혁명에서도 크게 활약하였다. 제2인터내셔날에 반대하였으며, '제국주의론'에서는 자본주의의 불균등한 발전 법칙을 밝히고, 일국 사회주의론를 내세

제2차 전러시아 소비에트 대회에서 연설하는 레닌

왔다. 1917년 2월 혁명 뒤 귀국하여 전쟁 계속 정책에 반대하고, '4월 테제'에서 사회주의 혁명에의 이행을 주장하였으며, 7월 사건 뒤 핀란드로 망명하였다. 그 뒤 10월 혁명을 지도하고 혁명 후에는 인민 위원회에 취임하여 전시 공산주의로부터 네프(NEP)로의 전환을 추진하였으며, 1919년에는 코민테른을 창설하였다. 그러나 병세가 악화되어 1922년에는 활동이 불가능해져 스탈린이 뒤를 이어 당 서기장이 되었다.

레지스탕스 resistance ■

제2차 세계 대전중 독일, 이탈리아의 파시즘 지배에 대한 피압박 국민의 저항 운동을 말한다. 프랑스에서는 1940년 6월, 독일에 항복한 직후부터 드골이 언급한 뒤에 일반화된 말이다. 1943년 5월에 '전국 저항 평의회'가 결성되고 테러, 통신 방해, 비합법 출판, 비협력 등을 하였으며, 1944년 파리 해방을 위하여 활약하였다. 이탈리아에서는, 무솔리니가 실각한 뒤 국민 해방 위원회가 조직되어 개개의 파르티잔을 자유 의용군으로 통일, 연합군의 진격을 지원하였다. 동유럽에서는 나치에 점령당한 폴란드, 체코슬로바키아, 유고슬라비아, 그리스 등에서 일어난 저항 운동을 말한다.

로카르노 조약 Locarno條約 ■■

1925년 10월, 스위스의 로카르노에서 조인되었다. 그 내용은 다섯 개 조약이지만, 가장 중요한 것은 독일·벨기에·프랑스·영국·이탈리아 간의 상호 보장 조약으로서, 특히 독일·벨기에·프랑스 3국 간의 국경선을 확정, 이를 존중하는 동시에 분쟁의 평화적 해결을 약속한 것이 큰 성과였다. 베르사유 조약 이후, 특히 독일·프랑스 간의 대립과 긴장이 로카르노 조약으로 해소되고, 1926년에는

독일의 국제 연맹 가입이 실현되어 대전 뒤 비로소 평화기를 맞이
하는 계기가 되었다.

루거우차오 사건 蘆溝橋事件 ■■

1937년 7월 7일, 베이징 근교의 루거우차오에서 중국 제29군의 발
포로 인하여 행방 불명자가 생겼다는 구실로 일본군이 주력 부대를
출동시켜 루거우차오를 점령한 사건을 말한다. 화북 침략을 노리던
일본 정부가 중국 측에 강경한 조건을 들고 나오다가 7월 말 총공격
에 나섰다. 그 뒤 관동군이 가세하고 1937년 말까지 전선이 확대되
면서 전면적으로 발전하였다.

루스벨트 Franklin D. Roosevelt ■■

미국 제32대 대통령으로, 재임 기간은 1933년부터 1945년까지이
다. 대통령 당선 이후, 그는 비상 입법으로써 공황을 완화함과 동시
에 중소 상공업자를 보호하기 위한 항구적인 정책을 실시하려고 뉴
딜 정책을 전개하였다. 또 전국 산업 부흥법 및 농업 조정법의 입법
으로 연방 정부는 산업을 강력하게 통제하였으며, 테네시 계곡 개
발 공사(TVA)로 민간 공공 사업에 도전함과 동시에 사회 보장 제
도를 확장하여 노동자의 복지 증진에 노력하였다. 1936년 대통령
에 재선되었으며, 선린 외교 정책을 주창하여 서방 국가들과의 우
호 관계를 증진시켰다. 전체주의의 유럽 침략에 대해서는 민주주의
국가의 방위에 노력하였으며, 제2차 세계 대전의 발발은 뉴딜 정책
의 속행과 그의 외교 정책 추진을 불가결하게 하였으므로 1940년
의 대통령 선거에서 미국의 전통을 깨뜨리고 3선되었다. 처칠과 대
서양에서 회담하여(1941년) 대서양 헌장을 만들었으며, 일본이 진
주만을 공격하여 참전하자 전쟁 수행에 노력하고, 1944년의 대통

령 선거에서 4선되었다. 종전을 눈앞에 둔 1945년 4월 12일 뇌일혈로 사망하였다.

1932년 선거 운동 당시의 루스벨트

테네시 계곡 개발 공사

마른 전투 Marne戰鬪 ■

제1차 세계 대전중인 1914년 9월 5일부터 9월 12일, 프랑스의 마른 강변에서 행해진 독일 · 프랑스 간의 전투를 마른 전투라고 부른다. 프랑스 군은 나라 전체를 점령할 듯하던 독일군의 대규모 공세를 격퇴함으로써 서부 전선에서의 빠르고 완전한 승리를 노린 독일군의 계획을 좌절시켰다.

마오 쩌둥 毛澤東 ■ ■ ■

중국 공산당의 최고 지도자이다. 1921년 천 뚜슈 등과 중국 공산당을 창설, 1924년에 공산당 중앙 위원이 되었다. 제1차 국공 분열 뒤, 농민군을 조직하여 강서성에 들어갔다. 1931년에 강서성의 중화 소비에트 중앙 집행 위원회 주석이 되고, 1934년에 국민 정부군의 토벌을 받아 루이진을 버리고, 싼시 성 북부 옌안으로의 험난한 대이동을 지휘하였으며, 1935년에 코민테른 중앙 집행 위원이 되고, 8 · 1 선언을 발표해서 제2차 국공 합작에 따른 항일 민족 통일 전선의 수립을 도모하여, 공산군을 8로군으로 개편하였다. 1945년 4월, 중앙 7전 대회에서 중앙 위원회 주석이 되었고, 같은 해 8월 말에는 충칭을 방문하여 장제스와 회담하였다. 그 뒤 국공 내전이 중공의 승리로 돌아가 1949년에 중공 정권이 수립되자 정부 주석, 혁명 군사 위원회 주석이 되었다. 1954년에 국가 주석, 국방위 주석을 겸임하다가, 1959년 4월에 국가 주석과 국방위 주석에서 물러나 당 주석의 자리만 차지하였다. 그 뒤 1966년까지 행정 관료인 류샤오지 일파에게 실권을 빼앗겼다가 1966년에 사회주의 문화 혁명 운동을 전개, 홍위병을 동원하여 1968년에는 류 샤오지 등 관료파를 숙청하고 국가 주석의 자리로 복귀하였다.

만주국 滿洲國 ■■

1932년부터 1945년까지 일본이 중국 동북 지방에 세운 괴뢰 국가를 말한다. 일본 관동군은 1931년 9월에 만주 사변을 일으켜 중국 동북부를 점거하고, 1932년 3월에는 만주국의 성립을 선언하였다. 청조(清朝)의 폐제(廢帝)인 선통제를 집정으로 앉히고 신징을 수도로 하였으며, 연호를 대동이라 하였다. 만주국은 승덕을 점령함으로써 국토가 랴오닝, 지린, 헤이룽장, 러허의 4성(省)에 이르렀다. 1934년 3월, 제정이 수립되고 연호를 강덕으로 고쳤다. 만주국은 일본, 우리 나라, 만주, 몽골, 중국의 이른바 5족 협화(五族協和)와 왕도 낙토(王道樂土)를 표방하였으나 실권은 일본 관동군 사령관이 장악하고 있었다. 1945년 8월, 소련의 참전으로 관동군이 괴멸하자 각처에 반란이 일어나 푸이가 체포되고 만주국은 무너졌다.

만주 사변 滿洲事變 ■ ■ ■

1931년 9월 18일에 일어난 류탸오거우 사건으로 비롯된 일본군의 만주 침략 전쟁을 만주 사변이라 부른다. 러·일 전쟁 뒤 일본은 만주에서 특수 권익을 누리고 있었으나, 중국의 국권 회복 운동과 러시아의 국세 확장의 자극을 받아 일본 관동군은 류타오거우 사건을 조작, 괴뢰 국가 만주국을 설립하여 병참 기지로 만들었다. 중국의 제소를 받은 국제 연맹은 조사단을 파견하여 실정을 파악한 뒤 일본의 철군을 권고하였으나 일본은 이를 거부하고 1933년 3월에 국제 연맹을 탈퇴하였다. 이 침략 전쟁은 1937년의 중·일 전쟁과 1941년의 태평양 전쟁으로 확대되었다.

모로코 사건 Moroccan事件 ■

아프리카 진출의 거점인 모로코의 지배를 둘러싸고 1905년과 1911년 두 번에 걸쳐 독일과 프랑스가 충돌한 사건으로, 두 차례 모두 영국이 프랑스를 지원하여 독일의 진출을 억제하였다.

무솔리니 Mussolini ■ ■ ■

이탈리아의 정치가이자 유럽 최초의 파시스트 지도자로서, 이탈리아를 세계 대전 속으로 끌어들여 엄청난 재앙을 초래한 인물이다. 히틀러와 함께 파시즘 독재자의 전형이다. 사범 학교를 졸업한 뒤 초등 학교 교사로 근무한 그는 스위스에서 방랑중 이탈리아 사회당에 입당하였다. 1919년 복원 군인과 우익주의자를 규합하여 급진적 강령과 '검은 셔츠 대'라고 불리는 행동대를 조직, 정부와 자본가 단체로부터 자금과 무기를 얻어 노동 운동을 탄압하고 혁명 운동을 정지시켜 스스로 의석을 획득하여 개조된 파시스트 당 당수가 되었다. 1922년에 로마가 진군함으로써 정권을 잡고, 1923년의 선

거법을 개정하여 1924년에 절대 다수석을 획득하였으며, 1925년
에는 노동 조합을 해산시키고 언론 · 출판 단속령을 시행하여 파시
즘 체제를 완성하였다. 1935년에 이디오피아를 침략하고 나치스와
제휴하여 에스파니아 내란에서의 프랑코를 원조하고, 1937년에는
독일 · 이탈리아 · 일본 방공 협정을 체결, 국제 연맹을 탈퇴하였다.
1940년 3국 협정으로 제2차 세계 대전에 돌입하였다. 참전 뒤 히
틀러에게 주도권을 탈취 당하였으며, 연합군의 시칠리아 섬 상륙
뒤 실각, 구금되었다. 하지만 독일군이 그를 구출하여 북이탈리아
공화국을 수립하여 항전하던 중 밀라노에서 파르티잔에게 체포되어
총살되었다.

무제한 잠수함 공격 無制限潛水艦戰 ■

제1차 세계 대전 당시, 속전 속결 작전으로 단숨에 프랑스를 격파한
뒤 병력을 동부 전선에 집결시켜 러시아를 공략하려던 독일의 슐리
펜 작전이 실패하고 전쟁이 장기화되자, 독일은 연합군의 우세한
해군력을 파괴하기 위하여 독일의 지정 항로 이외를 통과하는 모든
선박을 격침시킨다는 무제한 잠수함 격침 작전을 선언, 이를 실시
하였다. 그 결과 중립을 지켜오던 미국이 1917년 연합국 측에 참전
하였다.

미드웨이 해전 Midway海戰 ■

제2차 세계 대전중인 1942년 6월에 일어난 해전이다. 일본군은 산
호 해 전투에서 크게 패하였음에도 불구하고 미드웨이 섬과 알류산
열도의 기지를 점령하려는 계획을 계속 추진하였다. 이에 미국은
같은 해 6월 3일에 폭격기를 동원하여 일본 함대를 공격하였다. 이
로써 일본군은 미드웨이 상륙을 포기하고 전면 철수하였다. 이 전

투로 미국은 일본의 가장 중요한 전력과 최정예 해군 조종사 대부분을 궤멸시켰으며, 태평양에 일본이 더 이상 침략할 수 없도록 하였다.

민족 자결주의 民族自決主義 ■■■

개별 민족이 독자적인 국가를 형성하고 자신의 정부를 선택할 수 있다는 사상으로, 이것은 정치적 원리의 하나로서 일찍이 프랑스혁명과 미국 독립 운동에서 표방된 민족주의 사상에서 부수적으로 발전하였다. 이 사상이 국제 정치상 중요해진 것은 1918년에 윌슨이 '14개 평화 조항'을 제1차 세계 대전 뒤의 중부 및 동부 유럽 제국의 독립과 새로운 국경 결정의 일반적 기준으로 삼은 때부터이다. 언어·종교 문제 등이 얽혀 내용은 복잡하지만, 현재도 제3세계에서는 민족적 억압에 대한 저항 원리로 적극적인 뜻을 지닌다.

바이마르 공화국 Weimar共和國 ■■

1918년 11월 혁명 뒤 성립하여 1933년의 나치 정권 수립까지 독일 공화국의 통칭이다. 1919년 2월 6일부터 같은 해 8월 11일까지 열린 국민 의회가 헌법을 바이마르에서 채택하였기 때문에 바이마르 공화국이라 부른다.

바이마르 헌법 Weimarer憲法 ■■

1919년 8월 11일에 제정된 독일 공화국의 헌법으로, 바이마르 헌법이란 명칭은 바이마르에서 열린 국민 의회에서 헌법이 제정된 데서 유래한다. 국민 주권주의에 입각해 보통·평등·직접·비밀·비례 대표 등의 원리에 따라 의원 내각제를 채택하였지만 직접 민주제적인 요소도 다소 인정하였다. 바이마르 헌법은 19세기적인 자유

주의·민주주의를 기본으로 하면서 20세기적 사회 국가의 이념을
가미한 특색 있는 헌법으로, 근대 헌법상 처음으로 소유권의 의무
성(사회성)을 강조하고 인간다운 생존(생존권)을 보장하는 것을 이
상으로 하는 사회 국가의 입장을 취한 점에서 20세기 현대 헌법의
전형이 되었다. 이는 1933년에 나치의 국민 혁명과 동시에 실효성
을 잃어버렸으나 그 뒤 세계 민주주의 국가에 많은 영향을 끼쳤다.

발칸 전쟁 Balkan戰爭 ■ ■

1912년부터 1913년까지 두 차례에 걸쳐 일어난 발칸 제국에서의
영토 획득 전쟁을 발칸 전쟁이라 말한다. 1912년에 세르비아, 몬테
네그로, 불가리아, 그리스 사이에 개별적으로 동맹 조약이 체결되
었고(발칸 동맹이라고 총칭), 러시아는 이 동맹을 이용하여 오스트
리아의 진출을 막으려 하였다. 같은 해 10월, 동맹은 오스만 제국에
대하여 선전 포고를 하였고 2개월 만에 오스만 제국을 패배시켰다.
제2차 발칸 전쟁은, 1913년 투르크에서 획득한 영토의 분할을 둘
러싸고 대립이 일어나 불가리아를 상대로 세르비아, 그리스, 몬테
네그로, 루마니아, 투르크가 싸워 불가리아를 패배시켰다.

범 게르만 주의 Pan-Germanism ■ ■

범 게르만 주의란 유럽을 중심으로 각지에 산재해 있는 게르만 민
족을 통합하려는 사상 또는 운동을 일컫는다. 범 슬라브 주의가 러
시아를 중심으로 전개된 것처럼 범 게르만 주의는 독일을 중심으로
전개되었다. 이 범 게르만 주의는 비단 게르만 민족의 정치적 통합
만이 아니라, 독일 문화를 가장 우수한 문화로 보고 이를 전세계에
전파하려는 일종의 독일 제국주의의 표현이었다. 그러므로 범 게르
만 주의를 내걸고 독일이 3B 정책(베를린, 비잔티움(이스탄불), 바그

다드)을 추구하자, 그것은 필연적으로 범 슬라브 주의는 물론 발칸 및 서남 아시아에 깊은 이해 관계를 가진 영국, 프랑스와도 충돌하였다. 범 게르만 주의는 뒤늦게 통일을 달성하여 국제 무대에 등장한 독일의 팽창주의의 하나이기도 하며, 히틀러의 나치 정권도 이를 내세웠다.

범 슬라브 주의 Pan-Slavism ■■

19세기 여러 슬라브 민족을 공통된 정치 · 문화를 바탕으로 결집시키려는 사상 또는 운동을 말한다. 러시아에서는 19세기 중엽 다닐레프스키, 코셸레프 등이 서유럽과 다른 역사, 문화를 갖는 여러 민족의 동맹의 필요성을 강조하였다. 한편 발칸 여러 나라에서는 도브로프스키, 카라지치 등이 민족의 독립과 연방 또는 국가 연합의 결성을 주장하였다. 1848년 프라하 회의에서 이러한 주장은 혁명적 성격이 강하였다. 러시아 정부는 1870년대 말 러시아 · 투르크 전쟁 뒤 이 조류를 확대하여 정책에 이용하였다. 발칸 반도의 지배를 노리는 독일, 오스트리아의 범 게르만 주의와 충돌해서 제1차 세계 대전 발발의 한 요인이 되었다. 러시아 혁명의 성공과 슬라브 여러 민족의 독립 뒤에는 사라졌다.

베르사유 조약 Versailles條約 ■■

제1차 세계 대전의 전후 처리를 위하여 연합국과 관련국, 그리고 독일 사이에서 체결된 평화 협정으로, 미국은 뒤에 이 조약에 대한 비준을 거부하였다. 이 조약은 440조로 된 방대한 것으로, 베르사유 체제라 하는 국제 질서를 형성하여 제1차 세계 대전 뒤의 국제 관계를 규정한 중요한 의미를 지녔다. 국제 연맹 규약, 알자스 · 로렌의 프랑스 할양, 벨기에 · 폴란드 등에의 영토 할양, 오스트리아의 독립 보장, 식민지 등 독일의 국외 권익 포기, 육·해군의 제한, 징병 폐지, 독일의 전쟁 책임과 배상 의무, 연합국의 라인란트 15년 간 점령 등을 규정하였다. 이 조약의 영향으로 영국, 프랑스 등은 베르사유 체제라는 국제 질서를 형성하였으며, 1936년에 나치 정권이 라인란트 비무장 지대를 무장화함으로써 효력을 상실하였다.

베르사유 체제 Versailles體制 ■ ■

제1차 세계 대전의 전승국과 패전국 사이에 체결된 일련의 강화 조약으로 성립된 국제 정치 체제이다. 베르사유 조약은 1919년 6월, 연합국과 독일 사이에 체결된 조약으로 독일에 대한 국제 연맹 규약을 포함하고 있다. 이 조약에서 독일은 전 식민지와 해외의 모든 권리 포기, 알자스·로렌을 프랑스에 양도하는 등 일부 영토의 포기, 군비의 제한, 막대한 배상금의 지불 등의 요구를 받았다. 민족 자결주의 원칙은 패전국의 식민지에만 적용되어 독립국이 출현하였다.

1961년 베를린 장벽

베를린 봉쇄 13년 뒤, 동독 정부는 서방을 향한 탈출을 막기 위하여 동서 베를린 사이에 장벽을 축조하였다.

베를린 장벽 Berlin障壁 ■ ■

동·서 베를린 경계선 약 45.1 킬로미터에 걸친 콘크리트 벽으로, 1961년에 동독 정부가 서베를린으로 탈출하는 사람들과 동독 마르크의 유출을 방지하기 위하여 축조하였다. 오랜 기간 동·서 냉전의 상징물로 인식되어 온 베를린 장벽은 동유럽의 민주화로 1989년 11월 9일에 철거되었다.

보어 전쟁 Boer戰爭 ■

보어 인(남아프리카에 사는 네덜란드계 백인) 공화국인 남아프리카 공화국(트란스발), 오렌지 자유국과 영국 사이에 벌어진 전쟁으로, 기간은 1899년 10월 11일부터 1902년 5월 31일까지이다. 1899년 영국은 네덜란드 계 보어 인의 트란스발 공화국과 오렌지 자유국에서 산출되는 다이어몬드와 금을 노리고 남아프리카를 침략하였다. 트란스발 공화국과 오렌지 자유국은 압도적으로 우세한 영국군에 대항하여 게릴라 전으로 잘 싸웠으나, 1902년 5월, 두 나라는 마침내 굴복하여 영국의 식민지가 되었다.

볼셰비키 Bolsheviki ■ ■

소련 공산당의 전신인 러시아 사회 민주 노동당 정통파의 별칭으로, 멘세비키의 대립된 개념이며, 다수파라는 뜻으로 과격한 혁명 주의자 또는 과격파의 뜻으로 쓰인다. 1903년 러시아 사회 민주 노동당이 분열할 때 레닌이 이끌던 '다수파' 로 부르주아지와의 타협을 배제하고 무장 혁명을 주장하며 멘세비키와 대립하였다. 1917년 2월 혁명 때는 소수파였으나 4월에 레닌이 귀국한 뒤 세력을 확대하였다. 1918년에 러시아 공산당으로 개칭하였다.

부전 조약 不戰條約 ■ ■

켈로그-브리앙 협정, 파리 협정이라고도 한다. 이 조약은 국가 정책 수단으로 이용되는 전쟁을 제거하기 위하여 맺은 다자간 협정 (1928년 8월 27일)이다. 1927년 4월 6일, 프랑스의 외무 장관인 브리앙은 미국 국민에게 전쟁 위법화 조약을 제안하고, 같은 해 6월 20일에는 초안을 공식으로 제시하였다. 유럽의 안전 보장에 미국을 관련시키려는 브리앙의 의도에 의구심을 품은 미국의 국무 장관 켈로그는 같은 해 12월 28일 이것을 다국간 조약으로 하여 다시 제안하였다. 국가 정책 수단으로서의 전쟁을 포기하고 모든 국제 분쟁을 평화적인 수단으로 해결하는 데 합의하였다. 그러나 서명국들은 이 협정에 다양한 제한과 자기 중심의 해석을 가하였다. 예컨대 자위적인 전쟁이나 국제 연맹 규약, 먼로 독트린, 전후 동맹 조약에서 비롯되는 군사적 의무는 금하지 않았다. 이 협정은 강제력이 없었으므로 완전히 무용지물이 되었다.

북벌 北伐 ■■

신해 혁명 이래 광동에 물러나 혁명 정부를 수립한 쑨원 등이 북방의 군벌 정권을 타도하기 위한 전쟁을 말하는데, 특히 쑨원의 사후, 1926년부터 1928년까지 장제스가 주도하여 실행한 토벌이 가장 유명하여 보통 북벌이라 함은 이것을 가리킨다.(→ 국민 혁명)

브레스트-리토프스크 조약 Brest-Litovsk條約 ■■

1918년 3월 3일, 소비에트 정부가 독일 및 그 동맹국과 체결한 단독 강화 조약이다. 레닌이 혁명 직후 소비에트 정권을 강화시키는 시간을 벌기 위하여 트로츠키, 부하린 등의 반대파를 누르고 조인하였으나 같은 해 11월의 독일 혁명으로 폐기되었다. 폴란드, 발트해 연안, 벨로루시의 할양, 우크라이나의 독립 승인 등 러시아로서는 굴욕적인 내용이었다.

블록 경제 block經濟 ■■■

1929년 대공황 뒤 자본주의 국가는 타국의 덤핑에 대하여 상품 시장을 보호하기 위해, 또는 원료 공급지나 자본의 수출 대상국을 장악하기 위해 특혜 관세 제도 또는 쌍무적 통상 방식을 채택함으로써 자국과 특별한 관계에 있는 지역과의 결합을 강화하였다. 영국은 1936년에 오타와 협정으로 특혜 관세 제도를 중심으로 자치령 및 식민지로 구성되는 파운드 블록을 결성하고, 또 미국을 중심으로 남북 아메리카 대륙을 연결하는 아메리카 블록, 본국과 그 식민지를 결합하는 프랑 블록 등이 형성되었다.

비시 정부 Vichy政府 ■■

1940년, 북부 프랑스를 독일군이 점령하고, 남부 프랑스에는 비시를 수도로 하여 제1차 세계 대전의 영웅 페탱을 원수로 하는 친독 정권이 수립되었다. 비시 정부의 수립은 프랑스 내의 반독일 레지스탕스 운동을 완화시키기 위하여 프랑스가 독립을 유지하고 있는 듯이 선전하려는 것이었으나 레지스탕스 운동은 더욱 활발해지기만 하였다.

빌헬름 2세 Wilhelm Ⅱ ■■

빌헬름 2세는 비스마르크와 의견이 일치하지 않자 1890년에 그를 사임시킨 뒤 적극적인 세계 정책을 폈다. 1905년의 모르코 사건을 일으키고 범 게르만 주의를 주창하여 군비를 확장하였으며, 영국을 가상 적국으로 삼아 3B 정책을 단행하였다. 발칸과 근동에 야심을 발휘하여 1903년 바그다드의 철도 부설권을 획득하였으며, 1910년대 초부터 독일, 프랑스 등과 근동을 놓고 타협하기 시작하였다. 1918년에 독일의 패전과 혁명으로 네덜란드로 망명하였다.

사라예보 사건 Sarajevo事件 ■■■

1914년 6월 28일, 오스트리아 · 헝가리 제국의 황위 계승자인 F. 페르디난트 대공 부처가 피격, 암살당한 사건으로, 제1차 세계 대전의 도화선이 되었다. 대공 부처는 육군 연습을 독려하기 위하여 1908년 이래 오스트리아에 병합되어 있는 보스니아 주도 사라예보를 방문하였다. 암살에 참가한 청년은 세르비아를 중심으로 통일된 남슬라브 국가를 건설하려는 대 세르비아 주의를 받드는 반(反) 오스트리아 비밀 결사의 원조를 받고 있었다. 이 사건에 대하여 오스트리아 정부는 세르비아 정부에 책임을 묻고 반 오스트리아 활동에 대한 탄압 등 내정 간섭에 해당하는 요구가 담긴 최후 통첩을 보냈다. 또한 독일의 지지 아래 세르비아에 대하여 선전 포고하여 세르비아를 지원하는 러시아의 동원령을 불러일으켰다.

삼국 동맹 三國同盟 ■ ■

1878년의 베를린 회의에서 비스마르크가 러시아의 야심을 누르고 오스트리아를 지원하였기 때문에 러시아의 독일에 대한 감정이 악화되었다. 그리하여 비스마르크는 이를 경계하는 뜻에서 1879년 독일 · 오스트리아 조약을 체결하였다. 한편 이탈리아는 통일한 지 얼마 되지 않았으며, '미수복의 이탈리아' 등의 문제로 오스트리아와 이해 관계가 맞지 않았으나, 지중해 내지 아프리카 문제로 프랑스와도 대립하였다. 때마침 프랑스가 튀니지를 점령함으로써(1881년) 양국 관계는 더욱 악화되어, 이탈리아는 독일 · 오스트리아 편으로 접근하여 1882년 5월, 빈에서 삼국 동맹을 조인하였다.

삼국 협상 三國協商 ■ ■ ■

삼국 협상은 1891년의 러시아 · 프랑스 동맹, 1904년의 영국 · 프랑스 협상, 그리고 러시아가 일본에 패함으로써 아시아에서의 러시아의 위협이 사라진 것을 계기로 성립한 영국 · 러시아 협상(1907년)의 자연적인 산물로서, 독일에 대한 영국 · 프랑스 · 러시아 3국의 대항 체제이다. 삼국 동맹처럼 특정한 조약은 없었으나, 삼국 동맹에 대항하는 뜻에서 군사적인 결합도 강화되어, 당시의 국제 정세를 양분하는 2대 군사 협력 체제가 되었다.

3C 정책 3C政策 ■ ■

남아프리카의 케이프타운, 이집트의 카이로, 인도의 캘커타 등 세 도시를 연결하여 영국의 정치적·경제적 세력을 확대하려는 영국 제국주의의 기본 노선을 의미한다. 그러나 케이프타운과 카이로를 연결하는 영국의 종단 정책은 횡단 정책을 추진하는 프랑스와 충돌하였고, 카이로와 캘커타를 연결하는 영국의 인도 정책은 러시아의 남하 정책 및 독일의 3B 정책과 대립하였다. 이러한 영국과 독일·프랑스 간의 대립은 제1차 세계 대전의 한 원인이 되었다.

삼제 동맹 三帝同盟 ■

19세기 말에 결성된 독일·오스트리아-헝가리·러시아 3제국 간의 동맹을 말한다. 이 동맹의 목적은 러시아와 오스트리아-헝가리 제국의 발칸 반도에서 각자의 영향권 안에 있는 지역에 대하여 서로 합의하게 함으로써 독일과 이웃한 이 두 나라 사이의 적대감을 완화하고, 독일의 숙적인 프랑스를 고립시키자는 것이었다.

세계 공황 世界恐慌 / 대공황 大恐慌 ■ ■ ■

공황이라 하면 경기 순환의 과정에서 상대적 과잉 생산으로 경제 활동의 축소 과정이 급격하게 진행하는 현상을 말한다. 1929년부터 1939년 무렵까지 북아메리카와 유럽을 중심으로 전 세계 산업 지역에서 광범위하게 지속된 경기 침체를 세계 공항 또는 대공항이라 부른다. 앞서 1920년대의 미국 경제는 호황을 이루었으나 1929

년 10월, 주식 시장이 붕괴되면서 호경기는 막을 내렸다. 이때부터
경기는 계속 후퇴를 거듭해, 1932년까지 미국 노동자의 1/4이 실
직하였다. 불황의 영향은 즉시 유럽 경제에 파급되어 독일과 영국
을 비롯한 여러 산업 국가에서 수백만의 노동자들이 일자리를 잃었
다. 또 나라마다 금본위제를 포기하고 외국 상품 수입에 반대하는
정책을 세움에 따라 1932년 무렵 세계 무역의 총가치는 반 이상 줄
어들었다. 불황은 정치 영역에까지 영향을 미쳐 극단적인 세력이
확산되고 자유 민주주의의 위신이 떨어지는 중대한 상황이 전개되
었다. 1930년대에 전체주의로 기울지 않은 나라들은 제2차 세계
대전이 발발한 1939년까지 대량 실업과 불황에 시달렸다. 전쟁은
인력 및 군수품에 대한 수요를 늘리고 기술 진보를 촉진시키는 효
과를 가져와 경제의 새로운 시대가 열리는 계기가 되었다.

수정 자본주의 修正資本主義 ■■

수정 자본주의는 자본주의의 틀을 유지하면서 사회주의 정책을 가
미한 것으로, 미국의 루스벨트 대통령이 실시한 뉴딜 정책을 들 수
있다. 전통적인 자유 방임 정책을 포기하고 국가가 국민 경제에 일
정하게 개입하는 내용으로 하는 수정 자본주의의 경제 원리를 체계
화한 것이 케인스의 경제학이다.

수카르노 Sukarno ■■

인도네시아의 대통령. 1927년 인도네시아 국민당을 조직하고 그
당수가 되어 민족 운동의 선봉에 섰다. 1945년 일본이 패전한 직후
8월 17일, 인도네시아 독립을 선언하고 공화국의 초대 대통령에 추
대되었다. 그 뒤 네덜란드 군의 인도네시아 진주에 따라 이와 악전
고투 끝에 겨우 1949년 네덜란드, 인도네시아 협정으로 네덜란드

측에 인도네시아 공화국의 독립을 인정하게 하였다. 1955년에 제헌 의회가 성립되었으나 수카르노는 정당 정치의 부패와 비능률의 근절을 목표로 '교도 민주주의'를 제창하여 1959년에는 의회를 해산하고 1963년에는 종신 대통령에 취임하였다. 1964년부터는 민족주의, 종교, 공산주의의 거국 일치 체제인 나사콤 체제를 내세웠으나 세력이 커진 공산당이 1965년에 쿠데타를 일으키려다 실패하자 군부가 실권을 잡아, 1966년 수카르노는 수하르토 육군 장관에게 전권을 이양하고 1967년에는 대통령직마저 수하르토에게 내놓았다.

스탈린 Iosif Vissarionovich Stalin ■ ■

소련의 정치가인 동시에 공산주의의 이론적 지도자. 1898년에 사회 민주 노동당에 들어가, 티플리스와 바쿠의 노동 운동을 지도하였다. 1905년부터 레닌과 교제하였고, 1910년 당 중앙 위원이 된 뒤 1912년에는 《프라브다》의 발간을 지도하였다. 2월 혁명(1917년) 뒤 정치국원으로서 군사 혁명 위원회를 지도하여 10월 혁명을 수행하였고, 혁명 뒤에는 민족 인민 위원으로서 사회주의에 있어서의 민족 문제에 대한 정책에 공헌함과 아울러 차리친 방위에 성공하였다. 1922년에 공산당 서기장, 1924년에 레닌의 사후 일국 사회주의 이론을 발전시켜, 5개년 계획으로써 공업화와 농업 집단화를 추진시켰으며, 스탈린 헌법을 제정하였다. 그 동안 트로츠키를 비롯한 반대파를 숙청하여 독재자적 지위를 확립한 그는 1941년에는 수상이 되었다. 독일 · 소련 전쟁 뒤 제2차 세계 대전에서는 국가 방위 위원회 의장과 최고 사령관을 겸하고, 영국, 미국과 절충하여 소련의 국제적 지위를 향상시켰다. 그가 죽은 뒤 제20차 당 대회(1956년)에서 스탈린 개인 숭배가 비판되었다. 그의 과격한 숙청,

대전 직전에 있어서의 독일에 대한 정책의 실패, 전후의 농업 정책의 실패, 국제 공산주의 운동 특히 대 유고슬라비아 정책의 실패 및 전후 세계 경제 분석의 과오 등이 지적되어 비판받았다.

시안 사건 西安事件 ■■

1936년 12월, 중국 시안에서 동북군(만주군)의 지휘관인 장쉐량이 공산군 토벌을 격려하러 온 장제스를 감금하고, 내전 정지와 항일 투쟁을 호소한 사건을 말한다. 일본의 중국 침략의 진전과 중국의 공작으로 양군에는 장제스의 멸공 우선 정책에 반대하는 기운이 높아져, 난징에서 설득하러 온 장제스를 감금하고 내전 정지 등 8개 항을 요구하였다. 이에 장제스가 내전 정지, 일치 항일을 수용하여 이듬해 제2차 국공 합작의 길이 열렸다.

신경제 정책 新經濟政策 ■■

신경제 정책은 1921년부터 1928년까지 소련이 극단적인 중앙 집권적인 정책과 교조적인 사회주의로부터의 일시적인 후퇴를 위하여 실시한 정책이다. 상품 화폐 경제를 기초로 사회주의 국영 공업을 발전시키고 농업 집단화를 꾀하여 사회주의 경제의 바탕을 구축하는 데 힘썼다. 이로써 1926년에 전쟁 전의 수준을 거의 회복하였고, 1929년부터 1934년까지 공업화와 농업의 집단화가 진행되었다. 그러나 이와 같은 급격한 정책 변화의 영향으로 수백만 명의 부유한 농민들이 몰락하였고, 공업 고정 자본의 재건, 농업 경영의 개조와 같은 새로운 과제와 맞물려 종말을 고하였다.

신문화 운동 新文化運動 ■■■

아시아의 반제국주의 운동으로, 5 · 4 운동기 전후에 걸쳐 일어난 일련의 문화 운동을 일컫는 말이다. 1915년 천 두슈가 창간한 잡지 《신청년》을 중심으로 문학 혁명, 유교 비판, 문자 개혁 등을 주창해서 봉건적이던 지난날 중국의 문화 도덕 윤리를 타파하며, 민주 정신과 과학 정신에 입각한 인도적이고 진취적인 새로운 문화 창조를 강조하고 이를 실천하고자 하였다. 이 운동에는 천 두슈, 뒤 스, 루쉰 등이 적극적으로 참여하여 학생과 청년층에 깊은 감명과 큰 영향을 주었다. 당시 중국의 실정에서는 필연적으로 요구된 문화 운동이자 정치적 요구이기도 하였는데, 이는 일본의 노골적인 제국주의 침략이 직접 도화선이 되어 일어난 5·4 운동을 계기로 더욱 확대되었다.

신청년 新青年 ■■

1915년 천 뚜슈가 '청년 잡지'란 이름으로 창간하였다가, 1916년부터 '신청년'이라고 고쳐 1922년 7월까지 속간되면서 당시의 사상계를 계몽한 잡지이다. 발행 취지는 '민주주의와 과학'이라는 슬로건으로 요약된다.

《신청년》 표지

11월 혁명 十日月革命 ■■

제1차 세계 대전 말에 일어난 독일의 혁명(1918년)이다. 대전중 독일 국내의 반정부 운동은 1918년 가을 서부 전선에서의 패배를 계기로 혁명으로 발전하였다. 즉 같은 해 10월 28일의 키일 군항의 수병의 출항 거부, 11월 3일의 적기(赤旗)를 게양한 수병의 반란에 이어, 전쟁의 중지와 황제의 퇴위를 요구하는 병사 및 노동자의 운동이 급속히 각지에 파급되었다. 특히 아이스너가 11월 7일에 바이에른 공화국의 성립을 선언한 사건은 독일 제국에 극심한 동요를 일으켰다. 같은 날 정부는 휴전 위원을 파견할 것을 결정하였으나, 다수파인 사회 민주당은 아울러 황제의 퇴위와 국내 개혁을 요구하였으며, 나아가 9일에는 정권 인도를 교섭하였다. 당시 재상인 막시밀리안 공은 제국 헌법의 기초 위에서는 합법적 정부의 계속과, 장래의 정치 체제는 국민 의회의 소집으로 결정되어야 한다는 조건으로 정권을 인도하였다. 그러나 같은 날 샤이데만이 제정의 폐지, 공화제의 수립, 사회 민주주의에 따른 노동자 정부의 설치를 선언하였으므로 황제는 다음 10일 네덜란드로 도피하고, 기타 20여 개 이상의 제방 정부(諸邦政府)도 무혈 교체를 완수하였다. 그 뒤 혁명은 리프크네히트, 룩셈부르크 등이 지도하는 스파르타쿠스 단 등의 극좌파가 진행하고, 극좌파의 주장에 따라 노병회(勞兵會)가 성립되었으나, 결국 노스케 등의 활약으로 극좌파는 무너지고 사회 민주주의 정권이 승리하여 바이마르 공화국의 기초가 굳어졌다.

얄타 회담 Yalta會談 ■ ■

1945년 2월, 연합국인 미국, 영국, 소련의 국가 수반인 루스벨트, 처칠, 스탈린이 얄타에서 가진 회담으로, 이듬해에 공표되었다. 내용은 독일의 분할 점령 원칙을 재천명하였으며, 폴란드에 임시 정부를 구성하는 것, 극동 문제에 있어서 소련이 일본과의 전쟁에 참가하는 대신 러 · 일 전쟁 때 잃은 영토를 반환받고 중국과 동맹 · 우호 조약을 맺는다는 것, 연합국이 외몽골의 독립을 인정한다는 것에 대하여 비밀 의정서가 채택되었다. 공표 이후 미국에서 공산주의를 반대하는 사람들에게 많은 비난을 받았으며, 회담 결과에 따라 소련이 참전한 지 5일 만에 일본은 항복하고 말았다.

알타 회담에서 나란히 앉은 처칠, 루스벨트, 스탈린(왼쪽부터)

에스파냐 내전 Espana內戰 ■■

1936년 7월부터 1939년 3월까지 에스파냐에서 인민 전선 정부에 대하여 군부와 우익의 여러 세력이 일으킨 내전을 말한다. 1936년 프랑스와 에스파냐에서는 파시스트에 반대하는 인민 전선 내각이 들어섰는데, 에스파냐에서는 프랑코 장군의 파시스트 세력이 반란을 일으켰다. 이 내란에서 소련은 정부군을 지원하였으나, 영국과 프랑스는 중립을 지켰다.

영 안 Young 案 ■

1929년 6월 7일, 독일의 제1차 세계 대전 배상 문제의 완전하고 최종적인 해결안으로서 제출된 보고서로, 도스 안(案)에 대체되는 것으로, 위원회의 위원장인 O.D. 영의 입안을 기초로 하여 1930년 헤이그 배상 위원회에서 채택된 독일의 배상 지불 계획이다. 도스 안의 연차금 25억 마르크 금화에 대하여 1930년도에 17억 마르크로 감해 주고 연차금의 기한을 1987년도까지로 하여 배상 문제의 최종적 해결을 보려는 것이었다. 또한 이 안이 성립함으로써 라인

란트 점령, 리이히스방크(독일 중앙 은행) 등에 대한 국제 감시가 해제되어, 도스 안으로는 불완전하던 독일 배상 지불의 완전한 상업화가 계획되었다. 그러나 이 안이 성립하였을 때 시작된 세계 대공황이 독일로부터의 외자 유출을 촉진하였기 때문에 이 안의 실시는 1년만에 불가능해졌으며 1932년 로잔 회의에서 결국 폐기되었다.

5·4 운동 五四運動 ■ ■ ■

1919년 5월 4일부터 2개월 간에 걸쳐 중국 전역에서 일어난 반일(反日) 애국 운동을 5·4 운동이라 한다. 중국은 파리 강화 회의에 사절단을 파견하여 외세 및 외국군의 철수, 영사 재판권 취소, 산둥 반도의 이권 반환, 일본의 21개조 요구 폐지 등을 주장하였다. 그러나 파리 강화 회의는 주요 전승국들의 현실적인 이해 관계가 얽혀 있어, 중국의 요구는 묵살되고 말았다. 1919년 4월 29일에 열린 파리 강화 회의는 독일이 가지고 있던 산둥의 이권을 일본에 양도할 것을 결정하였다. 이 소식이 중국에 전해지자 같은 해 5월 4일, 분노한 지식인, 청년 학생 들이 천안문 광장에 모여 21개조 폐지, 산둥 반도의 주권 회복, 파리 강화 조약 조인 거부 등을 외치면서 시위 운동을 전개하였다. 학생들의 소요에 대하여 베이징 정부가 학생들을 체포하고, 베르사유 조약에도 조인한다는 방침을 결정하자, 이 운동은 전국적으로 급속히 확산되어 시민, 상인, 노동자 들이 참여하는 민중 운동으로 발전하였다. 이 운동은 일제의 침략에 대한 저항 운동으로 반 제국주의 민족 운동으로, 새로운 근대 문화를 수용한 지식층과 학생 들이 주도하였으며, 제1차 세계 대전 직후 미국의 윌슨 대통령이 새로운 질서를 위하여 주장한 민족 자결주의 원칙에 영향을 받았다. 5·4운동 이후 공산당이 조직되어 국민당과 공산당 사이에 합작과 대립이 계속되었다.

원자 폭탄 原子爆彈 ■

우라늄·플루토늄 등 핵분열 물질의 순간적인 핵분열 연쇄 반응으로 발생하는 대량 에너지를 이용한 폭탄이다. 미국은 제2차 세계 대전중에 맨해튼 계획이라는 원자 폭탄 제조 계획으로 1945년 7월 16일, 앨러모고도 사막에서 세계 최초로 원자 폭탄을 폭발시켰으며, 같은 해 8월 6일에는 일본 히로시마에, 8월 9일에는 나가사키에 각각 한 발씩의 원자 폭탄을 투하하여 이 두 도시를 파괴시켰다.

1945년 8월 9일, 나가사키에 원자 폭탄이 투하된 뒤 구름이 6만 피트로 치솟고 있다.

윌슨 Thomas Woodrow Wilson ■ ■

미국의 제28대 대통령으로, 1913년부터 1921년까지 대통령으로 활동하였다. 연방 통상 위원회, 연방 준비 은행의 설치 등 대자본의 세력을 감쇄하는 법안을 통과시키고, 노동자 및 농민을 보호하는 여러 법을 실시하여 혁신주의의 구체화에 힘썼다. 외교 정책에 있어서도 커다란 전환을 일으켜, 파나마 운하, 멕시코 문제 등에 있어서 국제 협조주의를 추진하였고, 제1차 세계 대전의 중립을 표방하여 재선되었는데(1916년), 뒤에 '세계의 민주주의를 안전하게 하기 위하여' 참전하였다. 1918년에 평화 14개조를 발표하고, 전후 파리 강화 회의에 출석하여 '승리 없는 평화'를 외쳤다. 국제 연맹의 규약을 성립시켰으나, 14개조는 타협하지 않을 수가 없었으며, 또 상원에서의 비준은 거부되었다. 국제 연맹 가입을 위하여 전국을 유세하였으나 도중에 병으로 사망하였다. 1919년에 노벨 평화상을 수상하였다.

윌슨의 14개조 ■ ■ ■

1918년 1월, 미국 대통령인 윌슨이 의회에서 행한 연설에서 제시한 전후 처리와 평화 수립의 기본 원칙으로, 그 주된 내용은 다음과 같다. ① 공개적인 평화 협정과 비밀 외교 내지 비밀 협정의 폐지, ② 공해상에서 항해의 절대 자유 보장, ③ 경제적 장벽의 제거와 무역의 평등 수립, ④ 군비 축소, ⑤ 주권 회복을 포함한 식민지의 모든 요구에 대한 공정한 조정과 처리(민족 자결주의의 한 표현), ⑥ 러시아로부터 군대 철수와 러시아에 정부 선택의 자유권 부여, ⑦ 벨기에로부터의 군대 철수와 원상 회복, ⑧ 모든 프랑스 영토의 해방과 알자스, 로렌의 프랑스로의 반환, ⑨ 이탈리아 국경선의 재조정, ⑩ 오스트리아, 헝가리의 자율적 발전의 기회 부여, ⑪ 루마니아, 세르비아 몬테네그로로부터의 군대 철수와 세르비아의 바다로의 출구 확보 승인, ⑫ 현 오스만 투르크 제국의 영토 보전, 단 그 지배에 놓인 민족에 대한 자치권 부여, ⑬ 폴란드의 독립, ⑭ 강대국이나 약소국에 다같이 정치적 독립과 영토 보전을 보장할 수 있는 국제 기구 창설 등이다.

인민 전선 人民戰線 ■ ■

파시즘의 공세와 전쟁 위협에 맞서, 노동자와 농민 · 중산 계급, 그리고 자유주의자와 사회주의자 · 공산주의자가 광범한 제휴 관계를 맺어 형성한 통일 전선이다. 파시즘의 대두에 즈음하여 코민테른이 종래의 혁명 전략을 변경하여, 각국 공산당에 국내의 모든 민주주의 세력과 함께 반 파시즘 통일 전선을 형성하라는 지침을 내리면서 결성되기 시작되었다.

장제스 蔣介石 ■ ■ ■

중국의 정치가, 군인이며 국민당 지도자로, 본명은 장중정이다. 1907년 일본 육군 사관 학교에 유학한 뒤 1913년부터 1916년 사이에는 위안 스카이와 투쟁하였다. 1918년 국민당과 연합하고 1925년에는 국민군을 장악하였다. 1926년에 공산당과 연합하여 군벌에 대한 대대적인 공격을 개시한 그는 1928년에는 베이징을 장악하였고, 그 뒤 남경에서 새로운 정부를 구성하였다. 한편 1927년에는 당 내에서 좌파를 축출하고 공산당에 대한 내전을 개시하였지만 시안 사건 뒤 1937년부터 1946년 사이에는 일본에 대한 공동 투쟁이라는 여론 때문에 잠시 연기되었다. 1946년까지 당은 부패해졌고 병사들의 사기는 땅에 떨어져 1949년 마침내 장제스는 홍군(공산당군)에 패배하자 대만으로 도주하여 망명 정부를 구성하였다. 초기에는 미국의 원조로 대만 경제를 현대화시킬 수 있었지만 1970년대에 미국과 중국이 화해함에 따라 미국과의 관계도 냉각되었다. 1975년 그가 죽자 아들 장징궈가 국민당 주석으로 뒤를 이었다.

장쩌린 張作霖 ■ ■

중국의 군인으로, 라오쑈이라고도 한다. 선양 군벌의 거두로 마적 출신이다. 러·일 전쟁 전 부하를 이끌고 동삼성 총독 자오 얼쉰에게 귀순하여 1911년에 28사장(師長)이 되고, 1919년에 동북 3성의 실권자가 되어 봉천 군벌을 형성하였다. 1924년에는 제2봉직 전쟁(奉直戰爭)에 대승하여, 1927년 육·해군 대원수에 취임하고, 군 정부를 조직하여 국민 혁명군에 대항하다가 1928년 장제스의 제2차 북벌의 결과 패주, 선양으로 돌아오다가 일본군이 음모한 열차 폭발로 폭사하였다.

적군 赤軍 ∎

1917년 볼셰비키 혁명 이후 공산당 정부가 만든 소련 군으로, 러시아 제국의 육군과 해군은 제정 러시아의 다른 조직들과 함께 1917년에 혁명이 일어난 뒤 해체되었다. 1918년 1월 28일, 법령에 따라 인민 위원회는 노동자와 농민 지원자를 바탕으로 적군을 만들었으며, 내전 시기에 의용군을 중심으로 재편성되어, 제국주의 국가들의 간섭군 및 반혁명군(백군)과 싸웠다. 그 뒤 적군은 1946년 소비에트 육군으로 개칭되었다.

혁명 이후에 제작한 포스터인 '적군 만세'(1920년)

전시 공산주의 戰時共産主義 ∎∎

전시 공산주의(1918~1920)는 소련에 대한 강대국의 간섭 전쟁과 국내전에 대항하기 위하여 정치 · 경제 · 문화에 걸쳐 취한 프롤레타리아 독재의 비상 정책이다. 적군(赤軍)과 노동자에게 대량의 소비 물자를 공급할 필요에서, 그리고 도시와 농촌과의 사이에 군사적 · 정치적 수단에 따른 생산물의 직접적 교환을 행할 목적으로, 소비에트 정부는 전기 산업의 국유화, 곡물의 국가 독점과 식량 징발, 외국 무역의 독점을 실시하였다.

전체주의 全體主義 ■■■

전체가 있으므로 개인이 존재한다는 논리에 따라 국가 이익을 우선으로 하는 권력 사상·국가 체제 또는 그러한 체제를 실현하려는 운동의 총칭이다. 역사적으로는 특히 1920년대부터 1940년대에 걸쳐서 이탈리아·독일·일본 등에 등장한 파시즘 사상을 가리킨다. 이는 세계 경제 공황으로 나타난 것으로, 후발 자본주의 국가나 공산주의 국가에서 공황 타개책으로 이용하였다. 제2차 세계 대전 뒤부터 최근에 이르기까지 미국과 소련은 서로의 정치 체제를 전체주의라고 비난하기도 하였다.

제국주의 帝國主義 ■■

제국주의는 넓은 의미에서 한 국가가 다른 나라에 대한 침략적 진출을 뜻하지만, 역사적 용어로는 19세기 후반에 이르러 자본주의가 고도로 발달한 단계에서 나타난 대외적 침략 과정을 나타내는 용어이다. 이 제국주의 정책의 추진으로 열강 간의 대립이 격화되어 세계는 제1차 세계 대전의 참화를 입었다.

제3세계 第三世界 ■■■

일반적으로 제2차 세계 대전 뒤 미국·소련 어느 진영에도 가담하지 않고 비동맹 노선을 걸었던 개발 도상국들의 총칭이다. 제3세계는 미국·소련 양국 사이에서 비동맹 중립을 기축으로 하였다가 1970년대부터 국제 관계의 중심으로 그 비중이 높아졌다. 특히 1973년 말부터 제3세계의 석유 전략이 성공하였다. 그 뒤 경제 발전이 진행되면서 빈부 격차가 드러나면서 결속력이 쇠퇴하다가 1990년대 초 공산 제국의 붕괴 이후 그 의미를 잃어 가고 있다.

제2차 세계 대전 第二次世界大戰 ■ ■ ■

1939년 9월, 독일의 폴란드 침공으로 시작되어 1941년 12월, 태평양 전쟁 개시와 함께 세계 전쟁으로 발전한 추축국과 연합국 사이의 대전쟁을 말한다. 1945년 5월에 독일이, 같은 해 8월에 일본이 무조건 항복으로써 이 대전쟁은 종결되었다. 제1차 세계 대전과 마찬가지로 제국주의 전쟁으로 시작되었으나, 한편으로는 파시즘과 민주주의의 전쟁, 식민지 · 종속국의 민족 독립 투쟁이기도 하였다. 제1차 세계 대전보다 훨씬 더한 총력전으로서, 항공 전력 · 기갑사단 · 레이더 등 기술적인 진보가 현저하였으며, 생산력과 기술력이 차지하는 비중이 더 한층 높아졌다. 또 게릴라 전을 주축으로 하는 레지스탕스가 반 파시즘 · 민족 해방 투쟁의 중요한 전술로 떠올랐다. 대전 초기부터 국제 연합 설치 등 전후 처리에 관한 연합국 사이의 협의가 거듭된 반면, 전후의 냉전 체제를 가져오는 요인들도 이미 포함되어 있다.

제1차 세계 대전 第一次世界大戰 ■ ■ ■

1914년 사라예보 사건을 계기로 7월에 오스트리아의 대 세르비아 선전 포고로 시작되어, 동맹국들과 협상국들 간의 전쟁으로 발전한 제국주의 전쟁을 말한다. 개전 1주일 만에 이탈리아를 제외한 유럽의 모든 열강들이 참가하는 대전쟁으로 확대되었다. 많은 물자와 인원이 동원되고 신병기가 출현하였으며, 9,000만 명 이상의 인명이 살상되었다.

중 · 일 전쟁 中日戰爭 ■ ■

1937년부터 1945년에 걸쳐 중국 대륙에서 전개된 중국과 일본 간의 전쟁을 말한다. 1937년 7월 7일, 베이징 교외의 루거우차오에서 일본군이 군사적 행동을 한 것이 직접적 계기가 되었으나, 만주 사변과 일본 제국의 중국 침략 정책이 그 주된 목적이었다. 당시 루 거우차오 사건을 일으킨 일본은 중국을 굴복시킬 수 있다고 판단하 고 국민 정부를 응징하고자 출병을 단행하였다. 이에 대하여 중국 은 제2차 국공 합작으로 항일 민족 통일 전선을 형성하여 항전하였 다. 전쟁의 장기화, 점령지 경영의 실패, 중국의 후방 교란 공작으 로 인한 전선의 교착 등 때문에 일본의 초조감은 높아졌다. 이에 따 라 일본은 남방 진출과 독일 · 이탈리아와의 3국 구축을 이루어 난 관을 타개하고자 미국 · 영국과의 대립을 격화시켰고, 1941년 중국 으로부터의 무조건 완전 철병 등을 요구한 미국과의 교섭이 결렬되 자 12월 8일에 진주만을 기습하여 태평양 전쟁을 일으켰다. 따라서 중 · 일 전쟁은 태평양 전쟁의 일부가 되었다. 그 뒤 일본은 1945년 8월 15일, 포츠담 선언 수락과 함께 국민 정부에 항복함으로써 전 쟁을 끝맺었다.

처칠 W.L.S. Churchill ■■

제2차 세계 대전이 일어나자 정계에 복귀하여 해군 장관이 되었고, 1940년 체임벌린의 사임 뒤 영국의 총리가 되었다. 이 시기에 그는 강력한 지도력을 발휘하여 전쟁을 승리로 이끌었고, 1941년 대서 양 헌장을 선언하는 등 전후 국제 질서 구축에도 이바지하였다. 그 러나 자국의 사회 개혁을 원하는 국민들의 요구를 등한시한 결과 1945년 총선에서 패배하여 총리직에서 물러났다. 1951년 다시 총 리가 되었다가 1955년 여든 살의 고령으로 은퇴하였다. 웨스트민 스터 대학에서 행한 '철의 장막'(1946년) 연설은 특히 유명하고, 문필에도 능하여 1953년 《제2차 세계 대전(1948~1953)》으로 노 벨 문학상을 수상하였다.

철의 장막 ■ ■ ■

영국 총리인 처칠이 소련의 비밀주의를 비난하기 위하여 사용한 말로, 처칠은 1946년 3월 5일, 미국 방문중 미주리 주 풀턴의 웨스트민스터 대학에서 행한 연설에서 "슈체친에서 트리에스테까지 철의 장막이 쳐져 있다"고 하였다. 소련이 지배하는 지역에서는 소련이 무제한으로 권력을 확대해 가고 있었는데, 그는 이러한 움직임에 제동을 걸기 위해서는 압도적인 무력이 필요하다고 말하였다. 이는 제2차 세계 대전 뒤의 '냉전'을 알리는 유명한 말이 되었는데, 처칠은 이 연설 이전에도 편지 속에서 이 말을 사용하였다. 이 말은 나치스 독일의 선전 장관인 J.P. 괴벨스가 독일 패전 직전에 쓴 논문에서 최초로 사용하였다고 알려져 있다.

카이로 회담 Cairo會談 ■ ■

제2차 세계 대전 때 카이로에서 개최된 두 차례의 회담을 카이로 회담이라 한다. 1943년 11월 22일부터 같은 달 26일까지 열린 제1차 회담에서 연합국 지도자 윈스턴 처칠과 루스벨트는 노르망디 상륙작전을 논의하였다. 이 회담은 제2차 세계 대전중의 연합국 수뇌 회담으로 대일 항전과 전후 처리에 대하여 구체적으로 검토한 최초의 회담이다. 이집트의 카이로에서 미국 대통령인 루즈벨트, 영국 총리인 처칠, 중국 총통 장제스가 참석하여 대(對) 일본 전쟁 수행 협력과 전후의 영토에 대하여 의논하여 27일 '카이로 선언'을 발표하였다. 선언은 태평양상 일본령 제도의 박탈, 일본이 중국에서 빼앗은 모든 영토의 반환, 한국의 독립과 연합국은 일본의 무조건 항복까지 협력하여 싸울 것 등을 표명하였다. 카이로 선언은 1945년 7월의 포츠담 선언에서도 확인하여, 일본의 항복에 관한 기본 방침이 되었다.

케렌스키 Kerensky ■

러시아의 정치가이자 변호사. 1905년경 사회주의 혁명당에 가입, 정치범들을 변론하였다. 1912년 국회 의원이 되고, 1917년 2월 혁명 뒤 임시 정부의 법무 장관, 육·해군 장관을 거쳐 총리가 되었다. 그러다 차츰 혁명 세력을 탄압하여 10월 혁명 때 쫓겨나 크라스노프 장군과 반혁명군을 조직하려다 실패하고, 1918년에 망명하여 미국에서 살았다.

케말 파샤 Kemal Pasha ■ ■ ■

터키의 군인이자 정치가로, 터키 공화국의 초대 대통령(1923~1938)이다. 제1차 세계 대전중에는 다아다넬즈 해협 지대의 젤리볼루에 상륙한 영국·프랑스 연합군을 격파하였다. 대전의 결과 터어키가 세브르 조약을 강요 당하여 그 영토가 대폭 줄어든 데다 그리스가 영국의 뒷받침으로 이즈미르 지방에 침입하자 그는 농민과 자본가의 후원을 받아 '애나토울리아 루멜리아 권리 옹호단'을 조직하였다. 1920년 4월, 앙카라에 대국민 회의를 열어 술탄, 칼리프 정부를 부인하고, 소련의 성원을 얻어 그리스 군을 사카리아에서 격파하였다. 이리하여 로잔 조약을 체결하고 터키 공화국을 설립하여(1923년), 그 뒤 세 번에 걸쳐 대통령에 선출되었다. 1934년 의회는 '터키 인의 아버지'라는 뜻인 '아타튀르크'의 칭호를 그에게 보냈다. 1938년 대통령 재직중에 사망하였다. 그가 대통령, 국민 회의 의장, 최고 군사령관, 국민당 당수로 독재적 권력을 휘두른 공화국 정부는 정교 분리, 남녀 동등권의 실행, 서유럽 형식의 입법, 터키로마자의 채용 등으로써 터키의 근대화에 지대한 업적을 남겼다.

코민테른 Comintern ■■

1919년 모스크바에서 창설된 공산주의 국제 연합으로, 제1, 2차 인터내셔널의 국제 노동자 협회라는 명칭 대신 공산주의 인터내셔널이라는 명칭을 채택하여, 일명 코민테른이라 불린다. 제1차 세계 대전이 발발하면서 제2인터내셔널이 각기 자국의 전쟁 수행과 자본주의 세력 재건에 참여하면서 배타적 애국주의와 자본주의 옹호 세력으로 변질되자, 파산을 선언하고 진정한 혁명적 국제주의의 계승을 내세우면서 코민테른이 탄생하였다. 이들의 강령은 마르크스, 엥겔스의 기본적 전제의 기초 위에 제국주의에 대한 분석, 프롤레타리아 독재 이론, 민족 해방 운동의 근본적 분석, 수정주의 및 사회 민주주의자들에 대한 비판 등 레닌이 세운 이론들을 포함하였다. 특히 레닌은 노동 운동 역사상 처음으로 식민지 대중들에게 주목하여, 후진국은 선진국 프롤레타리아의 원조를 받아 자본주의적 발전 단계를 뛰어넘어 소비에트 제도로 이행하고 일정한 발전 단계를 거쳐 공산주의로 이행할 수 있다고 주장하였다. 이로써 인터내셔널의 중심은 영국과 프랑스에서 독일로 이어졌다가 다시 러시아로 그 토대가 옮겨졌다. 1930년대 들어 파시즘이 대두하고 전쟁의 도래가 절박해지자, 1935년 제7차 대회에서는 반 파시즘 인민 통일 전선을 채택하고 이를 위하여 모든 노동자 조직의 통일 방안을 마련하여, 제2차 세계 대전 시기까지 각국에서 격렬한 투쟁을 전개하였다. 그러나 1943년 5월 22일, 세계 대전의 여건으로 인해 대회를 소집할 수 없다는 이유를 밝히면서 해산을 선언하여, 오랜 기간 많은 나라에서 혁명과 해방 투쟁을 이끈 코민테른은 그 막을 내렸다.

태평양 전쟁 太平洋戰爭 ■■

일본과 미국을 주축으로 하는 연합국 사이에 서태평양을 중심으로 벌어졌던 전쟁으로, 일본은 이 전쟁을 '대동아 전쟁' 이라고 불렀다. 1941년 12월 8일, 일본이 하와이 진주만을 공격하여 시작한 이 전쟁은 1942년 6월의 미드웨이 해전에서 미국이 승세를 잡은 뒤 1945년 8월, 미국이 히로시마와 나가사키에 원자 폭탄을 투하함으로써 일본이 항복하여 종결되었다.

통일 전선 統一戰線 ■

일정한 역사적 조건이나 특정한 정치 상황에서 이해 관계를 같이 하는 정당·사회 단체 또는 계급·계층 들이 공통의 적대 세력에 대항하기 위하여 연합하는 것을 말한다. 대체로 이 전술은 사회 운동 단체들이 공동의 목적을 달성하기 위하여 사용하는 전술로서, 공산당은 이 전술을 사용함에 있어 자기 측이 주도권을 장악하거나 그 결과가 자기 측에 유리하게 전개될 것을 항상 염두에 두었다. 만약 통일 전선의 결성 뒤 상황이 불리하게 전개되어 자기 측이 주도권을 장악할 수 없다고 판단될 때에는 공산당은 지체 없이 통일 전선을 붕괴시키는 전법을 구사하였다. 또한 통일 전선을 통하여 공동의 목적이 달성되고 난 뒤에는 그에 참가하였던 내부 세력들 사이의 기존 관계를 새롭게 재조직하게끔 하였다. 역사적으로 유명한 통일 전선의 예로는 1936년 프랑스 사회당과 공산당과의 인민 전선, 1937년 이래 중국에서 형성된 국민당과 공산당의 항일 통일 전선(국공 합작), 1946년 남한과 북한에서 각각 결성된 민주주의 민족 통일 전선과 북조선 민주주의 민주 통일 전선 등이 있다.

트로츠키| Leon Trotskii ■ ■

러시아의 혁명가인 트로츠키(1879~1940)는 젊어서 혁명 운동에 참가하고, 1902년 런던에 망명하여 레닌을 만났다. 그 뒤 1905년 제1차 러시아 혁명으로 페테르스부르크의 소비에트 의장이 된 그는 영구 혁명론을 주창한 한편 1906년《총괄과 전망》을 저술하기도 하였다. 1917년 10월 혁명을 지도한 뒤, 외무, 육군 인민 위원을 역임하였으며, 적군(赤軍) 창설을 지도하였다. 레닌이 죽은 뒤에는 일국 사회주의(一國社會主義)를 주창한 스탈린 등 당 주류와 대립하여 1927년 당에서 제명되고 국외로 추방되었다. 그 뒤 제4인터내셔널을 창립하여 소련을 비판하다가 멕시코에서 암살되었다. 저서로는《문학과 혁명》,《러시아 혁명사》등이 있다.

파나마 운하 Panama運河 ■

중앙 아메리카와 남아메리카의 경계 가까이 있는 파나마 해협을 횡단하는 운하로, 길이는 67.5킬로미터, 너비는 150미터이다. 태평양과 카리브 해가 연결되어 국제 해운에 매우 중요하다. 운하와 그

양쪽의 너비 각 8킬로미터의 운하 지대에 대해서는 미국이 영구 조차권을 가지고 운영해 왔으나, 1977년 미국 정부가 단계적으로 파나마 운하를 반환한다는 신 파나마 조약이 조인되었다. 1999년 미국 정부가 파나마 정부에게 파나마 운하의 운영권 일체를 인계한 뒤로 파나마 운하의 운명이 곧 파나마의 미래가 되었다.

파리 강화 회의 Paris講和會議 ■ ■ ■

프랑스 파리에서 열린 강화 회의를 말한다.

제1차 세계 대전 — 1919년 제1차 세계 대전의 전후 처리에 관한 회의로, 1919년 1월 18일, 프랑스 외무부에 전승국인 27개국 대표가 모여 강화 회의가 시작되었다. 1월 25일의 제2차 총회에서 국제 연맹 창설이 결의되었고, 5월 7일에는 대(對) 독일 강화 조약 초안이 독일 측에 제시된 뒤 약간의 수정을 거쳐 6월 28일에 베르사유 궁전에서 강화 조약 조인식이 이루어졌다. 조약 체결을 위한 이러한 일련의 회의가 파리에서 열렸기 때문에 파리 강화 회의라 하며, 독일에 대한 강화 조약은 조인식 장소 이름을 따 베르사유 강화 조약이라 한다.

제2차 세계 대전 — 제2차 세계 대전 뒤 1946년 7월 29일부터 같은해 10월 15일에 걸쳐 연합국 21개국과 독일군 진영에 소속되었던 이탈리아 · 헝가리 · 불가리아 · 핀란드 · 루마니아 사이의 강화 회의를 말한다. 이 조약에 따라 이탈리아는 아프리카 식민지를 포기하고, 에티오피아의 독립을 인정하며, 옛 유고슬라비아 · 프랑스 · 그리스에 영토를 할양하였다. 또한 이탈리아와 유고슬라비아의 국경 지대인 트리에스테를 자유 지역으로 하여 1948년 국제 연합의 통치 아래 두도록 하였다. 헝가리는 트란실바니아를 루마니아에, 다뉴브 강 서쪽 연안의 일부 토지를 체코슬로바키아에 반환하였다. 루마니아는 헝가리로부터 트란실바니아를 얻었으나 남(南) 도브루자를 헝가리에 양도하고 베사라비아와 북(北) 부코비나를 소련에 양도하였다. 핀란드도 소련에게 국경 지대 일부를 양도하고 핀란드 만 해군 기지 조차권을 인정하였다.

파쇼다 사건 Fashoda事件 ■ ■ ■

파쇼다 사건은 1898년 유럽 열강의 아프리카 분할 과정에서 영국의 종단 정책과 프랑스의 횡단 정책이 충돌한 사건을 말한다. 아프리카 남북의 요지를 차지한 영국은 케이프타운과 카이로를 연결한 아프리카 종단 계획을 세우고, 이를 다시 인도의 캘커타까지 연결하는 3C 정책을 추구하였다. 한편 프랑스는 19세기 전반기에 점령한 알제리를 거점으로 튀니지를 보호국으로 삼고(1881년), 사하라 사막과 적도 아프리카로 진출하였다. 그 뒤 마다가스카르를 얻은 프랑스는 아프리카 횡단 계획을 세웠으나 영국의 종단 계획과 충돌하여 파쇼다 사건이 발생하였다. 이 사건은 프랑스의 양보로 해결되고 양국은 독일의 진출에 대항하여 협력 관계를 맺었다.

파시스트 Fascist ■ ■ ■

이탈리아의 국가주의, 전체주의적인 정치 단체로, 1921년 11월에 전투 파쇼를 개조하여 결성하였다. 1922년 10월에는 나폴리에서 당 대회를 개최하여 정권 탈취를 결의, '로마 진군'을 강행하였고, 국왕은 무솔리니에게 조각(組閣)을 명령하였다. 내각을 조직한 뒤 당 최고 기관으로서 파시스트 대평의회를 설치하였다. 당의 '검은 셔츠 부대'를 정부 승인 부대로 정하고, 1923년 11월에는 선거법을 고쳐 1924년의 선거로 독재 체제를 확립하였다. 1925년 1월, 무솔리니는 파시스트 당의 독재 정권 수립을 선언하였다. 1925년부터 1926년 사이 다른 정당의 금지, 반 파시즘 조직의 해산, 반정부 신문의 발행 정지, 비밀 경찰의 설치 등으로 일당 독재 체제를 확립하였다. 제2차 세계 대전에서 패색이 짙어지자 내부 분열이 일어났고, 1943년 7월 24일에 열린 파시스트 대평의회는 무솔리니 총리의 파면을 결정하였으며, 바돌리오 정권은 파시스트 당에 해산 명령을 내렸다.

포츠담 선언 Potsdam宣言 ■ ■

1945년 7월 26일에 발표된 대일본 전쟁 처리 방침에 관한 연합국 공동 선언으로, 일본에 대한 무조건 항복 권고 및 군국주의 배제 · 민주주의 회복 · 전범 재판 · 영토 제한 · 비무장화 · 군수 공업 폐지 등을 담고 있다. 장제스의 동의를 얻어 미국 · 영국 · 중국 등 3국의 공동 선언으로 발표되었으며, 소련은 같은 해 8월 8일에는 이 선언에 서명하였으며, 이어 8월 15일에는 일본이 선언을 수락하여 제2차 세계 대전이 종결되었다.

포츠머스 조약 Portsmouth條約 ■ ■

1905년 9월 5일, 미국 뉴햄프셔 주 포츠머스에서 조인된 러 · 일 전쟁의 강화 조약을 말한다. 러 · 일 전쟁이 일본의 승리로 굳어져 갈 무렵 미국 대통령인 루스벨트의 주선으로 일본의 외무부 장관인 고무라쥬타로와 러시아 전권 대사인 비테 사이에 맺은 조약이다. 이 조약은 15조와 추가 약관 2항으로 되었으며, 주요 내용은 다음과 같다. ① 한국에서의 일본의 정치 · 경제 · 군사상 우월권을 러시아가 인정하고 이에 방해하지 않으며, ② 러 · 일 양국 군의 만주 철수, ③ 관동주 · 동청 철도 남만지선(南滿支線)의 일본 양도, ④ 남사할린을 일본에 양도, ⑤ 연해주 방면의 일본 어업권 승인 등이다.

프랑코 Franco ■ ■

에스파냐의 독재자. 군 장교 출신으로 1927년 자라고자 군사 학교 교장에 임명되었다. 1931년 왕정이 공화국으로 바뀐 뒤에는 발레아릭 도(島)와 모로코에서 근무하였다. 1933년 중앙 우파가 집권한 뒤 1935년에는 참모장이 되었다. 그러나 1936년 인민 전선이 다수파가 되자 프랑코는 실각하여 카나리 군도로 좌천되었다. 그는 반란을 일으키기 위하여 모로코로 가서 에스파냐에 대한 공격을 개시함으로써 스페인 내전이 시작되었다. 그는 이탈리아와 독일 파시스트 정권의 지원을 받아 스스로 총사령관과 국가 수반에 취임하였다. 1937년 팔랑헤 당과 카를 당이 통합되어 국가당(State party)이 되었고, 1939년 공화파는 완전히 패배하였다. 1당 국가가 된 에스파냐는 반(反) 코민테른 조약에 가입하였다. 프랑코는 제2차 세계 대전 중 중립을 지켰지만 심정적으로는 독일 · 이탈리아 · 일본 등의 추축국을 지지하였다. 연합국은 처음에 에스파냐를 배척하였지만 그 뒤 냉전 체제로 편입시키기 위하여 인정하기 시작하였다. 1947년 왕정이 복귀화면서 프랑코는 섭정으로써 실권을 장악하였다. 1953년 미국에게 군사 기지를 제공한 대가로 1955년 국제 연합에 가입할 수 있었다.

피의 일요일 ■ ■ ■

1905년 1월 22일, 러시아의 페테르부르크 동궁 광장에서 일어난 노동자 학살 사건을 일컫는다. 8시간 노동, 국회 소집, 시민적 자유 등의 요구를 내걸고 황제에게 진정하기 위하여 평화로운 시위를 벌이던 군중에게 군대가 사격을 가해 1,000여 명에 달하는 시위 노동자가 사살된 사건이 일어났다. 그날이 일요일이었기 때문에 이를 '피의 일요일' 사건이라고 부른다. 특히 여름에 이르러 노동자만이 아니라 농민들도 폭동에 가담하는 기세를 보여, 황제 니콜라이 2세는 '10월 선언'으로 시민적 자유와 국회의 소집을 약속함으로써 혁명의 기운을 진압할 수 있었다.

호치민 胡志明 ■ ■ ■

베트남의 혁명가이자 대통령. 1911년 가난에서 탈출하기 위해서 선원이 된 그는 1917년 프랑스에서 새로 조직된 프랑스 공산당(PCF)에 입당하였다. 1923년에는 모스크바로 가서 1924년의 공산주의 인터내셔널에 참석하고 혁명에 있어서 농민의 중요성에 관해 연설하였다. 1924년부터 1927년까지 코민테른 대표로 중국에서 근무한 뒤 그는 피압박 인민 연맹, 베트남 혁명 청년 연맹의 창설을 지원하였으며, 1930년에는 인도차이나 공산당의 창당을 지원하였다. 1940년에는 일본이 점령한 인도차이나로 돌아와 저항 군사 조직인 베트민을 조직하였다. 그 뒤 하노이에 정부를 수립하고 대통령이 된 그는 1946년에 남부 베트남을 점령한 프랑스와 싸워 1954년 디엔비엔푸에서 승리함으로써 베트남의 분할을 가져왔다. 대외적으로도 소련 및 중국과 우호 관계를 유지하였다. 1959년 남베트남의 베트콩 게릴라를 지원하여 남베트남 정부를 타도한 그는 같은 해 당 서기직은 사임하였지만 대통령 직은 유지하였다.

후스 胡適 ■

중국의 외교관이자 사상가인 후스는 문학 혁명 추진자의 한 사람으로, 1922년 백화(白話)가 공식 문어로 정착되는 데 공헌하였다. 미국 유학중 존 듀이의 영향을 받아 미국의 실용주의적 방법을 귀국 뒤 베이징 대학에서 교수를 역임하면서 교육에 시도하였다. 그러나 새로운 문학과 사회의 움직임에 등을 돌리고 문학사와 철학사 연구에 관심을 두었다. 1949년 공산당 정권의 수립 뒤 미국에 거주하면서 타이완 정부의 국제 연합 대사를 역임하였고, 1958년에 귀국한 뒤 국립 중앙 연구원의 원장이 되었다.

히틀러 Adolf Hitler ■ ■ ■

나찌스 독일의 총통. 오스트리아에서 태어나 1919년부터 비인에서 살았다. 날품팔이 노동자, 화공으로 생활한 그는 이 기간에 세계관의 기초를 닦아, 독일 우월 사상과 반셈, 반사회주의, 반의회주의 사상에 공명하였으며 1913년 뮌헨에 이주하였다. 제1차 세계 대전에서는 바이에른 군에 지원, 출정하여 육군 하사로 철십자 훈장을 받았으며, 패전 뒤 뮌헨에 귀대하여 병사의 정치 교육을 담당하였다. 1919년 9월, 나치스의 전신인 독일 노동자 당에 가입, 곧 당수가 되어 바이에른 군부의 원조를 받아 당 조직 확대에 전념하였다. 1923년 공화국 타도의 쿠데타를 일으키기 위하여 뮌헨에서 봉기하였으나, 베를린 정부의 명을 받은 바이에른 경관대와 군대가 진압하여 1924년 12월까지 투옥되었다. 출옥한 뒤 합법 활동 방침으로 전환하여 의회주의 운동을 중시하였다. 이 동안 시트라서 형제와 당 강령 때문에 대립, 강령 중의 급진적인 반자본주의적인 면에 대하여 온건한 태도를 취하였다. 1929년 이래의 세계 공황중에 도시 중산층과 농민의 지지를 받아 급격히 세력을 신장하였다. 1933년 1월에는 군부, 대자본가, 지주의 지지를 얻어 수상에 취임한 뒤 노동자의 정당, 조직에 대탄압을 가하고, 나치스가 아닌 모든 정당을 해산하였다. 1934년 대통령 힌덴부르크가 죽자 스스로 대통령을 겸한 총통으로 취임하여 독재를 확립하였다. 1933년 5월과 1936년 9월의 제1, 제2차 4개년 계획에 따라 군비를 충실히 한 다음, 1939년 9월에는 제2차 세계 대전을 도발하여 서전에서 대성공을

거두었으나 1941년 독·소 전쟁 뒤 전세가 기울어 1945년 4월 30
일, 독일 항복 직전에 자살하였다.

1934년 1월 당 대회에서의 히틀러

현대 세계의 발전

관세 및 무역에 관한 일반 협정 GATT ■■

1947년 제네바에서 조인된 국제 협정. 세계 자유 무역 체제의 수립을 위하여 23개국이 맺은 협정으로, IMF · IBRD와 함께 세계 경제를 조정하는 3대 기구의 하나가 되었다. 관세와 그 밖의 무역 장벽을 낮추고 무역 차별을 폐지하여 국제 무역의 다각적인 확대를 꾀하는 것이 그 설립 목적이다. 설립한 뒤 제8차 라운드(우르과이 라운드)에 이르기까지 무역 장벽을 낮추기 위한 다국간 교섭을 벌여 왔으나 몇몇 경제 강국이 협상을 주도하였으며, 우리나라는 1967년에 정회원국이 되었다.

국제 연합 國際聯合 ■■

제2차 세계 대전이 종결된 뒤 발족한 국제 연합은 총회와 사무국, 안전 보장 이사회와 사회 경제 이사회를 주축으로 삼고 그 산하에 많은 보조 기구를 두고 있다. 국제 연합은 그 전신인 국제 연맹의 실패를 감안하여, 미국 · 영국 · 프랑스 · 소련 · 중국의 5개국을 거부권을 가진 상임 이사국으로 한 안전 보장 이사회의 권한을 크게 강화하였으며, 유엔 군에 의한 침략 제재를 포함한 강력한 평화 유지책을 강구하였다.

나세르 Gamal Abdel Nasser ■■

이집트의 군인이며 대통령으로, 알렉산드리아 태생이다. 나세르는 왕립 육군 사관 학교를 졸업한 뒤 군에 있을 때 영국 통치를 종식시

키기 위한 자유 장교 운동에 참여하였다. 1954년에 수상, 1956년
에는 대통령이 되었다. 그는 사회를 서구화시키면서도 이슬람교를
국교로 삼았다. 대외적으로는 비동맹 정책을 추진하여 1955년 반
둥 회의 그 뒤 국제적 인물로 떠올랐으며, 같은 해 아랍 연맹의 실
질적인 지도자가 되었다. 1956년 영국과 미국이 아스완 댐 건설 원
조를 취소하자 건설 자금을 마련하기 위하여 수에즈 운하를 국유화
하였다. 아스완 댐은 소련의 원조로 1968년 완공되었다. 1958년
이집트와 시리아는 통일 아랍 공화국을 형성하였다. 1967년 6일
전쟁에서 이집트는 이스라엘에게 패배하였지만 나세르는 신임 투표
에서 승리하였다. 이집트는 소련의 도움으로 재무장할 수 있었고,
1970년에 나세르는 이스라엘과의 협상에 동의한 뒤 심장 마비로
사망하였다.

나토 NATO ■ ■ ■

서유럽 제국과 미국 사이에 체결된 북대서양 조약에 바탕을 둔 지
역적 집단 안전 보장 기구로, 북대서양 조약 기구라고 부른다.
NATO는 'North Atlantic Treaty Organization'의 약자이다.
1949년 4월에 조인되었으며 같은 해 8월 24일부터 효력을 발생하
였다. 최고 기관은 이사회이며, 그 아래 군사 · 재정 · 경제 · 방위
및 기타 기관이 있다. 제2차 세계 대전 뒤 미국 · 소련의 냉전이 격
화되는 가운데 바르샤바 조약 기구 등에 따른 소련 및 동유럽의 사
회주의 진영에 대항하며 자본주의 옹호를 위한 군사 동맹망의 중요
한 일부를 형성하여, 가맹국 군대로 조직된 나토 군이 배치되었다.
최초 가맹국은 미국 · 영국 · 프랑스 · 이탈리아 · 베네룩스 3국(벨기
에 · 네덜란드 · 룩셈부르크) · 포루투칼 · 덴마크 · 노르웨이 · 아이슬
란드 · 캐나다, 그 뒤 그리스와 터키(1952년) · 서독(1955년) · 에스

파냐(1983년)가 가맹하였다.이 중에서   프랑스는 1966년에 군사
기구에서 탈퇴하였다.

냉전 冷戰 ■ ■ ■

제2차 세계 대전 뒤 미국을 비롯한 서유럽 블록과 소련 블록 사이에
적대 상태가 존재하지만 군사적인 침략 행위는 없는 상태를 표현하
는 용어이다. 대전 말기부터 미국 · 소련 양국은 동유럽의 정치 체
제, 원자력 관리를 둘러싸고 대립하여 미국이 1948년 마셜 계획,
1949년 북대서양 조약 기구(NATO)를 결성하여 냉전은 절정에 달
하였다. 이에 맞서 소련 측도 바르샤바 조약 기구(WTO)를 결성,
서방측과 군사적으로 대항하였다. 한국 전쟁, 베트남 전쟁의 개입
으로 냉전은 극도에 달하였으며, 그 뒤 중국과 소련의 대립, 제3세
력의 대두로 국제적 다극화가 진전되었고, 달러 위기로 인한 미국
의 국제 지위 약화, 1970년 초 닉슨 독트린으로 전략을 전환하고,
베트남 전쟁의 종결로 25년 간의 냉전 구조가 완화되었으며, 1990

1989년 11월 9일에 무너진 베를린 장벽

년 9월 12일, 미국 · 소련 · 영국 · 프랑스 등 제2차 세계 대전 전승 국들은 '대(對) 독일 화해 조약'을 조인하여 독일의 통일을 인정함 으로써 동 · 서 냉전 체제는 사실상 막을 내렸다.

닉슨 Richard Milhous Nixon ■ ■

미국의 37대 대통령으로, 재임 기간은 1969년부터 1974년까지이 다. 공화당 출신으로 1946년 하원에 진출, 비미(非美) 활동 위원회 위원으로 활동하였다. 1950년 상원에 진출하고 1953년 부통령이 되었다. 1968년에 대통령에 당선된 그는 연방 지출을 삭감하고 달 러를 평가 절하하였으며 신경제 정책을 도입하여 임금과 물가를 통 제하였다. 그는 중국과의 관계를 재개하여 1972년에 중국과 소련 을 방문하였다. 대외적으로 해외 전쟁에 개입하지 않는다는 닉슨 독트린에 따라 1973년 베트남에서 철수하였다. 하지만 닉슨은 워 터게이트 스캔들로 정치적 생명이 끝났다. 최고 법원의 명령에 따 라 닉슨과 참모 사이의 대화 녹음이 공개되자 닉슨이 자기 보좌관 들이 개입된 사건을 은폐시키려 한다는 것이 드러났다. 탄핵 위협 앞에서 닉슨은 1974년 스스로 사임하였고 그 뒤를 이은 포드는 닉 슨을 사면하였다.

닉슨 독트린 Nixon Doctrine ■ ■ ■

미국의 대외 안전 보장 정책의 하나이다. 베트남 전쟁의 수렁에 빠 진 존슨 정권의 뒤를 이은 닉슨 대통령은, 1969년 7월 26일, 괌 섬 에서 아시아 전략의 기본 전략을 공표하였다. 조약상의 책무를 지 키고 맹방의 자유 또는 미국의 안전이 위협받으면 핵우산을 제공하 며, 기타의 침략에는 기본적으로 각국의 자위 노력에 의거한다는 것을 선언하였다. 1970년 2월 18일에 공표된 외교 교서에서 이 전

략을 전세계에 확대 적용할 것을 발표하였다. 이는 동맹 여러 나라
와의 파트너십, 미국의 안전을 위협하는 나라에게는 '힘에 의한 대
결'을 감행할 것, 평화를 위한 '교섭'의 중시를 내용으로 하였다.
특히 동맹국과의 파트너십은 동맹 여러 나라의 자조(自助) 및 미국
지상군 부담의 경감을 강조한 것으로, 단순히 당시의 베트남 전쟁
에 한정된 것이 아니라, 그 뒤의 역대 정권의 세계적 기본 전략이
되었다. 또한 이것은 대량의 미국 지상군을 투입하고도 실패한 베
트남에서의 교훈을 되새긴 것으로 여겨진다.

대약진 운동 大躍進運動 ■ ■

1957년 중국은 비판의 자유를 허락하자, 지식인들은 중국 정부를
비판하고 나섰다. 이에 마오 쩌둥은 반우파 운동을 벌여 비판 세력
을 탄압하고, 이미 대립 관계가 된 소련을 의식하여 공업 및 국방
분야의 건설 속도를 앞당기는 대약진 운동을 추진하였다. 한편 농
촌에도 우선 순위에서 밀려난 농업 생산의 증가와 중국형 사회주의
체제의 정착을 위하여 인민 공사(人民公司)를 설립하였다. 그러나
이는 현실을 무시하였을 뿐 아니라 기술이나 운영의 미숙으로 곧
실패로 끝나, 1960년대 초에는 류 사오치를 비롯한 실무파가 실권
을 잡았다. 이러한 약진 운동의 실패는 당내의 분열을 초래하여
1966년 초에 일어난 문화 대혁명의 불씨가 되었다.

대처 Margaret Thatcher ■ ■

영국의 보수당 정치가이자 총리(재임 기간 1979~1990)로, 유럽 최
초의 여성 총리이다. 영국에서 20세기 들어 총리직을 세 번 연임한
최초의 인물이며, 그녀의 재임 기간은 1827년 이래 가장 길었다.
대처는 1974년 보수당이 두 차례의 총선에서 패배한 뒤 히스의 뒤

를 이어 당수에 올랐으며(1975년), 1979년의 선거에서 보수당이 결정적인 승리를 거두자 총리에 취임하였다. 대처의 승리는 그녀가 전년 겨울에 노동 조합의 파업을 통박하고 나섰던 결과로 보인다. 대처는 내각의 엄격한 규율, 강력한 통화주의 정책, 노동 조합에 대한 법적 규제의 확대 등을 통하여 '철의 여인'이라 불렸다. 집권 후 반기에 이르러 '대처 혁명'은 재정·산업의 경제 분야로부터 교육·보건·주택 공급의 민영화를 통하여 사회 정책 부문으로 확산되었다. 대처는 또한 북대서양 조약 기구에의 적극적인 참여와 독자적인 핵 억지력의 확보를 공언하였는데, 전통적인 핵·방위 전략을 부정하는 노동당의 태도에 비해 보다 큰 국민들의 호응을 얻을 수 있었다. 1984년 서식스 브라이튼에서 아일랜드 분리주의자의 폭탄 테러로 죽을 고비를 넘겼음에도 불구하고 북아일랜드를 영국령으로 보유하려는 영국 정부의 기존 노선을 고수하였다. 유럽 통합에 대한 비타협적인 자세로 당 지도부의 반발을 초래하여 1990년 11월 22일 사퇴하였고 존 메이저가 직위를 승계하였다.

덩 샤오핑 鄧小平 ∎∎∎

중국의 정치가. 1953년 군부 출신으로 중국 공산당 총서기가 되었고 1955년에는 정치국원이 되었다. 1967년에 문화 혁명으로 실각하였지만 1973년에 부수상으로 복귀하였다. 1975년에 다시 정치국원이 되었고 중앙 위원회 부의장이 되었다. 4인방 때문에 다시 실각한 그는 1976년 마오 쩌둥의 사망 후 다시 복귀하였으며, 1978년에 실질적인 당의 지도자가 되었다. 그는 고위 공직에서 마오 쩌둥 주의자를 축출하고 광범위한 개혁을 추진하였다. 그는 농촌에 자기 경영 제도를 도입하고, 산업에는 성과 보수제를 도입하였다. 그는 전문 경영 기술 관료가 경제를 이끌도록 하고, 개인의 자유를 확대하였다. 대외적으로 서방과의 관계를 개선하고, 1978년에 미국과 외교 관계를 수립하였다. 1989년에 톈안먼(천안문) 사태로 대외적 이미지는 타격을 받았다.

독립 국가 연합 獨立國家聯合 ■ ■

소비에트 사회주의 공화국 연방이 해체된 뒤 성립된 신체제의 국가 연합으로 CIS(Commonwealth of Independent States)라고 부른다. 1991년 12월, 카자흐스탄의 수도 알마아타에서 소련 구성국이던 발트 3국과 그루지야를 제외한 11개 공화국이 참가하여 독립 국가 연합 창설에 합의하였다. 국가 원수 협의회 · 총리 협의회의 정기 개최(연 2회) 등으로 각 공화국의 조정 · 협력에 대응하고 있다. 그러나 구 연방형의 일부 기구를 존속시켜 영향력을 유지하고 싶은 러시아와 이를 바라지 않는 우크라이나의 대립이 표면화되고, 1992년 10월 아제르바이잔이 탈퇴를 결정하는 등 혼란을 겪고 있다.

마르코스 Marcos ■

필리핀의 독재자. 1939년 마르코스는 자기 부친의 정적 암살 혐의로 유죄 판결을 받았지만 다음해 풀려났다. 제2차 세계 대전중에는 일본 점령으로부터 도주하였지만 자기의 주장과 같이 필리핀 저항 운동을 지도하였는지는 알 수 없다. 1949년 하원 의원에, 1959년 상원 의원에 당선되었다. 1964년 자유당에서 대통령 후보 지명을 받지 못하자 당을 이탈하여 같은 해 국민당 후보로 대통령에 당선되었다. 그는 사회 개혁을 실시하였지만 정치적 소요가 계속되자 1972년 계엄령을 선포하여 아키노를 비롯한 정적들을 투옥하였다. 1978년에는 부인 이멜다를 각료로 임명하는 등 족벌 체제를 구축하였다. 그는 가톨릭 교회의 지지를 받지 못하였으며, 마오 쩌둥 주의자 및 무슬림 분리주의자들의 저항을 받았다. 1981년 헌법을 개정하고 계엄령을 해제하였지만 마르코스가 대통령에 재선되었다. 그 동안 정부는 부패하고, 빈부 격차는 심해졌으며, 공산 게릴러의 활동은 강화되고, 경제는 침체되었다. 1983년에는 마르코스의 정적인 아키노가 귀국하던 중 공항에서 피살되었다. 정부가 개입되었다는 소문이 확산되었고 정부의 인기는 더욱 더 떨어졌다. 1986년의 대통령 선거에서 아키노의 미망인 코라손 아키노와 경쟁하여 공식적으로 승리를 거두었지만 선거 부정에 항의하는 시위가 확산되고 군부마저 이탈하자 다음 해에 하와이로 달아났다.

마셜 플랜 Marshall Plan ■ ■

유럽 부흥 계획이라고 한다. 전후 유럽의 자유 진영 국가들의 경제 부흥과 경제 발전을 위하여 미국의 국무 장관인 마셜의 제창으로 1948년에 시작한 방대한 경제 원조 계획이다. 소련을 비롯한 공산권도 처음에는 포함시켰으나 그들의 거부로 실제는 서유럽 16개국이 이 계획에 참가하였다. 1951년 말에는 원조액이 120억 달러에 달하였으며, 유럽 자유 국가의 경제 부흥에 큰 힘이 되었다.

만델라 Nelson Rolihlahla Mandela ■ ■ ■

남아프리카 공화국의 흑인 민권 운동가, 아프리카 민족 회의(ANC) 회장, 최초의 흑인 대통령이다. 1962년부터 1990년 2월까지 약 27년 간 감옥 생활을 하면서 남아프리카 인구의 다수를 차지하는 흑인의 희망이 되었다. 백인 정부와 협상 끝에 흑백 차별이 없는 총선거 실시에 합의, 인종 차별의 종식을 고하였다. 1994년 4월 첫 다인종 자유 총선거 때 대통령으로 선출, 5월 10일 대통령에 취임하였다. 1993년에 데 클레르크와 함께 노벨 평화상을 받았다.

매카시즘 Mc Carthyism ■ ■

1950년대 미국에서 일어난 반공 사상. 1950년 2월, 미국 공화당 상원 의원 J.R. 매카시가 국무부의 진보적 성향을 띤 100여 명에 대해 추방을 요구하고, 많은 지도층 인사들을 공산주의자로 몰아 공격한 데서 발단이 되었다. 동서 냉전이 강화되는 가운데 미국 사회를 휩쓸었던 이 초(超) 보수적인 정치적 흐름을, 당시 상원의 국내 치안 분과 위원장이었던 그의 이름을 따 '매카시 선풍(旋風)'이라 불렀다. 이는 제2차 세계 대전이 종결되고 미국과 소련 간의 연합국 동맹이 분열되면서 사회주의 진영과 식민지 민족 해방 운동 세력의 급속한 성장에 직면하자, 체제 보존의 위기를 절감한 지배층의 보수 강경 분파가 전시(戰時) 총동원 체제로부터 전후 체제로 순조롭게 체제를 재편성하고 권력의 기반을 다지고자 의도적으로 일으킨 이른바 '공산주의자 색출'이었다. 그러나 미국 국내외로부터, 심지어는 당 안에서까지 격렬한 비판에 부딪쳤으므로 국제 관계에서의 긴장 완화와 더불어 점차 사라졌고, 매카시는 1954년 분과 위원장 직에서 해임되었다. 그 뒤로도 보수주의의 흐름이 간헐적으로 지속되어 '신 매카시즘'이라고 불리고 있다.

문화 대혁명 文化大革命 ■ ■ ■

대약진 운동과 인민 공사의 실패에 따른 마오 쩌둥에 대한 비판이 일어나자 마오 쩌둥은 수정주의가 중국에 확대되는 것을 막아야 한다는 계속 혁명론을 내세워, 사상 · 정치 면에서 마오 쩌둥의 사상을 다시 강조하기에 이르렀다. 이 과정에서 마오 쩌둥은 류 사오치, 덩 샤오핑 등 실권파를 공격하면서 군사 · 기술을 강조하는 '전(專)'보다는 사상 · 교육을 강조하는 '홍(紅)'을 중시해야 한다고 주장하였다. 이는 곧 마오 쩌둥과 그의 반대자들 사이의 정치 투쟁으로 진전되어, 마오 쩌둥은 홍위병을 조직하여 기존의 지식인이나 문화에 대하여 부르주아적이라 하여 무차별적으로 공격하였다. 이 결과 중국 공산당과 정부의 통치 기능이 현저히 저하되었고, 농업과 공업 분야의 산업 위축은 물론 지식인 탄압에 따른 문화 전반의 파괴는 매우 심하였다.

미테랑 Fran ois Maurice Marie Mitterrand ■■

프랑스의 정치가. 제2차 세계 대전중 레지스탕스에 참가하였던 그는 1971년에 사회당 제1서기, 1981년과 1988년 두 차례(1981~1995)에 걸쳐 프랑스 대통령으로 재임하면서 프랑스와 서유럽의 정치 · 경제적 통합을 추진하였다. 사회당 출신으로는 최초로 대통령 직에 올랐으나, 재임 초기에 사회주의 경제 정책을 포기하고 자유주의 경제 정책을 채택하였다. 공산당과 좌파 연합 정권을 형성하여, 미국과 일정한 거리를 두는 외교 정책을 취하였다.

바르샤바 조약 기구 WTO ■■

1955년 5월 14일, 소련과 동유럽 7개국이 체결한 조약으로, 정식 명칭은 우호 협력 상호 원조 조약이다. 서유럽 연합 결성(1954년)과 서독의 북대서양 조약 기구 가입(1955년)을 직접적인 계기로, 바르샤바 조약의 체결과 동시에 발족하였다. 조약국은 알바니아 · 불가리아 · 헝가리 · 동독 · 폴란드 · 루마니아 · 체코슬로바키아 · 소련이었다. 1955년 6월 6일에 발효되었는데, 1968년 알바니아가 탈퇴하였고, 1990년에는 독일의 통일과 함께 동독이 탈퇴하였으며, 소련과 동유럽의 자유화에 따라 1991년에 해체되었다.

바웬사 Lech Walesa ■ ■

폴란드의 노조 지도자이자 정치가이다. 1966년에 그다니스크의 레닌 조선소 전기공이 되었다. 1970년 식료품 가격 인상 반대 파업 때 이 조선소의 파업 위원회 의장이 되었고, 1976년의 파업 무렵에 해고되었다. 1980년의 파업 때 그다니스크 지구 연합 파업 위원회 의장이 되어 정부와 '정부 · 노사 합의' 체결에 성공하여 동유럽에서 처음으로 공인된 자유 노조를 설립시켰으며, 같은 해 9월에는 폴란드 최초의 자유 노조인 '연대(連帶)'의 의장으로 선출되었다. 1981년 12월에 계엄령으로 구류되었고, 1982년 11월에 석방되었다. 조선소 복직은 인정되었으나 '연대'는 비합법화되었다. 그러나 동유럽에 퍼진 민주화 물결을 타고 사회주의에서 탈피하는 폴란드에 자유화 물결을 일으켜 1983년에 노벨 평화상을 수상하였다. 그는 노조 지도자로서 그치지 않고, 폴란드 정치 체제의 변화 뒤 자유주의 기수로서 큰 비중을 차지하고 있으며, 1990년 12월 총선거에서 대통령으로 당선되었다.

베트남 전쟁 Vietnam戰爭 ■ ■ ■

제2차 인도차이나 전쟁이라고도 한다. 1959년 남베트남에 친미 정권이 수립되면서부터 해방 투쟁이 시작되었다. 미국이 1961년 군사 원조를 시작하고 1964년에는 북폭을 개시하였다. 1965년에는 20만의 군대를 파견하여 직접 개입하고, 최종적으로 54만 명까지 미군을 증강하였다. 우리 나라도 1964년 이후 전투 부대 포함 4만여 명의 병사를 파견하여 남베트남 정권을 도왔다. 1968년, 해방 전선의 '설날 공세'에 미군이 패퇴하였다. 1973년 화평 협정을 맺고 미군이 철수한 뒤, 1975년 북베트남 군과 남베트남 해방군의 대공세로 사이공이 함락되고 전쟁이 완전 종결되었다. 이 전쟁의 가

장 큰 의미는 세계에서 최대 · 최강인 경제력과 군사력을 가지고 있
던 미국이 최초로 전쟁에서 패하였다는 점과, 민족 독립 운동이 승
리하였기 때문에 결국 민족 독립 투쟁의 정당성과 강인성이 실증되
었다는 점이다. 그것은 세 가지 사실을 시사해 주었다. 그 하나는,
제2차 세계 대전 뒤의 냉전 구조를 깨뜨리고 긴장 완화(데탕트)의
시대로 들어가는 길을 열었다는 것이고, 또 하나는 전쟁 비용으로
인한 달러 유출과 그 가치 저하가 달러를 기본 축으로 하는 서유럽
경제 체제를 기초로부터 뒤흔들어 서유럽에 의한 세계 경제 지배의
시대가 끝나 버린 사실을 실증한 것이며, 셋째는 미국의 패배로 인
하여 힘의 논리가 무너져, 힘에 기인하는 종래의 가치관이 바뀌었
다는 점이다. 그러나 베트남의 캄보디아 침공, 베트남 난민의 유출
등으로 인한 베트남 민족주의의 문제성이 드러남으로써 베트남 전
쟁의 의미를 다시 검토해야 한다는 소리가 높다.

베트 콩 Viet Cong ■ ■ ■

고 딘 디엠 정권 타도를 목표로 하여 결성된 민족 통일 전선으로,
1960년 12월 20일, 남베트남의 각 정당 · 사회 단체 · 종파 조직 ·
민족 단체를 비롯한 여러 세력이 모인 것으로, 정식 명칭은 남베트
남 해방 민족 전선이다. 1962년 1월, 남베트남 인민 혁명당이 조직
되어 해방 전선의 중핵체가 되었다. 해방 전선은 사이공 정권의 경
찰 정치와 미국 군사력에 대항하여 치열한 싸움을 계속하면서
1969년 8월에는 남베트남 공화국 임시 혁명 정부를 수립, 1973년
1월에는 베트남 평화 협정에 조인, 1975년 4월에는 월맹군과 함께
사이공 정권을 무너뜨렸다. 남북 통일 뒤 1977년 2월 해방 전선은
북의 조국 전선과 통합하였다.

북미 자유 무역 협정 NAFTA ■■

1992년 12월에 조인하여 1994년 1월에 발효된, 미국 · 캐나다 · 멕스코 간의 협정을 말한다. 1989년 1월에 발효된 미국 · 캐나다 간의 자유 무역 협정을 멕시코까지 확대한 것으로, 거대한 단일 시장 형성을 목표로 15년 간 관세 철폐를 협약하였다. 미국이 멕시코를 하위 파트너로 삼아 멕시코의 노동력을 미국의 이익에 맞게 이용하려는 것이라는 비판의 목소리도 높다.

비동맹국 회의 非同盟國會議 ■■

비동맹국의 원수나 정부 수뇌 또는 그 대리에 의한 회의로, 1961년 이래 원칙적으로 3년에 1회 개최되어 왔다. 제1회는 1961년 9월 유고슬라비아의 베오그라드에서 25개국, 제2회는 1964년 카이로에서 47개국, 제3회는 1970년 루사카에서 54개국, 제4회는 1973년 알제에서 75개국, 제5회는 1976년 콜롬보에서 86개국, 제6회는 1979년 아바나에서 94개국, 제7회는 1983년 뉴델리에서 102개국, 제8회는 1986년 하라레에서 99개국이 각각 정식으로 참가하였다. 비동맹 운동이 기능하는 무대는 국제 연합, 특히 그 총회, 각종 전문 기관 등 여러 가지인데, 비동맹국의 단결을 표시하고 그 이념과 요구를 토의 · 선언하는 장으로서 이 비동맹국 회의가 가장 중요하다.

석유 파동 石油波動 ■■

1973년 제4차 중동 전쟁중 아랍 측의 석유 무기화로 석유류 품귀 현상이 빚어지면서 일어난 사회 · 경제적 격변으로, 오일 쇼크라고도 부른다. 1973년 10월, 아랍 산유국들이 유가 인상, 생산량과 수출량 감축, 선별 수출의 금지를 발표하여 단기간에 유가가 네 배로 급등하면서 세계 경제가 큰 혼란을 겪고, 오일 달러가 산유국에 대거 유입되었다. 이란 혁명 뒤 1979년에도 석유 수급이 악화되어 제2차 석유 파동이 일어났다.

실존주의 實存主義 ▪▪

19세기 덴마크의 신학자인 키에르케고르나 독일의 하이데거 등에서 유래하는 20세기 철학의 대표적인 흐름의 하나로서, 독일의 야스퍼스, 프랑스의 사르트르 등을 그 대표자로 들 수 있다. 실존주의에 의하면, 개인의 실존은 무엇보다도 중요하며, 이성이나 논리를 초월하여 어리석음과 부조리에 가득 차 있다. 그리하여 개인의 생활은 불안과 두려움, 그리고 죽음의 상념 속에 허덕인다. 이를 극복하기 위하여 실존주의는 인간 각자의 결단에 의한 자유로운 선택적 행동을 강조한다. 비단 철학만이 아니라 문학에도 많은 영향을 끼쳤으며, 프랑스의 까뮈는 그 대표적인 작가 중 한 사람이다.

아데나워 Konrad Adenauer ▪▪

서독 연방 공화국의 초대 수상. 아데나워는 가톨릭 중앙당 당원으로 쾰른 시장(1917~1933)을 역임하고 1918년부터는 프러시아 국가 평의회 위원으로 일하였다. 1933년 공직에서 쫓겨나 수용소에 수용되기도 한 그는 기독교 민주 연맹의 창당에 관여하여 1946년 당수가 되었다. 1948년 그는 세 연합국 점령 지역의 의회 평의회 의장으로 선출되었고, 독일 연방 공화국의 헌법을 기초하였다. 1949년에 독일 연방 의회 의장이 되었으며, 1951년에 유럽 평의회와 유럽 석탄 철강 공동체(ECSC)에 가입하고, 1954년부터 1955년 나토에 가입하였으며, 1957년에는 유럽 경제 공동체(EEC)에 가입하였다. 1963년에 은퇴하였다.

아시아 · 아프리카 회의 Afro · Asian會議 ■■

1955년 4월 18일부터 24일까지 인도네시아의 반둥에서 개최된 아시아 · 아프리카 여러 나라의 국제 회의(약칭 AA 회의)로, 반둥에서 개최되었다 하여 반둥 회의라고도 한다. 1950년의 한국 전쟁, 1954년의 베트남 디엔비엔푸 총공격 등 국제 공산주의의 위협을 느낀 미국이 1954년 국제 반공 군사망의 일환으로 동남 아시아 조약 기구(SEATO)를 결성함으로써 유럽 기원의 '냉전'은 아시아 방면으로까지 확대되었다. 이러한 지역 정세의 긴장을 염려한 인도 · 인도네시아 · 미얀마 · 스리랑카 · 파키스탄 5개국이 이른바 '콜롬보 그룹'의 활동으로 아시아 · 아프리카 여러 나라가 민족 자립과 국제 평화를 위하여 결집한 것이 AA 회의이다. 이 회의는 제2차 세계 대전의 종결과 함께 AA 지역에서 고양된 독립 민족주의의 물결을 배경으로 지역 내의 신흥 여러 나라가 연대해서 국제적 발언권을 강화하였다는 점에서 역사적 의의가 있으며, 동시에 강대국 주도형 냉전 상황에 대한 불만을 반영하였으므로 비동맹 운동의 원류로 보기도 한다. 1963년 무렵부터 인도네시아 등 친중국파 국가들이 AA 세계에서의 주도권을 잡기 위하여 제2차 AA 회의 개최를 제창하자 인도 등 반중국파 국가들은 '소련 초대론(招待論)'을 제기하는 등 당시 심각해지고 있던 중국과 소련의 대립과 AA 여러 나라의 분극화가 서로에게 악영향을 주었다. 결국 개최 예정지인 알제리, 추진파 인도네시아 · 가나에서 일련의 쿠데타가 일어남으로써 1965년 제2차 회의는 무기한 연기되었다.

아인슈타인 Albert Einstein ■■■

독일 태생의 유대계 미국 이론 물리학자이다. 취리히 공과 대학을 졸업하고 1902년 베른 특허국의 기사가 되었다. 1905년 특수 상대성 이론, 광양자설, 브라운 운동 이론, 고체 비열 이론을 발표한 그는 1914년에 베를린 대학 교수가 되었으며, 1916년에 일반 상대성 이론을 완성하고, 1929년에는 통일장(統一場)의 이론을 제창하였다. 1933년에 나치의 압력으로 추방되어 미국에 건너가, 프린스턴 고등 연구소 연구원이 되었다. 1939년에 독일의 핵 위협을 염려하여 루스벨트 대통령에게 원자 폭탄 개발의 필요성을 진언하였으나, 제2차 세계 대전 뒤에는 군비에 반대하고 핵무기 전폐 등 평화 운동에 앞장섰다. 1921년에는 이론 물리학의 제 연구, 특히 광전 효과의 법칙을 발견한 업적을 인정받아 노벨 물리학상을 받았다.

아폴로 계획 Apollo計劃 ■ ■ ■

미국 항공 우주국(NASA)이 1960, 1970년대에 수행한 달 착륙 계획. 1961년 5월에 '예산 총액 200억 달러, 1960년대 말까지 실현'이라는 내용으로 케네디 대통령이 의회에 제출하여 미국의 국가 목표가 되었다. 3인승 우주선을 달 주위의 손자 위성으로 하고, 거기에서 2인승 달 착륙선을 출발시켜 착륙하였다. 착륙선은 상부와

인류 최초로 달에 도착한 미국의 아폴로 우주선(1969년)

하부로 나뉘며, 그 상부만이 이륙하여 모선과 도킹하여 지구로 돌아왔다. 아폴로 우주선은 45.4톤이고, 그것을 발사하는 세턴 5호 로켓은 길이 85미터, 무게 2,800톤이었다. 1969년 7월 21일, 아폴로 11호는 무사히 달에 착륙하여 암스트롱과 올드린이 달 표면에 발자국을 남겼고, 이 장면은 전세계에 전송되었다. 산소 탱크의 고장으로 달 주회(周回)로 그친 13호를 제외하고, 1972년 12월의 아폴로 17호까지의 모든 계획은 성공으로 끝났다.

워터게이트 사건 Watergate事件 ■■■

1972년 미국 대통령 선거 때 민주당 본부에 도청 장치가 설치되었던 것이 발각된 사건으로, 닉슨이 이에 관련된 것으로 판명되어 여론의 압력으로 대통령직에서 사임하였다. 이 사건은 미국의 도덕적 위신을 실추시켰다.

유럽의 통합 과정 ■■■

오늘날의 세계에서 나타나고 있는 가장 주목할 만한 움직임은 지역 공동체 내지 경제 협력체의 구성이다. 이러한 경향은 유럽에서 먼저 나타났다. 1952년에 쉬망 계획으로 알려진 석탄과 강철을 통합하는 기구인 유럽 석탄 철강 공동체(ECSC)가 발족하고, 1957년에는 보다 더 광범위한 경제 협력을 위하여 유럽 경제 공동체(EEC), 즉 유럽 공동 시장이 창설되었으며, 그것은 성공을 거두었다. 그 뒤 EEC는 유럽 공동체(EC)로 발전하였고, 1991년에는 마스트리히트 조약이 합의되어 통화의 단일화, 공동 방위 및 공동 외교 정책 추구 등 보다 더 긴밀한 경제적 · 정치적 연합체인 유럽 연합(EU)으로 발전하였다. 한편 미국은 캐나다 및 멕시코와 북미 자유 무역 협정(NAFTA)을 맺어 지역간의 경제 협력 체제를 구축하였고, 아시아·태평양 경제 협력체(APEC)에서는 아시아와 태평양 연안 국가들 간에 각 부분에 걸친 협력 방안을 논의하고 있다.

자유 노조 自由勞組 ■ ■

동구권 최초의 독립 노동 조합으로, 연대(連帶)라고도 한다. 1980년 9월에 창설되었으며, 이듬해 12월 폴란드 정부의 강력한 탄압을 받았으나 1989년에 다시 등장하여 1940년대 이래 동구권 최초의 자유 선거에 반정부 세력으로 참가하였다. 그 결과 폴란드 통일 노동자당(공산당)과 함께 연립 정부를 구성하였다. 자유 노조의 기원은 1976년에 폴란드의 여러 도시에서 수천 명의 파업 노동자들이 당국에 진압, 체포된 뒤 반정부 지식인 집단이 노동자 방어 위원회(KOR)를 결성한 때로 거슬러 올라간다. KOR은 구속자 가족을 돕고 법률 자문 및 의료 지원 활동을 벌이면서 지하 조직망을 통해 투쟁 소식을 널리 선전하였으며, 1979년에 노동자 권리 헌장을 발표하였다. 1980년에 식료품값 인상에 항의하는 새로운 파업 선풍이 일어나자 그다인스크는 정부의 포고령에 항의하는 투쟁의 온상지가 되었다. 이곳의 레닌 조선소에서 약 1만 7,000명의 노동자들이 전기공 레흐 바웬사의 지도 아래 파업을 벌이며 공장 안에 바리케이드를 설치하였다. 1980년 8월 중순, 그다인스크에서는 그다인스크 및 다른 지역으로 확산된 파업을 지도하기 위하여 공장간 파업 위원회가 결성되었고, 이 위원회는 결성 1주일도 되지 않아 대부분 KOR의 노동자 권리 헌장에 기초한 요구안을 정부 측에 제시하였다. 8월 30일, 정부와 그다인스크 파업 노동자 사이에 협정이 체결되어 파업권 및 대폭적인 종교적·정치적 표현의 자유와 함께 자유로운 독립 노동 조합이 인정되었다.

저우 언라이 周恩來 ■■

중국의 정치가이자 외교가. 장쑤 성에서 출생한 그는 일본에 유학하고, 5 · 4 운동 때는 톈진에서 활약하다가 투옥되었다. 1920년 유럽에 유학하여, 1921년 파리에서 공산당에 입당한 뒤 중국에서는 군벌에 대항하여 국민당의 장제스와 함께 투쟁하였다. 그러나 1927년 장개석의 소공 작전 때 사형을 선고받았다. 1931년에 홍군 정치 지도자 되었고, 대장정 뒤 장제스와 마오 쩌둥이 화해하여 일본과 공동 투쟁을 벌이도록 하는 데 결정적 역할을 하였다. 국공 합작시에는 장제스의 군사 고문이 되었다. 1949년 중화 인민 공화국 정권이 수립되자 주은래는 수상 겸 외무 장관이 되었다. 1950년에는 중 · 소 동맹을 확보하였고, 1954년에는 제네바 회담에 참가하여 한국과 인도차이나 문제를 중재하였다. 1955년에는 중립국 자격으로 반둥 회의에 참가하였고, 1971년에는 닉슨의 중국 방문에 관여하였다.

중동 전쟁 中東戰爭 ■■■

1948년 이스라엘 국가의 수립으로 시작된 아랍 여러 나라와 이스라엘 사이에 벌어진 수차례의 무력 충돌로, 아랍 · 이스라엘 분쟁이라고도 한다. 1948년에 이스라엘은 영국의 위임 통치 종료와 더불어 건국을 선언하였으나 아랍 제국은 즉각 공격에 나서 제1차 중동 전쟁이 발발하였다. 제2차(1956년), 제3차(1967년) 중동 전쟁으로 이스라엘은 인구와 면적이 확장되었다. 그러나 1973년 제4차 중동 전쟁 뒤 수에즈 · 골란 고원 · 시나이 반도의 점령지 일부에서 철수하였고, 이어 1979년 이집트-이스라엘 평화 조약에 따라 시나이 반도 대부분에서 철수하였다. 이집트 · 이스라엘 간의 평화는 회복되었으나 팔레스타인의 자치권 교섭은 해결을 보지 못하고 있으며, 이스라엘은 팔레스타인의 대표인 팔레스타인 해방 기구(PLO)의 거점인 베이루트를 공격, 1982년 8월, PLO는 베이루트를 철수하였다. 1993년 팔레스타인을 대표한 PLO와 이스라엘이 9월 상호 승인을 교환하고 팔레스타인 자치에 관한 타협안을 마련하였다.

케네디 John Fitzgerald Kennedy ■ ■ ■

미국 제35대 대통령으로 재임 기간은 1961년부터 1963년까지이다. 하버드 대학에서 정치학을 전공하였고, 아버지의 해외 근무를 따라 제2차 세계 대전 전야의 유럽을 시찰한 그는 이것을 토대로 졸업 논문《영국은 왜 잠자고 있었는가》로 정리하여 베스트셀러가 되었다. 일본의 진주만 기습 뒤 해군에 지원, 솔로몬난바다 해전에서 지휘하던 어뢰정이 격침될 때 중상을 입은 부하를 구해 영웅이 되었다. 전쟁이 끝난 뒤 통신사 기자를 거쳐 1946년 매사추세츠 주 제11구에서 하원 의원에 당선되었고, 1952년에는 현직의 로지를 물리치고 상원 의원에 선출되었다. 이듬해 재클린 부비에와 결혼하였다. 전쟁에서 부상 당한 등뼈의 악화로 입원해 요양하던 중《용기 있는 사람들》을 저술하여 1957년에 퓰리처 상을 받았다. 1956년 민주당 대회에서 부통령 후보를 겨냥하였으나 패하고, 1958년 상원 의원에 재선되었으며, 1960년의 대통령 선거에서 민주당 후보 지명을 받았다. 아이젠하워 시대의 침체를 타파할 참신한 후보로서 '뉴 프론티어'의 슬로건을 내걸고 공화당 닉슨 후보와의 텔레비전 토론에서 우위에 올라, 격전 끝에 근소한 차이로 승리를 거두었다. 미국 역사상 최연소(43세) 대

통령이고, 최초의 가톨릭 교도 대통령이었다. 1961년 1월의 취임
연설에서는 미국의 전진을 호소하고, 국민에게 국가에 대한 헌신을
부르짖었다. 웅변과 재기에 뛰어나 기자 회견 등에서 텔레비전을
교묘히 이용해 이미지를 심는 정치를 하였고, 하버드 대학을 비롯
한 각계로부터 많은 지식인을 각료로 포섭하였으나 화려한 슬로건
에 비하여 의회와의 관계는 원활하지 못하였고 내정에서도 그다지
업적이 없었다. 외교 면에서는 취임하자 곧 쿠바 침공을 시도하였
다가 실패하고 빈 수뇌 회담에서 옛 소련의 최고 지도자 흐루시초
프에게 얕잡히는 등 순조롭지 못한 출발을 하였으나, '평화 봉사단'
을 창설해 국민의 봉사 정신과 개발 도상국에 대한 원조를 결부시
킨 일은 환호를 받았다. 1962년 10월, 쿠바 미사일 위기 때 핵전쟁
위험을 무릅쓴 해상 봉쇄에서 흐루시초프와 대결, 쿠바 불침략 공
약과의 교환 조건으로 미사일 · 폭격기 철수를 수락받는 승리를 거
두었다. 이 경험으로, 1963년 6월에는 아메리칸 대학 졸업 연설에
서 '평화를 위한 전략'을 제창하여 7월 미국 · 영국 · 소련 3국간의
부분적 핵실험 금지 조약을 성립시켰다. 그러나 인종 문제, 중국과
의 국교 회복 등 현안 문제를 남겨둔 채 1963년 11월 22일, 텍사
스 주 댈러봇에서 저격 당해 죽었다. 불과 1,000일의 임기로, 정치
에 대한 국민의 기대를 높였으나 베트남 전쟁 개입의 책임 등을 둘
러싸고 그 역사적 평가는 아직 내려지지 않았다.

코메콘 COMECON ■■

코메콘은 소련 · 동유럽 여러 나라를 중심으로 하는 경제 협력 기구
로, 동유럽 경제 상호 원조 회의라 칭한다. 서방 측의 마셜 플랜에
대항하기 위하여 만들어졌으며, COMECON은 'Council for
Mutual Economic Assistance'의 약자이다. 1949년 1월, 모스

크바에서 개최된 소련 등 동유럽 6개국 경제 회의에서 설립을 결정하여 1952년 12월 14일 규약에 조인, 1960년 4월 13일에 발족하였다. 그 뒤 서방 측의 경제 협력 개발 기구에 대비되는 역할도 부여되었고, 1962년 규약을 개정하여 유럽 이외의 나라도 가맹할 수 있었다. 목적은 평등, 호혜, 내정 불간섭을 원칙으로 하며, 경제·기술 협력과 무역 등을 통하여 가맹국의 경제 발전을 도모하는 데 있다.

코민포름 Cominform ■■

정식 명칭은 Communist Information Bureau이다. 1947년 9월, 소련의 후원으로 폴란드 빌치구라에서 소련·불가리아·체코슬로바키아·헝가리·폴란드·루마니아·유고슬라비아·프랑스·이탈리아 등 9개국 공산당을 회원으로 하여 창설되었다. 티토가 이끄는 유고슬라비아 공산당이 코민포름에 가장 열성적인 지지를 보냈기 때문에 유고슬라비아의 수도인 베오그라드를 코민포름 본부 소재지로 선정하였다. 그러나 소련과 유고슬라비아 사이에 긴장이 고조되자 1948년 6월에 유고슬라비아 공산당을 코민포름에서 축출하고, 본부도 루마니아의 부쿠레슈티로 이전하였다. 코민포름은 공산당의 국제적 유대를 강화하기 위한 선전물 제작을 그 주요 활동으로 하였는데, 프랑스와 이탈리아 공산당은 마셜 플랜과 트루먼 독트린을 방해하는 역할을 제대로 하지 못하였다. 제3인터내셔널(코민테른)의 후기 단계처럼 코민포름도 국제 혁명 수단이라는 역할보다는 소련의 영향력을 강화하는 도구로 더 많이 이용되었다.

쿠바 위기 Cuba危機 ■■■

소련의 쿠바 미사일 기지 건설에서 비롯된 미국·소련 간의 대결로

1962년 10월에 발생한 국제 핵전쟁 위기를 말한다. 이 사건을 계기로 미국과 소련은 핵전쟁 회피라는 공통된 과제 아래 1963년에 부분적 핵실험 금지 조약을 체결하고 미국 · 소련 간 핫라인(긴급 통신 연락선)을 개설하였다. 또한 쿠바 위기의 여파로 흐루시초프는 실각하였고, 쿠바의 대소 관계는 냉각되었으며, 중국 · 소련 간 대립이 깊어졌다.

쿠바 혁명 Cuba革命 ■ ■

카스트로의 지도로 수행된 라틴아메리카 최초의 사회주의 혁명이다. 1953년 7월 26일, 풀겐시오 바티스타 독재 정권에 대한 반항 운동으로 시작되어 농촌 게릴라 활동과 도시에서의 저항 운동으로 계속되었으며, 1959년에 바티스타 정권을 타도하고 그해 2월 카스트로가 정권을 장악하였다. 1961년, 카스트로는 쿠바 사회주의를 선언하였다. 바티스타 타도의 단계까지는 '7월 26일 운동'이라는 비(非) 마르크스 주의 조직이었으나, 그 뒤로는 카스트로를 중심으로 하는 운동 내부의 좌파와 공산당이 협력하여 이끌었으며, 나중에 합동하여 현재의 쿠바 공산당이 되었다.

킹 Martin Luther King ■ ■

미국의 흑인 운동 지도자이자 목사이다. 보스턴 대학에서 신학 박사 학위를 받은 뒤 앨라배마 주의 몽고메리 교회에 부임하였다. 그곳에서 시영 버스의 차별적 좌석제에 대한 버스 보이콧 운동을 비폭력 전술로 이끌어 승리를 거두었고, 이를 계기로 하여 전국적인 지도자가 되었다. 그 뒤 1963년의 워싱턴 대행진을 비롯한 수많은 운동을 이끌어 공민권법·투표권법의 성립을 촉진시켰으나 1968년 멤피스에서 암살 당하였다. 1964년에 노벨 평화상을 받았다.

톈안먼 사건 天安門事件 ■ ■ ■

중국의 민주화 시위를 중국 정부가 무력 진압하면서 빚어진 대규모 유혈 참사 사건(1989년 6월 3~4일). 톈안먼 사건은 민주화 시위에 대한 군의 무력 진압으로 빚어진 사건이지만 중국의 개혁 개방 정책 시행 그 뒤 누적된 문제점이 폭발된 것이라고 할 수 있다. 1978년 이후 지난 10년 동안 개혁 개방 정책으로 생활은 나아졌지만 대신 특권층의 부패가 만연하여 인민들의 불만 대상이 되어 왔다. 더욱이 경제 과열로 인한 인플레와 소득 격차에서 오는 불만감 등이 상승 효과를 내어 급기야 정치 개혁을 요구하는 민주화 시위로 발전하였다. 그 뒤 중국 당국은 세계 여론의 빗발치는 비난과 경제 제재 조치에도 불구하고 반대자들에 대한 체포와 숙청을 단행하였다. 중국 공산당은 6월 23일부터 이틀 간 제13기 4중전회를 열고 자오쯔양 지지 세력을 제거하는 권력 개편을 단행하였다. 정치국원 겸

톈안먼

상하이 시 당서기 장쩌민이 자오쯔양의 뒤를 이어 신임 총서기에 선출됨으로써 리펑 · 장쩌민 체제가 정식으로 출범하였다. 이 사건은 중국뿐만 아니라 동북 아시아 및 세계 질서에 일대 충격을 몰고 온 사건이었다.

트루먼 독트린 Truman Doctrine ■ ■ ■

1947년에 미국 대통령 트루먼이 선언한 대외 정책의 일반 원칙. 제2차 세계 대전에 뒤이은 냉전 기간중 미국과 소련이 세력 균형을 이루기 위하여 투쟁을 벌이고 있을 때, 영국이 터키 · 그리스 등 지중해 국가들에게 더 이상 원조를 제공할 여력이 없다고 발표하자 서방국가들이 우려한 바와 마찬가지로 이들 국가는 소련의 영향권 내에 놓일 위험에 처하였다. 이에 미국 의회는 트루먼 대통령의 요청에 따라 이들 국가를 원조하기 위하여 기금으로 4억 달러를 책정하였다. 이 자유주의 대 공산주의라는 세계 정세의 이원적 파악은 연방 직원 충성 심사 행정 명령(1947년 3월 21일 공포, 충성 심사 제도)과 맞물려 국민들 사이에서 냉전적 분위기를 조장하였다. 또한 이 정책은 유럽 부흥 계획 · 북대서양 조약 기구의 창설로 발전하였다.

티토 Josip Broz Tito ■ ■

유고슬라비아의 대통령. 제1차 세계 대전에서 소련의 포로가 되어 1915년부터 1920년까지 소련에 살면서 공산당에 입당하여 내전에 참가하였다. 귀국해서는 음모 혐의로 1928년부터 1934년까지 투옥되었다. 그 뒤 스페인 내전에 참가한 다음 1934년 유고슬라비아 공산당 중앙위 위원이 되었다. 1937년 당 총서기가 되어 당원을 크게 증가시켰다. 1941년 뒤에는 추축국에 대한 저항 조직을 조직해 이끌었다. 1943년 원수, 1945년 대통령이 되었다. 1948년 티토가 스탈린의 내정 간섭을 반대하였기 때문에 유고슬라비아는 코민포름으로부터 축출되었다. 흐루시초프와 화해하려 하였지만 실패하고 중국과의 관계도 악화되었다. 그는 중립주의의 지도자로 부상하여 비동맹 국가들을 방문하였다. 사망하기 전 자기를 계승할 집단 지도 체제를 구축하였다.

팔레스타인 해방 기구 PLO ■ ■ ■

전세계적으로 445만 명으로 추산되는 팔레스타인 인을 대표하는 정치 조직이다. 이들 팔레스타인 인은 1948년 이스라엘이 수립되기 이전에 총독령 팔레스타인 지역에서 살고 있던 아랍 인과 그들의 후손이다. PLO는 이전에 비밀 저항 운동을 전개하던 다양한 팔레스타인 조직의 지도부를 통일, 1964년 결성되었으나 그것이 외부로 부각된 것은 1967년 6월에 발발한 중동 전쟁 직후였다. PLO는 '민주적이고 세속적인' 팔레스타인 국가를 건설하는 데 총력을 기울이고 있으며, PLO 헌장은 이스라엘의 제거를 요구하고 있다. 1970년대까지는 아라파트의 주도로 각종 비행기 납치와 이스라엘을 지원하는 서방 국가들에 대하여 무차별 테러를 자행하였다. 1973년 10월, 제4차 중동 전쟁 그 뒤 아라파트는 PLO가 국제 테러에 개입하지 않는 대신 국제 사회가 PLO를 인정해 줄 것을 요청하여, 1974년 10월의 아랍 정상 회담에서 PLO를 400만 팔레스타인 인의 유일한 합법 기구로 인정하였고, 12월 국제 연합도 PLO를 국제 연합의 정식 옵서버로 인정하였다. 그 뒤 무장 투쟁을 자제하는 대신 국제 무대에서 대(對) 이스라엘 외교전을 강화하면서 PLO 내부는 강경파와 온건파의 갈등이 심화되었다. 1988년 11월, 알제리에서 팔레스타인이 독립 국가임을 선포하고, 초대 대통령으로 추대된 아라파트는 1991년 내부 강경파의 반대에도 불구하고 미국이 주도하는 중동 평화 협상에 참여하였고, 1993년 9월에는 이스라엘과 가자 · 예리코시의 자치 협정안(案)에 서명하였다.

페레스트로이카 perestroyka ■ ■ ■

1987년 소련 공산당 고르바초프 서기장이 표방한 정책 표어로, 고르바초프가 추진한 경제 · 사회 및 모든 영역에서의 개혁을 말한다. 페레스트로이카는 재편 · 개혁 · 개조라는 뜻의 러시아 어이다. 소련은 1970년대부터 80년대 초반 경제가 매우 낙후되자 법 제도와 관리 체계를 근본적으로 재검토, 개혁하려 하였다. 개인 기업 · 자유 시장 · 임금 격차 · 기업 책임제 및 외국과의 합작 유치 등 사회주의의 기본 체제를 벗어난 자본주의적 요소의 대거 도입이 큰 특징이다. 그러나 경제면보다는 오히려 복수 후보제의 일부 실시, 소비에트 역사의 재검토 및 학문 자유화, 출판 검열의 자유화 등 사회 · 정치 면에서 먼저 시작되었는데, 이것이 이른바 '글라스노스트'(개방)이다. 페레스트로이카의 여파는 동구의 민주화와 독일의 통일을 촉진하였고, 동구 공산권에서 공산당 정권과 전후 냉전 체제를 해체시키는 결과를 초래하였다. 그러나 국내 경제 면에서는 성과를 보지 못해 인플레이션으로 인하여 국민 생활이 어려워졌으며, 민족 문제가 발생하는 계기가 되었다. 이와 함께 1991년 8월, 당 보수파들의 쿠데타가 발생하였으나 옐친 등 급진 개혁파의 반대로 실패하였다. 결국 같은 해 12월 고르바초프 대통령이 연방 대통령에서 물러남과 동시에 연방이 해체, 옐친 주도 아래 독립 국가 연합이라는 체제가 성립되어 페레스트로이카는 새로운 국면을 맞았다.

페어 딜 정책 Fair Deal 政策 ■

미국 트루먼 대통령의 자유주의적 국내 개혁 정책을 말한다. 1945

년 부통령 재직중 루스벨트 대통령이 서거하여 대통령 직을 승계한 트루먼은 전후 처음으로 의회에 보낸 교서에서 사회 보장 제도의 확대, 새로운 임금·노동 시간 및 공공 주택법의 제정, 고용상의 인종적·종교적 차별을 금지하는 항구적인 공정 고용법 시행 등을 촉구하였다. 그러나 의회는 그 제안에 주의를 기울이지 않았다. 1946년 고용법을 통과시켰으나 완전 고용을 실현하고 건전한 국가를 유지하기 위하여 경제 자문 위원회를 설치하는 권한은 전적으로 정부의 책임에 속한다고 명시하였다. 1948년 11월 선거에서 승리를 거둔 트루먼은 1949년 페어 딜이라는 구호를 내걸고 자신의 개혁안을 다시 촉구하였다. 경제 문제에 큰 관심을 두고 있던 의회는 대통령의 제안 가운데 몇 개만 입법하는 데에 동의하면서도 최저 임금을 인상하고, 빈민촌을 없애 나가며 1,000만 명까지 추가로 노인연금 제도를 확대하는 안에 동의하여 페어 딜 정책을 지지하였다.

프라하의 봄 ■ ■ ■

1968년 체코슬로바키아 공산당 제1서기 두프 체크가 제창한 자유화 운동으로, 체코 사태라고도 한다. 1956년, 소련 내에서 흐루시초프에 의한 스탈린 격하 운동이 일어난 뒤에도 체코슬로바키아에서는 스탈린주의자인 노보트니 정권의 보수 정책이 계속되었고, 1960년대의 정체된 경제에 대하여 국민의 불만이 높았으며, 자치권을 제한받던 슬로바키아 민족의 감정도 악화되었다. 이와 같은 상황에서 1968년 당서기가 된 두프체크의 개혁 정치는 '인간의 얼굴을 한 사회주의'로 언급되는 바, 언론·집회·출판 등이 자유화되면서 체코슬로바키아에서는 잠시 동안의 '프라하의 봄'이 유지되었다. 그러나 체코슬로바키아 사태가 동유럽으로 파급될 것을 우려한 소련군은 1968년 8월 20일에 브레주네프 독트린을 앞세우고 바르샤바 조약 기구의 5개 국군 약 20만 명으로 체코슬로바키아를 침공해, 두프체크를 비롯한 개혁파 지도자들을 소련으로 연행하였다. 이로써 프라하의 봄은 끝나고 1969년 4월에 당 제1서기가 된 후사크 때문에 체코슬로바키아는 암흑 시대로 돌아갔다.

헝가리의 의거 ■■

폴란드의 의거(1956년)가 다분히 민족주의적인 데 비하면 헝가리의 그것은 반(反) 공산주의 혁명에 가까운 것이었다. 처음 폭동은 공산주의 내부에서의 반 스탈린 주의 운동으로 일어나, 추방되었던 공산주의자인 나지를 수상 자리에 오르게 하였다. 그러나 공산주의와 소련에 대한 일반적인 반감은 폭동을 그 선에서 그치게 하지 않고, 공산주의 타도와 소련으로부터의 완전 해방을 지향하는 무력 투쟁의 양상을 띠고, 바르샤바 조약의 폐기까지 선언하기에 이르렀다. 이에 이르러 흐루시초프는 소련군의 전면적 개입을 명령하고, 소련군 탱크와 군대가 부다페스트로 진주하여 민중의 폭동을 무자비하게 진압하고 카다르를 수반으로 한 괴뢰 정부를 수립하였다. 그 결과 약 15만 명의 피난민이 오스트리아를 거쳐 유럽 각국에 정착하였다.

홍위병 紅衛兵 ■■

중국 문화 대혁명(1966~1976)의 추진력이 된 학생 조직을 말한다. 1966년 5월 장칭 등이 베이징 대학과 칭화 대학을 중심으로 조직하여 전국 고등 학교 · 대학교 · 군인으로 확대되었다. 당시 이들은 4구(四舊, 낡은 사상 · 문화 · 풍속 · 습관) 타파를 목표로 내세웠으며, 또한 류 사오치 · 덩 샤오핑이 장악하고 있는 학교당 위원회를 반대하였다. 같은 해 8월에 마오 쩌둥이 톈안먼 광장에서 열린 집회에서 홍위병을 공식 접견한 뒤, 정식으로 조직 성립을 선포하였다. 그 뒤 전국의 학생·홍위병과의 경험 교류를 단행, 1966년 말까지 전국 철도가 무료로 수송한 홍위병 수는 5,000만 명에 이르렀다. 1967년 1월 이후 문화 대혁명이 탈권 투쟁(奪權鬪爭) 단계에 들어서면서부터는 각 학교·당·정부 기관의 실권과 타도에 큰 역할을 하였다. 그러나 1968년 8월, 마오 쩌둥이 "노동자 계급이 모든 것을 지도한다"고 제기하고 노동자 선전대와 빈농 선전대를 각급 학교에 파견하면서 홍위병 운동은 쇠퇴하기 시작하였고, 뒤에 권력 투쟁의 도구로 쓰인 면에서 부정적 평가를 받았다.

흐루시초프 Nikita Sergeyevich Khrushchev ■ ■

소련의 정치 지도자. 1918년 공산당에 입당하여 1939년 정치국원이 되었다. 1941년에 독일이 소련을 침공하자 우크라이나 저항 운동을 조직한 그는 1949년에 모스크바주 당 제1서기가 되었고, 농업 문제 전문가가 되었다. 1953년에 당 제1서기 말렌코프를 교체하였고, 1955년에는 말렌코프를 장관 위원회 의장에서 축출하고 자기 계열의 불가닌을 그 자리에 앉혔다. 1955년에는 유고슬라비아를 방문하여 스탈린이 유고슬라비아를 비난한 것을 사과하는 한편 1956년 스탈린을 비난하고 서방과의 평화 공존 원칙을 전면에 내세웠다. 한편 이므르 나기가 바르샤바 조약 기구로부터의 철수를 선언하자 헝가리에 군사적으로 개입하였다. 1957년에는 자기를 축출하려는 기도를 분쇄하고 불가닌의 뒤를 이어 장관 위원회 의장(국가 수반)이 되었다. 1959년에는 미국을 방문하여 아이젠하워를 만났지만 미국의 비행기가 소련 상공에서 격추됨으로써 정상 회담은 무산되었다. 1961년에 케네디를 만났지만 베를린 문제를 해결하지는 못하였다. 1962년에는 쿠바에 미사일 기지를 건설하려 하였지만 이것은 미국과의 대결을 초래하였다. 1963년 소련, 미국, 중국은 핵실험 금지 조약을 체결하였다. 소련에 농업 경제의 실패가 있은 뒤 1964년에 축출되었다.

INDEX

찾아보기

ㄹ

ㅁ

ㅈ

판　권
본　사
소　유

Basic
고교생을 위한 세계사 용어사전

초판 1 쇄 발행　2002년 9월 30일 | 초판 4 쇄 발행　2021년 3월 15일 |
엮은이　강상원 | 펴낸이　신원영 | 펴낸곳　(주)신원문화사 |
주소　서울시 구로구 가마산로 27길 14 신원빌딩 10층 | 전화　3664-2131~4 |
팩스　3664-2130 | 출판등록　1976년 9월 16일 제5 - 68호

＊잘못된 책은 바꾸어 드립니다.

ISBN　89 - 359 - 1046 - 5　41900